박계옥 극본

바보 엄마 1

TV극본

박계옥 극본

막장 엄마 1

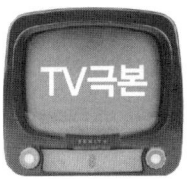

TV극본

다차원북스

〔 편집자 일러두기 〕

대사 문장에는 맞춤법과 띄어쓰기 원칙을 적용하지 않았습니다.

1) 대사 중에서 띄어쓰기와 맞춤법을 적용하지 않은 경우는 작가의 고유 문투나 호흡 등을 살리기 위해 원문 그대로 표기하였음을 밝힙니다.
2) 마침표(.)를 넣지 않은 문장의 경우 마침표의 유무에 따라 호흡과 말투, 대사와 대사의 연결, 뉘앙스에서 차이가 있음을 지시하는 것으로 원본 그대로 실었습니다.

작품에 쓰인 주요 기호는 다음과 같습니다.

S#   **(신 넘버)**
S = Scene의 약자.
# = Number를 의미하는 기호.

cut to   **장면 전환 용어.**
한 장면에서 다른 장면으로 넘어가는 것을 말함.

E   **Effect의 약자.**
효과음, 내레이션, 마음속으로 하는 대사, 인물이 화면에 나오지 않고
화면 밖에서 들려오는 대사 등을 나타낼 때 두루 쓰임.

F   **Filter의 약자.**
전화 목소리, 터널 안의 울리는 소리 등 목소리에 특별한 효과음을
입힐 필요가 있을 때.

NA   **Narration의 약자.**
화면 밖에서 들려오는 줄거리나 장면에 관한 해설, 또는 그 소리.

O. L   **Overlap의 약자.**
'겹치다, 포개다' 라는 뜻으로 한 장면과 또 다른 장면, 앞 대사와
다음 인물의 대사가 겹쳐지도록 연출해야 할 때.

Insert   **인서트.**
일련의 화면이나 화면에 글자나 필름을 삽입하는 것을 뜻함.

W.P   **Wipe의 약자.**
'지우다' 라는 뜻으로 화면이 겹치는 게 아니라, 새 화면이 다른 화면을
밀고 들어와서 장면 전환이 되는 것을 뜻함.

/   ① 대사 속의 / : 말투, 억양을 바꿀 때, 텀(term) 또는 호흡을 지시할 때.
② 지문 속의 / : 연출할 화면을 나열하거나 순서대로 지시할 때.

{ 등 장 인 물 }

김영주(김현주 분) 유명 패션잡지의 최연소 편집장.

김선영(하희라 분) IQ 72의 지적장애 3급. 김영주의 언니(엄마).

박닻별(안서현 분) IQ 200의 천재. 김영주의 딸.

최고만(신현준 분) 사채업계의 큰손이자 천재 사업가.

박정도(김태우 분) 김영주의 남편. 바람둥이 교수.

이제하(김정훈 분) 신경외과 의사. 김영주를 사랑하는 대학동창.

오채린(유인영 분) 박정도의 애인.

한수인(공현주 분) 심장외과 전문의. 이제하의 전 약혼녀.

오수현(박형식 분) 오채린의 배다른 동생.

오민석(김하균 분) 오채린의 아버지. 사채업자 출신의 대학 이사장.

김대영(박철민 분) 김선영의 남동생.

장영숙(김　청 분) 박정도의 어머니.

박정은(사　희 분) 박정도의 여동생.

김집사(조덕현 분) 최고만의 집사.

서곱단(이주실 분) 김선영의 친어머니.

강현주(양은용 분) 김영주의 선배 기자.

외 다수

제**1**부

S# 1　　오프닝 – 서울도심 야경 + 에스띨로 건물 전경 / 밤

서울 도심의 야경. 휘황찬란한 불빛들이 하나둘씩 꺼져가고, 남산 서울타워의 불빛도 꺼지고 나면. 멀리 건물 불빛들이 사라지고, 에스띨로 창문만 불이 켜져 있다.

CUT TO 에스띨로 편집장실 + 편집실
영주의 편집장실에서 스탠드 불빛 아래로 기사와 사진들을 검토하고 있는 영주. 색깔펜으로 기사들을 체크하며, 'keep' 과 'drop' 표시를 하는 영주. 색깔펜이 나오지 않자 집중한 채로⋯ 커피잔을 들어 마시다가 빈 걸 확인하고.

영주　　수리야⋯ 김수리⋯ (대답이 없다) 김수리⋯ (하면서 보면)

편집장실 밖 책상에 머리를 기대고 잠들어 있는 수리. 영주, 유리부스 밖 편집실을 보면, 모니터 화면만 켜놓은 채 졸고 있거나, 소파에 누워서 잠들어 있는 직원들. 시계를 보면 새벽 6시가 다 되어간다. 영주, 빈 커피잔을 내려두고 서랍을 뒤지며 새 펜을 찾는데, 편지 하나가 툭 바닥에 떨어진다. 주워서 보는 영주.

수신인란에 삐뚤빼뚤하게 적힌 '김영주 편집짱님 전상서' 글씨 보이고, 발신인란에 '김선영이 씀미다' 라는 글씨와 함께 빛바랜 네잎클로버가 스카치테이프로 붙어 있고, 색연필로 칠을 한 하트 모양이며, 조잡한 이모티콘들이 한가득이다. 그 위로 들리는.

영주na　사람들은 누구나 하나쯤 숨기고 싶은 비밀을 갖고 산다. 그것이 누군가에겐 미친 열정에 사로잡혀 저지른 낯 뜨거운 고백일 수도 있고, 돌에 맞아 죽어도 할 말이 없는 연애일 수도 있지만, 그런 비밀쯤이야 제 입을 다물고, 가슴에 꽁꽁 묻으면 그만이다.

영주, 서랍 맨 밑단을 열어, 가득 쌓여 있는 편지봉투 위로 편지를 던져놓고, 쿵 소리 나게 닫는다. 창밖으로 햇살이 점차 비쳐들며.

S# 2　선영 과수원집 / 낮

과수원 옆으로 난 마당 넓은 집. 마당 한 귀퉁이에 지어진 아궁이 보이고 떡시루의 뚜껑을 열면, 모락모락 피어나는 김 너머로 환한 얼굴의 선영. 덮은 보자기를 열고, 맛있게 익은 백설기를 떼어서 후후 불어 먹어보며.

선영 (아이 같은 목소리로) 맛있다~! (집 쪽을 향해 소리치는) 대영아~ 백슬기 엄청시리 맛있게 됐다! 동치미 한 사발이랑 같이 퍼다주까? 으이? 대영아~

대영E (버럭) 내 운제 떡 해달라 카드나! 안 먹는다꼬오~!

선영 (혼잣말) 뜨뜻할 때 묵으면 이기 을마나 찰지고 맛난 긴데. 우리 대영이는 그그르 몰라요~

선영, 어딘지 굼뜬 동작으로 떡시루를 불끈 들어서 내려놓고, 아궁이 위에 솥뚜껑을 뒤집어서 올려놓고, 말린 호박 등속을 쏟아붓고. 그사이 신이 난 얼굴로 메주를 풀어서 절구에 넣고 콩콩! 찧는다. 열기가 오르면, 호박오가리 나물을 볶다가, 맛을 본다.

선영 이기 뭐가 빠진 그지? 심심하네? (짬짬이 생각하다가, 박수치며) 맞다! 간장! 옴마 간장이 빠짔다! (바가지를 들고 뒤란을 향해 가며) 대영아! 내 장 떠올 동안 불 좀 봐라! 으이!~ 대영아아~

S#3 **선영 집 대영 방 안 / 낮**

홀아비 냄새가 진동하는 남루한 방. 추레하게 난 수염. 벌게진 눈으로 낡은 컴퓨터 앞에 앉아서 인터넷 경마를 하고 있는 대영. 도박중독이다.

대영 (혼잣말) 시끄럽다. 가스나가 어데 사나이 비즈니스 하는데 불을 봐라 마라 하노? (하다가 화면 쳐다보며 흥분한) 그래! 그그다! 천둥아! 달리래이! 달려! 니 발모가지에 내 운맹이 걸렸다 아이가! 달리래이!

광분한 대영의 모습에서 사운드오프 되면, 들리는.

영주na 하지만 아무리 감추려고 발버둥을 쳐봐도, 감추어지지 않는 빌어먹을 비밀이라는 것도 있다. 그것이 내게는… 한 핏줄로 연결된 가족이고… 언니…라는 이름의 여자다.

S# 4 선영 집 뒤란 장독대 / 낮

말갛게 넘실거리는 간장 수면 위로 선영의 얼굴이 들어온다. 환한 미소.

선영 하이고오~ 빛깔이 우짜면 이래 이쁘노~ 똑 우리 영주 눈빛 같대이~

장독대에 놓인 수십 개의 독들 중에 자기 키보다 큰 장독 앞에 받침대를 받쳐 딛고, 발돋움을 해서 간장을 뜨려고 한다. 닿을 듯 닿을 듯 바가지가 닿지 않아 헛손질을 계속하는 선영. 점차 장독 안으로 몸을 더 들이밀면서 허리가 반쯤 장독으로 들어간다.

드디어 바가지가 닿자, 얼굴이 환해지는 순간, 기우뚱하더니 옴마야! 하면서 간장독에 거꾸로 처박힌다. 버둥버둥 몸을 일으키며.

선영　　옴마야~! 내 죽는다. 대영아! 내 좀 살리도! 내 좀 살리도오~!

선영의 몸부림에 장독이 기우뚱거리다가 넘어지더니 구르기 시작한다. 안에서 버둥거릴수록 더 빠르게 구르기 시작하는 간장독. "대영아~!" 비명을 지르는 선영.

대영E　　그르치? 달리라! 달리라!

S#5　　선영 집 대영 방 안 / 낮

대영　　(흥분한) 일마야! 거서 처지면 안 돼! 목심 걸고 달리라꼬! 달려~! 아자자자~! (응원하던 말이 역전돼 경기 끝나면) 옘뱅할! 무신 말새끼가 이래 뒷씸이 없노! 미치버리겠다!

대영, 책상 위에 쌓인 은행 독촉고지서를 와락 밀쳐버리고, 책상을 뻥 차는데, 들리는 선영의 비명소리.

대영　　저 가스나는 또 무신 사고를 친다꼬 저 지랄이고! (일어 난다)

S#6　　선영 집 마당 / 낮

장독대에서부터 구르기 시작한 장독이 마당을 거쳐서 굴러오 면 슬리퍼를 끼워 신던 대영, 놀라서 장독을 붙들려다가, 미 끄러지며 오히려 힘만 보탠다. 맹렬하게 구르다가 돌확에 부 딪히며 와장창 깨지는 장독.
간장 범벅이 된 선영, 여전히 바가지는 든 채로 어질어질 일 어나 옆으로 팔자걸음을 하다가 털썩 주저앉으면,

대영　　지랄을 한다. 간장독이 니한테 뭐라 카드나? 그긴 왜 기 들어간 긴데?

선영　　(바가지로 시늉 하며) 내가 간장을 이르케 뜰라 캤는데 손이 잘 안 닿았다. (돌아보더니) 옴마야~ 이그 아까봐 서 우짜지? (깨진 간장독에 고인 간장을 바가지에 쓸어 담으면)

대영 (한심하다) 그라이까, 뭐 한다꼬 십 년도 더 케케묵은 간장은 뜰라 캤는데에~?

선영 어? (환해지며) 영주가 이 간장 드간 호박오가리 나물 억쑤로 좋아한다 아이가.

대영 영주우~?

선영 옹. 내일 영주 오는 날이잖나~

대영 니 미쳤나? 영주가 와 여길 오는데?

선영 아이다. 내일 오는 거 맞다. 내가 며칠 즌에 영주랑 즌화했었다.

대영 그 가스나가 은제 약속 지키는 그 봤드나? 벌써 삼 년이다. 어매 요양원 드갈 때도, 코빼기도 안 비추는 아가 내일은 뭐 빨아묵을 일이 있다꼬 오겠나! 꿈 깨라!

선영 (단호한) 아이다! 이분엔 꼭 올 끼다. 영주가 내캉 약속했다! (호주머니에서 휴대전화를 보여주며) 내가 전화한 그 비주까?

대영 (빽!) 택도 읍는 소리 말고, 얼른 물 뎁헤가 목간이나 하라꼬오!

선영 … 그라모, 우리 영주 안 오는 그나?

대영 계속 같은 말 씨부리게 할래! 안 온다꼬! 영주 그 가스나 죽어도 안 온다꼬! 됐나!

선영 (시무룩하다 반짝) 그라모, 대영아. 우리가 영주 보러 가모 안 되나? 기차 타고, 버스 타고 가모 안 되나?

대영 그 가스나가 누부 너라 카면 이를 을매나 뿌득뿌득 가는지 벌써 잊었드나! 으이! 진짜 한 분만 더 씨부리면, 내 이놈의 집구석 싹 다 불 싸지르고 나가뿔끼다! 알긋나!

선영 그카지 마라. 니까지 가뿔면, 내는 우예 살라꼬 그라는데? 그른 얘기 하지 마라. 내 무숩다. (눈물이라도 날 듯한 표정이다)

대영 (누그러진) 알았다. 알았으니까네 퍼뜩 물 받아서 목욕이나 해라.

선영 옹. 내 모욕하께. 간장냄새 다 지우께. (서둘러 일어나서 가면)

대영 에이, 떠그랄 놈의 인생! 낙이 읍다! 낙이! (휙 밖으로 나간다)

선영, 이미 다 눌러붙고 연기가 나는 호박오가리 나물을 서둘러 내리다가 손을 댄다. 앗, 뜨거! 하면서 귓불에 손을 대며.

선영 옴마야, 우리 영주가 좋아하는 긴데, 아까바서 우짜노…? (망연하게 하늘을 바라보더니 손을 모아 외치며) 영주야~! 내 니 좋아하는 백슬기랑, 빠끔장도 해놓고~! 호박오가리도 맹글어났는데~ 니 한 분만 오면 아이 되나? 으이? 김영주~! 내 동생~! (목소리 힘이 빠지며) 내 이쁜 동생… 진짜진짜 보고 싶은데…. (눈물을 쓱 훔치며 헤헤)

나가던 대영, 선영의 모습을 보며 마음이 안 좋다. "에이 씨!
떠그랄~!" 하면서 나간다.

S# 7　에스띨로 건물 전경 / 낮

에스띨로 표지모델 사진이 걸린 건물 전경 위로 경쾌한 음악
소리가 들리면.

S# 8　에스띨로 복도 / 낮

긴 복도를 빠르게 따라가는 시선. 굳은 얼굴의 영주와 뒤따르
는 김수리. 시크하고 도도한 도시적 느낌의 영주를 팔로우하
는 카메라. 음악소리가 들리는 스튜디오 문을 잽싸게 열어주
는 김수리. 영주, 싸늘한 표정으로 휙 들어간다.

S# 9　스튜디오 / 낮

밝은 조명 아래서, 가슴을 반쯤 드러낸 드레스 차림의 모델이
갖은 포즈를 취하고 있고. 카메라맨, "그렇지! 죽인다. 왼쪽으
로! 1센티만, 조금만 더 시크하게~!" 소리치면서 셔터를 연신
눌러대다가, 쿵! 문 닫히는 소리에 고개를 돌리더니, 뚝 굳어
버린다. 영주를 보며 긴장한 스태프들. 영주가 지나가면, 조
명이 하나씩 꺼지기 시작하고, 스태프가 음악을 툭 끈다. 담

당기자(조선희) 긴장해서 바라보고. 자뻑 포즈를 취하던 모델
이 그제야 돌아보다가 흠칫 놀란다.

영주   (스태프 모두를 무시한 채, 냉랭한) 조선희. 이번 화보
컨셉이 뭐였지?

조선희   (긴장한) 시크 앤 섹시입니다. 편집장님.

영주   근데, 지금 이게 뭐지? 이 브랜드 컨셉은 슬림하게 떨어
지는 라인에서 나오는 섹시함 아니었니? 그런데 이런
빅사이즈 애한테 이 드레스를 입히면 뭐가 될 것 같니?
뱃살, 젖살 뒤룩뒤룩한 보테르 그림밖에 더 나오겠냐구!

조선희   (뭐라 변명하려는) 그게 말입니다. 편집장님.

모델   (발끈해서 나서는) 편집장님, 저 빅사이즈 아니거든요?
저, 44거든요?

영주   (쓱 노려보며) 너, 모델 스펠링이 뭔지 아니?

모델   (지지 않고) 직업이 모델인데 스펠링도 모를 줄 아세요?

영주   그래? 그럼 어디 말해봐.

모델   엠. 오. 디. 이. 엘! 모델! 맞죠! 됐어요?!

영주   그래. 맞아, 모델. 그러니까 모델이면 모델답게 몸매 관
리 좀 할래? 팔뚝은 다 늘어지고! 뱃살은 무릎까지 처진
주제에! 가슴에 300CC 식염수 넣는다고 모델 되는 거
아니거든? 그런 식염수는 모델 갈 때나 쓰고, 진짜 모델
처럼 좀 시크하게 살아봐. 알겠니?

스태프들 킥킥 웃으면.

모델   (얼굴이 벌게져) 이거 식염수 아니거든요! 자연산이거
든요!

영주   (모델 흉내내며) 조기자님, 마감 이틀 남았거든! 애들
데리고 허튼짓할 시간 없는 거 알지!

조선희   예. 알겠습니다.

영주   내가 컨펌한 모델 보낼 테니까, 제발 헛발질 좀 하지 마
라. 응! (나가는데)

모델   (분한) 편집장님! 저요! 사장님이 직접 불러서 온 거거든
요! 근데 왜 편집장님이 하라 마라예요! 내가 이대로 물
러날 줄 알아요? (코디에게) 내 휴대폰 어딨어! 어딨냐구!

영주   (신경도 안 쓰고 걸어가며 아무렇지도 않게) 미친년…!

S# 10   **에스띨로 복도 / 낮**

빠르게 걸어가고 있는 영주 옆으로, 아이패드를 들고 뒤따르
는 수리.

영주   수리야. 저 또라이 배사장이 직접 보낸 애니?

수리   (눈치) 예. 오늘 아침에 갑자기 바꾸는 바람에 조 기자도
미처 연락을 못 한 것 같습니다.

영주   한심한 놈. 놀려면 제대로 된 기집애랑 놀던지, 어디 눈

이라고 그딴 걸 달고 다녀? 짜치게?

수리　　(잽싸게 에스띨로 문을 열어준다)

S# 11　　에스띨로 편집실 / 낮

영주가 들어오면, 근무 중이던 직원들 일제히 일어나 인사하고 더 부산히 움직인다. 마감 준비 중이라 전쟁터 분위기다. 편집실을 가로지르며.

영주　　메인 화보는? 나왔니?

수리　　예. 책상 위에 밀착프린트 뽑아놨습니다. 그리고 행복한 집 편집장님한테 전화 왔는데 오늘 편집장님 인터뷰 있으시다고….

영주　　장난해? 마감이 코앞인데 누구 맘대로 인터뷰를 잡아? 치워. 다른 건?

수리　　지난 달 독자선물에 문제가 좀 생긴 것 같습니다.

영주　　뭔데? 배달사고야?

수리　　그게 아니라, 일등상품이 ○○ 사 보석제품이었는데요. 그걸 사장님께서 말도 없이 가져가시는 바람에, 당첨된 독자가 항의전화 하고 난리 났습니다.

영주　　(혼잣말) 이 자식이 완전히 미쳤구나? 이제 독자들 사은품까지 손을 대? (수리에게) 사장님, 어디 계시니?

이때, 사장 방문이 벌컥 열리더니, 배일도 사장, 화난 얼굴로
나오며.

배일도 김영주 편집장님! 잠깐 얘기 좀 합시다!
영주 그럽시다!

노려보며 사장 방으로 들어가면, 사장 문을 쾅! 닫는다. 직원
들, 우르르 몰려서 사장 방 엿탐하려고 하면, 수리가 쓰윽! 물
리치고 저 혼자 엿탐한다.

S# 12 사장 방 / 낮

배일도 (휙 돌아보더니) 야, 김영주! 너 정말! 하는 일마다 이 따
위로 딴지걸래! 니가 자른 그 모델! 지난번 술자리에서
광고주가 직접 지정해준 애거든! 그런데 니 스타일에 안
맞는다고 다 잘라버리면 도대체 광고는 어떻게 받으라
는 건데! 어떻게든 잡지는 살려야 될 것 아냐!
영주 (화난) 살려? 에스띨로를 죽이고 있는 게 누군데? 배일
도! 니 아버지께서 발행인 하실 땐, 너처럼 안 해도 광고
만 차고 넘쳤어, 이 자식아!
배일도 그래! 내가 잠깐 미쳐서 주식에 손 좀 댔다가 말아먹었
다! 됐냐?
영주 그걸 지금 자랑이라고 떠벌리니?!

배일도 (참으며) 영주야. 에스띨로 죽으면, 너도 좋을 것 하나도 없잖아. 그러니까, 제발 나 좀 도와주라. 엉?

영주 그래? 그럼 뭘 어떻게 도와줄까? 이왕 망가지는 거 성형외과, 점집 광고까지 다 깔아줘?!

배일도 마음 같아선 정말 그렇게라도 하고 싶다. 엉?

영주 장난해? 잡지를 얼마나 삼류로 만들려고 이러는 건데? 광고비 몇 푼 더 땡기려다가 메인들 다 날리고 싶어!?

배일도 그놈의 메인들 백 개가 있으면 뭐 해? (지친 듯 털썩 앉으며) 당장 다음 달부터 잡지가 안 나올 텐데.

영주 … 뭐?

배일도 너한텐 얘기 안 했지만, 이번 달 월급부터 못 나간다. 지난달은 집 담보로 돌려 막았지만, 그것도 이제 바닥이야. 이달 안으로 투자 못 받으면 회사 넘겨야 될지도 몰라.

영주 미친 자식! 그걸 말이라고 해? 연매출이 백이십 억이 넘는 돈을 도대체 어디다 어떻게 말아먹었기에 그 따위 소리를 해! 투자자를 끌어오든! 회사를 팔아먹든 니 마음대로 해. 자식아! (휙 돌아나가면)

배일도 (머리를 쥐어뜯으며, 소리치고)

S# 13   에스띨로 편집실 / 낮

수리와 직원들, 사장실 상황을 주시하다가 영주가 나오자 일제히 시선을 돌리면. 편집장실로 걸어가면서.

영주　　판판히 놀다가 마감 닥쳤다고! 인터넷 기사 짜깁기하는
　　　　찌질이들! 나한테 걸리면 죽는다~! (휙 들어가면)

인터넷 검색하던 기자들. 허걱 하면서 화면창 닫고 눈치 본다.

S# 14　　편집장실 / 낮

유리부스로 되어 있는 공간. 영주, 짜증이 솟은 얼굴로 들어
오는데 순간, 카메라 셔터와 함께 플래시가 연이어 터진다.

영주　　(놀랐다가 짜증 솟구치며) 누구시죠? 지금 남의 방에서
　　　　뭐 하는 겁니까!

현주　　(뒤에서 들어오며) 뭐 하긴. 대한민국 최연소 편집장님
　　　　인터뷰 사진 찍는 거지.

영주　　(화가 치민) 강 선배!

현주　　(카메라맨에게 나가 있으라는 시늉 하고 자리에 앉으며)
　　　　이렇게라도 안 하면 니가 우리 잡지 따위에 인터뷰 해주
　　　　겠니?

영주　　그래서? 마감 이틀 남은, 남의 전쟁터에 와서 난장을
　　　　쳐? 지금 장난해, 선배?

현주　　그럼 어떡하니? 편집차장이란 것이 오늘 아침에 와서야
　　　　인터뷰 펑크 났다고 징징대는데, 공짜 아니니까 한 번만
　　　　쏴줘라.

영주	선배!
현주	에헤이~ 공짜 아니라니까. 내가 니네 회사에 제대로 된 투자자 하나 물어다줄게.
영주	우린 투자자 같은 거 필요 없거든요. 그러니까~ (자리에 앉으면)
현주	(책상 짚고) 에헤이~ 이거 왜 이러시나? 이 바닥 소문 칼인 거 몰라? 니네 꼰대 요즘 급전 구하러 다닌다던데, 이번 달 월급 나왔어?
영주	(뜨끔하지만) 누가 그런 근거 없는 헛소리를 풀고 다니는 거야?
현주	니네 사장, 우리 사장한테 돈 빌리러 왔었어, 이 친구야.
영주	(어쩔 수 없다. 표정 바꾸며) 좋아. 원하는 게 뭔데?
현주	니 잘난 스펙 좀 팔아먹자.
영주	선배, 벌써 감 떨어졌니? 은퇴할 나이 됐어? 패션지 편집장 나부랭이가 무슨 기사가 돼?
현주	너 말고 니 남편. 박정도 교수님.
영주	남편…?
현주	왜 이러서? 요즘 토론 프로 섭외 영순위에, 연예인들이 계약을 앞두고 가장 만나고 싶어 하는 저작권법의 고수.

S#15 대학 강의실 / 낮

法! 人間이라고 한문으로 휘갈겨 쓰고 있는 정도 위로.

현주E 팔로워가 자그마치 80만이 넘는 스타 법학자시잖아~!

정도 (탁! 칠판을 쳐 백묵을 부러뜨리며) 법! 도대체 이 법이란 게 뭡니까! 국가의 강제력을 수반하는 사회규범! 국가 및 공공기관이 제정한 법률, 명령, 규칙, 조례 따위? 이거 다 웃기는 소립니다. 법이란 건! 인간이 인간답게 살기 위해서 만든! 가장 기초적인 상식이자, 인간에 대한 예의와 염치를 기반으로 만든 최소한의 행동규범! 이게 내가 말하는 법이라는 겁니다!

남도 바울이란 신학자가 그랬죠? 인간은 똥과 오줌 사이에 태어난 존재다…! 그 사람 틀렸어요! 인간은 그런 존재가 아니에요! 끊임없이 존경받고, 사랑받을 자격이 차고 넘치는 우주의 꽃과 같은 존잽니다! 그래서! 판례 하나 더 외워서 사법고시 패스하는 것보다 먼저 인간에 대한 예의와 염치를 회복하는 게 중요하다는 겁니다! 그리고 그것만이! 여러분이 이, 인간 박정도의 수업을 듣는 유일하고 절대적인 이유가 되어야 된다는 겁니다!

학생들 (존경하는 시선으로 정도를 보면)

정도 우린 서로를 존경하고, 사랑하면서 사는 인간이라는 존잽니다. 아시겠습니까?

학생들 (제각기 감동어린 목소리로) 예~!

정도 좋습니다. (반응에 만족한 미소) 그럼 끝으로 마이클 샌들의 정의에 대한 규정으로 오늘 강의를 마치기로 하죠. (선언적으로 폼 잡으며) 정의란…! 강요에 의한 선택이 아니라 공동선을 위한…! 자유의지에 의한 자발적인 선택이다…! 유 가릿?!

학생들 예스~! 위 가릿! (일제히 감동의 박수를 친다)

S# 16　강의실 앞 복도 / 낮

정도, 강의실에서 나오면 기다리고 있던 여학생들. "교수니임~! 너무 멋지세요~", "지난번 시사토론 완전 짱이었어요~!" 응원하고, 꽃송이, 초콜릿 선물을 떠안기고, 휴대전화 카메라 들이대며 "교수님, 인증샷 한번 찍어주세요~" 한다. 정도, 여학생들과 일일이 귀요미 포즈로 인증샷 찰칵! 찍는 모습 위로.

현주E 요새 20, 30대 피메일한테 가장 핫!한 남자잖아. 니 남편.

S# 17　편집장실 / 낮

영주 그럼 그 사람이 얼마나 바쁜지도 잘 알 거면서 왜 이래? 나도 겨우 아침저녁으로 얼굴밖에 못 보거든요? 그러니까, 공연한 데서 힘 빼지 말고 다른 인터뷰나 찾아보시죠?

현주 (이죽거리는) 얼굴은 본다니, 그래도 다행이네~

영주 (이죽거리는 것 눈치채고) 무슨 뜻이야?

현주 니네 별거한대며?

영주	(뜨끔) 누가 그래?
현주	얘기했잖아. 이 바닥 소문 칼이라고.
영주	(피식 웃고) 도대체 이 바닥 소문이 칼이라고 누가 그럽디까? 로스쿨 정교수 임용이 얼마 안 남아서요, 따로 작업실 구해서요~
현주	구해서요~ 영생대학재단 이사장 딸내미랑 동거한대요~?
영주	… 선배!
현주	니 남편 독일에서 귀국하자마자부터 집에 안 들어간다며? 알 만한 사람들은 다 알아, 이 기집애야!
영주	(굳는데)
현주	삼 년 내내 뒷바라지해줬더니, 간판 좀 달았다고 마음이 바뀌었대? 요새 이혼하자고 진상은 안 떨어?

이때, 영주의 휴대전화 문자메시지가 울린다. 휴대전화를 열면 빨간색 바탕에 '이혼해줘. 이혼해줘. 이혼해줘' 끝도 없이 적힌 문자들.

S# 18   달리는 정도 차 + 아파트 주차장 / 낮

정도, 이혼해줘! 작성된 메시지를 다시 한 번 누르며.

정도	(노래하듯) 한 번 더~! (보내고 휴대전화 던지며) 이혼해

주쎄요~ 이혼해주쎄요~

홍얼거리며, 주차장에 차를 세운다. 내리더니 삑삑! 외제 승용차 잠금장치를 누르고 아파트로 올라간다.

S#19   채린 집 주상복합 복도 + 거실 / 낮

승강기에서 내려, 익숙하게 비밀번호를 누르고 문을 열고 들어간다.

정도   채린아~ 오빠 왔다~ 채린아~ (신발을 벗는데, 남자 신발이 여러 켤레다) 누구지? 채린아. 손님 왔니? (거실로 들어가면)

채린   (안쪽에서 후다닥 뛰어나오더니) 오빠! 도망쳐!

정도   …?

채린   얼른 도망치라구!

이때, 거실로 우르르 몰려나오는 건달들. 정도, 뜨끔 놀라지만 호기롭게! 채린을 자신의 등 뒤로 보호하며.

정도   당신들 뭐야! 당신들 뭔데 남의 집에 함부로 들어와 있는 거야! 채린아! 이 사람들 뭐야!

순간, 건달 1이 정도의 얼굴에 주먹을 빠악! 날린다. 나가떨어지는 정도. 채린, 비명을 지르며 "오빠!" 달려오려고 하면, 건달 2가 붙들고.

정도   (벌떡 일어나더니) 그 손 못 놔! 당신들! 내가 누군지 몰라서 이러는 모양인데, 나 한국대학 법대 교수 박정도야! 박정도! (하다가 얻어맞고 나뒹굴지만, 우습다는 듯 배짱부리고 일어나며) 지금 당신들이 얼마나 큰 실수를 하고 있는지 모르는 모양인데! 내가 알게 해줘? 당신들은! 지금 형법 제319조 불법가택침입 및 제320조 특수주거침입! 그리고 폭력행위 등 처벌에 관한 법률 제2조, 3조에 의해 가중처벌되는 무지하고 폭압적인 죄를 저지르고 있는 거야! 당신들! 내 전화 한 통이면 어떻게 되는 줄 알아? 최소한 5년은 콩밥 먹어야 돼. 5년! 알기나 해? 이 무지하고 몽매한 인간들아!

하는데, 안방에서 나온 풍채 좋은 50대 후반의 남자, 다가오며.

오민석   쉐끼! 누가 법 쪼가리 빨아묵고 사는 놈 아이랄까봐, 주디는 잘 놀리네~ 그라모, 마누래에 애새끼까지 있는 눔이 처녀를 임신시킨 죄는?! (얼굴 휙 들이밀며) 뭔데!
정도   (뜨끔) 누구십니까?
오민석   내? 내는 오채린이 아부지다! 이 싹퉁 바가지 쉐끼야!

정도	(잽싸게 90도로 인사하며) 처음 뵙겠습니다! 장인어른!
오민석	장이인? 이 쉐끼! 눈까리를 콱 찔러가 장님을 만들어뿔라! 이 쉐끼 잘못했다고 빌 때까지, 조져!
건달들	예! (하면서 정도에게 다가오면)
정도	(겁나지만, 꿋꿋하게 버티며) 장인어른! 절 아무리 때리셔도, 채린이를 사랑하는 마음은 막을 수 없을 겁니다! 제 사랑을 의심하신다면, 치십시오!
채린	(감동해서) 오빠아~
오민석	(기막혀 보다가 건달들 뒤통수치며) 뭐 하노, 이 쉐끼들아! 법학자께서 치라잖아! 치라 캤으니까 맘대로 치라꼬!
건달들	예! (정도를 때리려고 하면)
채린	(건달 뿌리치고, 정도 앞을 막으며) 니들이 뭔데 우리 오빠를 때려! 이 나쁜 새끼들아! 더 이상 우리오빠한테 손대면, 니들 나한테 죽어~!
정도	… 채린아.
채린	오빠 가만히 있어! 오빠 내가 지킬 거야!
오민석	(기막혀서) 오채린. 니 진짜 몬 비키나?
채린	싫어! 아빤, 아빠 사위 될 사람한테 어떻게 이래? 곧 할아버지 될 사람이 어떻게 이러냐구!!
오민석	(끓어오른다) 니 진짜!
채린	아빠 자꾸 이럼 나 콱 죽어버린다! 여기 이 뱃속에 있는 애랑 같이! 콱! 죽어버린다구!
오민석	뭐라꼬오?

정도 채린아, 안 돼. 그 아이가 어떤 아인데. (나서며, 비장하게) 장인어른, 차라리 절 죽이십시오.

채린 (감동한) 오빠아…

정도 채린아~ (벅차게 보면)

오민석 (기막혀서) 놀고 자빠졌다. 놀고 자빠졌어! 아이고오~!

S# 20 동 편집장실 / 낮

영주 (꼬인) 내 남편이 뭐 하고 다니는지 그렇게 잘 아는 사람이, 나더러 인터뷰하라고 온 거야? 별거 중인 남편이랑 가면 뒤집어쓰고 히히 호호 웃으라구? 그 꼴 보고 싶어서 왔어?

현주 김영주! 내가 널 몰라? 천 마디, 만 마디, 하고 싶은 말이 있어도 죄 가슴속에 묻어놓고, 말 한 번 제대로 못하는 놈이니까! 인터뷰 핑계로 만나서! 치고받고 싸우건! 깨끗이 갈라서건! 끝장을 내라는 거잖아!

S# 21 동 채린 집 거실 / 낮

소파에 마주 앉은 오민석과 정도, 채린.

오민석 니 이제 우짤 낀데?

정도 예?

오민석	처녀한테 애를 배났시모, 우째 할찌 얘기를 해얄 것 아니야, 쉐끼야! 우리 채린이를 니 첩으로 만들 끼야! 으이!
정도	아닙니다! 지금 이혼 진행 중이니까, 조금만 기다려주시면…
오민석	이틀!
정도	… 예?
오민석	이틀 준다꼬! 이 쉐끼야!
정도	이틀…이요?
오민석	그래, 이틀 줄 테이까네, 이틀 안에! 이혼서류에 니 엑시! 마누래! 인감도장 쾅! 찍고! 니 마누래 인감증맹, 니 인감증맹. 각 일 부씩 첨부해 가온나. 알겠어?
정도	… 예. 알겠습니다. 장인어른!
오민석	장인은~ 쾅! (때릴 듯 위협하다가 차마 못 때리고 일어나며) 내는 약속 못 지키는 놈은 인간으로도 안 본다. 무신 말이지 알제?
정도	(벌떡 일어나며) 예, 알겠습니다. 장인어른.
오민석	(손이 근질거리지만 참고 나가다가) 뭐 하노? 가스나야! 퍼뜩 몬 일나나?
채린	싫어, 안 가! 아빠 먼저 가.
오민석	뭐라꼬?
채린	우리 오빠 많이 다쳤잖아. 가더라도 치료해주고 갈 거야.
오민석	아이구야~ 여보 마누래. 우리 집안에 열녀 났다. 열녀 났어. (정도 보며) 가스나 집에 얹혀사는 이른 기 모가

좋다고~ 콱! (하다가) 이틀이대이! 명심해라. (가면)

정도 살펴 가십시오. (꾸벅 절을 한다)

오민석과 건달들, 몰려나가고. 문 닫히는 소리 들리면, 털썩 소파에 앉는 정도.

채린 오빠, 많이 아팠지? 내가 약통 가져올게? (일어나려고 하면)

정도 (붙들며) 채린아. 니네 아빠, 영생대학재단 이사장님 아니셨어?

채린 응. 맞아.

정도 근데 어떻게 저렇게 사나이다우시지?

채린 (칭찬에 기분 좋아져서) 응~ 원래 울 아빠는 사채업자였는데, 남들이 무시한다고 재단 인수한 거래. 가오 안 빠지려구.

정도 응. 그렇구나.

채린 잠깐만 기다려? 내가 약 발라주고 호~ 해줄게? (가면)

정도E (후우 한숨 쉬고) 미리 정보 파악하고 준비 안 했으면, 작살날 뻔했잖아? (히죽 웃고)

정도 자, 이제 산 하나는 넘었으니, 나머지 하나만 더 넘으면 종신교수는 떼논 당상이고, 이혼도장만 찍으면~! 영생대학재단 후계자가 된다 이거지~ (흐흥)

S#22   승강기 앞 / 낮

현주   (승강기 열리면) 어떡할 거니? 인터뷰해, 말어? 아, 해 말어?!

영주   선배는 이혼이 그렇게 쉽디? 그럼 닻별이는 어쩌라구? 삼 년 동안 눈이 짓무르도록 지 아빠만 기다린 애한테, 아빠 딴 년 생겨서 너한테 안 온다 그래?! 가뜩이나 지 아빠 데려오라고 사고란 사고는 다 치고 다니는 애한테 대체 뭐라고 설명하냐구!

현주   … 영주야.

영주   선배 아니어도 나 딱 돌기 일 분 직전이거든?

현주   알았다. 미안하다. 없던 걸로 치자. (승강기 올라타면)

영주   요즘 내 꼴이, 꼴이 아니야. 미안해.

현주   간다.

영주   가요. (승강기 닫히면 돌아서는데, 참담하다. 후우 한숨 쉬고, 인사하는 직원들한테 표정 바꾸고 걸어간다)

S#23   채린 집 거실 / 밤

  정도의 진 입술에 약 발라주며, 호호 불어주는 채린.

채린   많이 아팠지? 오빠⋯

정도   (미소 지으면)

채린 으휴, 속상해. 오빠 운동도 만능이면서 왜 그냥 맞고만 있었어? 기냥 콱! 때려주지!

정도 내 인생의 모토가 비폭력과 무저항이잖니~ 인도 독립 운동의 아버지인 간디도 나랑 똑같은 선택을 했는데 말이지.

채린 (귓등으로도 안 듣고) 근데, 오빠.

정도 (말 끊겨 자존심 상하지만 아무렇지도 않은 척) 응?

채린 오빠 전처. 여태껏 이혼서류에 도장을 안 찍어준 여잔데, 이틀 만에 받아올 수 있겠어?

정도 엥뽀씨블 네 빠 프랑쎄.(*Impossible n'est pas français.*) 나폴레옹.

채린 그게 무슨 말이야?

정도 불가능이란 없다. 나폴레옹이 한 말이지.

채린 응? 나폴레옹은 그런 말 한 적 없다던데? 그건, 쓰 네 빠 뽀씨블, 메크리베-부. 쓸라 네 빠 프랑쎄(*Ce n'est pas possible, m'ecrivez-vous. Cela n'est pas français*). 당신은 불가능하다고 내게 썼지만 그건 프랑스어 답지 않다, 라는 말이 잘못 전달된 거래. 오빠, 내가 공부는 안 했어도 파리에서 죽 때리고 놀았잖아.

정도 (미소) 채린아. 오빠 독일어 전공이잖아. 그리고 그 말이 그 말이지. 안 그래?

채린 (히죽) 맞아. 오빠 독일어였지?

정도 아무튼, 오빠 믿지?

채린　　응! 믿어 오빠.

채린에게 웃어주고, 전의를 불태우는 정도의 얼굴에서 짧은 암전.

S# 24　선영 과수원집 앞 / 새벽

벌써 차려입고 일 톤 트럭에 얼굴을 비추고 있는 대영. 시계를 보더니, 안에 대고 빽! 고함지른다.

대영　　김순영이! 니 지금 뭐 하는 기가! 퍼뜩 몬 나오나?

선영E　지금 나간다아~!

대영　　나간다, 나간다 한 기 벌써 30분이다. 30분! 니 서울 안 가고 싶나!

선영　　어데! 지금 나간다!

문을 열고 나서는 선영. 촌스러운 복장이지만 정성껏 입은 옷. 하얀 얼굴에 붉은 립스틱이 강렬하다.

대영　　쥐 잡아 치묵고 왔나! 주디가 와 그렇게 빨갛노!

선영　　이쁘나?

대영　　지 나이가 몇 살인데! 언능 지우라, 이 가스나야!

선영　　영주네 잡지에서 선물로 준 근데… 그래 이상하나?

대영	아, 남사스러우니까네 얼른 지우라꼬!
선영	(입술 삐죽 내밀고 서 있으면)
대영	저, 저 쇠고집~! 에이 씨. 치아뿔고 얼른 타기나 해라!
선영	(환해지며) 옹~! (보따리를 바리바리 트럭에 싣는다)

S# 25   에스띨로 전경 / 아침

S# 26   에스띨로 편집장실 / 아침

밤을 새서 피곤할 얼굴의 조선희(패션팀), 로버트 오(뷰티팀),
홍이림(피처팀), 진태오(광고팀), 나재원(디자인팀), 김수리.
회의 테이블에 앉아 있고, 잡지 샘플을 검토 중인 영주.

영주	(안경 벗고, 잡지 탁 덮으며) 오케이! 생각보다 전체적으로 잘 뽑혔어. 패션팀, 뷰티팀 화보 다 좋아.
선희/로버트	감사합니다.
영주	진태오. 가뜩이나 불경긴데, 광고 메꾸느라 애썼다.
태오	(쓱 거수경례하는 시늉)
영주	그리고 피처팀. 이번 호 기획특집 기사 완전 좋다. 좋은데, 이거 원고분량 사분지 일만 줄이자.
이림	예? 편집장님. 잘 나왔다면서 분량은 왜…
영주	(쓰윽 노려보면)
이림	… 죄송합니다. 알겠습니다.

영주　나팀장! 피처팀에서 수정원고 나오면, 여기 박스 하나 나올 거야. 어제 잘랐던 모델 애 불러다가 여기 이 제품 이미지컷 찍어서 실어.

나재원　예? 알겠습니다.

영주　다들 먹고살자고 하는 짓이니까 입술 내밀지 말고! 빌어먹을 광고주가 부탁하신 거라는데, 짤라? 월급 받기 싫어?

직원들　아닙니다!

영주　나가봐.

직원들　(우르르 나가면)

영주　(펜 내던지고 앉으며) 젠장. 꼭 이러고 살아야 되나? (하는데, 수리가 기다리고 있다) 왜? 무슨 할 말 있어?

수리　미 대사관에서 팩스가 넘어왔거든요.

영주　(반짝) 그래? 닻별이 비자 나왔구나?

수리　그게 아니라… 편집장님이 제출하신 서류가 부족해서, 비자발급이 보류됐답니다.

영주　(화난) 달라는 거 다 줬는데, 뭐가 또 부족하대니?

수리　편집장님이 제출하신 통장잔고 증명은 일반시민용이구요. 닻별이 같은 국제학생들 경우엔 통장잔고가 3만 5천 불 정도 더 필요합니다.

영주　그럼, 토털 6만 5천 불이라는 거야?

수리　예. 편집장님.

영주　… 알았어. 나가봐. (수리가 나가면, 한숨 쉬며) 겨우 전세자금 대출받아서 넣어둔 건데… (암담하다)

S# 27   달리는 트럭 안 / 아침

대영, 운전을 하고 있고, 선영도 신이 나서 창밖을 바라보고
있다.

대영   누부야. 영주 집 주소 함 읊어봐라.

선영   (아이들 책 읽듯 리듬 실어) 영주집 주소. 서울시 종로구
           팽창동 336 다시 18번지, 입니다.

대영   맞다. 버스터미널에서 내리면 우짠다고?

선영   일산행 3호선 지하철 타고, "이번 정차할 역은 안국역! 안
           국역! 입니다." 하고 치이! 문이 열리면, 후다닥 내린다!

대영   그르치. 잘한다? 그라고?

선영   그라고? 음. 지하철역을 나와서, 택시를 타고 "기사님.
           서울시 종로구 팽창동 336 다시 18번지 가주세요" 한다!

대영   서울시 종로구는 빼고. 다시 해봐라.

선영   응. 기사님, 서울시 종로구는 빼고 팽창동….

대영   아이, 그기 아이고! (서울 말투 흉내) 기사님! 평창동
           336-18번지 가주세요~! 이카라니까. 다시 한분 해봐.

선영   응. 기사님! 팽창동 336-18번지 가주세요.

대영   팽창동이 아이고, 평창동! 누부 니 영주랑 산다꼬 서울
           말 열씨미 배왔잖아. 그그르 해봐!

선영   응. 기사님! 평창동 336-18번지 가주세요!

대영   그렇지~! 우리 누부 완전 똑똑하다! 영주가 어뜨케 왔냐

고 물으면 꼭 그 순서대로 대답해야 된대이. 내가 데리

다줬다꼬 얘기하모 절대 안 돼~!

선영   응. "영주야, 내 혼자 버스 타고 지하철 타고, 택시 타고

왔다!" 그래 얘기할 끼다.

대영   그래. 김슨영이, 우리 누부 짱이다. 짱~!

선영   짱. 짱~ (대영의 칭찬에 헤벌쭉해진다)

대영   (혼잣말) 이래 가모, 영주 지도 뭐라 몬하겠지…

S#28   에스띨로 편집장실 / 낮

영주, 컴퓨터로 인터넷 뱅킹에 접속, 통장잔고 확인 중이다.
고작 백만 원 남짓한 잔액. 후우~ 한숨을 쉬고 서랍에 들어
있는 보험증서들을 모두 꺼내든다. 증서들을 확인하면서.
(W.P.)

CUT TO

영주   (통화 중이다) 꼬박 십 년이 넘게 납부했는데, 담보 대출

금이 그것밖에 안 된다구요? 그럼 해지하면 환급금은

얼마죠? (표정이 어두워지며, 숫자를 받아 적는 모습에

서 W.P.)

CUT TO

영주   안녕하세요? 마이너스 통장 한도 때문에 전화 드렸습니

다. (사이) 아, 2천만원까지는 가능하다구요? (환해지며) 예. 감사합니다. (숫자를 적는다)

CUT TO
종이에 적힌 보험 해지 환급금. 마이너스 통장. 전세금 보증 대출금 숫자들을 더하고 빼보지만… 아직도 한참이 부족하다. 후우~ 한숨을 쉬는 영주. 이때 휴대전화 울린다. 닻별 교수님이라고 뜬다.

영주 (긴장하고, 톤 바꾸며) 어머, 교수님. 안녕하셨어요? 제가 먼저 연락을 드렸어야 하는데, 죄송합니다. 예. (하다가 놀란) 예? 닻별이가요? 알겠습니다. 지금 바로 찾아뵙겠습니다. (전화 끊고, 서둘러 나가며) 수리야! 김수리!

S# 29 달리는 영주 차 / 낮

CUT TO
도로를 질주하고 있는 영주의 차 위로 신호음 선행하고.

CUT TO
차 안. 운전하고 있는 영주. 신호가 가고, 전화를 받는 목소리 들린다.

남F	여보세요?
영주	(당황한) 아. 죄송합니다. 이제하 선생님 휴대전화 아닌 가요?
남F	선생님 지금 수술 중이신데, 어디시라고 전해드릴까요?
영주	예. 저는 김영주라고… (하다가) 아니, 제가 다시 전화 걸겠습니다. (초조하게 운전하면서, 다시 어딘가로 전화를 건다)

S# 30   신경외과 수술방 / 낮

수술 중이던 제하. 마크로 렌즈에서 눈을 안 뗀 채,

제하	누구 전화였지?
인턴	(대기하고 있다가) 예. 김영주씨라는 분이셨습니다. 선생님.
제하	(문득 굳다가) 그래? 무슨 일이래?
인턴	바로 끊어서 잘 모르겠지만, 좀 급하신 것 같았습니다.
제하	(렌즈에서 눈 떼고 잠깐 생각하다가) 자, 우리도 속도 좀 내볼까? 환자분 피곤하시겠다!
레지들	예!
제하	(집중한다)

S# 31   평창동 집 앞 / 낮

대영의 트럭이 들어와 서면, 차에서 내리는 선영. 보따리를 바리바리 들고 집을 올려다보며.

선영   우와, 우리 영주네 집 진짜 신기하다아~ 3년 전에 봤을 때보다 키도 더 크고, 훨씬 이뻐졌다. 그쟈?

대영   (차창으로 고개 내밀고) 그래. 영주가 돈 억쑤 벌어가 새로 지었는갑다. 누부야. 영주한텐 내가 시키는 대로만 얘기해야 된다. 알긋제?

선영   걱정 마라.

대영   얼른 드가봐라. 내는 간대이. (차를 몰고 간다)

선영, 인터폰을 찾아서 누르려는데, 띠이~ 소리와 함께 갑자기 문이 열리면서 커다란 개 세 마리가 우르르 몰려나온다. 옴마야~ 하면서 물러나는 선영. 개줄을 잡고 나오는 최고만 (40대 후반). 심술보가 덕지덕지 붙었다. 문을 닫고 선영을 보더니.

최고만   당신 뭐야? 뭔데, 남의 집 앞에서 어슬렁거려?

선영   (절 꾸벅) 안녕, 안녕하세요? 제 이름은 김선영인데요. 여기가 (노래하듯) 서울시 종로구 평창동 336 다시 18번지, 맞죠?

최고만   (뭐야, 이 여자? 쳐다보며) 한글 몰라? 거기 그렇게 쓰여 있잖아.

선영   돌다리도 뚜들기며 걷는다꼬 한분 더 물어본 거예요.
(웃으면)

최고만의 시선으로 스캔되는 선영의 얼굴과 두껍게 옷을 껴
입은 몸매가 비너스의 황금비율 몸매와 비교되며, 1 대 1.498
로 계산된다.

최고만   뭐야? 이 황금비율과는 담쌓은 이티 같은 체형은? 당신
외계인이야?

선영   (뻥해서 보면) 예?

최고만   (선영의 보따리를 지팡이로 휙 뒤적이더니) 뭔데? 반찬
거리야?

선영   어? 이게 반찬거린지 어떻게 알았어요? 신기하다~

최고만   신기한 건 당신이지, 이 사람아! 아무튼, 앞으로 질문은 내
가 하는 거지, 당신이 하는 게 아니니까 명심하고! (인터폰
누르더니) 김군아! 새 찬모 온 모양이다! 문 열어줘라.

인터폰E   예, 회장님. (띠 소리 들리고 문 열리면)

선영   고맙습니다아~ (절을 꾸벅하고 보따리 들고 들어가면)

최고만   아줌마! 음식 좀 제대로 만들어보쇼! 맛없으면 바로 잘
라버릴 테니까. 알았어?

선영   예에~! 여기 준비 다 해 가 왔거등요? 고맙습니다아~

선영이 열린 문으로 바지런하게 들어가면, 최고만 시선으로

선영의 뒷모습 중에 엉덩이가 줌인 스캔되면서. 엉덩이라인을 따라 좌표값에 따른 구형이 나누어지고 $y=-\sqrt{4-(|x|-2)^2}$ 수식이 뜨면서 볼록한 엉덩이 형상 그래프가 그려지면.

최고만   (혼잣말) 뒤뚱뒤뚱~ 오리냐? 거위야? 하여튼 게으른 족속들 몸매 관리하는 꼬라지들 하고는. (바라보는 개들을 당기며) 눈 버려, 이놈들아. 가자~! (개들 몰고 가면)

선영   (현관으로 가다가 돌아보며) 저 개장수 아저씨는 아까부터 뭐라꼬 씨부리쌌노? (집사를 보며) 안녕하세요? (인사한다)

S# 32   대학 주차장 / 낮

건물 앞에 차를 급하게 세우는 영주. 종종걸음을 치면서 건물을 향해 걷는데, 영주 보폭에 맞춰 들리는 구령소리.

제하E   하낫둘! 하낫둘! 하낫둘~! 김영주 편집장~ 제자리 섯~!

움찔 놀라서 발걸음을 멈추고 돌아서면, 제하다!

영주   (반갑고 놀란) 제하야~!

제하   군대보다 빡쎄다는 잡지사 편집장님, 제식동작이 왜 그래? 제자리 섯~! 하면… (시연해 보이며) 하나둘! 이렇게 서야지.

영주 (웃을 정신도 없다) 제하야…!

제하 어이구. 천하의 김영주가 딸내미 문제라니까 아주 쩔쩔 매는구나. 용준이 그 자식, 너한테 관심 있는 거 아냐? 별일도 아닌 일 가지고 오라 가라 하구.

영주 (마음이 급해서) 이제하 선생님~!

제하 알았다. 그래, 가자~!

S# 33 수학과 강의실 / 낮

2^9 (mod 5,157,437)에 대한 값을 구하시오.
스터디 멤버들이 삼면 칠판에 서서 문제를 푸느라 끙끙거리는 모습이 보이고, 닻별은 뾸이 난 표정으로 구석에 앉아 있다. 제하, 용준과 서 있고.

영주 왜 그랬니…! 왜 그랬냐구 엄마가 묻잖아…!

닻별 (입술만 내밀고 꿍한)

영주 (답답하다) 박닻별. 니가 무슨 짓을 했는지 알고나 이러는 거니? 너랑 같이 공부하는 스터디 멤버 오빠들이 일주일 내내, 밤을 새면서 풀어놓은 수식 파일을 니 손으로 삭제한 거야. 그게 어떤 의민 줄 알아?

닻별 (냉랭한) 내가 푼 거야.

영주 … 뭐?

닻별　　내가 푼 거라서 내가 지웠어! 근데 그게 뭐가 문젠데?

스터디 멤버들, 얼굴 하얗게 질려서 눈치보고, 용준과 제하 놀라서 보면.

영주　　(놀랍지만 침착하게) 그게… 무슨 소리야?

닻별　　몰라서 물어? 어른들은 다 똑같잖아! 같은 멤버로 인정 도 안 해주면서, 필요할 때만 천재 대접해주는 척하고, 결국은 자기들 편한 대로만 이용하잖아! 그래서 지웠어! 왜 난 그것도 못해?

영주　　닻별아.

닻별　　엄마도 마찬가지 아냐? 나 위하는 척하면서 뭐든 엄마 맘대로 결정하고! 난 시키는 대로 하는 기계잖아!

영주　　박닻별.

닻별　　그래, 풀게! 풀어주면 되잖아!

닻별, 영주를 밀치고 삼면 보드로 가더니, 비켜! 하고 마커펜 을 든다. 낑낑거리는 수식을 순식간에 적어내려가는 닻별. 분 하고 서러워서 눈물까지 그렁그렁하면서 빠르게 수식을 풀어 내려간다.

$$r_7 \equiv r_6^7 = 2,157,880^7 \equiv 4,879,227 \ (\mathrm{mod}\ 5,157,437)$$

$$r_8 \equiv r_7^8 = 4{,}879{,}227^8 \equiv 4{,}379{,}778 \ (\text{mod } 5{,}157{,}437)$$

$$r_9 \equiv r_8^9 = 4{,}379{,}778^9 \equiv 4{,}381{,}440 \ (\text{mod } 5{,}157{,}437)$$

$$2^{9!} \equiv 4{,}381{,}440 \ (\text{mod } 5{,}157{,}437)$$

멤버들, 침을 꿀꺽 삼키며 닻별을 바라보고, 제하와 용준도 놀랍게 본다. 닻별, 마지막 답까지 적고, 마커펜을 탕! 내려놓고, 멤버들 보며.

닻별   이제 됐어요?!
멤버들   … (차마 대답을 못하면)
닻별   (영주 보며) 됐냐구?!
영주   (차마 대답을 못하고, 고개 끄덕이며 어색하게 웃는데)
닻별   (원망스러운 미소) 엄마도 나한테 바라는 게, 결국 이런 거지?

휙 나가버리는 닻별. 영주, "닻별아~" 불러보지만 답답하고 착잡한데. 제하, 얼른 가보라는 눈짓. 영주, 용준에게 목례하고, 닻별이 가방을 챙겨들고 나가면. 용준, "이놈의 자식들! 너희들 일루 와봐!" 소리치고 멤버들, 고개 숙인다. 제하, 걱정스럽게 돌아보는데.

S# 34   최고만 집 / 오후

엄청 넓은 집. 최고만의 수집벽을 보여주는 세계 명화들과 가구가 정확한 황금비율에 맞게 세팅되어 있다. 선영, 주방에서 바리바리 싸온 음식들을 꺼내느라 정신없다. 김집사, 선영이 하는 양을 물끄러미 보고 있으면.

선영　　(경상도 억양으로 서울말을 쓰며) 아저씨, 아저씨는 어디 살아요?

김집사　예? 저야 당연히 이 집에 살죠.

선영　　(혼잣말) 아, 그럼 영주네 집에 셋방 사는 아저씨구나.

김집사　예? 영주란 사람이 누군데요?

선영　　(듣지도 않고) 아저씨, 거 보따리 좀 열어주세요.

김집사　이, 이거요? (얼결에 열면)

선영　　거기 풍선 있죠? 그거 다 불어주세요.

김집사　풍선이요? 풍선은… 왜요?

선영　　(가슴 치며) 아우 답답해. 생일파티는 풍선이 있어야 생일파티잖아요. 그것도 몰라요? 아, 빨리빨리 불어요.

김집사　오늘 회장님 생신이신가? (얼결에 푸우~ 푸우~ 불기 시작한다)

선영　　(냄비에 재료를 담고) 셋방 아저씨. 이거 어떻게 켜요?

김집사　저기요, 아주머니. 전요 셋방 아저씨가 아니라요. 이 집 관리를 총괄하는 집사란 (직책을 가진 사람입니다)

선영   (듣지도 않고) 아저씨. 이거 어떻게 켜요?

김집사   (화가 난다) 이보십시오. 지금 제가 어떤 사람인지에 대해서 얘기

선영   (여전히) 아, 빨리 음식 만들어야 되는데에. 아저씨, 이거 어떻게 켜요?

김집사   (화나지만 참고 뚜벅뚜벅 걸어와) 이걸 어떻게 켜냐면 말이죠! 이렇게! (쿡 탑 손잡이를 탁 돌리며) 켜면 되는 겁니다. 아시겠습니까?

선영   (불이 발갛게 켜지는 쿡 탑을 보며) 이쁘다아~ 아저씨. 여기 꽃이 피었어요. 그쵸? 아저씨가 여기에 꽃을 피웠네~?

김집사   (뭐야, 이 여자? 보는데)

선영   (획 끄더니) 다시 해봐요. 예?

김집사   예? (초롱초롱 보는 선영의 눈에 얼결에 다시 켜면)

선영   이쁘다아~ (따라 하며) 이렇게 하면 꽃이 피고, 이렇게 하면 꽃이 진다. 맞죠? (껐다 켰다 계속 연습하면)

김집사   (멍하니 보면)

선영   아저씨. 풍선 다 불었어요?

김집사   예? 아, 아니요. 아줌마가 이거 쿡 탑 켜는 거 가르쳐달래서…

선영   (옆구리에 손 올리고) 아, 생일인데, 풍선을 불어야죠! 풍선 불어요! (김집사 등을 밀며) 빨리삘리빨리빨리~!

김집사　아, 불면 되잖아요, 불면. (얼결에 푸우~ 푸우~ 분다)

선영　(환하게 웃으며) 와, 아저씨 진짜 잘 분다~

김집사　(칭찬에 얼결에 힘줘서 푸우 불면)

선영　헤. (볼을 콕 찌르며) 꼭 복어 같다. 복어. (하고 간다)

김집사　(김이 빠져서 풍선 콱 내던지려다가 참는다)

S# 35　영주 집 거실 / 오후

키패드 누르는 소리가 들리더니, 문이 열리며 들어오는 정도
와 채린. 정도, 서둘러 신발을 벗고 안으로 들어가면, 채린 둘
러보며.

채린　와, 진짜 좁다. 이런 데서도 사람이 살 수 있구나. 오빠
도 여기서 살았어?

정도　(서랍장 뒤지며) 여긴 얼마 안 살았어. 바로 독일에 갔으
니까.

채린　다행이다. 오빠처럼 자유로운 사람이 이런 감옥 같은 데
서 살았음 자살했을지도 몰라. 그치?

정도　그러게. 거실엔 없는데? 안방에 있나? (들어가면)

채린　나두 같이 찾을래~! (따라 들어간다)

S# 36　영주 집 안방 / 오후

장롱 문갑을 와르르 다 뒤지면서 인감을 찾고 있는 정도. 채
린, 장롱을 열어서 영주의 옷들을 손으로 탁탁 밀치며 본다.

채린 뭐야. 에스필로 편집장이래서 다 명품인 줄 알았는데,
반은 짝퉁이잖아~ (침대에 털썩 앉아 꿀렁꿀렁 움직이
다가) 오빠~ 오빠~

정도 (정도 돌아보면)

채린 (옆에 와서 앉으라는)

정도 (억지 미소 짓고) 채린아, 오빠 지금 인감 찾아야 되잖아.

채린 (아양 떨며) 잠깐만 앉았다 찾아라. 응? 이리 와아~ 응?

정도 (어쩔 수 없이 옆에 앉으며) 자, 됐어?

채린 오빠아~ (정도를 유혹하면)

정도 (당황스런) 채린아. 여기서 이러는 건… 좀 아닌 것 같지
않니?

채린 왜에, 스릴 있잖아~ 오빠 나 싫어? 응? (계속 치근거리면)

정도 그럼 잠깐만이다. 응? (확 덮친다)

채린 (키득거리고)

S# 37 **달리는 영주 차 / 오후**

닻별, 묵묵히 앞만 바라보고 있고. 영주, 눈치 살피다가.

영주 (조금은 딱딱한) 엄만 그런 줄 몰랐어. 미안.

닻별   (여전히 외면하고 있는)

영주   언제까지 그렇게 부하게 부어 있을래? 그래, 너 억울한
        거 엄마가 충분히 다 이해해. 하지만, 니가 그런 식으로
        불만을 터뜨리고 나면, 다른 사람들 입장이 얼마나 불편
        할지 생각해봤어?

닻별   (시니컬한) 그런 엄만 내 입장에 대해서 생각해봤어?

영주   …!

닻별   스탠퍼드 가라는 것도! 아빠랑 이혼하려는 것도! 다 엄
        마가 일방적으로 결정한 거잖아!

영주   (당황한) 이혼이라니? 누가 그런 말도 안 되는 소릴 해?

닻별   …

영주   박닻별…!

닻별   (뚱한) 학교 오빠들이 그랬어…!

영주   … 뭐?

닻별   아빠가 집에 안 들어오는 건 이혼하기 위해서래. 벌써
        인터넷에 소문 다 돌았다면서 지들끼리 자꾸 쑤근거리
        잖아.

영주   (사람들에게 화나지만, 아무것도 아닌 척) 그 말을 믿었
        어? 그래서, 오빠들 문제풀이 파일 다 지워버린 거야?

닻별   (짜증난) 자꾸 말도 안 되는 소리 하는 게 그럼 짜증이
        안 나?! 그깟 문제도 못 푸는 것들이 우리 아빠를 알면
        얼마나 안다구.

영주   (아빠를 기다렸구나… 미안해지지만) 그런다고 파일을

지워버리면 어떡하니?

닻별 (노려보며) 엄만 어떻게 그딴 것만 신경을 써? 진짜, 아빠 집에 안 오는 건 아무 상관 없어?!

영주 닻별아…

닻별 차 세워! 나 걸어갈래! (발악하듯) 차 세우라구!

영주 (그냥 운전한다)

S#38 영주 아파트 주차장 / 오후

닻별 (문을 탕 닫고 내려버린다)

영주 (한숨 나지만) 닻별아… 엄마 마감만 시키고 올 테니까 그때 다시 얘기하자. 응?

닻별 (무시하고 걷더니, 휙 돌아서 다시 온다) 만약에 아빠가 집에 영영 안 오면, 나 다신 엄마 안 볼지도 몰라. 아빠가 이혼하자는 건, 일밖에 모르는 엄마 때문이지, 나 때문이 아니니까.

영주 닻별아.

닻별 난 있잖아. 가끔씩 내 피를 다 뽑아서 새로 리셋했으면 좋겠어.

영주 그게 무슨 소리야?

닻별 내 몸에서 차가운 엄마 피… 다 없애버리게. (휙 돌아서 간다)

영주 (벼락을 맞은 것만 같다) 뭐…라구?

닻별	(뒤도 안 보고 들어가면)
영주	(참다가, 이건 아니다, 내리며) 박닻별! 너 엄마랑 얘기 좀 해!

S# 39   영주 집 안방 / 오후

한참 열에 들떠 키스를 하면서, 성마르게 옷을 벗으며 킥킥거리던 두 사람. 삐삐삐삐! 키패드 소리에 화들짝 놀라 미친 듯이 옷을 입는 정도와 달리 태연한 채린.

S# 40   영주 집 거실 / 오후

들어온 닻별. 자기 방문을 쾅! 닫고 들어가고. 뒤이어 키패드 소리 들리고 영주가 들어온다.

영주	박닻별! (문 두드리며) 이 문 못 여니! 문 못 열어! 박닻별! 당장 이 문 열고 못 나와!
정도	(안방에서 쓱 나오며) 애를 그렇게 몰아세우면 어떡하나!
영주	(놀라서) 정도씨…?
정도	(화난 듯) 남의 애한테도 그렇게 소리는 안 지르겠다. 그렇게 맨날 소리나 질러대고, 악을 쓰니 닻별이 정서가 안정이 되겠어? (휙 지나친다)
영주	(난감하다. 이 남자가 왜 왔을까?)

정도   (닻별 방 앞에서, 부드럽게) 딸~ 아빠 왔다. 박닻별. 우리 닻별이 뭐 하나~

문이 슬그머니 열리며, 마지못한 듯 닻별이 나온다. 삐친 게 역력한 닻별. 입을 삐죽 내밀고 있으면.

정도   에이, 그 표정은 아빠 슬프다~ 아빤 우리 딸 볼 생각에 가슴이 두근두근해서 왔는데.

닻별   아빤, 가슴이 그렇게 두근거리는데, 겨우 석 달 만에 온 거야?

정도   그 석 달 동안 아빤 눈이 다 짓물렀어. 우리 딸, 보고 싶어서. 여기 봐봐.

닻별   (금세 풀릴 것 같아서 버티는) 뻥치시네~

정도   어유. 말도 어쩜 이리 귀엽게 하지? 우리 딸은? (와락 안아주면)

닻별   놔아~ (하면서도 마지못한 척 정도에게 안기며, 배시시 웃음)

영주   (궁금함을 누르며, 태연한 척) 바쁘다면서 어떻게 시간이 났어?

정도   (눈도 안 마주치고 닻별만 보며) 필요한 자료가 있어서 잠깐 들른 거야.

닻별   (실망한) 아빠 그럼 바로 가는 기야?

정도   아빠도 가기 싫은데, 오늘 우리 닻별이 이렇게 꼬옥 껴 안고 자고 갈까?

닻별 응~!

정도 그럼 오조교한테 좀 물어보고. 오조교, 뭐 해? 빨리 서
류 갖고 나와!

영주 (뭔가 불길함에 빠르게 안방으로 들어간다)

S# 41 영주 집 안방 / 오후

채린, 태연하게 마지막 옷 단추를 잠그다가 들어오는 영주를
본다. 영주, 흐트러진 침대보를 보면서 불이 치솟는데… 채린
은 영주를 보며 배시시 웃는다.

채린 안녕하세요?

영주 (터질 것 같은 감정을 겨우 참으면서, 노려보는데)

정도E 오조교. 얼른 안 나오고 뭐 해?

채린 교수님이 부르시네요. 그럼 전 이만 가볼게요? (또 배시
시 웃고 나가려고 하면)

영주 (채린을 턱 붙들더니) 너 바보니?

채린 …! (노려보면)

영주 (화장대를 열더니 서류봉투를 하나 꺼내서 안기며) 갖구
꺼져.

채린 꺼져요? (기도 안 차다는 듯 비웃으며) 함부로 말하지
마세요. 아무리 교수님 전처래도, 나 그쪽이 그렇게 함

부로 대할 만큼 후진 애 아니거든요?

영주 (기 막혀) 뭐? 전처?

채린 그리구우~ 언제 어떻게 만날지 모르는 게 사람 인연이
잖아요. 안 그래요? (미소 짓고, 서류봉투 흔들어 보이
고 나간다)

돌아버릴 것 같지만, 눌러 참으며 침대보를 거칠게 걷는데,
파운데이션 자국, 립스틱까지 묻어 있다. 어이없고 분하다.
침대 모서리를 들고 찢을 듯, 침대보를 거칠게 끌어내는데.

닻별E 엄마, 아빠 가신대잖아! 엄마!

영주 (꾹 참으며) 어, 지금 나가…! (화 누르며 머리 정리하고
나간다)

S# 42 영주 집 승강기 앞 / 오후

영주, 문을 열고 나오면. 채린과 정도는 승강기에 이미 타고
있고. 닻별, 섭섭함에 시무룩하게 보면.

정도 닻별아. 아빠랑 떨어져 있어도 닻별인 아빠 여기서 살고
있는 거 알지?

닻별 (마지못해 고개 끄덕이며) … 알이…

정도 그럼, 아빠 심장 뛸 때마다 닻별이 생각하는 것도 알지?

닻별 (다시 화가 나는) 안다니까~!

정도 그럼, 아빠 여기에 뽀뽀.

닻별 (마지못한 듯 정도 볼에 뽀뽀를 해주면)

정도 (닻별 볼 잡고 뽀뽀해주고 눈 마주치며) 사랑한다. 우리 딸~

닻별 (왈칵 마음이 흔들리며) 나두… 아빠… (그렁그렁해져서 본다)

정도 (승강기에 올라타며) 아빠 간다~ (손 흔들고, 문 닫히려는데)

영주 (승강기를 턱 잡는다)

정도 …?

영주 오조교라고 했죠? 남편이랑 할 얘기가 좀 있는데, 계단 좀 이용해주겠어요?

채린 (노려보더니, 실룩이며) 예~ 그러죠. (턱 내린다)

영주 아빠 배웅하고 올 테니까 닻별인 들어가 있을래?

닻별 (삐죽하는데)

영주, 채린과 눈싸움하면서 승강기 닫힘 버튼을 누른다. 승강기가 닫히면, 채린, 흥~ 하고 돌아서다가, 노려보고 있는 닻별을 본다.

채린 (환하게 웃으며) 니가 닻별이니? (머리 만지려고 하며) 예쁘게 생겼…

닻별, 채린의 손을 휙 쳐내버린다. 놀라서 보는 채린을 매섭게 노려보더니 휙 들어가 문을 탕! 닫아버린다. 화가 치솟아서 "뭐 저런 게 다 있어?" 계단 내려가며, "어떻게 지 엄마랑 똑같냐~" 구시렁대면서 내려간다.

S# 43 승강기 안 + 앞 / 오후

정도 뭐 하는 짓이야? 지금!

영주 당신이야말로 뭐 하는 거니? 도대체 어쩌자고 집까지 기집앨 끌어들이냐구!

정도 그런 거 아니라니까~!

영주 당신 바람피우는 거, 내가 뭐라 그러디? 바람을 피워도…! 내 눈엔 띄어도, 아니 세상 사람 눈에 다 띄어도, 닻별이 눈엔 띄지 말랬지…!

정도 니가 뭘 착각하는 모양인데, 난 이미 6개월 전에 너한테 혼인관계를 유지할 수 없다는 내용증명을 보냈어. 그러니까 난 지금 자유연애를 하는 거지, 바람을 피우는 게 아니거든? 그리고 닻별이 보는 게 그렇게 무서우면 그냥 도장 찍어! 너 쿨한 거 좋아하잖아. 쿨하게~ 찍어~!

영주 (어깃장 놓는) 아니, 난 안 찍어!

정도 아, 왜애~!

영주 지 새끼 있는 집에 기집앨 끌어들이는 피럼치한이 잘 먹고 잘 사는 꼴, 죽어도 못 보겠거든?

정도	이런 나쁜~! (손을 치켜들다가) 내일까지 시간 줄 테니까, 인감증명 한 통하고 도장 찍어서 보내. 아니면 나도 뒷감당 못한다. (승강기 열리면 내린다)
영주	언제는 당신이 뒷감당한 적 있니? 지난 십 년 동안 그거 다 내 몫이었어~!
정도	아무튼! 경고했다. 내일까지 도장 찍어서 안 보내면 이후 사태에 대해선 나, 진짜 책임 못 진다~!
영주	(이 악문) 당신이야말로 한 번만 더 이런 짓 벌이면, 진짜 책임 못 질 일 만날 줄 알어. 알겠어!
정도	(가운뎃손가락 두 개 세우고 휙 간다)
영주	(치졸하고 어이없어 기가 막힌다)

S# 44 영주 집 거실 / 오후

문을 닫고 들어오는 영주. 닻별이 방 문고리를 돌려보지만 닫혀 있다. 부르려다가, 지쳤다. 돌아선다.

S# 45 영주 집 안방 / 오후

어질러져 있는 침대보를 보자, 다시 부아가 치미는 영주. 침대보를 거칠게 당기지만, 침대 모서리에 걸려서 잘 안 나온다. 힘껏 당기다가, 그예 분통이 터져서 침대보를 찢어버린다. 이까지 동원해서 쭉, 쭉 찢는다.

분해서 눈물이 핑 도는데, 가슴에 찢어질 것 같은 통증이 몰려온다. 주먹으로 가슴을 쓸어내리는데, 계속 울리는 휴대전화. 숨을 겨우 몰아쉬며, 전화를 받는다.

영주 수리니?

수리F 편집장님. 최종 샘플 확인하시고 인쇄소 넘길 시간 다 됐는데요.

영주 니네가 확인하고 넘길래?

수리F 예?

영주 니네가 확인하고, 그냥 넘겨…!

수리F 진짜요? 편집장님. 여태껏 그래 본 게 단 한 번도…

영주, 말없이 전화 끊고, 입술 깨물며 화를 누르는데.

S# 46 달리는 차 안 / 밤

채린 못됐어! 오빠! 오빠 전처는 왜 그렇게 못됐대!

정도 그러게 말이다. 순순히 도장 찍어서 보낼 것 같지도 않고, 걱정이네.

채린 그럼, 더 쎈 방법을 써야지!

정도 무슨 방법?

채린 오늘이 오빠 전처가 편집장인 에스빌로 마감날이랬지?

정도 아마, 그럴걸?

채린	(서둘러 핸드백을 열더니, 아기 초음파사진을 쓱 꺼내보며) 나한테 완전 좋은 방법이 생각났어.
정도	(운전하느라 못 보고) 무슨 방법인데? 응?
채린	(사진 넣고, 실룩 미소)

S# 47 영주 집 안방 / 밤

들고 들어온 쓰레기봉투에 찢어발긴 침대보를 쑤셔서 밀어넣고, 발로 짓이기듯 밟는 영주. 이때 휴대전화 벨이 울린다. 짜증나는 얼굴로 휴대전화를 보면, 배일도다. 어쩔 수 없이 받으며.

영주	… 왜? 또 무슨 일 있어?
배일도F	야 김영주! 넌 편집장이란 인간이 최종 샘플도 확인 안 하면 대체 어쩌자는 거야!
영주	(짜증나지만) 배사장, 중요한 건 다 체크했으니까…
배일도F	다 체크했다는 게 이 모양이야! 내가 얘기한 광고주 모델 사진 빠졌잖아! 너 진짜 에스띨로 문 닫게 할래!
영주	(부글부글 끓지만 참고) 알았어. 지금 갈게.
배일도F	아니, 이 따위로 일할 거면 그냥 문 닫고 끝내자. 관둬!
영주	(버럭) 지금 간다구, 이 자식아! (휴대전화 내던지고 벌떡 일어난다)

S# 48 최고만 집 거실 + 주방 + 현관 / 밤

풍선 백 개쯤이 바닥에 깔려 있고, 여전히 풍선을 불고 있는 김집사. 선영은 요리에 열심인데. 얼굴이 붉어진 채로.

김집사 저기요, 아주머니. (선영, 집중해서 못 알아들으면) 아주머니!

선영 (보면)

김집사 지금까지 풍선 87개를 불었는데, 몇 개나 더 불어야…

선영 아저씨. 나 아줌마 아니거등요? 난, 김선영이거든요? (다시 요리)

김집사 (잠고) … 김선영씨! 대체 이 풍선, 몇 개나 더 불어야 되냐구요?

하는데, 인터폰 소리 울린다. 후다닥 확인하더니 "회장님!" 하고 문을 열고, 현관으로 달려가 대기하는 김집사. 개들을 정원사에게 맡기고 들어오는 최고만 보인다. 최고만 들어오면, 김집사, 꾸벅 절을 하고. 어질러진 풍선을 보더니.

최고만 저것들은 뭐야?

김집사 예? 아, 새로 온 찬모 아주머니가 생신상 준비한다고 해서…

최고만 생신? 누가 생신인데?

김집사 예? 그거야 당연히 회장님 생신…

최고만 (집사 이마를 손가락으로 얄밉게 쿡쿡 밀며) 넌! 집사란

놈이! 내 옆에서! 이십 년을 있었으면서! 내 생일도 몰라? 내 생일도 모르냐구! 자식아! (휙 밀면)

김집사 (안 밀리려고 버틴다)

최고만 (한심한) 그래서 니가 평생 집사꼴 못 면하는 거야. 이 자식아! (휙 돌아서 가면)

김집사 (억울하다, 이씨~) 회장님께서 생신상 차리는 거 아깝다고, 생일을 안 알려주셨잖습니까요?

최고만 시끄러, 자식아! 어디서 말대꾸야 말대꾸가. 건방진 놈.

최고만, 김집사를 노려보고 휙 돌아가다가 주방에 차려진 밥상을 본다. 최고만의 시선을 따라 카메라 퀵 팬 하면.

최고만E 아니 이건, 내가 환장하는 호박오가리 나물 아닌가? (후다닥 다가와 맛을 보더니, 환장할 것 같은 표정이 된다) 이런 젠장맞을! 어떻게 이런 하모닉한 맛이 나는 거지? 그리고 이건 뭐냐! 꽁보리밥에 비벼 먹으면 둘이 먹다가 셋이 죽어도 모르는 빠끔장…! (킁킁 냄새를 맡더니 컥 하면서) 뭐냐? 이 익숙하면서도 그리운 듯한 냄새의 정체는?

휙 고개를 돌리더니 홀리듯 주방으로 걸어가는 최고만. 요리하느라 정신이 없는 선영을 지나쳐 냄비 뚜껑을 열더니 냄새를 흐읍 흡입하고 헉! 놀라는.

최고만E　오오오~! 이건 내가 완전 좋아하는 말린우럭미역국이 아니더냐? 오오오~! 적당히 촉촉하게 마른 우럭아~ 널 본 지가 대체 얼마 만이냐~! 응!

감동한 표정으로 국자를 찾아서 국물을 뜨려는데, 척! 뚜껑을 닫는 손. 선영이다. 조바심에 급격한 말더듬이가 시작되며.

최고만　뭐, 뭐야! 왜, 왜 뚜껑, 뚜껑을 닫는 건데! 엉!

선영　(보더니) 어? 아까 봤던 개장수 아저씨네? 안녕하세요~

최고만　뭐? 개, 개장수 아저씨?

선영　아저씨, 개는 다 팔았어요?

최고만　(조급한) 그 그게 무슨 개, 개, 개 같은 소린데!? 응? 헛, 헛소리 그만하고 얼른 뚜껑 못 열어?!

선영　(결사적으로 막으며) 안 돼요오~

최고만　왜, 왜 안 되는데! 난 이 집 주인이고! 당신은 찬모잖아! 근데 왜! 왜! 내가 내 돈으로 고용한 찬모가 만든 말린, 말린우럭미역국을 못 먹는 건데! 왜! 왜!

선영　이그는요. 우리 영주 먹을 미역국이거든요.

최고만　영주? 영주가 누군데? 그 빌어먹을 영주라는 애가 누군데 내 집에서 내 미역국을 못 먹는데! 왜! 김집사! 영주, 영주가 누구냐! 영주란 애가 누구냐구!

선영　김영주는 내 동생인데요. 에스빌로 편집장이에요!

최고만　에스삘로? 빌어먹을 에스삘로가 뭐야? 아무튼! 당신, 당신 동생 미역국을 왜 여기서 끓이는데!

선영　(답답하다는 듯) 아, 참 내. 이 아저씨가. 여기가 영주네 집이니까, 여기서 끓이죠~!

최고만　(흥분해서 진정 못하는) 그게! 무슨 개뼉다구 같은 소린 데! 여기는 나! 최고만 집이고! 이 주방도 내 건데! 내가 왜 내가 내 미역국을 못 먹어! 비켜! 난 먹는다!

최고만, 선영을 밀치고, 선영도 안 비켜나려고 옥신각신하다 가. 선영, 냄비를 통째로 들어서 옮기려는 순간, 최고만이 선영 을 밀치게 되고 냄비 엎어지며, 허공에 쏟아지는 미역국이 슬로 모션으로 보인다. 놀라서 바라보는 선영과 최고만. 바닥에 와 당탕 쏟아지고 나면, 절망스러운 최고만의 표정과 화난 선영.

선영　(휙 밀치며) 이 개장수 아저씨가아~! 아저씨 때문에 우 리 영주 좋아하는 미역국 다 엎어졌잖아요! (담으려고 애쓰면)

최고만　(역시 눈물 핑 도는) 이런… 개, 개 같은 경우가… (휙 노 려본다) 김군, 김군아! 이 여자 뭐야!

김집사　회장님께서 새로 온 찬모라고 하셨잖습니까?

최고만　(심통이 머리끝까지 차올라) 당신 찬모 맞아? (발로 툭툭 건드리며) 당신 찬모 맞냐구! 엉?

선영　(흘린 미역국 모으다가, 부아가 치밀어오른다)

최고만　(툭툭 건드리며) 어이! 당신! 찬모 맞냐고?

선영	(최고만의 발을 붙들더니, 이빨로 꼭 깨문다)
최고만	(비명 지르며 넘어지고)
선영	(벌떡 일어나며) 사람한테 발로 그러는 건 나쁜 짓이야! 개장수 아저씨 나빠!
최고만	(겁에 질려 발 붙들고) 김집사! 저 여자 저거, 저거 뭐야!
선영	나 저거 아니에요! 나는 김선영이에요! 김선영, 김선영…! (무한반복)
최고만	(당황) 저, 저거 또라이지? 저거 모자란 애 맞지! 저거 바보지!
선영	(머리 타타 치며) 나 비보 아니에요! 나는 심선영이에요! 김선영! 김선영, 김선영, 김선영, 김선영… (끝도 없이 외치면)
최고만	뭐 해, 인마! 저 미친 여자, 얼른 끌어내지 않고! 아, 얼른!
김집사	예? 예. (어쩔 줄 몰라 한다)

S# 49   에스띨로 복도 / 밤

복도를 부지런히 걸어오는 영주. 에스띨로 문을 휙 밀고 들어가면.

S# 50   에스띨로 편집실 / 밤

텅 빈 사무실 안. 사람도 인기척도 없고 아무것도 보이지 않는다. 영주, 서둘러 휴대전화를 꺼내서 전화하려는데… 어디선가 들리는 음악. 크라잉 넛의 '생일축하' 노래다!
책상 밑에서 패션팀이 일제히 일어나며 "생일축하, 생일축하 당신께서 태어나 우린 정말 고생 많이 했습니다!" 부르면. 디자인팀, 피처팀 순서대로 일어나 '완전축하 완전축하' 노래를 부르며 이벤트를 한다. 그리고 불이 꺼지며 조선희와 배일도가 생일케이크를 들고 걸어온다.

배일도   생일 축하한다. 김편!
영주   (쑥스럽기도 하고, 고맙기도 하고, 일도의 가슴을 툭 치며) 고맙다. (후우~ 촛불을 끄면)

스태프들, 일제히 박수를 치고. 여기저기서 축하인사들을 하며 하나씩, 둘씩, 그러다가 뭉텅이로 선물꾸러미를 영주에게 안긴다. 선물꾸러미를 받아들다가 주저앉는 영주를 보며 웃는 스태프들. 수리, 선물을 대신 받아 옮기고. 영주, 환한 얼굴로 둘러보며.

영주   내가 안 태어났으면 니들 고생이 좀 덜했을 텐데, 마감하느라 진까지 빼고, 고맙다들.
직원들   (와르르 웃으면)
영주   자, 오늘은 그만 퇴근해서 푹 쉬고! 내일 오후 6시까지 홍대 나인클럽으로 집합할 것! 내일은 우리 회사 기둥뿌리라도 뽑아서 회식 쏜다! 사장님, 그 정돈 괜찮죠?

배일도   오케바리!

직원들   (환호성 올리고)

영주   자자! (박수쳐 시선 모으고) 월급도 못 받은 놈들이 선물은 무슨 선물이야~ 이건 니들 남친이나 여친한테 쏴!

직원들   에이~ 그런 게 어딨어요?

진태오   우리 여친은 티팬티는 안 입는데요? / (와르르 웃고)

영주   그럼 티팬티만 받는다. 콜~!

직원들   (웃는데)

이때 문이 열리며 들어오는 꽃배달부. 엄청 커다란 꽃다발을 들고.

배달부   실례합니다. 김영주 편집장님이 어느 분이시죠?

직원들   (돌아보고 꽃다발 크기에) 오오~ (탄성 지른다)

수리   여기 계신데, 누가 보낸 거예요?

배달부   (영수증 확인하며) 박정도 교수님이 보내신 건데요?

직원들   오오~! 대박! (외친다)

수리   (사인하고 꽃 받아들고)

영주   (당황스럽지만 쿨한 척) 안 하던 짓 하면 죽는다던데, 이 인간이 왜 이런대니?

조선희   에이, 편집장님. 시크하지 못하게 왜 이러세요? 좋을 땐 좋다고! 응? 시크하게~

영주	어쭈. 너도 이제 기어오를 때가 됐니? (둘러보며) 그래, 좋다~ 시크하게~! 됐니?
직원들	예에~!
로버트	(수리에게서 꽃다발 받아들고) 자, 그럼 이제부터 꽃다발 이행식이 있겠습니다~ (건네고)
영주	고맙다. (받는데)
로버트	(꽃다발 안에서 냉큼 카드를 꺼내들며) 앗싸~ 러브레터 발견~!
영주	(뜨끔 굳는데)
직원들	(로버트 선창으로) 읽어줘! 읽어줘~! … (박수치고, 책상 치며)
홍이림	(날름 로버트에게서 빼앗으며) 편집장님! 제가 읽어도 되죠?
영주	(불안하지만) 마음대로~ (하면서 탁 낚아채려다가 실패한다) 야! 홍이림! (하는데)

홍이림, 잽싸게 조선희에게 넘기고, 영주, "이리 못 줘?" 하면서 뻗지만 직원들 손을 타고 넘어가고. 러브레터 들고 책상위에 올라가는 태오.

태오	자, 이제 읽습니다아~!
영주	(긴장하는데)
태오	(봉투 속 내용물을 휙 꺼내들더니 보며) 어, 이게 뭐지?

하는 순간, 배일도가 편지를 와락 낚아챈다. 직원들, 에이~ 실망하는데. 배일도, 내용물을 쓱 보고, 영주, 긴장해서 보면.

배일도 선부른 호기심은 퇴직을 부르는 법이지. (카드를 봉투에 넣으며) 러브레터 보고 퇴직할 놈들. 줄 선다. 실시!

직원들 에이~ (실망하고)

배일도 자, 그럼 내일 봅시다~!

직원들 예에~ (가면)

배일도 (건네며) 이번 달 살려준 웬수 같은 거다.

영주 그래. 고맙다, 이 웬수야. (받아드는데)

배일도 미안. 보고 싶어서 본 건 아니었다.

영주 …? (일도가 가고 나면. 영주, 카드를 꺼내본다)

채린T 김영주 편집장님, 축하해주세요. 나랑 박정도 교수님 아이예요.

영주, 뜨끔 놀라서 카드를 뒤집어보면, 아기 초음파사진이다. 어이없고, 기가 막혀 망연자실해진다. 사진을 쥔 손이 부들부들 떨린다. 자리에 털썩 주저앉는 영주.

CUT TO 에스띨로 편집장실
불이 꺼진 잡지사. 휴대전화 연결음 선행하고, 창 앞에 선 영주 전화 중이다.

정도F (받으며) 여보세요?

영주 (목이 잠겼지만, 꾹꾹 참으며) 박정도… 나, 당신이랑 십
년을 살았거든…? 꼬박 십 년 동안 당신 아내로 산 대가
가… 이거니? 꼭… 오늘 이래야겠어…? 너… 오늘이 무
슨 날인지 기억 못하지? 기억하면. (눈물 흐르며) 넌 정
말 나쁜 놈이거든…? 오늘… 내 생일이거든…? (비명처
럼) 오늘이… 내 생일이라구우~~!

휴대전화를 내던지고 우는 영주. 눈물 콧물 다 섞인 채로 억,
억 운다. 닦을 생각도 않고 주저앉아 깊게, 깊게 운다.

CUT TO 에스띨로 편집실
에스띨로 문이 열리면서, 조심스럽게 들어오는 발. 선영이다.

CUT TO 에스띨로 편집장실
이젠 엉엉 소리를 내면서 울고 있는 영주의 모습에서 1부
엔딩.

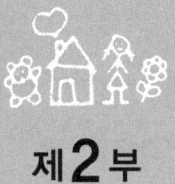

제2부

S# 1   에스띨로 전경 + 건물 앞 / 밤

선영을 태운 집사의 차가 달려와 멈춰 서고, 후다닥 내려서
조수석 문을 열어주는 김집사.

김집사   김선영씨, 여기가 에스띨로 잡지사거든요? 다 왔어요.

선영   (여전히 꿍한 얼굴로 보따리를 안고 있다)

김집사   화 그만 풀고 내리세요. 동생분 안 만날 거예요?

선영   (그제야 돌아보더니, 차에서 내린다)

김집사   안까지 데려다줄까요?

선영   아니요. 내 혼차, 혼차 갈 수 있어요. (인사하고) 고맙습
니다아~ (미소 짓는다)

김집사의 차가 떠나고 나면, 환한 얼굴로 에스띨로를 올려다
보는 선영. 기운차게 안으로 들어간다.

S# 2   에스띨로 편집장실 / 밤

초음파사진을 우들우들 보던 영주, 전화를 건다. 신호가 가면.

정도F (받으며) 여보세요?

영주 (목이 잠겼지만, 꾹꾹 참으며) 박정도… 나, 당신이랑 십 년을 살았거든…? 꼬박 십 년 동안 당신 아내로 산 대가가… 이거니? 꼭… 오늘 이래야겠어…? 너… 오늘이 무슨 날인지 기억 못하지? 기억하면. (눈물 흐르며) 넌 정말 나쁜 놈이거든…? 오늘… 내 생일이거든…? (비명처럼) 오늘이… 내 생일이라구우~~! (휴대전화를 내던지고 운다)

눈물 콧물 다 섞인 채로 억, 억 운다. 닦을 생각도 않고 주저앉아 깊게, 깊게 운다.

S# 3 **채린 집 거실 / 밤**

정도 (마스크팩을 붙인) 여보세요? 여보세요? 야, 김영주! (전화를 탁 끊고) 이게 미쳤나? 내가 뭘 어쨌다고 오밤중에 이 난리야? 난리가 (하다가 문득!)

S# 4 **정도 회상 / 1부 46신 – 달리는 차 안**

채린 오늘이 오빠 전처가 편집장인 에스띨로 마감날이랬지?

정도	아마, 그럴걸?
채린	(서둘러 핸드백을 열더니, 아기 초음파사진을 쓱 꺼내보며) 나한테 완전 좋은 방법이 생각났어.
정도	무슨 방법인데?

S# 5 채린 집 거실 / 밤

정도	얘가 설마… (마스크팩 떼어 던지며) 오채린! 오채린!

부산하게 채린을 찾아가는 정도의 시야로.

S# 6 에스띨로 편집실 + 편집장실 / 밤

편집실 문을 열고 들어오는 선영, 편집실 풍경에 우와~ 탄성을 지르면서 신기한 듯 구경하면서 걸어온다. 편집장실 유리부스 안으로 영주가 보이자, 환해지며 유리부스에 붙어서 쿵! 신호를 보내려다가 멈칫한다.
가슴을 문지르며 울고 있는 영주의 뒷모습을 보는 선영의 눈가가 젖더니 얼굴이 일그러진다. 울음이 배어나올까봐 끄으끄으 속으로 우는 선영. 손을 뻗어 유리문 너머로 영주의 어깨를 만지며 운다.

S# 7 채린 집 욕실 / 밤

문을 왈칵 열고 들어오는 정도. 채린, 거품목욕 중이다.

정도	오채린! 너 김영주한테 무슨 짓을 한 거니? 응?
채린	(반짝) 오빠 엑스한테 전화 왔어? 뭐래? 엑스 완전 열받았지? 그치?
정도	대체 뭘 했길래 걔가 이 시간에 전화를 해서 난리를 치는 건데?
채린	오늘이 에스띨로 마감이라며? 그래서 내가 선물 쫌 던져줬지~
정도	선물? (채근하는) 무슨 신물?
채린	응, 이따시 큰 꽃다발하구, 우리 애기 초음파사진~!
정도	… 뭐?
채린	어디 그것뿐인지 알아? 애기 사진 뒤에, '축하해주세요. 나랑 우리 박정도 교수님 아기예요~' 이렇게 썼다? (호호 웃으며) 나 완전 잘했지?
정도	(믿기지 않아) … 미쳤구나. 니가 완전히 미쳤어.
채린	어? 왜?
정도	(울화가 치밀어) 오채린! 니가 보낸 그 초음파사진 때문에! 너랑 나! 빵에 가게 생겼잖아! 이 답답아!
채린	… 빵?
정도	그래! 빵! 교도소!
채린	(놀라서) … 내, 내가 교노소에 왜 가?
정도	김영주 그 기집애가! 니가 보낸 초음파사진 갖고 간통죄

로 고소하면, 형법 제241조에 의해 2년 이하의 징역에 처하게 돼 있어. 그 상간자도 마찬가지고. 그럼 너랑 나! 빼도 박도 못하고 곧장 구속이라구! 구속!

채린　(놀라서 울음이라도 터질 듯한데)

정도　뭐 해! 얼른 옷 입고 나와! (휙 돌아서다가 뚝 놀라서 멈춘다. 오민석과 수행원들이다) 장, 장인어른…

오민석　(노려보다가) 너부터 따라나와라, 쉬키야! (콱 붙들고 끌고 나간다)

정도　(캑캑 대며 끌려가면)

S# 8　　**편집장실 / 밤**

한참을 울고, 후우~ 한숨을 내쉬는 영주. 던진 휴대전화를 주워 들고 털썩 자리에 앉는다. 코를 팽 하고 푸는데, 뒤에서 인기척이 느껴진다. 의자를 돌려서 휙 돌아보면, 선영이 영주를 보다가 흠칫 놀라며 휙 등을 보이며 돌아선다.

영주　(믿기지 않는) 선영, 언니…? (급하게 사무실을 둘러보고, 밖으로 후다닥 나온다)

S# 9　　**편집실 / 밤**

선영　(소매로 눈물자국을 쓱쓱 닦는데)

영주　(나오며) 김선영…?

선영　(돌아서 환하게 웃으며) 영주야아~ 내 동생. (다가와 와락 안는다)

영주　(놀라서) … 어떻게 된 거야? 언니가 여길 어떻게 온 거냐구?

선영　(듣지도 않고) 와, 저가 니 방이야? (보따리 들고 들어간다)

영주　(짜증나지만 따라 들어가는) 선영 언니…!

S# 10　편집장실 + 편집실 / 밤

선영　(둘러보며) 여기가 우리 영주 방이라? 옴마야~ 진짜로 억쑤 좋다~ (소파 앉더니, 엉덩이 꿀렁꿀렁) 와, 푹신~ 푹신~

영주　(문 달으며) 선영 언니…!

선영　(여전히 엉덩이 꿀렁거리며 테이블 위 물건들 뒤척이면)

영주　(빼앗아 탁 덮으며) 김선영! 여긴 어떻게 왔냐구 묻잖아!

선영　어떻게? 버스 타고 지하철 타고. 기사님! 서울시 종로구 평창동 336 다시 18번지 가주세요. 이래 가 왔다~

영주　(화나는) 누가 그걸 물었어? 대체 여긴 왜 온 거냐구!

선영　왜? 왜냐면~ (환하게 웃으며) 오늘 니 생일 아이가? 그래 왔지~

영주　… 뭐?

선영　(환해져서 보따리 풀며) 니 생일상 차리줄라꼬 왔다 아

이가. (자랑스럽게) 볼래? (보따리 열며) 이그는 니가 좋
아하는 호박오가리 나물이고, 이그는 빠끔장. 그라고 이
그는…

영주 (고맙기보단 짜증이 난다, 선영 손 턱 잡으며) 김선영.
대영 오빠가 데려다줬니? 그랬어?

선영 (당황) 아이다. 내 혼차, 혼차 온 기다. 버스 타고, 지하
철 타고. 기사님, 서울시 종로구 평창동 336 다시 18번
지 가주세요! 이래 가…

영주 (듣지도 않고 벌떡 일어나 휴대전화로 전화를 건다. 신
호가 가면)

선영 영주야. 진짜 내 혼차 온 기다. 내 혼차 버스 타고, 지하
철 타고…

영주 조용히 못해!

선영 (입을 합 다물면)

영주 (문을 왈칵 열고 나가더니, 문 탕 닫는다)

선영 (죽었다 표정이다가, 금세 환한 얼굴로 주위 둘러본다)

S# 11   동 편집실 / 밤

입구까지 서둘러 걸어가서 문을 잠그는 영주. 신호가 가고 대
영이 받는다.

대영F (모르쇠) 어, 영주야. 니가 웬일이고?

영주	(채근하는) 오빠, 지금 어디니?
대영F	내, 내야 지금 집이지이~ 와, 무슨 일 있나?
영주	헛소리 말고, 지금 어딘지 얘기해! 어디니? 우리 회사 근처니?
대영F	아아이, 회사 근츠는 아이고… 쪼매 떨어진 데 있다.
영주	지금 당장 잡지사 앞으로 와서 전화해. 지금 당장!!

전화를 확 끊고, 휙 돌아서 보면… 유리부스 안에 선영이 안 보인다. 또 무슨 사고를 치나? 불안해서 후다닥 달려와 유리 문을 왈칵 열면.

S# 12   동 편집장실 / 밤

테이블에 대형사진을 깔아놓고, 음식들을 한가득 차려놓은 선영. 준비한 휴대용 가스레인지에 불을 붙여 빠끔장을 데우고 있다.

영주	(기함하는) 지금 뭐 하는 거야?
선영	지금? 니 밥 차리고 있다 아이가. 욜루욜루 와서 앉아라. 빠끔장만 뎁히모 다 끝난다~
영주	(테이블에 깔린 사진을 보더니 짜증 솟구쳐) 이걸 여기에 깔면 어떡해! 다 젖었잖아! (사진을 빼내려고 하면)
선영	그그 중요한 그가? (휙 빼앗으며) 이리 주봐라. 내가 깨

꿋이 닦아주께~ (옷으로 닦으려고 하면)

영주 (다시 빼앗으며) 됐어!

선영 (뻘쭘해지다가 히죽 웃고) 배고프제? (수저 쥐어주며) 빠
끔장 다 끓었다. 얼른 한 숟갈 떠무그봐라.

영주 김선영. 얼른 이거 치워…!

선영 어? 와?

영주 내가 언제 생일상 차려달라고 하디? 내가 언제 그런 부
탁 한 적 있냐구!

선영 세상에 지 생일상 차리달라꼬 부탁하는 사람이 오데 있
노? 가족들이 알아서 챙기주는 기지. 와? 배 안 고프나?

영주 (버럭) 그래! 나 배 안 고프니까! 제발 이 냄새나는 물건
들 좀 다 치우라구! 다!

선영 (입이 삐죽 나와서 보면)

영주 안 치워? 그럼 내가 치울까! (휴지통 끌어다가, 음식통
들어서 거꾸로 쑤셔박으려고 하면)

선영 (영주의 손을 꽉 잡는다)

영주 (빼내려고 하지만 완력은 어림없다) 언니!

선영 (여전히 묵묵히 손만 누르고 있으면)

영주 (한숨 내쉬며) 대체 나더러 어쩌라는 거야!

선영 (보면)

영주 (어쩔 수 없다) 알았어… 먹을게. 한 입만 먹으면 되는
거지?

선영 (그제야 손 놓고, 영주 손에 숟가락 쥐어주며 본다)

영주	미련퉁이, 황소고집통…! (어쩔 수 없이 밥을 떠 입에 넣고, 빠끔장을 한 입 넣고, 수저 탁 내려놓으며) 됐어?
선영	(성에 차지 않는) 한 숟가락만 더 먹으모 안 되나?
영주	(참으며, 밥을 크게 떠서 한 입 넣고, 호박오가리 나물을 먹는다. 억지로 꾹꾹 삼키고…) 이제 됐지! (목이 메어 가슴을 두들기면)
선영	(잽싸게 물을 따라서 준다)
영주	(밉게 보면서 물을 마시면)
선영	(그제야 환하게 웃는다)
영주	(휴대전화기 울리면 보고) 대영 오빠 왔어. 얼른 일어나!
선영	(반찬통을 닫으려고 하면)
영주	내가 치울 테니까! 얼른 일어나라구!
선영	어? 그래. 그라모… 이 호박오가리 나물은 금방 쉬니까네 냉장고에… (하다가 영주 손에 와락 붙들려 끌려나간다)

S# 13   채린 집 거실 / 밤

와당탕 내동댕이쳐지는 정도, "장인어르신~ 왜 이러십니까?" 하면.

오민석	왜 이러십니까? 남의 귀한 딸내미 귀청 떨어지모 니가 책임질 끼야? 와 우리 재린이한테 소리는 시르고 시랄이고 지랄! 이 쉐끼야! (콱! 밟으려고 하는데)

채린   (가운 걸치고 나오며) 아빠~! 그만 좀 해!

오민석   (발을 들어서 옆에 내려놓더니) 쉐끼야. 사람이 살다보문 실수도 하고 그라는 그지, 쟈 어데 소리 지를 데가 있다고 목청을 돋구노, 목청을~! (소파에 앉더니 시계를 본다)

정도   (움찔움찔 일어나 소파에 앉으면)

채린   (옆구리 붙이고 앉으며) 오빠 괜찮아?

오민석   (입을 삐죽대면서 벽시계를 보더니 11시 59분 58, 9. 0 하면서 12시가 넘으면) 자, 시간 됐으이 가와봐라.

정도   … 뭘 말입니까?

오민석   니 진짜 몰라서 묻나? 니 엑시 마누래 인감도장 찍힌 이혼서류하고! 인감증맹! 각 일 통! 가오라고, 쉐끼야!

정도   예?

S# 14   에스띨로 앞 / 밤

조수석에 꽁차 올라타는 선영. 영주를 돌아보고 해죽 웃으면 영주, 차문을 있는 힘껏 꽝! 닫고 매섭게 돌아서 대영을 보며.

영주   이번엔 또 뭐야? 또 무슨 사고를 친 건데? 응?

대영   … 사고는 무신 사고를 쳤다고 그라노? 그른 그 없다!

영주   그럼! 김선영 앞세워서 서울로 온 이유가 뭔데!

대영   그그야, 순영이 누부가 영주 니 생일이라꼬 하도 노래를

불러가~

영주 오빠!

대영 … 그래! 내 솔직하이 얘기하께… 사실은 말이다. 과수원 있다 아이가… 그그로 대출을 쫌 받았는데. 그기 잘못돼 가 차압이 들어오게 생깄거든.

영주 오빠 지금 나랑 농담하자는 거야? 대출금 이자! 내가 매달! 송금해줬잖아! 그런데 왜 차압이 들어와? (설마) … 오빠, 그 돈으로 또 도박했니?

대영 어? 어. 그기 으떻게 된 그냐 하모 말이지. 니한테 매달 이자 반기도 미안코, 이래 해가 은제 원금올 갚겠나 싶기도 하고, 그래 돈을 좀 불리가 한 방에 갚아볼라 캤거든.

영주 (실망하고 화난) 그래서! 그 잘난 파친코 또 시작한 거야?

대영 아이다. 파친코는 워낙 사기스러봐서… 아이고… 이분엔 경마…

영주 (미쳐버리겠는데)

대영 영주 니한텐 미안하다. 참말로 미안하고 할 말이 없대이. 그란데 영주야, 이분 한분만 딱 한분만 니가 막아주모, 다음 달부텀은…

영주 오빠. 오늘이 무슨 날인지 알아…?

대영 … 안다. 니 생일이잖아.

영주 그래. 오늘 내 생일이야. 아무리 발악을 해도…! 아무리 살아보려고 발버둥을 쳐도… 맨닐 맨닐이 시옥 같은 365일 중에서 딱 하루…! 그게 오늘이래…! 그러니까 오

늘 하루만… 진짜… 아무 걱정 없이… 보내게 해주면 안
되니…? 저런… 바보언니 앞세워서…! 축하 안 해줘도
되니까! 제발… 오늘만 내버려달라구!! 제바알!!

대영 (서슬에 눌리지만) 그래, 알았다. 내 슨영 누부 데꼬 내
리가께. 근데 말이다. 영주야. 내 말 쪼매만 들어봐라.

영주 (미칠 것 같지만 겨우 참으며 차라리 애원하는) 오빠…

대영 내도 오죽하면 이라겠노? 내일 입금 안 되모, 나랑 슨영
누부 참말로 길바닥에 나앉는다 말이다. 그라모 니 속은
팬하겠나? 영주야, 이분이 진짜 마지막이다. 니 내 계좌
번호 알제?

영주 (결국 터진다) 오빠~~!!

대영 그래. 지금 간다, 가. (서둘러 차에 타더니 시동 걸고, 히
죽 웃고) 영주야, 그라모 내일 즌화하께. 생일 축하한대
이. (비굴하게 웃고 차 출발시킨다)

영주 (입술을 깨물며, 부들부들 노려본다)

S# 15 달리는 트럭 안 / 밤

대영 가스나. 한 살이라도 더 치묵으면 승깔 좀 누그러드나
했도마는. 우째 저래 씨퍼렇게 독이 오르나~! 있는 년이
더하다꼬, 집도 대궐같이 크고 좋드마는. 몬 엄살은 그
래 부리쌓노.

선영 … 그그는… 영주네 집 아이다.

대영   뭐라꼬?

선영   영주 거서 셋방 살았던 기다…

대영   그래? 그래도 영주 정도면 억쑤 부잔 기라. 니 잡지사 팬집장 하모, 연봉이 을매나 되는공 아나? 일 억~! 일 억! 가차이 된다. 그라이까 영주 자는 억쑤 개안은 기라.

선영   … 영주… 안 개안타…

대영   … 몬 소리고?

선영   (북받치며) 대영아… 영주… 하나또 안 개안타… (목이 메며) 우리 영주… 이래… (제 가슴을 종주먹으로 문지르며) 가심을 이래… 씰어내리며… 울었다… 우리 영주… 이래이래… 서럽게 우는데… 내가 왜 우냐고또… 몬 물어봤다… 왜 우는지 알아도… 내는 해줄 수 있는 게 없잖아… 내는 바보이까… 그기 미안해가… 그기 그기 너무 미안해가… (하면서 윽윽 울면)

대영   생일상 채리줬으면 됐지 모가 또 미안하노! 고마해라!… 아, 운전하는 데 방해되게 자꾸 찔찔 짤 끼가!

선영   안 짠다… 내 안 짤 기다… (하면서도 윽윽 울면서 딸꾹질을 한다)

S# 16   편집장실 / 밤

테이블의 음식들을 통째로 휴지통에 처빅는 영주. 남심없이 처박고, 쓸어넣고, 내동댕이친다. 창문을 왈칵 열어 환기를 시키는 영주. 후우~ 찬공기를 들이쉬고, 아직도 남은 음식을 물끄러미 돌아본다. 나머지 음식들을 미련 없이 쓸어담고, 쓰레기봉투를 질끈 묶어 들고, 스위치를 툭 끄고 나가는 영주.

S# 17   채린 집 거실 / 밤

정도   저기… 장인어르신이 뭔가 착각하신 모양인데요. 장인어르신이 저한테 주신 날짜는 이틀이었거든요? 그러니까 이혼서류와 인감증명은 정확히 오늘 밤 12시까지 드리면 된다 이겁니다. 예.

오민석   뭐라꼬?

정도   그러니까 법적으로 말하는 이틀은 말입니다. 약속한 날 자정을 기해서 하루로 계산한다고 쳐도, 익일 자정을 이틀이라고…

오민석   그그는 느그들 계산법이고! 우리 계산법은 전혀 달르 그등?

정도   예?

오민석   쉽게 얘기하모, 돈을 빌리준 사람이 달라는 시간! 그그이 약속시간의 기준이다!

정도   무슨 말씀이신지…

오민석   로스쿨 교수라는 놈이 그그도 몬 알아묵나? 니가 이틀 후에 내한테 이혼서류캉 인감증맹을 주기로 했제?

정도   예.

오민석 그라모 니는 하루가 지난 다음 날, 몇 시 몇 분이근 간에! 내가 달라는 시간에 무조껀 줘야 돼! 만일, 내가 달라는 시간에 안 주고, 니가 정한 시간에 가오면, 니는 내 몬 만나! 왜? 내가 안 만나주니까! 와? 내가 약속한 시간은 벌써 지났으이까! 그라모 우찌되는지 아나? 이자로 치면 복리이자가 붙고 니 같은 갱우엔 복날 개 맞듯 맞고 콘크리트 발모가지에 달고 기이피~ 잠수하는 그야. 기이피~ 알겠어?

정도 (놀라) 그런 억지가…

오민석 억지이? 니 지금 억지라 캤나? (일어나며) 상근아이~ 일마가 내랑 한 약속을 똥으로 여기는 것 같다.

건달1(상근) (쓱 나오면)

정도 아닙니다. 장인어르신! 제가 장인어르신의 시간계산법을 몰라서 생긴 일일 뿐입니다! 한 번만 선처해주시면 무슨 일이 있어도 약속을 지키겠습니다!

오민석 (쓱 보더니) 그라모, 사채업자 대 법학자. 다이다이로! 누가 약속을 잘 지키는 건전시민인지 함 지키보까?

정도 예! 장인어르신.

오민석 알았다. 그라모 딱 하루 더 줄 테이까네 익일 공시 공오분에 보자! (휘 가면)

정도 살펴… 가십시오. (하다가 털썩 앉는다)

채린 (보다 못해 쪼르르 뒤쫓아가더니) 아빠!

CUT TO 현관 앞

채린 아빠! 이런 억지가 어딨어?

오민석 이 가스나야. 저런 아는 이래 안 잡으모, 니 갤혼 몬해? 저런 잘난 아를 니가 우예 잡을 낀데? 혼자 아 놓고 살기가?

채린 (듣고 보니 그렇다)

오민석 니는 이 아빠만 믿어. 절마 니 짝지로 학실하이 붙이줄 테이까. 알겠어?

채린 응. (해실해실 미소)

오민석 (안에 대고) 익일 공시 공오분이다이~!

CUT TO 동 거실

정도 예. 살펴 가십시오. 장인어르신.

후아~ 땀난다. 손부채질 하면서, 어떡할지 생각에 몰입하는 정도. 결심한 듯한 표정에서 짧은 암전.

S# 18 **최고만 집 전경 / 아침**

S# 19 **최고만 집 데이트레이딩 룸 / 아침**

수천 권의 장서들이 빼곡 들어찬 서재를 배경으로, 대여섯 대의 모니터가 동시에 켜져 있고, 각 나라별 증시 상황이 실시

간으로 화면에 떠오르고 있고, 모니터를 확인하면서 데이트
레이딩을 하고 있는 최고만. 심각한 얼굴이다. 이때, 집사가
노크를 하면서.

김집사   회장님. 새로 온 요리사가 아침 준비했습니다. 시식해보
            시죠.

최고만   (심술궂은 표정으로 고개 끄덕인다) 이번엔 어떤 놈이
            야?

김집사   아랍 두바이 7성급 호텔 총주방장이었던 친굽니다.

최고만   그래? (자리에 앉아서 버튼을 누르면 매직미러 너머로
            주방이 훤히 보인다. 요리하는 모습을 보더니 일어난다)

S# 20   최고만 집 주방 / 아침

식탁에 앉은 최고만. 천장에 닿을 듯 긴 모자를 쓴 주방장이
요리를 서브한다.

주방장   우선 애피타이저로 무화과 처트니의 거위간과 차가운
            오이 스웁~ 그리고 화이트 참치 타르타르 콤비네이션
            을 준비했습니다.

최고만   (수저로 맛을 본다. 쩝쩝 먹어보고, 또 맛을 본다)

주방장/김집사   (긴장해서 보는데)

최고만   (수저를 탁 놓으며) 다른 건… 없어?

주방장 아, 그럼 바로 메인 디시를 드시겠습니까? (손가락을 튕기면, 서브 주방장이 준비한 플레이트를 놓는다)

주방장 프랑스 버섯볶음 위에 얹은 포트 와인소스의 안심구이와 보헤미안 스타일의 야채를 준비해봤습니다.

최고만 (칼질을 해서 먹더니) 이게, 미국 여배우가 얘기했다는 섹스보다 더 황홀하다는 그 요리야?

주방장 (득의만만한) 여배우가 아니고 여가수였습니다. 회장님.

최고만 황홀하긴 개뿔~ 그 가수는, 혀가 철판으로 만들어졌대냐? 귀한 재료 가져다가 대체 무슨 짓을 했길래 이 모양이야! 젠장맞을! 전혀 하모닉하지가 않잖아! 그리고! 한국놈들이면 한국놈들답게 된장국에 밥을 처먹어야지! 아침부터 빵 쪼가리에 스테이크는 우라질 스테이크야! 밥 없어? 밥!

주방장 (얼굴 표정 굳고)

김집사 (난감한데)

최고만 (주방장에게) 자네, 호박오가리나물이라고 알아? 몰라? 그럼, 빠끔장은? 몰라? 말린우럭미역국은? 모르지?

주방장 … 예. 전 그쪽 분야가 아니라서…

최고만 그럼 니 분야로 가! 얼른! (나이프 내던지고 일어난다)

주방장 (입술 깨물고 주방모자 휙 내던지며) 야! 가자!

S# 21   **최고만 집 거실**

주방장과 부주방장이 우르르 몰려나가는 모습을 보며.

최고만　(소파에 앉아) 실력도 없는 놈들이 승질머리는~ 김집사! (오면) 거 뭐냐? 어제 왔던 그 들떨어진 여자는 잘 데려다줬냐?

김집사　김선영씨요? 예. 에스필로라는 잡지사에 내려주고 왔습니다.

최고만　그 동생인가 뭔가 하는 여자는, 만났고?

김집사　아뇨, 그냥 잡지사에만 데려다주고 왔는데요.

최고만　(급변하는) 뭐? 왜 안 만났는데! 왜!

김집사　굳이 만날 이유가 없어서… 왜 그러십니까? 회장님.

최고만　왜라니? 내 집에서 쓴 물값, 가스값. 냄비, 접시, 프라이팬 감가상각비! 피해보상 청구해야지, 왜라니!

김집사　예?

최고만　김선영 동생 전화번호! 그리고 잡지사에서 뭐 하는 물건인지 알아보고! 수도계량! 가스검침 해서! 김선영이 얼마나 썼는지 뽑아서 지금 당장 보고해! 당장! 알았어?!

김집사　예. 회장님… (가면)

최고만　(입맛 쩝쩝 다시며 식탁을 돌아본다)

S# 22　**최고만 회상 / 1부 48신 – 최고만 집 주방 + 거실**

안 돼요오~ 하면서 냄비를 옮기는 선영, 최고만의 손길을 피하다가 냄비가 엎어지며 미역국이 쏟아지는 모습이 정지화면으로 보여지면, 현재의 최고만이 화면으로 들어와 웅얼거리는 대로 수식들이 화면에 뜬다.

최고만E 김선영이 그 여자 키를 160cm로 놓으면, 국그릇 높이는 약 120cm, 국이 쏟아지는 각도 30°, 처음 속도를 vm/s로 잡고, 중력가속도를 9.8㎧으로 계산하면, (그래프, 수식이 그려지며) 국이 20cm 정도 튀어올랐으니까, $\frac{V}{2}$ ($\frac{V}{2}$/9.8) − $\frac{1}{2}$×9.8×($\frac{V}{2}$/9.8)^2=0.2, V=3.96. 그렇다면 y=1.2+9.8t−4.9t^2. 국이 쏟아질 때 그릇에서 멀어지는 수평거리는 x=$\frac{\sqrt{3}}{2}$×3.96t이니까, 국이 쏟아지고 0.74초 후에 수평방향으로 약 2.54m 떨어진 곳으로 낙하할 것이므로~! (둘러보며, 빈 그릇이 있는 지점 확인하더니) 이 바보 여자 어깨방향을 25° 비틀어야 했어!! 그럼, 적어도 1/3은 건졌을 텐데. 젠장맞을!

시뮬레이션이 끝나면 한숨을 쉬면서. 눈물이 그렁그렁해진.

최고만 (탄식하는) 아, 먹고 싶다. 말린우럭미역구욱~!

S# 23　과수원집 일각

황골엿을 고고 있는 선영. 커다란 무쇠 솥에서 열심히 젓는데

평상에 앉아 불안하게 다리를 떨며, 휴대전화를 붙들고 있는 대영을 보며.

선영 대영아. 니 여 있던 치매때 몬 봤나? 으이?

대영 (대답 없이 불안하게 건들거리며 막걸리 마시며 전화하는)

선영 이쌍하네~ 내 분맹히 여다 걸어뒀는데. (박수 치며, 생각난) 아구야. 대영아! 우리 서울 댕기올 동안, 도둑이 드왔는갑다. 치매때도 엄써지꼬, 정짓간에 참지름도 한 빙 엄써졌다. 대영아. 갱찰에 신고하까? 으이?

대영 (버럭) 그깟 치매때하고 참지름 한 빙 없어진 그 갖고 뭘 갱찰에 신고한다꼬 지랄이노, 지랄이!

선영 어데, 치매때가 있어야 콩도 까불고, 깨도 까분다 아이가? 대영아… 내 여 넣을 콩이랑 호두 가지고 올 동안에, 이그 좀 저어주면 안 되나?

대영 (전화하다가) 뭔데?

선영 이그? 옥시시로 만든 황골엿. 어릿을 적에 영주가 곱단 어매한테 매맞고 울 즉에, 이 황골엿 한 개 쑥 쥐주면, 은제 울었냐는 듯이 눈물을 뚝! 그쳤다 아이가.

대영 지금 내는 그 가스나가 전화를 안 받아가 쏙이 타 죽겠는데 모가 이쁘다꼬 황골엿이노! 황골엿이!

선영 그래도… 이거 쪼매만 저어주면 안 되나?

대영 저어? 한분만 더 고따구 엿맥이는 소리 하모, 가미솥을 확 때리 엎어쁜다이!

선영   … 알았다. 내 암 말 안 할게 때리 엎지 마라. (눈치 보며
         열심히 젓는다)

S# 24   **영주 아파트 전경**

S# 25   **영주 집 안방**

커튼을 치고 침대에 누워 잠이 든 영주. 부우부우~ 진동하는
소리에 휴대전화 보면, '대영 오빠'다. 짜증스럽게 휴대전화
던져놓고 더 자려는데, '생일 축하합니다~' 노랫소리 들린
다. 부스스 고개를 돌려보는 영주. 닻별이 생일케이크에 초를
켜고, 노래를 부르며 다가온다.

영주   (놀라서 일어나면)
닻별   사랑하는 우리 엄마, 생일 축하합니다~
영주   (믿기지 않는) … 닻별아…
닻별   하루 늦었지만 생일 축하해, 엄마.
영주   … 어?
닻별   뭐 해? 촛불 안 끌 거야?
영주   그 그래. (얼결에 침대에 앉아서 촛불을 끄면)

팡! 팡! 폭죽 터뜨리는 소리 들린다. 보면, 정도다.

정도	생일 축하해~ (미소 짓는다)
영주	(흠칫 놀라서 보다가 점점 증오가 떠오르는데)
닻별	엄마! 아빠랑 내가 엄마 생일상 준비했다? 그러니까 얼른 씻고 나와~ 알았지?
영주	어? 어.
닻별	(나가면서 정도의 손을 잡고) 아빠! 얼른 가자.
정도	그럴까? (나가려고 하면)
영주	닻별아. 엄마 잠깐만 아빠랑 얘기하면 안 될까?
닻별	(잠깐 시간도 아까워) 엄마랑은 밥 먹으면서 얘기하면 되잖아.
정도	아빠 금방 갈 테니까, 닻별인 미역국 불 좀 줄여놓을래? 너무 짜면 안 되잖아. 그치?
닻별	(아쉽지만) 알았어~ (나간다)

문을 밀어서 쿵! 닫는 영주. 휙 노려보며.

영주	지금 사람 갖고 장난하자는 거니? 니가 무슨 염치로 여길 와?
정도	(침대에 기대려 하며) 내가 오는 게 싫으면, 도장을 찍든지~
영주	(휙 당겨서 우당탕 밀치면)
정도	이게, 씨! (벌떡 일어나면)
영주	(대거리하며) 왜, 내가 간통죄로 고소할까봐 겁나서 눈치 보러 온 거니? 애설복걸 매달리는 로스쿨 교수자리

날아갈까봐?!

정도 아니, 고소 좀 하시라고 찾아왔습니다. 김영주씨~! 제발 고소 좀 해주시죠? 예?

영주 뭐?

정도 니가 간통죄로 고소를 해줘야, 자동이혼이 성립되거든. 그럼, 넌 화 풀어서 좋고, 난 원하는 걸 얻어서 좋고. 쌍방이 해피해지는데, 그걸 내가 왜 말리겠어? 안 그래?

영주 (치가 떨린다) 그래서…! 그걸 노리고 초음파사진을 보낸 거니! 그것도! 일 년에 단 하루 있는 내 생일에?

정도 변명 같겠지만, 어제 일은 나도 까마득히 몰랐던 일이었거든? 근데, 니 전화를 받고 나니까, 닻별이한테 미안해지더라.

영주 미안한 줄 아는 인간이 귀국하고 3개월 동안, 코빼기 한 번 안 비췄니?

정도 그래서 이렇게 온 거잖아. 마지막으로 닻별이한테 좋은 기억 하나 만들어주고, 우리도 깨끗하게 끝내자. 응?

영주 뭐?

정도 닻별이랑 같이 점심 먹고 나서, 이혼청구소송 낼 거니까 그렇게 알아라. (나가려고 문을 열면)

영주 (문을 쾅 민다)

정도 (다리가 끼어서 아오~! 신음을 지르면)

영주 (정도를 휙 안으로 밀치고)

정도 (노려보면)

영주   바람피워 애까지 만든 인간이, 이혼청구소송을 해? 대체 어느 나라 법이 그 따위래니?! 독일에선 그런다니!

정도   민법 제840조 제6호. 예외적으로 유책배우자가 이혼을 청구할 수 있는 경우가 있는데, 그게 딱 너거든. 악의적으로 이혼해주지 않는 너! 이제 이해가 돼?

영주   (부들) 그래서…! 지금 나한테 이혼청구소송 하겠다는 통고를 하러 온 거니? 갑자기 법원에서 연락 오면 쇼크라도 받을까봐?

정도   물론, 가을 독사 같은 김영주야 콧방귀도 안 뀌겠지. 근데 우리 닻별인 너랑 다르게 여리잖아. 날 닮아서.

영주   뭐? 그럼… 설마 닻별이를 법정에 세우겠다는 거니?

정도   뭐, 먼저 가정조사관한테 조사를 받긴 하겠지만, 니가 계속 이런 식으로 붙들고 늘어지면, 어쩔 수 없겠지. 안 그래? (하더니) 닻별아. 준비 다 됐어? (나간다)

영주   박정도~! (붙들려고 하면)

정도   (잽싸게 탈탈 털고 후다닥 나가버린다)

영주   (부아가 치솟아 돌아버릴 것만 같다)

S# 26   영주 집 식탁

야채와 고기로 가득 찬 식탁. 고기를 쌈에 싸서 닻별에게 먹여주는 정도. 닻별도 고추를 양념장에 찍어서 정도에게 먹여주고, 희희낙락. 영주, 고추를 와작 씹더니.

영주	어우, 맵다… 닻별아. 엄마 물 좀 갖다줄래?
닻별	(한심하게 보며) 엄만, 어른이면서 고추도 못 먹냐? (간다)
영주	(기다렸다는 듯이 테이블 아래로 정도를 있는 힘껏 걷어
	찬다)
정도	(억! 소리 내며 노려보면)
영주	(치가 떨려 부들거리면서도 낮게) 니가 그러구두 사람이
	니? 어떻게 닻별이를 법정에 세울 생각을 해?
정도	그러게 내가 이혼서류에 도장 찍으랄 때 찍지 이제 와서
	난리야?
영주	(분함에 눈물이 글썽글썽해서) 박정도! 만에 하나, 닻별
	이한테 그런 일 생기면, 닻별이 법정에 서기 전에 내가
	먼저 너 죽일 거야. 알겠어…?!
정도	그러시든지~
영주	(수저로 정도의 얼굴이라도 내리 찍고 싶지만)
닻별	(다가와 건네며) 자, 물 대신 우유 마셔. 엄마. 매운 거
	먹었을 땐 그게 더 나아.
영주	고맙다, 딸. (분해서 눈물 그렁그렁 맺힌 채 닻별을 보면
	서 우유 마시면)
닻별	엄마, 진짜 매웠나보다. 눈물이 다 났네? 이제 괜찮아?
영주	(눈물자국 닦고) 응. 우리 딸이 준 우유 먹으니까 금방
	괜찮아지는데? 고마워.

닻별, 히죽 웃고 자리에 앉아, 영주 밥그릇에 휙 고기를 올려

주고 모른 척. 그 모습에 빙긋 웃어주고 밥과 함께 입에 넣는 영주. 철모르는 닻별이 정도를 보며 웃는 모습에 속이 상해 눈물이 날 것만 같다.

S# 27　영주 집 주방

받침대를 받치고 주방에 서서 설거지를 하고 있는 닻별.

정도　닻별아. 아빠가 도와줄까? (가는데)

영수가 정도의 멱살을 확 움켜쥐더니, 욕실로 쿵 밀고 들어간다.

닻별　아니, 괜찮아. (돌아보면 정도가 안 보인다) …?

S# 28　영주 집 욕실

영주의 서슬에 밀려 변기에 털썩 앉는 정도.

정도　이 사람이 보자보자 하니까… (일어나려다가 영주의 손아귀에 붙들려 눌리며, 올려다보면)

영주　(부아와 원망에 눈물이 그렁그렁해서) 대체 어쩌지는 거니! (소리가 샐까봐 이를 악물며) 대체 나더러 어쩌라구 이러는 거냐구!

정도 (더불어 심각해지며) 그래서 내가 얘기했잖아. 서로 좋은 선에서 끝내자구.

영주 좋은 선? 좋은 선이 뭔데? 이혼서류에 도장 찍으라는 거니? 그게 최선이라는 거야?

정도 … 그래…!

영주 (눈물이 터질 것 같은데 겨우 참으며) 당신은… 닻별이 보고도 그런 말이 나오니? 아빠 왔다고… 아무도 손 못 대는 열 살짜리 천재였던 애가… 금세 일곱 살짜리 어린 아이가 돼서 저렇게 좋아라… 공기처럼 가벼워져서 웃는 걸 보면서도… 그런 말이 그렇게 쉽게 나와…?

정도 …

영주 3년 내내 당신만 기다렸는데… 주인 기다리는 강아지처럼… 전화벨 소리만 울리면 자다가도 벌떡 일어나고… 현관문 두들기는 소리만 들려도… 아빠다… 아빠 왔다… 뛰어나가던 애를… 친구도 없는 놀이터에서 해가 지고… 달이 이울도록… 당신만 기다리던 애한테… 죄스럽지도 않니…? (눈물 뚝 흘리며) … 정말 미안하지도 않아…?

정도 (영주 손 쓰윽 걷어내며) 미안해도 어쩔 수 없어. (나가고, 문 탕 닫히면)

영주 박정도… 너 참 나쁘다… 참 나쁜 놈이야…

입술을 깨물며 우는 영주. 눈물자국이 보일까봐 세수를 푸푸 하고. 수건으로 문지르고, 거울 보고. 크음… 마음 가다듬고 나온다.

S# 29 영주 집 거실 + 닻별 방

욕실에서 나오는 영주. 열린 문틈으로 닻별이 방이 보인다.

닻별 (상장과 트로피를 보여주며) 아빠! 이건~ 한국 수학올림 피아드에서 받은 상이구! (다른 트로피 보여주며) 이건! 아시아태평양 수학올림피아드 일등상 받은 거야. … 그 리고, 이건 국제 수학올림피아드에서 받은 건데 (풀 죽 은) 은메달밖에 못 받았어.

정도 어이구, 우리 딸 욕심도 많지~ 벌써 IMO 금메달까지 따면 다음엔 뭘 하려구? 조금 아껴뒀다 내년에 받으면 되잖아. 그치?

닻별 (헤헤 웃고) 응. 그리고 이건~ 서울대 천체물리학과 교 수님 논문 도와드린 건데, 〈네이처〉지에 실릴 거래. 여기 보이지? 어시스턴트 카시오페이아 박. 박닻별이라구.

정도 (환하고 뿌듯한) 이리 와봐. 자랑스런 우리 딸 한 번만 안아보자.

닻별, 환하게 웃으며 가고, 정도, 닻별을 와락 안아주며 등을 두들겨준다.

정도   우리 강아지. 공부하느라 안 힘들었어…?

닻별   아니, 아빠한테 보여줄 거 생각하면, 하나도 안 힘들었
어. 아빠 생각하면… 하나도 안 힘들었다…?

닻별, 기분이 좋으면서도 그동안 참았던 기다림에 눈매가 그
렁그렁해져서 정도를 안으며 반가움의 눈물을 뚝뚝 흘린다.
그 모습을 보고 있는 영주. 피눈물이 날 것 같아 고개를 돌린
다. 입술이 푸들푸들 떨리는 영주. 다시 닻별을 돌아보며 망
연해진다.

S# 30   영주 집 문앞

입이 뽀로통하게 나온 닻별. 정도의 바지를 붙들며.

닻별   아빠, 언제 또 오는데?

정도   응. 아빠 교수임용 발표 얼마 안 남았거든? 그거 발표
나면 바로 올게.

닻별   (섭섭하고 삐친다) 그냥 집에서 하면 안 돼? 내가 도와
주면 되잖아.

정도   (미소 짓고) 닻별아. 아빠도 닻별이한테 자랑스러운 아
빠가 되려고 이러는 거야. 아빠 맘 알지?

닻별   (아쉽지만) 그럼 빨리 끝내고 와야 돼? 아빠 화이팅!

정도   닻별이도, 파이팅!

정도, 닻별에게 손 흔들어주고, 물끄러미 보는 영주에게도 손
인사 하고 가면… 닻별, 금세 표정이 쓸쓸해진다. 영주, 마음
이 아프다.

닻별   (돌아서 가며) 엄마도 나갈 거지?

영주   응. 으응.

닻별   알았어. 다녀와. (호주머니에 손 넣고 고개 숙이고 걸어
간다)

영주   (그 모습 보면서 가슴이 찢어지는 것만 같다) … (휙 돌
아서서 정도가 간 방향을 보며) 박정도…! (부른다)

S# 31   영주 아파트 일각

마주 선 두 사람.

영주   (입술 깨물고) 그거면 되니? … 당신이 원하는 이혼서
류… 도장 찍어주면 되냐구!

정도   … 왜 그새 마음이 바뀌었어?

영주   박정도! 그거면 되냐구 묻잖아! 이 나쁜 새끼야!

정도   그래. 그거면 돼!

영주	좋아. 그깟 이혼서류 도장 찍어줄게. 천 번이고 만 번이고 찍어줄게! 대신 나도 조건이 있어.
정도	조건? 뭔데?
영주	닻별이 스탠퍼드 유학 갈 때까지… 집에 들어와서 살아…
정도	(난감하다는) 뭐…? 야, 김영주.
영주	(소름끼치고 기 막히는) 누가 나랑 살래디? 나도 당신 살 닿는 거, 아니 숨소리 듣는 것만으로도 소름이 돋거든! 그러니까 허튼 걱정 말고, 닻별이 아빠 노릇이나 제대로 하라구. 알겠어?!
정도	… 닻별이 스탠퍼드 갈 때까지 얼마 남았지? 석 달인가? (고민하는 척하다) 좋아… 그거면 되겠어? 유학자금은? 안 도와줘도 돼?
영주	(비웃음) 남의 이불에 립스틱이나 묻혀놓는 기집애한테서 나온 돈으로 닻별이 유학자금 보태겠다구? 박정도. 너란 인간 도대체 어디까지 망가져야…
정도	아, 됐어, 됐어. 그럼 유학자금은 니가 알아서 하고! 그게 끝이야?
영주	아니, 하나 더 있어… 닻별이한테… 당신한테 기집애 있다는 거 절대 눈치채게 하지 마! 만약에 닻별이가 알게 되거나, 이 약속 중에 하나라도 어기면, 나 절대 이혼 못해줘! 아니! 당신이 징글징글하게 싫어하는 내 옆에서… 평생 늙어 죽게 만들 거야! 알겠어?
정도	좋아. 약속하지! 약속할 테니까! 니 인감도장이나 내놔!

아, 얼른~

영주 (죽일 듯 노려보며, 핸드백에서 인감도장 꺼낸다)

정도 (얼른 내놓으라고 손을 벌리고 흔들면)

영주 (인감도장을 있는 힘껏 공원 쪽으로 던져버린다)

정도 야!

영주 찍고 싶으면, 니가 찾아서 찍어! (휙 가면)

정도 저런 나쁜… 년.

정도, 수풀 속으로 후다닥 뛰어 들어가서 도장을 찾느라 두리 번거린다. 그 모습을 밉게 보다가 점차… 저런 인간이 내 남 사였나… 바라보는 영주. 마음이 무너지는 것 같아서… 눈가 가 젖는다.

걸어가다가 결국 멈춰 서고 마는 영주. 어깨가 천천히 떨린 다. 후득후득 우는 영주. 울음을 닦으며 억지 헛웃음을 웃고 하늘을 본다. 핸드백 안에서 끝도 없이 진동하는 휴대전화.

S# 32 동 과수원집 / 오후

대영 (막걸리 마시며 휴대전화로 통화 중이다)

E 지금 고객의 사정으로 전화를 받을 수 없사오니…

대영 (휴대전화 탁! 끊고) 와, 미치겠네~ 이 가스나, 참말로 내 복장 터져 죽는 꼴 볼라 카나! (안절부절못하다가 다 른 데 전화하면서) 행님요, 내 대영입니더. 어데 급전이

라또 땡길 데 없겠심니꺼? 내 지금 똑 죽겠심니더. (나
가다가) 누부야! 김슨영이!

선영 (돌아보며) 어?

대영 모리는 사람들이 와서 내 찾으면 무조건 없따꼬 해라이!
알긋나!

선영 알았다.

대영 (서둘러 나가며) 예. 행님. 접니대이.

선영 (주걱으로 엿을 저으며) 김대영 있어요? 무조건 없. 습.
니. 다~ 김대영 있어요? 무조건 없. 습. 니. 다~

CUT TO 경과

비닐을 덮어쓴 네모난 판에 엿을 부어 굳히고 있는 선영. 환
히 웃으며, 엿을 자르기 시작한다. 이때, 자동차가 들어와 멈
춰 선다. 내리는 집행관 세 사람.

집행관3 실례합니다.

선영 … 누구신데예…?

집행관1 ○○지방법원 집행관 사무실에서 나왔습니다. 여기가
김대영씨 집 맞죠?

선영 예, 맞십니더. 근데요. 김대영이는예, 무조건 없. 습. 니.
다아~

집행관2 …?

집행관1 이 집이 맞나보구만. 시작들 하지.

선영　　(호기심에 눈 깜박이며) 몰 시작하는데예?

S# 33　커피숍

척! 테이블에 놓이는 이혼서류를 냉큼 들고 환한 얼굴로 보는
채린.

채린　　이게 이혼서류라는 거구나? 어, 여기 김영주. 도장 꽝!
　　　　찍혀 있네~

정도　　어디 그뿐인 줄 알아? (득의만만하게 서류를 척 꺼내놓
　　　　는다)

채린　　어, 인감증명이네~! 우리 아빠가 갖고 오라는 건 다 갖
　　　　고왔구나.

정도　　당연하지~ 채린아 내가 뭐랬니? 이 오빠만 믿으라고 했지?

채린　　응. 채린인 울 오빠 완전 믿고 있쩌저요~

정도　　(귀엽다는 듯 코를 톡 치고) 아유, 우리 구여운 강아지~

채린　　(해죽 웃고)

정도　　(서류 정리하며) 자, 이제 장인어르신 만나러 가볼까?

채린　　뭐 하러 만나러 가? 오늘 밤 열두시 땡 하면 들이닥칠
　　　　텐데. 그러지 말고, 오빠~ 우리 웨딩드레스 보러 가자!

정도　　웨딩드레스?

채린　　응. 이거 법원에 내고 나서 바로 혼인신고 하고 결혼식
　　　　올릴 거잖아. 아빠가 ○○호텔 연회장 벌써 예약해놨다?

다음 달 15일이래.

정도　(컥) 다 다음 달 15일?

채린　응. 아빠가 오빠 구박하는 것 같아도 오빠, 완전 믿거든 ~ 법조인은 절대 거짓말 같은 거 안 한대. 맞지?

정도　고맙다. 오빠 믿어준 건 고마운데… 그게 말이지, 채린아. 왜 대한민국 법은 개인의 자유를 보장해주지 못하는 걸까?

채린　그게 무슨 소리야?

정도　… 채린아, 우리 다음 달 혼인신고 못한다.

채린　뭐? 왜?

정도　우리나라 이혼법이란 게 말이지. 아주 후진국형 법이거든? 도대체 국가가 개인 간의 결합과 분리에 대해서 시한을 정한다는 발상은 어디서 나왔는지 도저히 이해가 안 가요, 이해. 뭐, 지들은 숙려기간이라는데, 숙려의 뜻이 뭔지 아니? (커피잔 들며) 국어사전을 보면 말이지, 숙려란 곰곰이 생각하거나…

채린　(듣지도 않고, 휴대전화를 꾹꾹 누르더니) 아빠! 난데!

정도　(컥! 놀라서) 아빠? 채, 채린아.

채린　(벌떡 일어나 나가며 울먹이는) 오빠가 나랑 결혼 못한대!

정도　채린아. 내 말은 그게 아니라. 야! 오채린!

횡하니 나가는 채린을 쫓으려다가 급한 마음에 소파를 넘는 정도. 발이 걸려 소파와 함께 넘어가는 모습이 유리창 너머로 보인다.

S# 34   에스뗄로 전경 / 오후

S# 35   편집장실 + 편집실 / 오후

영주   (문을 닫으며 통화 중인) 예. 대출상담 때문에 전화 드렸
          습니다.

CUT TO

영주   (자리에 앉아 메모하며) 재직증명서, 급여통장 3개월 거
          래내역, 본인명의 통장사본이요? 예. 알겠습니다. 그럼,
          대출이자는, 예? (놀란) 연 8%에서 37%요?

CUT TO

영주   (다른 전화 중인) 그럼, 서류심사에 문제가 없으면 대출
          이자를 얼마까지 낮출 수 있을까요? 18%요. 알겠습니다.

E   (이때, 영주 뒤편으로 유리부스 두드리는 소리)

영주, 놀라서 돌아보면. 수리와 직원들, 제각기 파티복장으로
시간 됐다는 시늉을 하면.

영주   (전화기에 대고) 잠시만요? (밖을 보며 먼저들 가라는 시늉)

직원들 (인사하고, 손 흔들고 가면)

영주   (전화기에 대고) 여보세요? 아, 아뇨. 조금 더 알아보고

전화드릴게요. 예, 고맙습니다.

전화 끊고, 대출이자를 비교하면서 한숨을 푹 쉬는 영주. 이때 쉴 새 없이 울리는 대영의 전화. 영주, 수신거부하고 툭 던지는데. 똑똑! 소리와 함께 들어오는 배일도.

배일도 안 가?

영주 (메모지를 치우며) 늙은이들이 같이 가면 애들 흥 깨지잖아.

배일도 그런가? (자리에 앉으면)

영주 배사장, 어제 내가 괜한 약속 한 거 아니니? 애들 월급도 못 주는 판에…

배일도 (O.L) 걱정 마라. 김영주. 내가 누구냐? 내일 아침에 배 들어오기로 했다.

영주 진짜? (한숨 쉬며) 다행이다~ 한시름 덜었네? 투자자는… 누군데?

배일도 너랑 같이 만나보면 알겠지.

영주 나랑?

배일도 그래, 투자자님께서 꼭 너랑 같이 만나야 되시겠단다.

영주 왜?

배일도 왜긴 왜야? 김영주 편집장 빠진 에스띨로는 앙꼬 없는 찐빵이라 이거지.

영주 (씩) 뭐, 사실이래도 듣기 싫은 말은 아니네.

배일도   (으이그 하면서) 내일 조찬 미팅, 괜찮지?

영주   오케이~

배일도   (일어나며 별일 아닌 척) 남편이랑 문제는 잘 해결됐어…?

영주   응. 퍼펙트하게 해결됐어.

배일도   정말?

영주   그래~ 그래서 말인데, (서류정리 하며) 오늘 간만에 가족들 저녁식사 좀 준비해야 될 것 같거든? 그러니까 파티는 니가 좀 맡아줄래?

배일도   그러지 뭐. 김영주 집에 평화가 찾아왔다는데, 그길 못하겠어? 대신, 너무 무리하지 마라. 내일 조찬모임 늦으면 안 된다.

영주   죽는다아~!

배일도   (웃고 나가고)

영주   (씁쓸한 표정으로 서류 챙겨들고 일어난다)

S# 36   과수원집 안

집행관 1과 2, 빨간딱지를 붙이고 있고, 집행관 3은 과수원 나무에.

선영   아저씨요. 그기 빨간 딱지는 모하는 근데요?

집행관 2   아지메요, 이그는요. 김대영씨가 대출금 상환을 몬해서

예. 농협재산으로 귀속시키는 그라는 증푭니더.

선영 증표예? (못 알아듣겠다)

집행관2 쉽게 얘기해가, 이 딱지 붙은 그는 아무도 가지면 안 된다는 표시라예.

선영 그라모 이그는 도둑이 드와도 절대 못 가지가는 깁니꺼?

집행관2 그르치예. 이 딱지 붙은 그를 훔치가면 바로 잡히가지예.

선영 그래예? (환해지더니 우당탕 안으로 들어간다)

CUT TO

선영, 엄청 큰 바둑판을 낑낑거리며 들고 나와 쿵! 내려놓으며.

선영 슨생님요. 여 딱지 한 장만 딱 붙여주이소! 이기 울 아부지가 쓰던 건데예. 엄청 비싼 깁니더.

집행관2 그래예? (붙이면 / W.P)

CUT TO

선영 (신이 나서 낑낑 다른 물건 들고 와서) 여도 붙여주이소~ (다른 물건 옮기며) 이굿도예~!

집행관들 (선영을 보고 쓰게 웃지만)

선영 (신나서) 에, 또 모가 있드라? (박수 치며) 맞다! 아저씨예. 우리 동생 대영이 트럭도 있그등예.

집행관2 트럭이요?

선영 예~ 요 앞 비닐하우스에 여어두거든예. 거도 붙여주이소!

집행관 1   (가보라는)

S# 37   동네 슈퍼

소주를 마시면서 통화 중인 대영. 벌써 많이 취했다.

대영   행님요. 이분 딱 한분만 좀 도와주이소. 예? 행님요. (끊
         겼다) 이 시키가 내 전화를 끊어~ (전화 걸더니) 야, 손
         앵주이~! 니가 내 전화를 끊어! 야! 이 호로새끼야! 니가
         그래 대단한 놈이가, 이 새끼야~!

마을사람1   (지나가며) 대영이, 니 지금 술 묵고 있을 정신이 있다나?

대영   (전화기 든 채 비틀거리며 다가와 시비조인) 와요? 내
         돈 내고 내가 술 사묵는데 아제가 도와준 그 있으요?

마을사람1   이누무 자슥이 어데 낮술을 똥으로 치묵고 시비고 시비
         가. 너거 집에 집달리 와서 딱지 붙이고 있으이까 하는
         소리 아이라!

대영   집달리예? 이런 얼어죽을! (눈이 벌게져서 비척비척 뛰
         어간다)

S# 38   마트

쇼핑카트를 밀며 반찬거리를 사고 있는 영주. 통화 중이나.

영주	엄마야. 닻별아, 먹고 싶은 거 없어?
닻별F	없어. 배 안 고파.
영주	그래도 아빠 오시면 같이 저녁 먹어야지.
닻별F	아빠? 엄마. 오늘 아빠 오신다고 했어? 진짜?
영주	그래~
닻별F	그럼 아무거나 사와. 아니, 아빠 고기 좋아하니까 고기 사와라. 한우 불고기루. 아빠 독일선 불고기 못 먹었을 거 아냐.
영주	(피식 미소) 알았다. 한우 불고기 사갈게. 됐어?
닻별F	응~! 엄마 내가 엄마 올 동안 청소기 돌려놓을게?
영주	그래, 고맙다. (전화 끊고, 후~) 저래 좋을까…

왠지 씁쓸하고 닻별이 가엾다. 기운 내고 카트 밀면서 장을 보는 영주.

S# 39　과수원집 앞

대영, 비척비척 옆으로 흔들거리면서 달려온다. 대영의 시야로 보이는 트럭에서 번호판을 떼고 있는 집행관 2와 환한 얼굴의 선영 보인다. 눈에 불이 나서 달려와 집행관 2를 확 잡아채며.

대영	씨발. 너거들 해도 해도 너무한 거 아이라! 여 번호판까지 띠가모, 내는 굶어 디지라는 말이가! 으이!

집행관2 김대영씨 되십니꺼?

대영 그래, 내가 김대영이다, 우짤 낀데!

집행관2 속은 상하시겠지만도, 법은 법이니까 진정 좀 하시고예.

대영 (멱살 잡으며) 당신이라면 진정하게 생겼어. 트럭 번호판까지 띠가불모 우리는 뭐 빨아 묵고 살라는 말이냐꼬오~!

선영 (말리며) 대영아. 우리 집 지키줄라꼬 오신 분들한테 와 이라노?

대영 집을 지키주긴 누가 지키주노! 이 빙신아! 야들이 누군 공 아니? 우리 집 뺏을라꼬 온 사람들이라꼬오!

선영 뭐라꼬…?

대영 이 딱지 붙이는 기 모냐머언~! 이 트럭도 집도 인차 우리 끄가 아니라꼬 붙이는 그라니까~!

선영 그기 무슨 소리고? 와 우리 거가 우리 거가 아인데? 으이, 대영아?

대영 (답답하다) 시끄럽다고마! (집행관 툭 밀며) 아이씨요. 내 진짜 좋은 말로 부탁하는데 번호판만 돌려주이소. 예?

집행관2 (기분 나쁘지만) 안 된다니까예.

대영 (확 밀치며) 씨발. 따린 데 다 붙이도 되니까, 이 트럭 번호판만 좀 돌리달라꼬~! 이 트럭만!!

집행관2 이 사람이 와 이라노! (휙 밀면)

대영 (술기운에 발라당 넘어지며, 과장된 비명)

집행관2 당신 자꾸 이래 하면, 공무집행방해죄로 잡히들어가~ 알겠어~!

하다가, 비명 지른다. 선영이 집행관 2의 뒤 머리카락을 붙들고 당기고 있다.

선영 우리 동생 때리지 마! 때리지 마! 이 나쁜 놈아!

집행관2 아지메요. 와 이랍니꺼? 이그 좀 놓이소. 아지메도 잡히
갈라 캅니꺼? 예?

대영 (일어나며) 그래~! 여서 굶어죽으나, 잡히가 콩밥 묵으
나 매한가지다. 누부야~ 꽉 잡고 있으래이! 아랏차아!
(몸을 날리는데)

집행관 2가 몸을 휙 비키면, 선영의 옆구리를 찼다. "아이고
오, 옴마야~ 나 죽는다아~" 나뒹구는 선영.

대영 (놀라서) 누부야! 니 개안나?

선영 (아파서 눈물 글썽) 아이, 안 개안타. 옆구리가 억쑤 아
프다.

대영 (눈에 불이 나며) 이 쉐끼가~! 우리 누부를!

집행관2 이 싸람이 뭔 소리 하노? 당신이 찬 그잖아! 당신이!

대영 (연장통에서 빠루를 주워들면)

집행관2 김주사님이요! 퍼뜩 와보이소! 이 싸람 맛이 갔십니더~
(도망친다)

대영 (비장한) 누부야! 니 내 말 단디 들으래이! 우리가 여서
안 디비지모, 트럭도 집도 다 뺏기고 끝장난대이.

선영	끝장나? 트럭도, 집도 뺏겨?
대영	그래! 그라이까 절마들한테 엉기는 척하면서, 팍 디비져야 된다! 내 말 무슨 말인지 알제!
선영	… 디비져? 알, 알았다. (덩달아 비장해진다)
대영	(집행관들이 우르르 몰려나오면) 그래, 이 쉐끼들이아~ 인차 떼로 뎀비겠다 이그지! 그래, 함 해보자꼬오~! (빠루를 휘두르며) 뎀비! 새끼들아! 뎀비라꼬오!

대영의 서슬에 피하는 집행관들. "뭐 해? 경찰 불러!" 하면, 집행관 3 도망치며 휴대전화로 경찰을 부르고.

대영	그래! 불러라! 씨발. 내도 세금 냈으이 공짜 콩밥 함 묵으보자~! 불러~ 불르라꼬! 쉐끼덜아! 누부야! 치라!
선영	쳐? 쳐?

선영, 대영이처럼 주위를 둘러보면, 연장통에 갖가지 연장이 보인다. 낫을 들었다가, 톱을 들었다가, 옆에 있는 오함마를 질질 끌고 나오는 선영.

선영	대영아. 어델, 어델 치면 되노!
대영	아무 데나 치고. 디비지라!
선영	알았다아~!

선영, 오함마를 있는 힘껏 허공에 치켜올리면, 집행관 2, 놀라서 선영의 팔을 붙들고 "아지메요, 이라지 마소!" 하면. 선영, 오함마 무게에 휘청휘청 갈지자로 물러나다가, 집행관이 손을 놓자 "어어어~" 하면서 뒷걸음질하다가 시멘트로 만든 덤벨 지지대에 다리가 걸리면서 벌렁 넘어진다. 순간, 시멘트덩어리에 머리를 터엉! 찧는 선영. 터엉! 하는 소리에 놀라서 돌아보는 대영과 집행관들.

대영 이 쉐끼들이! 누부야! 개안나!

선영 (머리를 문지르며 부스스 일어나는데) 어, 나는, 나는 개안타.

대영 (답답하다) 진짜 개안나?

선영 아이다… 내 안 개안타…

대영 그르치! (집행관 2를 휙 돌아보며) 이 쉐끼! 니가 우리 누부를 쳤어! (구경나온 동네 사람들 보며) 갱찰 안 부르고 뭐 하는 겁니꺼! 갱찰 부르라꼬! 갱찰!

대영 뒤편으로 어질어질 일어나던 선영. 게걸음으로 옆으로 걷는다.

선영 대영아… 내 진짜… 안 개안은 그 같다…

대영 그래! 니는 당연히 안 개안치! 그자?!

돌아보는데, 대영에게 손을 내밀며 다가오는 선영. 풀썩 주저
앉더니 구토를 시작한다.

대영 (뭔가 이상하다 싶은데) 누부야… (다가오면)

선영 (어설프고, 두렵게 웃으며) 대영아… (동공이 풀리며 풀
썩 쓰러진다)

대영 (놀라서 선영을 끌어안으며) 누부야! 니 와 이라노? 와
이라는데?

선영 모리겠다… 내 왜 이카지… (억지웃음 지으려다가 의식
을 툭 놓는다)

대영 (놀라서) 누부야! 누부야! (소리치다가) 야, 이 개시키들
아! 구급차 안 불르고 모 하노! 구급차 부르란 말이다!

E (구급차 소리 선행하고)

S# 40   응급실 복도 / 오후

이동침대에 실려서 산소호흡기를 단 채로 실려가고 있는 선
영. 눈물을 닦으며 구급대원과 함께 침대를 붙들고 뛰고 있는
대영.

대영 누부야, 정신 좀 차리봐라. 누부야!

S# 41   응급실 / 오후

이동침대에 실려 들어오는 선영. 간호사와 의사가 달려온다. 간호사, 바이탈 체크기를 달고, B.P를 확인한다. 조바심이 난 대영을 밀어내며 커튼을 치는 간호사.

의사   무슨 환잡니까?

구급대원   49세 여자환잔데요. 뒤로 넘어지면서 머리를 찧었는데, 외상은 없고, 의식을 잃기 전까지 계속 구토증상을 보였답니다.

의사   (선영의 동공 확인하고, 호흡도 체크하면서) B.P 얼맙니까?

간호사   110/75 정상입니다.

의사   (호흡 체크하면)

간호사   선생님, 인튜베이션 할까요?

의사   아니, 호흡은 일정하니까 그럴 필요 없고, 뇌손상에 의한 혼수상태일지도 모르니까 빨리 CT부터 찍으세요!

간호사   예!

의사   (커튼을 젖히고 나오면)

대영   (마음이 졸려) 슨생님요, 우리 누부 개안캤지예? 예?

의사   CT 결과 나오면 그때 말씀드리겠습니다. (간다)

간호사들, 선영을 태운 침대를 급하게 밀고 가면… 대영, 덜덜 떨리는 손으로 영주에게 전화를 건다.

E	(신호가 가지만 받지 않는다)
대영	(울음이 날 것 같은) 김영주. 지발 전화 좀 받으라. 지발… 으이?

S# 42 마트 주차장 + 응급실 앞 / 오후 – 교차로 보이는

트렁크에 장바구니를 넣는 영주. 차문을 여는데 휴대전화 울린다. 대영이다. 받을까 말까 하다가 결국 받는 영주.

영주	… 여보세요…
대영	(버럭) 김영주! 이 나쁜 가스나야! 니 진짜 이럴 기가?
영주	(짜증나지만) 미안해. 오늘 일이 좀 많았어. 오빠 대출금 이자 때문에 전화한 거지?
대영	지금 대출금 이자가 문제가? 슨영이 누부 죽을찌도 모른다꼬오!
영주	(뜨끔 놀라서) 그게 무슨 소리야? 선영 언니가 왜?!
대영	선영 누부…! 머리를 다치가! 지금 응급실에 실려왔다!
영주	뭐?
대영	지금 CT 찍으러 갔는데, 머리가 빙빙 돈다 카면서 계속 토하다가 정신줄을 놔뺐다, 아이가!
영주	그게 무슨 소리야? 오빠. 내가 알아듣게 얘기 좀 해봐! 응?
대영	니가 대출금 이자 안 붙이주가! 집달리들이 차압 딱지

붙이러 왔다 아이가, 그래 글마들하고 쌈박질이 났는데, 누부가 글마들이 밀어가 넘어지면서 돌에 머리를 찌뿟다…!

영주 … 뭐? 지금 거기 어딘데? (사이) 알았어. 알았으니까 조금만 기다려봐.

S# 43 동 응급실 앞 / 오후

대영 기다리긴 뭘 기다리노? 야! 이 나쁜 가스나야~! 니가 누부한테 어뜨케 이라노? 누부가 널 어뜨케 키왔는데? 누부가 니한테 누군데에! (하는데 뚝 끊겼다) 여보세요? 영주야~ 영주야~ 이런 나쁜 가스나~ (전화하려는데)

경찰관1E 대영이 행님?

대영 … 야? (하면서 돌아보면 경찰관 1·2와 집행관 2가 서 있다) 어, 김순경, 너 여 웬일이고?

경찰관1 (다가오더니) 여 집행관님들이 행님을 공무집행방해하고 폭행으로 신고해서 왔습니다.

대영 무씬 소리를 하노? 폭행을 당한 기 누군데? 지금 우리 누부가 절마한테 맞아가 다 죽기 생깄는데 누가 폭행을 했다 카는 기고!

경찰관1 아무튼 자세한 얘기는 서에 가서 하입시더.

대영 어델? 내 지금은 암 데도 몬 간다!

경찰관1 수갑 차고 가실랍니꺼?

대영 김순경, 그라모 우리 누부는 우짜라꼬 이러노? 으이?
     (끌려가며) 슨영 누부야~! 슨영 누부야~! (나가며) 영
     주야! 영주야! 이 나쁜 가스나야! 퍼뜩 안 오고 뭐 하
     나!

S# 44 도로 / 일몰

급하게 도로를 질주하고 있는 영주의 차.

S# 45 달리는 영주의 차 안 + 제하 병원 집무실 / 일몰

운전을 하면서 무선 헤드셋으로 통화 중인 영주. 신호가 가
면… 제하 전화 받으며 교차로 보이는.

제하F 여보세요?
영주 (급한) 제하야, 나야. 영주.
제하 오오~ 김영주 편집장님께서 이 시간에 어인 일로 전화
     를 주셨습니까? 술 땡기는 날이야?
영주 아니, 급하게 물어볼 게 있어서 전화했어.
제하 (피식) 넌 안 급하면 절대 전화 안 하지? 무슨 일인데?
     닻별이가 어디 아프니?
영주 아니, 그런 건 아닌데! 세하야. 사람이 머리에 충격을 받
     으면 일시적으로 토하기도 해? 의식도 잃구?

제하F	그럴 수 있지.
영주	그게 어떤 증상이야?
제하F	응. 우선 CT를 찍어봐야 아는데, 뇌에 충격이 가서 구토 중추를 자극하면 그럴 수 있어. 일단 어지럼증이나 구토가 멈추면 다행인데, 의식이 없다고 했니?
영주	응. 그런가봐.
제하F	그럼 문제가 좀 심각할 수도 있어.
영주	… 어떻게…?
제하	지금은 혼수상태로 보이지만, 의식을 계속 못 찾으면, 영영 못 깨어나는 코마 상태가 될 수도 있어.
영주	(덜컥 놀란) …뭐?
제하	왜? 누가 다치기라도 했어?
영주	아, 아냐. 아는 사람이 그랬대서. 고마워. 내가 다시 연락할게.

전화 끊고, 불안한 표정으로 운전을 하고 있는 영주.

CUT TO 제하 집무실 / 일몰

제하	(책상 위에 놓인 선물포장을 던졌다 받으며) 어제도 못 줬는데, 오늘도 니 날은 아닌가부다. (씰룩 미소)

S# 46   영주 상상

뒤로 넘어지면서 콘크리트에 머리를 짓찧는 선영. 동공이 풀리면서 의식을 놓는다. 그 위로 들리는.

대영F (버럭) 김영주! 이 나쁜 가스나야! 니 진짜 이럴 기가? 슨영이 누부 죽을찌도 모른다꼬오!

S# 47 **동 달리는 차 안 / 일몰**

입술을 깨물며 조바심이 난 영주. 서둘러 전화를 건다. 신호가 가면, 청소하던 닻별이 전화 받으며 화면 분힐.

S# 48 **영주 집 거실 + 영주 차 / 일몰 / 화면 분할되며**

닻별 (청소기 끄고 전화 받으며) 여보세요?

영주 (여전히 마음이 급한) 닻별아, 엄마야.

닻별 어, 엄마. 나 지금 청소기 다 돌렸어.

영주 (건성인) 어유, 그랬어. 아빠는?

닻별 아빤 아직 안 오셨는데?

영주 … 그래? (망설이다) 닻별아. 근데 어떡하지? 엄마가 급한 일이 생겨서, 지방에 좀 다녀와야 될 것 같거든?

닻별 그럼 아빠 저녁 반찬은?

영주 어. 그게… 아빠 불고기는 내일 해드리넌 안 될까?

닻별 알았어. 아빠 저녁은 내가 알아서 차릴게. 걱정 말고 다녀와.

영주   고맙다, 딸. 엄마, 일 끝나는 대로 바로… (하는데 전화
      뚝 끊긴다)

CUT TO 화면 분할 끝나면.
쓸쓸하지만 여유가 없다. 남편 번호를 찾아서 전화를 건다.

E   고객님 사정으로 전화기가 꺼져 있어 소리샘으로 연결
     됩니다.

영주   (삐 소리 나면) 나야. 닻별이 기다리니까 음성 확인하는
      대로 전화부터 줘… 당신… (뭐라고 하려다가 참고) 닻
      별이 실망시키지 마. 끊을게. (전화 끊고, 유턴 표시가
      보이면, 급하게 차를 돌린다)

S# 49   채린 집 거실 / 밤

무릎 꿇고 있는 정도와 그 앞의 오민석. 채린, 볼이 퉁퉁 부어
있고.

오민석   우리 채린이랑 갤혼을 몬한다꼬?

정도   결혼을 못한다는 게 아니라 당분간 혼인신고를 못한다
      는 얘기였습니다. 장인어르신.

오민석   (협탁의 스탠드를 꽉 잡으면)

정도	(멈칫하면)
오민석	(참으며) 그래, 다시 한분 정리해보자. 그라이까 니 말은 이혼할라 카문 3개월이 걸린다 이거가?
정도	… 예. 현행 이혼법이 그렇게 돼 있습니다, 장인어르신.
오민석	그라모, 3개월이 지날 때까지 우리 채린이랑 혼인신고도 몬하고 갤혼식도 몬 올린다 이그고?
정도	예. 애석하게도…
오민석	(꾹 눌러 참고) 그래… 딸 가진 죄인이라꼬… 할 수 없제. (일어나며) 대신에~! 딱 석 달이대이. 석 달 지난 다음 날, 니 우리 채린이 웨딩드레스 입히주야 된다. 알겠어?
정도	예. 장인어르신. 심려 끼쳐 드려서 죄송합니다.
오민석	그라모, 채린이 너도 그래 알고… (하는데)
채린	그럼! 내 웨딩드레스는 어쩌라구? 베라왕 드레스. 밥도 안 먹으면서 23인치로 겨우 맞춰놨는데, 석 달 후면 아무리 굶어도 배가 뿔룩 나올 게 뻔한데~ 베라왕이 무슨 배가 왕 나온 드레슨 줄 알아? 오빠~ 그냥 결혼식부터 치르면 안 돼?
정도	채린아.
채린	싫어싫어, 싫다구우~ (징징거리면)
오민석	(빽!) 고마 주디 못 다무나! 법이 그래 생기 치뭇은 그를 니 우짤 낀데! 으이! 그래 싫으모 니가 사법고시 합석해가 법을 바까! 그래 할래! 으이!

채린	(입이 퉁퉁 불어서) 그래도 싫어!
오민석	(부글부글 끓는 걸 겨우 참고, 이혼서류 던지며) 내일 당장 법원에 가가 접수시키라. 딱 석 달하고 하루 더 주는 기다. 맹심해라이!
정도	감사합니다. 장인어르신!
오민석	무슨 딸내미 갤혼을 이따구로 시키야 되나! 우라질. 가자! (수행원들 몰고 나가면)
정도	살펴 가십시오, 장인어르신. (후우 한숨 쉬고) 채린아~
채린	(앵돌아지면)
정도	미안해. 오빠가 정말 미안한데~
채린	(삐죽하다가) 그럼, 좋아. 대신 나랑 하나만 약속해줘.
정도	뭘?
채린	숙려기간인가 뭔가 하는 동안 그 여자 집에 절대 가지 마.
정도	… 엉? (당황해서) 채린아… (하다가) 오채린, 너 오빠 못 믿어?
채린	아니, 오빤 믿는데, 오빠 엑스는 못 믿겠어. 그러니까 그 집에 절대 가지 마. 알겠어?
정도	… (어쩔 수 없이 고개 끄덕이며) 걱정 마. 내가 널 두고 거길 왜 가니?
채린	(그제야 안심이 되는 듯 겨우 미소)
정도	(호주머니에서 징징거리는 휴대전화를 꺼내보면 닺별이다) 잠깐만, 학과장님 전화 좀 받구. (슬쩍 나간다)
채린	(삐죽, 맘에 안 들게 쳐다보고)

S#50   동 달리는 영주 차 + 영주 집 거실 / 밤

군은 표정으로 운전을 하고 가는 영주. 전화가 걸려온다. 닻별이다. 시계를 보면, 열두시가 다 돼간다.

영주　(받으며) 응. 닻별아. 아빠랑 노느라고 아직 안 잤어?

닻별　… 아빠 오늘 못 온대.

영주　… 뭐?

닻별　아빠 학회준비 때문에 밤새야 된대.

영주　(이 인간이~! 하가 치솟지만) … 그래? 그럼 어찌지?

닻별　… 아빠 좋아하는 새우볶음밥 만들어놨는데…

영주　(정도에게 짜증이 솟구치는데)

닻별　… 엄마도 못 오지?

영주　닻별아… 엄마 있지…

닻별　됐어! (끊는다)

영주　닻별아. (부아가 치민다. 서둘러 전화를 건다)

S#51   채린 집 침실 / 밤

캐노피로 둘러싸인 공주풍 침대. 채린이 정도의 팔베개를 하고 잡지를 보고 있다. 협탁에서 무음으로 반짝이는 휴대전화. '웬수' 라는 이름이 뜬다. 영주다. 정도, 쓱 수신거부를 해놓으면… 금세 다시 걸려오는 전화. '웬수' 다.

정도	(휴대전화를 슬그머니 들고 팔을 빼면서) 채린아. 목 안 말라? 오빠가 쥬스 가져다줄까?
채린	싫어, 살 쪄.
정도	그럼, 오빠 물 좀 마시고 올게.
채린	빨리 와~
정도	알았어~ (쪽 뽀뽀하고 슬그머니 나간다)
채린	(휙 의심스럽게 돌아본다)

S# 52   채린 집 베란다 + 동 달리는 차 안 / 밤 – 교차로 보여지는

울리는 휴대전화를 들고 나오는 정도, 전화를 받는다.

정도	어, 나야.

　　　CUT TO 차 안

영주	당신, 지금 제정신이니?! 어떻게 오후에 한 약속을 저녁에 깨뜨릴 수가 있어?
정도F	학과장님 세미나 준비 도와드리느라고 어쩔 수 없었어.
영주	그럼! 미리 전화라도 해야 됐을 것 아냐! 닻별이가 당신 얼마나 기다리고 있는 줄 알아!

　　　CUT TO 베란다

정도	그러는 넌 어딘데? 집에 전화하니까 너도 안 들어왔다

더구만. 너도 같이 들어왔어야 되는 거 아니었어?

영주F (적반하장이다, 참고) 난 지방에 일이 생겨서 가는 길이거든!

정도 지방…? 니네 친정…?

CUT TO 차 안

영주 (눌러 참고) … 그래…

정도F (무시하는) 이번엔 또 무슨 문제데? 니 오빠 또 사고쳤대니?

영주 (자존심 상하지만 참고) … 그런 거 아니기든…?

정도F 김영주. 내 경고하는데, 니 오빠 사고쳐도 내 번호 절대 알려주지 마라. 경찰서 가도 내 이름 절대 못 팔게 하고. 알겠어?

영주 (자존심 상하고 열 솟는다) 사시도 못 붙은 전임강사 도움 따위 필요 없으니까, 걱정 붙들어 매시지!

CUT TO 베란다

정도 당연히 그래야지. 다시 한 번 경고하는데, 내가 집에 가 있는 동안, 니네 친정 문제 절대 끌고 오지 마라.

CUT TO 차 안

정도F 니 오빠건, 니 바보언니건 간에… 알겠어?

영주 (부들부들) 니가 언제… 내 친정 문제 도와준 적 있니?

이 드러운 새끼야…!

영주, 전화를 확 끊어버린다. 부아가 치밀어 헤드셋을 확 내
던지다가 차가 휘청하면서 전봇대가 바로 눈앞에 달려든다.
비명을 지르며 핸들을 돌리는 영주.

CUT TO 국도
한 바퀴 돌아서 서는 영주의 차.

S# 53　채린 집 베란다 / 밤

정도　(전화기 보고) 드러운 새끼? 그래, 이제 막가자 이거지?
　　　　(휴대전화를 던지려다가 참고 들어간다)

S# 54　국도 + 영주 차 안 / 밤

영주　(기막히다) 어떻게 그렇게 얘기를 하니…? 이 나쁜 새끼
　　　　야… (눈물을 꾹 눌러 참는데, 휴대전화 울린다. 대영이
　　　　다) … (눈물 닦고 받으며) 나야. 오빠. 이제 다 왔어. 언
　　　　니 병원이 어디야?

대영F　다 왔나? 그라모 여 파출소부터 좀 와라.

영주　언니가 다쳤다며? 언니 있는 병원이 어디냐구?

대영F　그라이까, 니가 와가 내를 데리고 가야지! 좀 있으모, 내

경찰서로 송치된다니까! 그전에 니가 좀 와달라꼬!

영주　(미치겠다) 거기 어디야?

S#55　파출소 앞 + 안 / 밤

차를 멈춰 세우는 영주. 후다닥 안으로 들어가면, 의자에 쪼그려 앉아 있던 대영이 반갑게 일어서며.

대영　영주야~

영주　(꼴이 한심하다) 어떻게 된 거야?

대영　(억울하다는) 내 참 기가 막히가. 집달리 쉐끼들이 누부를 치는데, 내가 공무집행방해하꼬 폭행했다 칸다. 이래 억울한 기 어딨노?

영주　대체 뭘 어떡했길래 이래!

대영　내 잘못한 그 없다이까! 니 박서방한테 전화 한분 때리라! (경찰관 보며) 김순갱, 우리 처남이 한국대학 법대 교수라 캤지? 뭐 하노? 전화 한분 때리라 카는데?

영주　(부들부들)

대영　뭐 하노? 박서방한테 전화만 하모, 일사천리로 쫙 해결해줄 긴데!

영주　… 오빠… 도대체 날 얼마나 괴롭혀야 끝나겠니? 도대체 내 피를 얼마나 밀려야, 이 시궂지궂한 업보가 끝나겠냐구!

대영 ··· 영주야~

영주 차라리 그냥 들어가서 살아라, 오빠. 응? 더 이상 구차하게 이러지 말고, 그냥 오빠가 저지른 죄 다 갚고 나와.

대영 (섭섭하고 화나는) 니 말 참 이쁘게 한대이? 내가 너를 괴롭혔으면 얼마나 괴롭혔다고 이라노! 니 서방! 독일 간다 칼 때, 과수원 전답 반 짤라준 그가 누꼬! 니 나 몰라라 서울로 내빼고, 코빼기도 안 비출 때! 노망난 어무이하고, 바보 멍텅구리 선영이 누부! 돌본 게 대체 누구냐꼬! 그기 나야! 니 오빠 김대영이라꼬오~! 그란데 니가 나한테 이럴 수 있나! 으이!

영주 그래서! 노망난 엄마! 요양원에 내던져두고! 나한테 요양원비 꼬박꼬박 송금 받아간 사람이 누군데? 바보언니 돌봐준다는 명목으로! 매달! 생활비며! 대출금에 도박빚 이자까지 물게 한 사람이 오빠 아니었냐구!!

대영 ··· 뭐라꼬?

영주 나두··· 이제 넌덜머리가 나거든? 넌덜머리가 나서 동생 노릇 더 못하겠거든···? 그러니까··· 그냥 들어가라. 오빠 들어가서 살아. 응? (휙 돌아서 나가려고 하면)

대영 그라모! 슨영이 누부는 우짤 낀데! 누부는 우짤 끼냐고!

영주 엄마랑 같은 요양원 보낼 테니까··· 오빤 오빠 걱정이나 해. (나가는데)

S# 56   **파출소 앞 / 밤**

대영   (뒤따라 뛰어나오며) 요양원? 니 지금 요양원이라 캤나?

영주   (차에 타려고 하면)

대영   노망난 어매는 노망났으이까 요양원에 버리꼬! 슨영이
       누부는 바보멍충이라 챙피해가 요양원에 내다버릴 끼라
       이그가! 그라모 니는 발 팬하게 뻗고 살 그 같드나? 김
       영주! 이 나쁜 가스나야! 니 슨영이 누부가 니를 어떻게
       키왔는지 참말로 다 잊어뿟나! 으이!

영주   (터진다) 아니! 하나도 안 잊었어! 아니, 그 지긋지긋하고
       지독했던 시간들을 내가 어떻게 잊어?! 초등학교 때부터
       고등학교 때까지! 아무 때나 학교로 들이닥쳐서! 지멋대
       로, 지 하고 싶은 대로! 내가 김영주 언니라며! 온갖 참견
       은 다 하다가, 지겨우면 팽하니 가버리고! 바보라는 핑계
       로 저 편할 때만 눌어붙는 여자를 내가 어떻게 잊어? 바
       보언니 둬서 너도 바보 아니냐는 놀림을! 스무 살 다 될
       때까지 듣고 살았는데, 그걸 내가 어떻게 잊냐구!

대영   뭐라꼬…? 그라모 니는 선영 누부가 부끄러웠드나?

영주   그래! 부끄러웠어! 난 오빠처럼! 엄마처럼 정도 없고,
       모진 년이라서! 김선영이 내 피붙이라는 게 죽도록 싫
       었고! 부끄러웠어! 그래서 매일 기도했어! … 하나님,
       제발! 김선영이런 지 여자…! 내 언니라는 저 바보…!
       제발 내 옆에서! 사라지게 해주세요…! 매일매일 기도

했다구!

대영   ⋯ 나쁜 가스나⋯

영주   욕해도 좋아. 돌을 던져도 좋으니까, 오빠⋯ 제발 더 이 상 그 여자 내 인생에 엮지 마⋯

영주, 입술 깨물고 휙 돌아서는 매서운 얼굴과 CT 촬영기 위에 의식을 잃고 누워 있는 선영의 얼굴 위로 2부 엔딩.

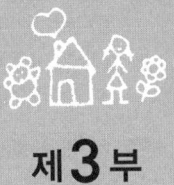

제**3**부

제3부

S#1   오프닝 – 달리는 영주 차 안 + 채린 집 베란다 / 밤

CUT TO 채린 집 베란다

정도   다시 한 번 경고하는데, 내가 집에 가 있는 동안, 니네 친정 문제 절대 끌고 오지 마라.

CUT TO 차 안

정도F   니 오빠건, 니 바보언니건 간에… 알겠어?

영주   (부들부들) 니가 언제… 내 친정 문제 도와준 적 있니? 이 드러운 새끼야…!

영주, 전화를 확 끊어버린다. 부아가 치밀어 헤드셋을 확 내던지다가, 차가 휘청하면서 전봇대가 바로 눈앞에 달려든다. 비명을 지르며 핸들을 돌리는 영주.

S#2   병원 CT촬영실

CT 기계 위에 누워 있던 선영. 기계가 움직이자 눈을 번쩍 뜬다! 몸을 세우려다가 CT 기계에 머리를 들이받으며 비명 지른다. 둘러보다 겁에 질려 기계에서 벗어나려고 바동거리면.

CUT TO CT촬영실 밖

직원 (놀라서) 김선영씨! 움직이면 안 됩니다! 가만계세요!

선영 (기계 위에서 나동그라지며) 대영아~ 여가 오데고? 대영아~!

S# 3   파출소 앞 / 밤

대영 김영주! 이 나쁜 가스나야! 니 슨영이 누부가 니를 어뚜게 키웠는지 참말로 다 잊어뿟나! 으이!

영주 (터진다) 아니! 하나도 안 잊었어! 아니, 그 지긋지긋하고 지독했던 시간들을 내가 어떻게 잊어?! 초등학교 때부터! 고등학교 때까지! 아무 때나 학교로 들이닥쳐서! 지멋대로, 지 하고 싶은 대로! 내가 김영주 언니라며! 온갖 참견은 다 하다가, 지겨우면 팽하니 가버리고! 바보라는 핑계로 저 편할 때만 눌어붙는 여자를 내가 어떻게 잊어? 바보 언니 뒤서, 너도 바보 아니냐는 놀림을! 스무 살 다 될 때까지 듣고 살았는데, 그걸 내가 이떻게 잊냐구!

대영	뭐라꼬…? 그라모 니는 선영 누부가 부끄러웠드나?
영주	그래! 부끄러웠어! 난 오빠처럼! 엄마처럼 정도 없고, 모진 년이라서! 김선영이 내 피붙이라는 게 죽도록 싫었고! 부끄러웠어! 그래서 매일 기도했어! … 하나님, 제발! 김선영이란 저 여자…! 내 언니라는 저 바보…! 제발 내 옆에서! 사라지게 해주세요…! 매일매일 기도했다구!
대영	… 나쁜 가스나…
영주	욕해도 좋아. 돌을 던져도 좋으니까, 오빠… 제발 더 이상 그 여자 내 인생에 엮지 마…

영주, 입술 깨물고 차에 오르려는데, 대영이 다가와 손목을 와락 붙들더니.

영주	…!
대영	(비장하게) 김영주. 니한테 우리가 그래 짐스러부면 가라~ 곱단어매나 내 같은 빙충이 오래비는 싹 다 잊어뿔고… 무쏘의 뿔처럼 혼차서 가~ (참혹한 표정 지으며) 그래또 말이다. 니 언니, 김슨영이한테는 그래 하지 마라. 지금 죽었는지 살았는지또 모르는 니 언니는… 이래 버리지 마라.
영주	…!

S# 4 CT촬영실 밖 일각 / 밤

급하게 달려오는 의사 시야로 보이는, 도망치려는 선영을 붙잡는 CT실 직원과 간호사. 선영, 온힘을 다해 뿌리치고 도망치려 하며.

선영 이그 놓이소! 놓으란 말입니더!

의사 무슨 일입니까?

간호사 이 환자분께서 CT를 찍던 중에 의식을 회복했는데요. 퇴원하시겠다고 이렇게 막무가내로…

선영 (애원하는) 슨생님요. 내 지금 억쑤 말짱하그든예? 그라이까 쩌 사진 같은 그는 안 찍어도 됩니더. 그리고, 내 그냥 가도 되는 그 아입니꺼? 예?

의사 (차트 보더니) 김선영씨. 김선영씨는요, 의식을 잃고 저희 병원으로 이송되어 온 거거든요? 지금 CT를 찍어서 상태가 어떤지 확인 안 하면요, 앞으로 무슨 일이 발생할지 (모릅니다. 그러니까…)

선영 그그는 꺽정할 거 한나또 없습니더. 내 어릴 적에또 말입니더. 우리 대영이가 눈싸움한다꼬 이따만 한 돌뎅이를 눈에 뭉치가! 내 여를 이래 딱 맞촷그등요? 그때도 여가 엄청시리 아팠는데~ 우리 곱단어매가 된장을 이래이래 발라가 금방 나았다 안 합니꺼? (의사 손 가져다 머리에 대며) 바로 여 여자린데, 완전 개안치요?

의사 (부족한 사람이구나, 달래는) 김선영씨~ 지금은 그때 상황이랑 전혀 달라서요~

선영 (달라붙어 비는) 슨생님. 슨생님은 몰라서 그르시는 근데요. 우리 대영이가요, 억쑤로 불쌍한 아거든요? 지 마누래도 도망가뿔고요~ 차도 빼끼고, 돈도 한 푼도 없심더. 그르이까, 사진 같은 그 찍지 말꼬, 그냥 좀 보내주시모 안 됩니꺼? 예?

의사 (고민이다)

S# 5 달리는 영주 차 안 / 밤

영주, 굳은 표정으로 차를 몰고 가는 위로 들리는.

대영E 그래또 말이다. 니 언니, 김순영이한테는 그래 하지 마라. 지금 죽었는지 살았는지또 모르는 니 언니는… 이래 버리지 마라.

조바심에 걱정스럽게 변하는 영주의 표정. 급하게 차를 몬다.

S# 6 병원 로비 / 밤

선영 (연신 절을 하며) 고맙습니더. 고맙습니더, 슨생님.

의사 김선영씨. 혹시 구토를 하거나, 이상증세가 보이면 바로 병원으로 오셔야 합니다. 아셨죠?

선영 야~ 참말로 감사합니더. (연신 절을 하며 밖으로 나온다)

S#7 병원 밖 일각 / 밤

선영 (나오며, 자랑스러운) 대영아. 내, 니 돈 한 푼도 안 썼다~

선영, 환해진 얼굴로 급하게 걸어가려는데. 일각에서 들리는.

집행관2 아, 걱정할 그 없다이까. 공무수행 중에 생긴 문제를 우 짤긴데? 그라고, 내 김대영이 글마 공무집행방해치상으로 신고하고 진단서도 끊어가이까네, 합의금 받으모 우리 아 등록금은 우째 마련될 그 갑다. 걱정 마라.

선영 (문득 멈춰서며) 김대영이모 내 동생인데~? (쓱! 돌아보면)

집행관2 그래. 5분이모 집에 도착할 끼니까 걱정 마라.

전화를 끊고, 선영 앞을 쓱 지나쳐가는 집행관 2. 주차되어 있는 SUV 차량(짐칸이 있는)으로 가면.

S#8 선영 회상 / 2부 39신 – 과수원집 앞

대영 (비장한) 누부야! 니 내 말 단디 들으래이! 우리가 여서 안 디비지모, 트럭도 집도 다 뺏기고 끝장난대이.

선영 끝장나? 트럭도, 집도 뺏겨?

대영 그래! 그라이까 절마들한테 엉기는 척하면시, 픽 디비저야 된다! 내 말 무슨 말인지 알제!

선영　　… 디비져? 알, 알았다. (덩달아 비장해진다)

S# 9　　읍내 집행관 집 앞 / 밤

집행관의 차가 멈춰 서고, 내리는 집행관. 마당을 가로질러 들어가면, 짐칸에서 쓰으 몸을 드러내는 선영. 차에서 버둥거리며 내리더니, 비장하게 집을 둘러본다.

선영　　대영아. 걱정 마라. 내 이분엔 학실이 디비지께~!!

주위를 쓰으 살피더니, 걸려 있는 쇠사슬들을 본다. 이때 개줄에 묶인 개가 컹컹 짖으면, 선영, 쓰으 개줄을 보더니 실룩 미소.

S# 10　　읍내 병원 전경 / 밤

S# 11　　병원 응급실 / 밤

영주　　뭐라구요…? 김선영 환자를 그냥 내보냈다구요?
간호사　　본인이 하도 퇴원을 하겠다고 고집을 부려서 저희도 어쩔 수 없이…
영주　　(O.L) 이봐요! 간호사님! 아무리 본인이 고집을 부려도, 의식을 잃고 온 환자를 어떻게 그냥 내보낸다는 겁니까!

간호사 (발끈하는) 저기요, 고객님. 저희도 할 만큼 했거든요?

영주 (화가 난) 할 만큼 해요? 그러다가 환자가 잘못되기라도 하면 어쩔 건데요! 정신이 말짱하지도 않은 환자를 그렇게 내보내서 어떡할 거냐구요!

간호사 (당황한) …

영주 만약, 그 환자한테 무슨 일 생기면 나도 가만 안 있을 테니까 각오하세요!

영주, 매서운 얼굴로 휙 돌아서 나오지만, 금세 불안감으로 초조해진다.

S#12 병원 일각 거리 / 밤

미친 듯이 밤거리를 달리며 "김선영!", "선영 언니!"를 부르는 영주. 텅 빈 거리는 대답이 없고, 횡단보도를 건너서 달려가는 영주. 이때, 트럭이 거칠게 경적을 울리며, 무시무시한 속도로 영주 앞을 지나쳐 달려간다. 놀라서 돌아보는 영주 위로, "영주야~" 들리는 선영의 목소리. 돌아보는 영주.

S#13 다른 거리 / 밤 / 영주 상상

정신을 반쯤 놓은 듯한 얼굴의 선영이 아픈 머리를 자꾸 매만지며 어두운 국도를 걷다가 횡단보도를 건넌다. 트럭 불빛이

빵빵거리며 달려오지만, "영주야~ 내 동생", "영주야~ 내 머리가 왜 이래 아프노? 으이?" 하면서 길을 건너고.

CUT TO 트럭 안
경적을 급하게 눌러대며 브레이크를 밟는 트럭기사.

CUT TO 거리
경적소리에 돌아보는 선영의 얼굴에 확 비쳐드는 불빛. 눈물이 그렁그렁한 눈으로 "영주야~" 낮게 읊조리는 선영을 덮치는 불빛.

S# 14   동 거리 / 밤

영주, 미칠 것 같은 심정이 되어 "김선영~!", "선영 언니!" 목놓아 부르며 거리를 달린다. 숨이 턱까지 차서 멈춰 서는 영주. 금세 눈물이 터질 듯한데, 휴대전화 벨 울린다. 보면, 대영이다.

영주　　(눈물 닦고) 어, 오빠.

대영F　영주야, 니 선영 누부 만났드나?

영주　　… 아니.

대영F　그라모 선영 누부 어데 있는지 아직 모리겠네?

영주　　(다급한) 무슨 소식 있었어? 선영 언니, 무슨 연락 있었냐구?!

대영F 내도 경찰서로 이송돼 가던 중에 연락받고 가는 길이 그등?

영주 (애가 닳아 버럭) 거기가 어딘데? 김선영이 있는 빌어먹을 곳이 대체 어디냐구!

S#15 채린 집 침실 / 밤

정도의 팔베개를 하고 잠들어 있는 채린. 정도 쪽 협탁에서 무음으로 반짝거리는 휴대전화. 정도, 팔이 저린지 슬그머니 팔을 빼다가 휴대전화를 본다. 닻별이다. 슬그머니 내려놓는데, 채린이 눈을 뜨면, 정도 "자~ 자~ 우리 애기~" 하면서 다독여주며, 팔을 뻗었다 내렸다 한다.

S#16 홍대 클럽 앞 / 밤

흥청망청 취한 무리가 지나가면, 휴대전화를 귀에 대고 서 있는 닻별. 음성사서함으로 넘어가자 굳은 표정으로 전화를 끊더니, 클럽을 향해 들어가려는데.

안내삐끼 어이, 꼬맹아. 여긴 너 들어가는 곳 아니다~

닻별 (지지 않고 보며) 우리 오빠 만나러 왔는데요?

안내삐끼 오빠가 누군데?

닻별	파밀리아 리드 보컬 오수현이요. 집에 급한 일이 있어서 그러니까 좀 불러주실래요? (벽에 기대는 척)
안내삐끼	그래? 지금 막 공연 중일 텐데…? 잠깐만 기다려?

삐끼가 문을 열고 들어가면 닻별, 곧바로 따라 들어간다.

S# 17   공연장 안 / 밤

제법 되는 숫자의 클러버들이 음악에 맞춰 춤을 추면서 열광한다. 무대에서 공연 중인 파밀리아. 리드 보컬 수현이 열창중이다. 물끄러미 보는 닻별. 수현이 보일 만한 곳에서 손을 흔들면, 수현이 싱긋 웃어주고. 닻별, 얼른 나오라고 시늉하지만 "한 곡만 더~!" 하는 수현.
닻별, 짜증난 얼굴로 총총 내려오더니, 두꺼비집을 찾아서 전원을 내려버린다. 일순간 어둠속에 묻히며, 비명소리가 들리면, 혼자 휴대전화를 꺼내서 얼굴을 비추며, "빨리 나와~!" 보여준다. 수현, 어쩔 수 없다는 표정이고.

S# 18   홍대 클럽 앞 편의점 / 밤

편의점 간이테이블에서 밖을 내다보고 있는 닻별. 수현이 동료들과 헤어진 후 닻별을 발견하고 후다닥 들어온다.

수현	야, 꼬맹이~! 너 진짜 이런 식으로 공연 방해할래?
닻별	그 곡 써준 게 누군데? 오빠, 내 곡 가져가면서 약속한 게 뭐야? 내가 부르면, 24시간 언제든지 오기로 한 거 아니었어?
수현	(찔끔) … 물론 그랬지.
닻별	근데? 왜 전화를 안 받아?
수현	그거야 다 니 생각해서 그런 거잖아~ 너 평생 이 키로 살 거야? 닻별이 니 나이 땐 이 시간에 푹 자줘야, 성장판이 열려서 키도 쑥쑥 자라고~
닻별	그렇게 날 생각해주려면 저작권료부터 내놓으시지? 내 곡 갖구 클럽서 공연한 게 벌써 몇 달 됐지? 오빠네 찌질이 밴드, 아예 공연 자체도 못하게 해줘?
수현	(휴대전화 잽싸게 꺼내서 귀에 대며) 어, 박닻별님. 오늘은 무슨 일로 전화를 하셨습니까? 말씀만 하십시오. (싱긋)
닻별	(삐죽하고) 갈 데가 있어.
수현	이 시간에 어딜? 가는데?

S#19   집행관 집 마당 / 새벽

구급차와 경찰차가 서 있고, 동네사람들이 구경 나와 있다.
영주, 급히게 차를 세우고 사람들 틈을 비집고 나가 기함한
다. 집행관의 SUV 차량 바퀴와 자신의 몸을 쇠사슬로 연결하

고, 개줄까지 칭칭 엮은 채 버티고 있는 선영.

집행관 (애가 닳은) 아지매요! 대체 나한테 와 이라는 겁니꺼? 잘못은 그짝 동생이 한 거 아이라요? 그르니까, 지발 그 쇠고랑 좀 풀고 좀 나오라고요~ 예?

선영 어데요? 아저씨가 띠간 우리 대영이 번호판 돌리 줄 때까지는 여 디비져가 한 발자국또 안 움직일 낍니더! 내 이래 있으모 동산이지만서도 (빨간 딱지를 꺼내 침을 뱉어 이마에 탁 붙이더니) 이래 가마히 있시모, 부동산입니더! 부동산! 그라모 아무또 못 근드린다꼬 아저씨가 그랬지예? 맞지예?

집행관 하구야~ 내 미치고 팔짝 뛰겠다! (구급대원 보며) 아, 119가 모하는 겁니꺼! 어떻게 좀 해보이소~! 쫌~!

구급대원 저희도 도와드리고 싶지만서도예. 잘못 건드리가 저 아지매 다치기라또 하모 형사사건이 되뿌니까, 저희도 어쩔 수가 없심니더. (경찰 보며) 그르치예?

경찰 맞심더. 보호자 불렀으이까네 쪼매만 기다려보입시더.

집행관 (답답해 환장할 지경인데)

이때, 목줄을 빼앗긴 개가 개집에서 컹컹 짖으면.

집행관 시끄럽다, 일마야! 집 지키라꼬 비싼 사료 믹이가 키와 났더이, 목줄까지 뺏긴 놈이 뭘 잘했다고 짖노, 짖길! 아지매요! 아, 쪼옴~!

선영 (못 들은 척 비장하게) 내는 부동산입니더, 부동산!

영주 (창피하고 짜증나지만) … 김선영…

선영 (영주 목소리에 헉 놀라서 보더니 환한) 영주야~! 니 여긴 우예 알고 왔노? 으이!

영주 (싸늘한) … 얼른 나와.

선영 영주야. 내도 그래 하고 싶은데, 내 그래 하면 우리 대영이가 삐낀 번호판은 영영 (못 찾그등…)

영주 (버럭) 얼른 나오라구!

선영 (찔끔하지만, 침 꿀꺽 삼키고) 그래또, 내는 몬 나간다…

영주 왜 못 나오는데? 대영 오빠가 고소 취하해줄 테까지 나오지 말라 그랬니? 그랬어?!

선영 아이다. 대영이는 그른 말 한마디도 안 했다.

영주 그럼 왜 안 나오는 건데! 왜!

선영 사실은… 안 나가는 기 아이고, 몬 나간다. 아까… (자물쇠를 보여주며) 이 자물통 열쇠를 잃어뿌따…

영주 (미치겠는데)

선영 미안하다~

S#20 도심 거리 / 새벽

닷별을 태운 수헌의 오토바이가 도심을 가로질러 날리고 있다.

S# 21   동 집행관 집 앞 / 새벽 - 아침

유압프레스가 무시무시한 소리를 내면서 선영을 감싼 쇠줄을
자르고 있다. 선영, 겁에 질려 귀를 막고 서 있고, 영주, 시계
를 보면 벌써 7시가 가까워져온다. 영주, 휴대전화로 배일도
에게 전화를 건다. 전화 받으면.

영주   배사장. 나야.
배일도F 어, 김편. 벌써 도착했어?
영주   … 아니. 집안일 때문에 지방엘 좀 내려왔어.
배일도F 무슨 소리야? 그럼 지금 조찬 미팅에 못 온다는 거야?
영주   응. 그렇게 됐어.
배일도F 야, 김영주! 너 오늘 미팅이 얼마나 중요한 줄 몰라서 그
           래? 오늘 투자자 설득 못하면…
영주   (O.L) 알아. 아니까 먼저 전화한 거잖아. 배사장 니가 어
           떻게든 좀 해봐. 아님, 미팅을 저녁으로 미루든지… 부
           탁할게. 미안하다.
배일도F 야, 김영주. 김영주!

하는데, 전화를 뚝 끊는 영주. 금세 걸려오지만 무시한다. 이
때 경찰차가 멈춰 서더니, 대영이 후다닥 뛰어내리며.

대영   (눈물 핑 도는) 누부야!

선영　(눈물 나게 반가운) 대영아~

대영　누부야! 니 개안나? 으이?

선영　미안하다. 내가 개안으면 안 되는 긴데, 완전 개안타. 이를 우짜노?

대영　아이다. 누부가 모가 미안하노? 개안으면 됐지~! 니 머리 다친 그는 우예 됐나? 사진은 찍었나?

선영　어데? 걱정할 그 한나또 엄따. (자랑하고 싶은) 대영아~ 내 대구빡이 억수 딴딴해가 뱅원비 한 푼도 안 내고 왔다~!

대영　진짜가?

선영　(자랑스러운) 어엉~! 진짜다~! (히죽)

CUT TO 일각

영주, 경찰이 내민 서류에 서명하는데.

경찰　아무리 먹고 살기 바빠또, 정신이 말짱하지도 않은 사람을 저래 밖으로 돌리모 우짭니꺼? 앞으로 관리 좀 잘하이소.

영주　… 죄송합니다.

서류에 서명을 마치고 돌려주며 목례를 한다. 경찰이 가고 나면 돌아서는데, 대영과 선영이 영주를 보면서 환하게 웃는다.

영주   (화를 참으며) 언닌 먼저 차에 타고 있어.

선영   차에 타? 진짜? (싱글벙글 자랑스러운) 대영아, 니도 들
           었나? 영주가 내보고 지 차에 타란다~

대영   오이야~ 우리 누부 좋겠네~ 뭐 하노? 얼른 타봐라.

선영   응~!

선영, 신이 나서 후다닥 차로 가더니, 조수석에 탕! 문 닫고 타
서 히죽 웃는다. 대영, 덩달아 웃어주고.

대영   누부는… 진짜 요양원에 보낼 끼가?

영주   그럼… 나더러 어쩌라구…?

대영   아이다. 차라리 그기 나을 수도 있겠다 싶어가 하는 말
           이다. 매칠 전에도 집에 도둑이 들었었는데, 괜히 과수
           원집에 혼자 됐다가 손이라도 타모 우짜겠노.

영주   …!

대영   그란데, 영주야. 승영 누부 요양원 들어갈 자격이 되겠
           나? 지난분에 옴마 요양원 보낼 때 알아봤는데, 누부는
           자격이 모자란다 캐서…

영주   (O.L) 그건 내가 알아서 할 거니까, 오빤 오빠 걱정이나
           해. … 이제 어떡할 거니?

대영   내사 뭐 주디가 열 개 있다꼬 해도 뭔 할 말이 있겠나?
           (눈치 보며) 딱 한 가지 바라는 기 있다모, 니가 박서방
           한테 전화…

영주 (자르며) 변호사비는 내가 구할 테니까, 박서방한테 연락할 생각은 꿈에도 하지 마, 알겠어?

대영 알았다. 내 은제 니 말 안 들은 즉 있드나? 그라이까, 가능하모 빠른 시간 안에 나오게만 좀 해도. 내가 나와야 슨영 누부도 데꼬 살고, 니도 팬할 거 아이가? 안 글나?

영주, 비굴하게 웃는 대영을 밉게 보는데, 빵! 클랙슨 소리 들려서 보면 선영이 경적을 울리며 어서 오라는 손짓을 한다. 답답하다.

S# 22 **채린 주상복합 아파트 전경 / 아침**

S# 23 **채린 집 안 + 앞 복도 / 아침**

딩동딩동! 계속해서 들리는 인터폰 소리에 욕실에서 나오며.

정도 어떤 무식한 인간이 아침부터 저 난리야?

채린 (잠옷차림으로 현관으로 가며) 택배 왔을 거야. 우리 애기 용품, 프랑스에 직접 주문해놨었거든?

정도 그래?

채린 (현관문 열며) 누구세요? (하다가 흑 굳는다)

닻별이 싸늘한 얼굴로 채린을 노려보고 서 있다. 얼결에 쿵!
문을 닫고.

채린 (후다닥 들어오며) 오빠…!

정도 … 누군데? 택배 아니야?

채린 … 오빠… 딸.

정도 … 뭐? 닻별이? 닻별이가 여길 왔다구? 진짜 닻별이 맞
      어? (현관으로 후다닥 가면)

채린 (뒤쫓으며) 오빠, 쟤가 어떻게 여길 알고 온 거지? 응?
      오빠가 우리 집 주소 알려준 거야?

정도 미쳤니? 그걸 내가 왜 알려줘? (현관문 열려다가 돌아보
      며, 낮게) 오채린, 너 이러구 있는 거 닻별이가 본 거야?

채린 응.

정도 (이런 젠장맞을) 얼른 들어가서 옷부터 갈아입어! 얼른!

채린 옷은 왜?

정도 (당황스럽긴 마찬가지여서 격해진) 너 바보야! 조교가
      교수 작업실에서 잠옷 입고 있는 거 봤어? 그리고! 닻별
      이가 너랑 이러고 있는 거, 지 엄마한테 꼰지르면! 너랑
      나 어떻게 되는지 몰라서 그래?! 아, 얼른~!

채린 알, 알았어~! (후다닥 들어가면)

정도 (심호흡을 하고, 옷매무새 잡고, 문을 열며) 박닻별~! 우
      리 딸 왔어?

하는데, 닻별이 보이질 않는다. "닻별아?" 신발을 끼워 신고 후다닥 나오는 정도. 승강기 모퉁이를 향해 뛰어가면.

S#24 채린 집 승강기 앞 / 아침

닻별아! 하면서 돌아오는 정도. 막 닫히는 문 사이로 닻별이 보인다. 원망이 가득한 눈으로 바라보는 닻별.

정도   닻별아…!

부르며 급하게 달려오지만 문 닫히고, 버튼을 눌러보지만 늦었다.

S#25 정도 회상 / 2부 31신 – 아파트 일각

영주   닻별이한테… 당신한테 기집애 있다는 거 절대 눈치채게 하지 마! 만약에 닻별이가 알게 되거나, 이 약속 중에 하나라도 어기면, 나 절대 이혼 못해줘! 아니! 당신이 징글징글하게 싫어하는 내 옆에서…평생 늙어 죽게 만들 거야! 알겠어?

S#26 동 승강기 앞 / 아침

정도　　샤잇스(Sheiβe – 독일어로 "젠장" 정도의 표현)

계단을 향해서 미친 듯이 달려가는 정도.

S# 27　채린 집 계단 + 앞 / 아침

계단을 우당탕탕! 뛰어 내려오는 정도. 초조하다. 계단을 다 뛰어 내려와 로비를 가로질러 나오는 정도.

S# 28　채린 주상복합 아파트 앞 / 아침

문을 열고 뛰어나와 "닻별아! 박닻별!" 애타게 부르면서 찾는 데, 저만치 닻별의 뒷모습이 보인다. 닻별을 부르며 뒤를 쫓아오는 정도.

CUT TO

눈물이 그렁그렁한 눈으로 못 들은 척 급하게 걸으며 전화하는 닻별. 전력질주를 해서 달려오는 정도의 모습이 가까워지는데.

닻별　　오수현! 왜 전화 안 받아! 지금 어딘데에~!

하는 찰나, 바아앙! 소리를 내며 정도 앞을 지그재그로 달려

오는 수현의 오토바이. 정도, 화들짝 놀라 멈춰 서면, 수현의
오토바이가 닻별 옆으로 끼익 선다. 닻별의 손을 잡아 휙 뒤
에 태우더니, 부웅~! 오토바이를 돌려서 정도 옆으로 휘잉!
달려가는 수현.

정도　　(놀라서) 박닻별…? 닻별아! (붙들려는 찰나)

수현의 오토바이가 휙 지나치면, 정도, 보도블록에 나뒹군다.
"아이 씨~!" 일어나는 정도. 팔을 까보면 껍질이 벗겨져 피가
흐른다. "샤잇스" 마음이 급해져서 주상복합 건물로 급하게
뛰어간다.

S# 29　　과수원집 마당 + 브랜드 매장 일각

전화를 하고 있는 영주. 손에 선영의 질병진단서를 들고 통화
중이다. 화면 밀고 들어오며 통화 중인.

현주　　그래서? 오늘 입원시킬 정신병원을 알아봐달라구?
영주　　응. 요양원에 보내려고 했는데, 지적장애가 1급이 아니
　　　　면 안 된대.
현주　　알았다. 지금 바로 확인하고 전화 줄게.
영주　　부탁 좀 할게, 선배.

전화 끊으면, 화면 분할이 끝나며. 후우~ 한숨을 쉬는데, 집 안에서 와당탕 문이 열리며 이불보따리, 짐가방을 바리바리 싸들고 낑낑거리며 나오는 선영.

선영   영주야~ 이그 좀 차에 실어주모 안 되나? 내는 정짓간에 가가, 곱단옴마 좋아하는 묵은 나물이랑 고치장 좀 더 챙기야 되거등?

영주   (휴대전화 끄며, 짜증이 난) 지금 이사 가니? 며칠 입을 옷만 챙기라고 했잖아!

선영   매칠을 있어도, 밥은 해묵고, 이불은 덥고 자야할 끄 아이가?

영주   (짜증 난) 자꾸 말 시키지 말고, 속옷만 몇 벌 챙기라구! 속옷만!

선영   … 속옷만? … 알았다… (눈치 보며 다시 낑낑 들어간다)

영주, 짜증스러운데 휴대전화 울린다. 정도다! 어쩔 수 없이 받으면.

S# 30   채린 집 거실 / 아침

정도   (버럭) 김영주! 너 지금 뭐 하자는 플레이야?! 너 지금 나 감시하는 거니? 앙!

영주F   지금 무슨 말을 하는 건데?

정도   무슨 말인지 몰라서 물어? 새벽 댓바람부터 닻별이 앞 세워서! 우리 집에 쳐들어오게 해놓고, 그것도 부족해서! 퀵서비스까지 동원한 주제에 시치미를 떼에~! 너 자꾸 이렇게 치졸하게 나올래?

S# 31   과수원집 마당 / 아침

영주   (눌러 참으며) 박정도! 당신 지금 무슨 말 하는지 하나도 못 알아듣겠거든?

정도F   이게 어디서 쇼를 하고 있어~ 니가 안 보냈으면 닻별이가 어떻게 내 작업실 위치를 알고 찾아와! 찾아오길!

영주   … 당신이 언제 나한테 작업실 위치 알려준 적 있니! (하다가) 박정도! 당신 혹시 조교란 기집애랑 있는 거, 닻별이한테 들켰어?

S# 32   동 채린 집 거실 / 아침

정도   (뜨끔하지만) 이게 사람을 뭘로 보고~ 나 밤새 학과장님 세미나 준비한 거 몰라서 그래! 어쨌거나 니가 외박질이나 하면서 집구석을 비우니까 이런 일이 생기는 거 아냐!

영주F   (입술 깨물고) … 알았어. 알았으니끼, 올라가서 얘기해.

정도   올라가? (비웃는) 너 아직도 그 잘난 친정식구들이랑 붙어 있는 거냐?

S# 33 과수원집 마당 / 아침

영주 (버럭) 박정도씨! 내가 내 친정식구랑 붙어 있건, 안고 있건 당신이 상관할 바 아니니까, 약속한 대로 닻별이나 챙기세요! 이 인간아!

정도F 인가안? 이게 어디서! 암튼! 내 다시 분명히 얘기하는 데~! 내가 니네 집에 가 있는 동안, 니네 친정 집구석 일절대 끌고 오지 마라. 알겠어!

영주 걱정 붙들어 매시지? 죽어도 그런 일 없을 테니까! (전화를 확 끊으면)

S# 34 동 채린 집 거실 / 아침

정도 여보세요?! 이런 개매너~! (전화 끊고) 김영주가 닻별이를 보낸 건 아닌 거 같은데? (하다가) 앗, 따거! 채린아, 오빠, 아프다아~ 살살 좀 해줄래? (하는데)

채린 (소독약을 펴펴 바른다)

정도 채린아, 너 왜 그래? 응?

채린 (씩씩거리는) 오빠, 지금 뭐라 그랬어?

정도 …? 내가 뭐랬는데?

채린 좀 전에 오빠 엑스네 집에 가 있다고 그랬잖아!

정도   아~ 그거. 채린아, 그건 말이지.

채린   (듣지도 않고) 오빠 어젯밤에 나랑 뭐라고 약속했어? 오
       빠 엑스 집엔 절대 안 가겠다고 했지! 어떻게 하루 전에
       약속한 걸 까먹을 수가 있어?! 그러구두 오빠가 진실만
       을 말하는 법조인이야?!

정도   (달래며) 오채린. 나라고 왜 그 마귀할멈 소굴 같은 델
       들어가고 싶겠니? 이게 다 너랑 결혼하려고 이러는 거
       잖아.

채린   나랑 결혼하려면, 먼저 나랑 약속한 거부터 지켜! 아님,
       나도 오빠랑 끝장이야! (휙 돌아서 방으로 들어가며 소
       독약병을 바닥에 내던져버리고, 문 탕 닫는다)

정도   (쫓아가다가, 소독약에 미끈 넘어질 뻔하다가 겨우 균형
       잡으며) 채린아~ 오빠 허리 나갈 뻔했다~ 채린아~

S# 35   도로 / 아침

닻별을 태운 수현의 오토바이가 화면 앞을 휘익 지나치며 달
려간다.

S# 36   서울 방향 도로 – 달리는 영주 차 / 낮

영주   (혼잣말) 나쁜 자식. 지가 뭔데, 지가 뭔데 니한테 이래
       라 저래라야?

도로표지판에 서울 방향 이정표가 보이면, 기대감에 차 있다가.

선영   어? 여는 곱단옴마한테 가는 길 아인데? 여는, 버스 타고 지하철 타고, 아저씨 평창동 336 다시 18번지 가주세요~! 거 가는 길인데?

영주   (묵묵히 운전하면)

선영   (설마) 영주야, 지금 서울 가는 길가?

영주   (굳은) … 그래.

선영   진짜가? 하이고야. 그라모 미리 얘기나 쫌 하지?

영주   …?

선영   내는 곱단옴마한테 가는 중 알고, 옴마 좋아하는 그만 쌌다 아이가? 서울 갈 중 알아씨모, 박서방이랑 닻별이 좋아하는 그 쌌을 긴데~ 영주야. 집에 들렀다가 다시 가모 안 되나? 으이?

영주   그럴 필요 없어.

선영   아이다. 그래도 박서방이랑 을마 만에 보는 긴데.

영주   (날이 선) 아니, 그 인간 볼 일 없을 테니까. 꿈도 꾸지 마.

선영   (못 알아듣고) 어?

영주   (오금 박는) 김선영… 서울 간다고 우리 집에 가는 것도, 나랑 사는 것도 아니니까! 쓸데없는 생각 하지 마. 알겠어?

선영   (실망하지만) … 어… 알았다. 그라모… 영주야. 어데 가는 근지는 물어봐도 되나?

영주　아니. 묻지도 말고 궁금해하지도 마. 아니, 나한테 아무 것도 기대하지 말라구. 알겠어!

선영　… 어. 알았다… (풀이 죽어 있다가 금세 히죽히죽 웃는다)

영주　(신경 거슬려) 왜 웃는데?

선영　내 어데 가는 중은 몰라또, 영주 니랑 이래 차 타고 가이 까, 옛날에 곱단옴마 몰래 버스 타고 소풍 가든 그 생각 나서 그르는 기다.

영주　…!

선영　그때 곱단옴마한테 너랑 내 억쑤 맞았잖아. 그다음에는 다시는 니랑 같이 차 타고 못 갈 중 알았는데, 이래 가이 까, 자꾸 웃음이 난다~ 헤헤.

영주　(그 모습이 짜증 나서 더 세게 밟는다)

S# 37　채린 집 거실 / 낮

정도　(외출준비를 하면서, 문을 두드리는) 채린아! 너 진짜 오 빠 피 말라서 죽는 꼴 볼래? 김영주 걔 오기 전에 닻별 이 안 달래놓으면, 너랑 결혼이고 뭐고 다 한여름 밤의 꿈이라니까~ 너, 알지? 한여름 밤의 꿈. 섹스피어? 응?

오민석E　지랄하고 자빠짓다. 쎅스피어~?

정도, 깜짝 놀라서 돌아보면. 오민석과 수하들이다.

정도	(놀라서) 장, 장인어르신…
오민석	박정도, 이 쉐끼야. 내가 너거들 전용 패트롤이가?
정도	예? 그게 무슨 말씀이신지.
오민석	내가 시민과 15분 거리에 있는 갱찰이냐꼬? 와 허구한 날 우리 딸내미 신고전화를 받고 출동하게 만드냐꼬~! 이 문디 쉐끼야! 콱!
정도	(맞을까봐 찔끔하면)
오민석	오채린! 이분엔 또 뭔데! 오채린이~!

S# 38   달리는 영주 차 안 / 낮

영주	(운전하며, 휴대전화 울리면 헤드셋으로 받는다) 여보세요?
현주F	영주야.
영주	어, 선배, 어떻게 됐어?
현주F	병원 입원실은 니 이름으로 예약해뒀다.
영주	그럼 거기 병원 전화번호하고 주소 좀 찍어 보내줄래?
현주F	그래, 알았다.
영주	고마워, 선배.

영주, 헤드셋 끄고 휴대전화를 보면, 정신병원 주소와 번호가
입력된다. 한숨을 내쉬면서, 전화를 걸다가 보면… 쌔근쌔근
잠들어 있는 선영. 영주, 씁쓸하게 보면서 전화를 건다.

S# 39   채린 집 거실 / 낮

새초롬한 채린과 정도를 앉혀두고, 머리가 복잡한 표정의 오
민석.

오민석　(복잡한) 그라이까, 니 엑시 마누래가 함께 법원에 가가,
　　　　서류를 제출해야 이혼접수가 된다 이그가?

정도　예. 맞습니다, 장인어르신.

오민석　그그를 해주는 조건으로, 니는 매일 엑시 마누래 집에
　　　　가가 니 딸내미랑 놀아줘야 된다 이그지?

정도　예. 그게 아니면 채린이랑 제 날짜에 결혼 못할 수도 있
　　　　습니다. 장인어르신.

오민석　(실룩) 채린이, 넌 우예 생각하나? 일마 말, 못 믿겠나?

채린　(뽀루퉁)

오민석　못 믿겠어? 못 믿으모, 지금 확 묻어뿌는 게 낫다 아이
　　　　가! 이 자슥, 데리따 확 묻어삐까? 상근아~

건달1(상근)　예. 회장님.

채린　아빤 맨날 뭘 그렇게 묻어? 묻길! 내가 말하는 건! 오빠
　　　　를 못 믿는 게 아니구, 오빠 엑스를 못 믿겠다는 거잖아.
　　　　새벽부터 딸 앞세워서 집에 쳐들어오게 하는 여잔데, 밤
　　　　새 그 집에 있으면, 오빠한테 무슨 꼬리를 칠 줄 알어?
　　　　안 그레?

정도　(슬프게 보며) 오빠가 우리 채린이한테 그 정도 믿음밖

에 못 심어줬나보구나. (채린에게 무릎 꿇는 시늉을 하며) 미안하다, 오채린. 오빠가 어떡하면, 믿어주겠니? 응?

채린　　　(당황) 오빠아~ 왜 이래애~ 채린인 오빠 못 믿는 게 아니라고 했잖아.

정도　　　아니야. 일이 이렇게 된 거, 다 이 오빠 잘못이야.

채린　　　(울상이 되며) 오빠~ 하지 마아~ 얼른 일어나아~

오민석　　하이고오~! 놀고 자빠짓다. 놀고 자빠짓어~! 상근아! 거, 서류 가온나!

건달 1(상근)　예, 회장님. (가방에서 서류뭉치를 꺼내서 건네면)

오민석　　(받아서 정도 앞으로 던진다)

정도　　　이게, 뭡니까? 장인어르신.

오민석　　우리 아아들이 걸린 형사소송건들이다.

정도　　　형사소송건이라면…?

오민석　　불법주거침입, 협박, 폭행 등등. 채권추심하면서 생긴 문제들인데, 니 책임지고 해결해봐라.

정도　　　예? 장인어르신. 제 전공은 형사소송이 아니라 저작권법인데요? 그리고 어휴~ 이 많은 소송건들을 제가 어떻게…

오민석　　그라이까 니 엑시 마누래 집 가서, 딴짓하지 말고, 이그 공부하라꼬! 일마야! 한석봉이 떡 쓸 듯! 밤을 새가! 공부하란 말이다. 알긋나!

정도　　　… 예? 아… 예.

오민석 그리고 가장 빠른 시일 안에 니 엑시 마누래 데꼬 법원 가서 이혼서류 접수해라. 알겠나?

정도 예, 장인어르신.

오민석 (채린 보며) 채린이 니도 뭔 말인지 알아들었제?

채린 (금방 해맑은) 응, 아빠. 오빠 숙제검사는 내가 할게. 이 참에 애기 태교로 법공부 한번 해보지 뭐.

정도 어이구, 우리 애기, 벌써 태교준비 하려구?

채린 응. 그래야 오빠 닮은 똑똑한 애기가 나올 거 아냐. 울 아빠처럼 맨날 뭐 묻어버리라는 애가 나옴 안 되잖아.

오민석 (기마혀) 허이구야! 마누래~! 믹이가 입히가 애지중지 키와났더이, 저 가스나 말하는 것 좀 봐라. 하이구야~ 더러분 세상~ (정도를 보며) 콱!

S# 40   정신병원 일각 / 오후

S# 41   정신병원 복도 / 오후

긴 복도에 설치된 몇 개의 문이 직원에 의해 열리고 닫히는 모습이 오버랩되면, 복도마다 인형을 쓰다듬다가 노려보는 여자환자, 목이 꺾인 채 뒹구는 환자, 복도를 미친 듯 뛰다가 유리문에 부딪히며 쓰러지는 환자 등등의 모습이 기괴하고 두렵다.

겁에 질린 얼굴로 가방을 든 채 영주 옷을 붙잡고 걸어가는 선영. 영주 역시 마음이 불편하지만, 부러 아무렇지도 않은 척 걷는다.

CUT TO
복도를 지나자, 통유리로 분리된 휴게실이 보인다. 휴게실 통유리 벽을 따라 걷는 선영 옆으로 쾅! 통유리를 치는 환자. 영주 옆에 꼭 달라붙는 선영. 눈에 겁이 가득하다.

S# 42   정신병원 선영 병실 / 오후

온돌로 된 방으로 안내되는 영주와 선영.

직원   요청하신 대로 1인실로 준비해뒀습니다. 가져오신 짐은 저기 옷장에 넣어두시면 되구요. 소지품 중에 휴대전화나 자해가 될 만한 물건들은 다 수거하셔야 됩니다.

영주   알겠습니다.

직원   (선영을 보고, 미소 지어주면)

선영   (두려워서 눈을 마주치지 못하고 겁에 질린 표정이다)

영주   (직원 나가면) 가방 이리 줘. (선영, 여전히 멍하면) 언니! 가방 이리 달라구?

선영   어? 어. 여, 여 있다. (건성으로 건네고, 주위 둘러보는데)

영주, 가방 열고 겉옷을 꺼내고 속옷을 정리하려고 짐을 푸는

데, 솔기가 터진 브래지어며 빛이 바랜 속옷들. 개 넣으려다
가 그나마 성한 한두 개만 남겨두고 빈 봉투에 쑤셔넣으며.

영주   다음에 올 때 속옷 사올 테니까 그때까지만 입고 있어.
         알았지? (돌아보는데)

선영   (겁에 질려서 여전히 시선이 불안하게 여기저기를 훑는다)

영주   (미안한 마음에 다독이는) 선영 언니…

선영   어? 어… (여전히 긴장한 미소) 영주야… 내 여,여서 얼
         마나 있으야 되는지 물어봐도 되나…?

영주   … (마음 다잡고) 며칠만 있으면 돼. 며칠만 있으면…
         (내가 데리러…)

선영   (조바심이 난) 며칠 있으모 되는데? 응? 며칠 있으모 되
         는데?

영주   … 언니.

선영   (겁나서 눈물이 그렁그렁해지는) 영주야. 내 여, 여도 억
         쑤 좋은데. 그냥 곱단옴마한테 데리따 주모 안 되나?

영주   언니…!

선영   … 안 되나? 그라모, 내 고속뻐스터미늘까지만 데리다
         주모 안 되나? 내 혼차서도 기차 타고 버스 타고 찾아갈
         수 있는데… 기차 타고, 버스 타고, 우리 과수원집 찾아
         갈 수 있는데.

영주   (단속하는) 인 된다고 했지…!

선영   (떨리는) … 그래… 니 바빠가 안 되겠제? 그챠? …

영주 대영 오빠 풀려나는 대로 데리러 올 테니까, 그때까지만 있어. 응?

선영 … 알았다… 니가 여 있으라모 있으께. (억지웃음)

영주 (찜찜하지만, 일어나며) 곧 저녁시간 되니까, 밥 잘 챙겨 먹고 직원들이 시키는 대로, 시간 맞춰서 자. 알았지?

선영 (따라서 일어나며) 벌, 벌써 갈라꼬?

영주 언니… 나 지금 일이 한가득이거든?

선영 맞다. 우리 영주, 엄청시리 바쁜 사람인데… 내 깜박했다. 헤헤. 얼른 가봐라. 얼른~

영주 … 갈게. (나가면)

선영 (뒤따라 나가려고 하면)

영주 나오지 마. 문 닫을게.

선영 어, 내 안 나간다. 문 닫아라. (억지로 배시시 웃는다)

영주, 나가서 문 닫고. 문 위쪽 철장으로 선영을 보며.

영주 괜찮지?

선영 (부러 밝은) 그라모, 영주 니가 구해준 방인데~ 과수원 집보다 훨씬 더 좋다~ 헤헤.

영주 (억지 미소 짓고) 간다.

선영 응. 조심해서 가래이.

또각또각 영주 발걸음이 멀어지면, 철장에 매달려서 밖을 보려고 애를 쓰는 선영.

선영 (창살 밖으로 손을 내놓고 흔들며) 영주야~ 내 동생. 잘 가래이~ 잘 가래이~

S# 43 정신병원 복도 / 오후

영주, 창살 밖으로 나와서 흔들리는 선영의 손을 보다가 무겁게 돌아서 걷는다.

S# 44 동 선영 병실 / 오후

손을 흔들던 선영. 문을 기대고 자리에 쪼그리고 앉다가, 호주머니에서 삐죽 나온 랩으로 싸인 황골엿을 본다. 옴마야! 벌떡 일어나는 선영.

S# 45 동 복도 / 오후

영주야~! 소리를 지르며 뛰어가는 선영. 통유리 벽을 모두 지나치고! 달리고! 달린다!

CUT TO 다른 복도
영주야~! 소리를 치면서 달려가는 선영.

CUT TO 복도

영주, 중간 유리문이 열리면 나간다. 유리문이 닫히면 또각또각 걸어가는데, 유리문 뒤로 모퉁이를 돌아서 달려오는 선영이 보인다. 제지하는 직원을 밀치고, 유리문을 두들기며 '영주'를 부른다. 돌아보는 영주. 조바심이 난 얼굴로 소리 지르는 선영을 본다.

영주	선영 언니…? (놀라서 달려와 제지하는 직원에게) 괜찮아요! 괜찮으니까 문 열어주세요!
직원	(문을 열어주면)
선영	(환한 얼굴로) 영주야…
영주	(놀란) 왜 그래? 무슨 일 있어?
선영	어, 아이다. 내 아까 니 준다꼬 하다가 깜빡 잊어뿐 게 있어가 왔다. (황골엿을 건네면)
영주	이게 뭐야? 황골엿?
선영	어, 너 줄라꼬 맹글었는데, 이분엔 달달하이 억쑤 맛있게 됐다.
영주	(받아들며) 그래, 잘 먹을게. 그만 들어가.
선영	… 어. 그라모, 나 드갈게.
영주	(억지 미소 짓고 돌아서 가려고 하면)
선영	(망설이다) … 영주야… 내 보러 올 끄지…? 내 또 보러 올 끄지?
영주	… 그래, 또 올 거니까 걱정하지 말고 얌전히 있어.

선영	응. 내 얌전히 있으께 또 보러 와도…? 김영주, 내 동생. 또 보러 와도…? (그렁그렁해지며 미소)
영주	그래… 또 올게.
선영	(눈물 그렁그렁한 눈으로 환히 웃으며) 응. 꼭 온나. 꼭.

영주, 고개 끄덕이고 돌아서 무거운 얼굴로 걸어간다. 선영, 그제야 눈물 한 방울 뚝 흘리고, 쓱쓱 닦고 헤헤 웃으며.

선영	(직원 보며) 아저씨도 들었지에? 우리 영주 내 보러온다 카는 거, 아저씨도 들었지예?
직원	예.
선영	우리 영주 또 올 깁니더. 내 보러 또 와줄 깁니더. (히죽 웃음)

S# 46 정신병원 앞 영주 차 안 / 오후

지친 얼굴로 차에 올라타는 영주. 조수석에 선영 속옷가지와 황골엿을 던져둔다. 삐죽이 나온 선영의 속옷 솔기에 속이 상한다. 한숨을 쉬며 시동을 거는데, 전화 걸려온다. 시어머니다.

영주	(마지못해, 부러 목소리는 밝은) 예, 어머니. 저 영주예요.

정은F	새언니? 나, 정은이.
영주	아, 아가씨. 웬일이세요?
정은F	웬일은? 우리 사이에 전화도 못해?
영주	그게 아니라…
정은F	암튼, 나 지금 엄마랑 쇼핑 나왔는데, 무슨 가게가 이 따 위야?
영주	(뭔가 사단이 터졌구나) 아가씨, 거기 어디예요?

S# 47 최고만 집 마당 / 오후

탕! 정문을 닫고 들어오는 최고만. 개줄을 관리인에게 넘기면
집사가 대기하고 있다가.

김집사	오늘은 왜 이렇게 늦으셨습니까? 요리사가 아까부터 대 기하고 있습니다. 회장님.
최고만	(배는 고픈데 갑갑한 표정) 이번엔 또 누구냐?
김집사	예. 일본 핫토리요리학교를 수석으로 졸업한 요시모토 상이라고요, 철판요리계의 최고 명인이랍니다. 회장님.
최고만	(심드렁한) 철판요리?

S# 48 최고만 집 식탁 / 오후

식탁 대신 설치된 철판 앞에 에이프런을 목에 두르고 앉아 있

는 최고만. 그 앞으로 두건을 두른 요리사가 목례를 하더니, 총잡이처럼 차고 있던 요리기구를 척척! 폼나게 꺼내들고, 요란하게 요리를 시작한다.

철판을 두들기고, 고기와 야채를 허공에 던졌다 받았다 하면서, 각종 야채이름을 일본어로 마구 씨부리면서 요리를 완성해간다. 손에 불을 붙이더니, 기름을 휙 철판에 뿌리고, 퍼엉~! 요란한 불꽃쇼로 설레발을 친다. 최고만, 피식 웃는다. 김집사, 눈치를 보더니 쪼르르 다가가.

김집사   요시모토상~

요리사   하이~!! (보면)

김집사   (귓속말로) 좀 전 불쇼 그거 있죠? 그거 한 번만 더 해주시죠. 회장님께서 이런 쇼 엄청 좋아하시는 거 같거든요? 이왕이면 크게~ 예?

요리사   (낮게) 알겠스무니다. 걱정 마십시오.

김집사, 다시 쪼르르 최고만 옆으로 다가와 무릎을 받치고 본격적인 불쇼를 구경할 준비를 하고 있다. 요리사, 개인기를 보이며, 자신만만하게 손끝에 불을 붙이고 기름이 든 병을 척! 어깨 위로 높게 올리는 순간.

최고만E   어라. 이 자식 뭐 하자는 서아? 이까랑 나하 높이가 다르잖아.

정지화면으로 요리사를 카메라가 360도 빙 둘러서 보면.

최고만E (빠르게) 어디 보자, 아까보다 팔이 5도 정도 더 들린 것 같은데? 그렇다면 팔꿈치 높이가 철판에서 약 40cm 라고 할 때 저 기름이 직선운동한다고 가정하면, 이번 에 약 15도 방향으로 뿌려졌으니까. $\tan 75° - \tan 70°$ 가 약 0.985, 그럼 거기에 40cm를 곱하면 39.4cm. 그렇 다면…

CUT TO 최고만 회상
좀 전 불쇼를 했을 때 최고만 바로 눈앞에서 확 퍼졌던 불꽃.

CUT TO

최고만E 지금 계산대로라면 나랑 불꽃 거리가 30cm나 더 가까 워지잖아!

슬로모션으로 보이는. 요리사가 불을 붙이는 순간, 최고만, 의자를 뒤로 휘익! 밀면서 물러나는데. 김집사는 오히려 앞으 로 고개를 내밀며 구경할 준비를 한다. 순간, 불꽃이 화아악! 치솟아오르며 최고만과 김집사를 덮친다. 불꽃이 사그라지 면, 김집사의 머리카락이며 눈썹까지 불타서, 연기를 피어올 리고 있다.
김집사, 눈을 껌벅이다가 얼굴을 만지더니 "크아악~!" 비명

을 지르며 주방으로 달려들어간다. 뒤쪽에서 한심하게 보는
최고만.

최고만 한심한 놈. (일어나더니, 요리사에게) 너도 가라~ 니네 나
라로. (일본어로) 안따 쿠니니, 가에로!(니네 나라로 가!)

S# 49 최고만 데이트레이딩 룸 / 오후

짜증스럽게 데이트레이딩을 하고 있는 최고만. 김집사가 얼
굴에 오이를 잔뜩 붙인 채로 다가오면.

최고만 아주 지랄을 한다, 지랄을 해. 그 김선영이란 바보는?
수배됐냐?

김집사 예. 동생인 김영주씨가 편집장으로 있다는 에스띨로
에 전화를 했는데요. 계속 외근 중이라 연락이 안 된
답니다.

최고만 (짜증 난) 지가 대통령이야? 국무총리야? 잡지사 편집장
주제에 왜 연락이 안 돼? 휴대전화는? 휴대전화는 연결
될 거 아냐?

김집사 그게, 외부인에게는 알려주지 않는 게 원칙이랍니다.

최고만 빌어먹을 개뿔 원칙은? 광고주라고 하면 잡지사 나부
랭이들 눈을 뒤십고 환장해시 연걸헤줄 거다. 그렇게
해봐.

김집사 … 벌써 해봤는데, 회장님 광고는 사양한다고 해서 말입니다.

최고만 …? 무슨 광고라고 했는데?

김집사 … 사채…업이라고.

최고만 (차마 패주지는 못하고 부들부들 떨다가) 그 빌어먹을 잡지사… 대체 어디 붙어 있는 거야?

S# 50   윰앤카티 매장 앞 / 오후

급하게 차를 세우고 매장으로 들어가는 영주.

S# 51   윰앤카티 매장 안 / 오후

들어오는 영주를 보는 영숙(시모)과 정은.

정은 (벌떡 일어나며) 새언니!

영주 (영숙에게 목례하고) 어머니, 나오셨어요? (숍매니저에게 눈인사)

정은 언니, 뭐 이런 데가 다 있어?

영주 (당황스럽지만 미소 짓고) 무슨 일인데요? 아가씨.

정은 아니, 연예인 디씨를 안 해주는 매장이 대한민국 어디에 있냐구?

영주 (매니저에게 눈 깜박해주며) 매니저님이랑 무슨 오해가 있었나부다~ 그쵸? 매니저님.

정은 오해는 무슨 오해? 내가 분명히 모델이라는 걸 밝혔거든? 인터넷에 뜬 내 사진도 보여주고. 그랬어요, 안 그랬어요?

매니저 (난감한) 사진을 보긴 했지만…

정은 거봐. 내 사진 봐놓구두 저런대니까. (가슴 내밀며) 나 잘나가는 막심 표지모델도 했거든요? 막심!

영주 (난감하다) 매니저님, 우리 아가씨 어떤 상품 보여드렸어요?

정은 내가 아니라 엄마 백 보려고 온 거거든? 저거! (가리킨다)

영주 알았어요. 알았으니까, 아가씬 어머니 모시고 잠깐만 나가 계실래요?

정은 (분위기 보다가) 엄마~! 나가 있자.

영숙 (스윽 일어나 나간다)

영주 (두 사람 나가면) 죄송합니다, 매니저님.

매니저 아니에요~ 저희가 죄송하죠. 편집장님 가족분이신지 알았으면, 저희가 먼저 디씨를 해드렸을 텐데.

영주 백 가격 좀 알 수 있을까요?

매니저 예. 고르신 제품이 신상인 데다 워낙 고가라서요. 30% 디씨를 해드려도, 800선인데…

영주 (난감하다, 미소 짓고) 편집장 월급으론 넘 세다. 그쵸?

매니저 (어색하게 웃으면)

S# 52   윰앤카티 매장 앞 / 오후

영주가 나오기를 기다리던 영숙과 정은. 영주가 빈손으로 나
오자.

정은   언니~! 왜 빈손이야? 디씨 안 해준대?

영주   아뇨. 저거랑 비슷한 제품. 지난번 행사 때 받아둔 게 있
      거든요. 제가 내일 가져다드릴 테니까, 오늘은 그만 들
      어가세요.

정은   (실망스럽지만) 색깔은요? 난 골드가 좋은데.

영주   … 네. 골드 맞아요.

정은   (영숙을 보면서 환해지는)

영숙   (시치미 떼고) 넌 정도가 한국 들어온 지 석 달이 넘었는
      데 이렇게나 해야지 얼굴 보는구나?

영주   … 죄송합니다.

영숙   정도 아침밥은 해먹이니?

영주   … 그 사람이 워낙 바빠서요.

영숙   당연히 바쁘겠지. 학위를 따오면 뭐 하겠니? 제대로 밀
      어줄 처가가 없어서 죽도록 뛰어다니니 안 바쁠 수 있겠
      어? (혀 끌끌 차며) 내 그래서 그렇게 하지 말랬더니만,
      결국 지가 지 발등 찍은 게지.

영주   … (치욕스럽다, 고개 숙이고 입술 깨무는데)

영숙   너도 딸내미 유학 보낼 궁리만 하지 말고, 니 남편 위해

서 뭘 할 건지 생각 좀 하면서 살아라. 알겠니?

영주 … 예.

영숙 (정은에게) 가자~

영주 (고개 숙여 인사하는데, 치사하고 서럽고 화가 치솟는다)

S# 53 영주 아파트 일각 / 오후

수현의 오토바이가 멈춰 서면, 뚱한 채 내리지 않고 있는 닻별.

수현 박닻별. 안 내릴 거야?

닻별 (뚱해서 앉아 있으면)

수현 (닻별을 끙차 내려놓으면)

닻별 집에 가기 싫다고 했잖아!

수현 그럼 어디 갈 건데? 갈 데 있어?

닻별 (노려보면)

수현 들어가. 들어가서 니 아빠한테 직접 물어봐. 왜 아빠 작업실에 조교란 여자가 있었는지. 응?

닻별 아, 싫어. 짜증 나.

수현 박닻별. 내가 얘기했지! 세상엔 자기가 뭘 잘못했는지, 얼마나 잘못했는지 알지도 못한 채 버려진 사람도 많다고! 물어보고 싶어도 못 물어보게 된 사람도 있다고. 했어, 안 했어?

닻별　… 했어…

수현　그러니까, 직접 물어봐. 나처럼 이담에 후회하지 말고. 알겠어?

닻별　…

S# 54　윰앤카티 매장 앞, 영주 차 안 / 오후

차에 올라타는 영주. 차문을 닫고 기댄다. 지쳤다. 시동을 걸려는데, 옆에 놓인 봉투에 버려지듯 삐죽 나온 선영의 속옷들. 와이어가 삐죽 나온 모양새가 눈을 찌른다. 왈칵 눈물이 솟으며 부아가 치미는 영주. 선영의 속옷봉투를 들어 내던져 버리는데. 전화벨 울린다. 정도다. 겨우 참으며 받는데.

영주　… 나야.

정도F　(다짜고짜) 야! 김영주. 너 뭐 하느라고 이 시간까지 집에 안 들어오는 건데? 니네 마감 끝났잖아!

영주　마감 끝났다고 일이 없니?

S# 55　영주 집 주방 / 오후

정도　(냉장고 열어서 뒤적이고 거칠게 서랍들을 닫으며) 일이 그렇게 중요해서, 냉장고를 이 지경으로 만들어놓냐? 야채는 썩어 문드러지고, 두부는 유통기한이 백 년이나 지났는데. 넌 이 따위 걸로 애 밥을 해먹이고 산 거냐?

S# 56   동 영주 차 안 / 오후

영주   (이 갈리는) 유통기한 며칠 지났다고 죽는 거 아니거든?

정도F   애가, 애가 말하는 것 좀 봐라. 니가 그 모양이니 닻별이
    까지 엉덩이에 뿔난 망아지처럼 구는 거 아냐!

영주   그렇게 애가 끔찍하면, 당신이 밥 해먹여. 그럼 되잖아!

정도F   야, 내가 지금 밥 하러 집에 들어왔냐?

영주   (참으며) 밥 하기 싫으면, 냉동실에 있는 밥 꺼내서 돌려
    주면 되잖아…!

S# 57   동 영주 집 거실 / 오후

정도   이런 무식한~ 넌 전자레인지가 얼마나 몸에 나쁜 건 줄
    몰라서 그 따위 소리를 하는 거냐? 김영주, 니가 막 키
    워졌다고, 우리 닻별이까지 그렇게 키워야겠니?

S# 58   동 영주 차 안 / 오후

영주   (부들부들) 막 키워져? 박정도! 니 눈엔 내가 막 키워진
    걸로 보이디?

정도F   그럼! 깡촌에서 니가 보고 자란 게 뭐 있는데?! 바보언

니에! 무지랭이 오빠 보면서 뭘 배웠겠냐구!

영주 (이 악무는) 그래… 나 막 키워졌다… 보고 자란 게 없어
서…! 박정도, 너 유학 가기 전 칠 년 동안…! 난 철야,
야근을 하면서도 새벽마다 집에 들러서 너랑 닻별이한
테 매일 뜨신 밥 해먹였어. 난 불어터진 컵라면에, 쉰 김
밥으로 밤을 새면서도! 닻별이랑 니 밥은 챙겼어~! 왠
줄 알아? 니 말처럼, 보고 자란 게 그거밖에 없어서 그
랬어. 됐니? 이 나쁜 새끼야!

정도F 새끼? 김영주. 이런 멘트가 바로 너의 후지디후진 정신
세계를 보여주는 건지 모르겠니?

영주 야, 박정도…!

정도F 아, 몰라 몰라~ 헛소리할 시간 있으면, 얼른 장 봐 갖구
들어와서 밥 차려! (딸깍 끊는다)

영주 여보세요? 여보세요? 야…! 박정도! 이 거지 같은 새끼
야…! (휴대전화 내동댕이친다, 울고 싶다)

S# 59   영주 집 거실 / 밤

정도 어디서 무식하게~ (냉장고 문 탕! 닫고 돌아서는데)

닻별이 물끄러미 정도를 보고 서 있다.

정도 (뜨끔 놀라지만, 어느새 환하게 웃으며) 우리 딸 왔어?

닻별   (물끄러미 보다가) 아빠, 나한테 솔직히 얘기해줄 수 있어?

정도   (모르쇠) 뭘?

닻별   아빠… 아빠랑 엄마 사이 안 좋은 거, 나도 알거든? 그러니까, 헤어질 거면… 미리 얘기해줘. 나랑 엄마 버리고 갈 거면… 먼저 얘기해줘.

정도   … 닻별아…

닻별   그럼 덜 슬플 거잖아. 나도 마음의 준비를 할 수 있으니까. 그치? (하면서 눈물 뚝 흘린다)

정도   그런 거 아냐. 닻별아. 내가 널 왜 버려? 아빠 안 버려~

닻별   (물끄러미 보면)

정도   (결심한 듯) 그래, 박닻별. 니가 아는 것처럼 아빠랑 엄마 사이 별루야. 하지만 아빤, 엄마랑 좋아지려고 노력하는 거거든? 좋아하니까 싸움도 하고 미워도 하고 그러는 거야. 닻별아. 아빠가 왜 집에 다시 들어오는지 아직도 모르겠어? 엄마랑 좋아지려고 그러는 거잖아. 우리 딸, 아빠 믿지? 응?

닻별   응… 믿어… 아빠.

정도   그래, 우리 착한 딸. 아빠랑 한번 안아볼까? (안아주면)

닻별   (안긴다)

정도   (슬쩍 떠보는) 닻별아. 혹시 아침에 아빠 작업실에서 본 거… 엄마한테 얘기했어?

닻별   (슬쩍 굳지만, 아닌 척) 아니~ 얘기 안 했어.

정도　　… 그래? (다행이다 안도하는데) 닻별아. 아까 니가 본 건…

닻별　　(쓸쓸해지면서도, 정도를 꼬옥 끌어안으며) 나 아빠 믿어. 아빠…

정도　　… 그래. 고맙다, 우리 딸. (안도의 미소)

S# 60　　포장마차 전경 / 밤

S# 61　　포장마차 안 / 밤

테이블에 앉아서 소주를 마시고 있는 영주와 대작하는 강현주 편집장. 영주, 원샷을 하고 거푸 술을 따라 마신다. 현주, 걱정스럽게 보는데.

영주　　(취했다) … 선배. 나… 김선영, 그 여자 진짜 밉거든? 초등학교 때부터 고등학교 때까지, 매일 학교에 따라와서 김영주가 내 동생이다. 전교 일등, 김영주가 내 동생이다. 만나는 애들마다 떠벌리고 다녀서, 내 별명이 바보 동생 전교 일등이었다? … 그것뿐인 줄 알아? 저 행복하겠다고 나 버리고… 꼭 저같이 모자란 남자 따라서 열 번도 넘게 시집을 갔다 온 여자를… 내가 어떻게 좋아해?

현주　　(한숨) 그래, 나라도 밉겠다.

영주 (날이 선) 그래. 미워. 죽이고 싶을 만큼 미운 여자야. 보면 짜증부터 솟고, 목소리를 들으면 부아부터 끓는데… (잦아들며) 그것도 피붙이라고… 자꾸 눈에 밟힌다…?

현주 (안쓰럽게 보면)

영주 선배. 아까 그 바보가 뭐랬는지 알아? 황소눈망울 같은 눈에 눈물이 그렁그렁 맺혀서, 영주야, 나 보러 올 거지? 또 올 거지? 그러드라? 등신 같은 게… 데리고 가달라는 말은 못하고… 내 눈치만 보면서… 김영주, 내 동생 나 보러 올 거지…? 나 보러 올 거지? 그러는데… (눈물이 뚝 떨어진다)

현주 영주야…

영주 (쓱 닦으며 한탄스런) 아무리 바보등신이래도… 그래도 내 가족인데… 내가 왜, 우리 집에 못 데리고 들어가는데…? 선배, 내가 왜 못 데리고 들어가?

현주 … 박정도가 그랬다며. 니 언니 데리고 들어오면…

영주 하~! 지까짓 것들이 뭔데?! 지들은 얼마나 잘난 집구석이라고! 내 피붙이를 무시해?

현주 영주야.

영주 아니…! 나, 김선영 데리고 들어갈 거야. 그 여자가 이뻐서가 아니라! 그 여잘 무시하는 건! 나를 무시하는 거니까! 지난 십 년 동안 나, 정말 충분히 무시당하고 살았거든! 이젠 안 그럴 거야. (비틀거리며 일어나며) 선배! (눈물이 그렁그렁해지며) 나, 언니 데리러 갈래~ 김 선영, 내 바보언니! 죽도록 싫은 바보천치 멍텅구리 언 니지만! 내 피붙이니까, 그 여자가 나이기도 하니까! 내 집에 데리고 갈 거라구우~!! (울면서 돌아서는데 제하 가 보인다)

제하   … (어색한 미소) 영주야…

영주   (울먹이는) 제하야. 이제하. 나… 우리 언니한테 좀 데려 다줄래?

하면서, 눈물 주르륵 흘리며 쿵 하고 쓰러진다. 제하, 재빠르 게 영주를 부축하면, 현주, 놀라서 다가온다.

제하   선배님, 영주 가방 좀 챙겨줄래요? (영주를 업는다)

S# 62   달리는 영주 차 안 / 밤

조수석에 잠들어 있는 영주를 안쓰럽게 보고, 히터를 틀어주 는 제하. 눈물이 맺힌 영주를 보며.

제하E   울지 마라. 외로우니까 사람이다… 살아간다는 것은 외 로움을 견디는 일이다… 가끔은 신도 외로워서 눈물을 흘린다.

쓸쓸하게 영주를 돌아보는 제하의 모습에서 짧은 암전.

S# 63　　영주 아파트 전경 / 아침

S# 64　　영주 집 안방 / 아침

잠들어 있는 영주 옆으로 들어오는 닻별.

닻별　　엄마? 엄마~

영주　　(부스스 눈을 뜨며) 어, 닻별아.

닻별　　얼른 나와. 아빠가 엄마 주려구 해장국 끓여놨다? 얼른~

영주　　… 뭐?

S# 65　　영주 집 주방 / 아침

정도가 북엇국을 영주 앞에 툭! 내려놓는다. 영주, 의심스럽
게 보는데.

닻별　　(수저까지 쥐어주며) 얼른 먹어봐, 엄마. 아빠가 직접 만
　　　　 든 거야.

영주　　응? 으응. (먹으면서 정도를 보면)

정도　　(모른 척 설거지하고 있는)

닻별　　맛있지? 그치?

영주	(쓱 정도 보며) 응. 맛있네~ 닻별아. 이거 정말 아빠가 끓인 거야?
닻별	응~ 왜? 안 믿겨져?
영주	아, 아니야. (어색하게 웃고) 닻별이 넌 안 먹어?
닻별	아까 아빠가 차려줘서 먹었어.
영주	… 그래? (이 인간이 왜 이러나, 쓱 보는데)
닻별	엄마, 이제 아빠 맨날맨날 집에 들어올 거래.
영주	… 그래?
닻별	응. (정도 들으라는 듯 크게) 응. 이따가 아빠가 옛날에 하던 인디언 텐트도 만들어준댔어. (낮게) 그러니까 엄마도 아빠 너무 미워하지 마. 응?
정도	(설거지하는 척, 귀를 기울이더니 어깨에 힘주는)
영주	(미소 짓고) 그러엄. 아빤데 왜 미워해? 안 그래?
닻별	(미소 짓고) 그럼 나 엄마 믿고 학교 갔다 온다?

S# 66 영주 집 안방 / 아침

영주, 출근준비를 서두르고 있는데. 정도, 수건으로 손 닦으며 들어오는.

정도	김영주. 내가 끓인 해장국 먹으면서 뭐 느껴지는 거 없던?
영주	하고 싶은 말이 뭔데?
정도	내가 이혼을 위해, 너랑 약속한 사항을 충분하고도 완벽

하게 이행하고 있다는 게 느껴지지 않더냐고~!

영주 … 그래서?

정도 그래서라니? 난 약속을 지켰으니, 너도 지키라는 거 아니냐? 이따가 세시까지 지방법원으로 와라. 오늘 서류 접수시키자.

영주 박정도씨, 고작 하루 저녁 닻별이랑 있어준 거 갖구 약속이행을 다했다고 생각하는 건 아니겠죠?

정도 아까 못 들었어? 이따가 닻별이 인디언 텐트 만들어주기로 한 거?

영주 (이죽거리는) 어유, 그러셨어요? 박교수님? 나랑 법원 가고 싶으면, 닻별이 유학 갈 때까지 주욱 그렇게 해주시죠? (휙 나가면)

정도 저게 증말, 미친 거 아냐? 야!!

S# 67 **에스띨로 건물 전경 / 낮**

배일도E 김영주. 너, 진짜 미쳤지? 미친 거 맞지?

S# 68 **에스띨로 사장실 / 낮**

영주 (묵묵히 앉아 있으면)

배일도 니가 미치지 않고서야, 어떻게 하늘 같은 투자자를 바람 맞혀서 날려보내?! 엉!

영주	… 미안하다고 했잖아.
배일도	사과한다고 날아간 투자자가 다시 돌아와? 오냐구! 김영주. 나 당장 애들 취재 보내고, 광고 영업할 돈도 없다~! 그리고 직원들 밀린 월급은 또 어쩔 건데? (버럭) 어쩔 거냐구!
영주	(짜증 솟구친다) 직원들 월급 밀린 게 니 탓이지, 왜 내 탓이니? 그리고 조찬 미팅 늦었다고 투자 안 한다는 인간 돈이면 받을 필요 없어!
배일도	(놀라서) … 뭐?
영주	투자자는 내가 무슨 수를 써서든 찾아올 테니까, 배사장 넌 밀린 월급 지급할 방법이나 찾아. 알겠어! (휙 나가면)
배일도	(오히려 주눅 들어) 저 자식… 갑자기 왜 저러는 거야?

S# 69   에스띨로 편집실 / 낮

영주, 짜증이 난 얼굴로 사장실을 나오면. 직원들 일제히 긴장해서 열심히 일하는 척하고. 편집실 가로질러 나가며.

영주	나 지금 외근 나가니까, 급한 업무들 있으면 SNS로 보고해!
직원들	예! 알겠습니다.

영주, 부아가 치민 얼굴로 가로질러 나오는데, 휴대전화 벨이

울린다.

영주 (받으며) 여보세요?

직원F 김영주씨, 여기 우리사랑병원인데요?

영주 (긴장하며) 저희 언니한테 무슨 일 생긴 겁니까? (사이) 알 겠습니다. 지금 바로 가겠습니다. (끊고 급하게 나간다)

S#70 에스띨로 복도 / 낮

사무실을 급하게 나오는 영주 앞을 가로막는 김집사와 최고만.

김집사 실례합니다. 김영주 편집장님 맞으시죠?

영주 누구시죠?

김집사 아, 저희로 말씀드릴 것 같으면…

최고만 (김집사 툭 밀고 나오더니) 당신 언니 이름이 김선영 맞지? 그 막돼먹고 못돼먹은 것도 부족해서, 한참 모자라기까지 한 여자. 맞지?

영주 (뜨끔하지만) 그러는 댁은 누구시죠?

최고만 내가 누군지는 알 것 없고~! 그 여자 지금 어딨소?

영주 (예의 없음에 화가 난다) 여보세요, 그쪽이 누군지 먼저 밝힌 다음에, 용건을 말씀하시는 게 순서 아닌가요?

최고만 용건? (삐뚤어지면서) 당신 바보언니가 떼먹은 돈 받으려고 왔소! 됐소?

영주 대체 저희 언니가 무슨 돈을 어떻게 떼먹었다는 거죠?

최고만 사흘 전에! 당신 바보언니, 김선영이란 여자가! 내 집에 쳐들어와서 당신 생일상 차린다고 난리법석을 피우다가 갔거든?

영주 …!

최고만 그때 소요됐던 가스비! 수도값! 주방용품 감가상각비! 아줌마 청소비용! 기타등등, 기타등등! 다 받아내야 되니까 당신 바보언니 연락처 달라는 거요. 됐습니까?

영주 (씨근덕) … 그래요? 가스비, 수도값, 그게 다 얼마라는 거죠?

최고만 당신도 바본가? 주방용품 감가상각비, 아줌마 청소비용은 왜 빼나?

영주 (눌러 참으며) 그러니까, 그게 얼마냐구요! 제가 드릴 테니까 정확히 얼만지 말씀해주시죠?

최고만 (어라, 이게 아닌데) … 그게 말이지. 액수로 따지면야 소소할지 모르겠지만, 내 영혼에 입힌 충격을 수치상으로 계산하면 말이지…

김집사 (쓱 나서며) 정확히 4만 8천4백원입니다.

영주 4만 8천4백원이요? 드리죠. 4만 8천4백원. (오만원권 꺼내서 건네며) 여기 오만원이거든요? 나머지 천6백원은 여기까지 오시게 한 대갑니다. 됐죠?

김집사 (넙죽 받으며) 감사합니다.

영주 (최고만을 휙 노려보고 가버린다)

김집사　어유, 저분은 언니랑 달리 아주 쿨하신데요? 안 그렇습니까? 회장님.

최고만　(부들부들) 김집사, 니 눈엔… 내가 4만 8천4백원 때문에… 여기까지 온 걸로 보이냐?

김집사　… 예? 그게 아니면 왜…

최고만　(멱살 움켜쥐며) 니가 망쳤다! 니가 다 망쳤다구, 이 자식아!

김집사　(캑!) 회장님, 왜 이러십니까? 예.

최고만　내 말린우럭미역국 내놔! 내 말린우럭미역국 내놓으라구, 이 자식아~! (눈물까시 핑 돈다)

S# 71　에스띨로 건물 앞 / 낮

건물을 부리나케 빠져나오는 영주. 주차장으로 향하는 찰나, 그 옆으로 끼익! 들어와 멈춰 서는 제하의 차.

제하　김영주~!

영주　(돌아보며) 이제하? …

제하　얼른 타~!

영주　제하야, 나 지금 급하게 가봐야 될 데가 있거든?

제하　지금 거기 가자는 거잖아. 뭐 해? 얼른 타라니까~?!

영주　…!

S#72   외곽도로 제하 차 / 낮

외곽도로를 급하게 달리는 제하의 차.

S#73   달리는 제하 차 안 / 낮

제하   니네 언니, 김선영씨. 어제 저녁부터 지금까지 아무것도
안 먹고 있는 모양이야.

영주   … 들었어.

제하   아마, 갑작스런 환경변화로 우울증이 왔을 수도 있어…
언니, 자폐증도 있었니?

영주   … 응. 조금.

제하   이럴 줄 알았으면, 강선배한테 연락받았을 때 바로 우리
병원으로 오게 하는 건데.

영주   (뜨끔 놀라서) 그럼, 그 병원, 강선배가 아니라 니가 소
개시켜준 거였어?

제하   (농담조로) 당연하지, 마! 강선배야 뽀드락지 난 거 어디
서 잘 없애? 마사지 어디가 올킬이야? 이딴 거나 잘 아
는 사람이잖아.

영주   (창피함에 화끈거리는데)

제하   나도 급하게 수배하느라고 그 병원이 어떤지 파악을 못
했다. 미안.

영주   아니야. 내가 미안하지… (마음먹고 얘기하려는) … 제

하야. 사실은…

제하　굳이 설명하려고 할 것 없어… 가족이란 게, 내가 바란다고 바란 대로 되는 거니? 그냥 그렇게 태어나서 가족이 되는 거지.

영주　…!

제하　그리고, 김영주 니 매력은 어떤 일이 생겨도 꼿꼿하게 콧대 세우고 있는 거거든? 그러니까 그냥 쭉 꼿꼿하게 있어도 돼. 이렇게~! (하면서 선물꾸러미를 건넨다)

영주　뭔데? (열어보면 영주와 꼭 닮은 그림의 콧대 도도한 마트로시카다) 이게 나라는 거니?

제하　당근이지. 그 그림처럼 꼿꼿하게 살라구. 늦었지만 생일 축하한다.

영주　(고맙고 미안하다. 씁쓸한 미소)

S# 74　**정신병원 전경 / 낮**

S# 75　**정신병원 복도 / 낮**

급하게 직원 안내를 따라가는 영주와 제하.

제하　식사 거부하는 거 말고 다른 증세를 보인 건 없었습니까?

직원　예. 어제 저녁에 필요한 게 없냐고 하니까, 크레파스랑 물감을 가져다달래서 준 거 말고는 없습니다.

제하	크레파스요?
직원	예. 환자들 정서안정을 위한 그림그리기 프로그램이 있는데, 환자가 원할 때는 제공해주고 있습니다.
영주	지금 저희 언니 상태가 어떤 거죠?
직원	잠이 든 거 같긴 한데, 아무리 깨워도 일어나지 않는 게 불안해서 연락드린 겁니다.
영주	…!

선영 방 앞에 도착해서 열쇠를 꺼내는 직원. 영주, 문 위로 난 창살을 통해 안을 보는데, 엎드린 채 쓰러져 있는 선영이 보인다.

S#76 정신병원 선영 병실 / 낮

급하게 방문을 열고 들어오는 영주와 제하. 선영을 붙들며.

영주	언니! 선영 언니!
제하	(영주에 앞서 선영의 심장, 목 동맥을 확인하고, 동공에 의료용 랜턴을 비추며) 김선영씨, 제 말 들립니까? 김선영씨?
선영	(희미하게 눈을 뜨면서) 배꽃 다 피았는데… 내가 배꽃 다 피아났는데… 우리 영주 왔어요? 우리 영주…?
제하	(영주를 보고, 괜찮다고 고개를 끄덕이는)

영주   선영 언니, 괜찮아?

선영   (영주 보더니 환해지는) 영주야. 니 진짜 왔나? 배꽃 피 모 온다 카더이, 우리 영주 진짜 왔나~

주변을 돌아보는 영주, 놀라서 기함한다. 방 벽에 온통 그려 진 그림들. 크레파스로 물감으로 색칠된 나무들. 꽃들! 흡사 과수원 풍경이다. 놀라서 바라보는 영주를 따라 카메라 달리 를 하면.

S# 77   영주 과거 회상 - 과수원 버스정류장 / 겨울

스무 살 즈음의 영주. 목도리로 칭칭 동여맨 채로 버스를 기 다리고 있다. 곱단과 대영, 선영이 아쉬운 얼굴로 배웅하러 나온 길이다.

선영   영주야. 니 서울 가모 은제 올 긴데? 응?

대영   하이고, 우리 누부. 승질도 급하다이. 인차 대학생 돼가 서울 올라가는 아한테, 은제 올 낀지 물어보모, 뭐라고 대답하겠노? 안 글나? 영주야~

영주   (어색한 미소)

곱단   그래, 대영이 말이 맞다. 서울이 어데 읍내 가는 길이 가? 어매 보고 싶다꼬 자꾸 왔다 갔다 하지 말고, 공부 나 열씨미 하그라.

영주	… 알았다.
선영	영주야. 그라모 내가 보러 가까? 내가 서울로 니 보러 가까?
영주	아이다. 언니, 서울 왔다가 길 잃어버리면 우짜노? 내가 보러 내려올 테이까, 언니는 여 있으라.
선영	그라모 은제 올 낀데? 다음주 공일에 올 끼가? 아이모, 다다음주 공일에 올 끼가?
영주	(떠난다는 홀가분함에 미소 지으며) 쩌기 과수원에 배꽃 피모 올 끼다. 배꽃 활짝 피가 바람에 날릴 때 되모, 그 때 올 끼다.
선영	진짜가? 배꽃 피모 올끼제? 니 꼭 올 끼제?
영주	그래. 배꽃 피모 오께~

버스가 도착하고 영주가 떠나면, 버스 뒤를 따라 뛰어오는 선영. 신발이 벗겨져도 계속 뒤따라오며… 눈물이 그렁그렁해져서.

선영	영주야아~ 배꽃 피모 올 끼제~ 내 보러 올 끼제~

S#78   동 병실 / 낮

멍하니 주변을 돌아보는 영주. 제하도 놀란 표정으로 보더니.

제하 (주위 둘러보더니) 이야, 굉장하다~ 이제 보니까, 영주 니가 언니 재주 물려받은 거구나?

영주, 망연해진 얼굴로 선영을 돌아본다. 눈가가 그렁그렁해 진 채로 환하게 웃는 선영. 그 모습이 아프고, 미안하다.

영주 … 선영 언니…
선영 (그저 좋아서) 응? 불렀나?
영주 … 우리 집에 갈래?
선영 (놀라서) 어…?
영주 아니, 가자…! 우리 집에 가자. 김선영…!

영주의 결심이 선 듯한 얼굴에서 3부 엔딩.

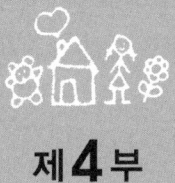

제**4**부

제4부

S#1 정신병원 선영 병실 / 낮

영주, 환하게 핀 배꽃이 그려진 그림을 배경으로, 선영을 돌아보며.

영주 … 선영 언니…

선영 (그저 좋아서) 응? 불렀나?

영주 … 우리 집에 갈래?

선영 (놀라서) 어…?

영주 아니, 가자…! 우리 집에 가자. 김선영…!

선영 … 영주야. 내 니 집에 가모…

영주 아니, 왜 못 가? 언니 동생 집인데, 왜 못 가? 가자, 언니. 가자구. 일어나, 얼른 가자.

선영 (망설이다, 결심한 듯) 아이다. 내는 여가 좋다. 여 있을 끼다.

제하 …?

선영 (주위 둘러보며) 여 있으모, 똑 과수원집에 와가 있는 긋도 같고, 또 니도 이래 내 보러와주는데, 뭐 한다꼬 너거 집에 가겠노? 내는 안 간다.

영주 제하야. 자리 좀 비켜줄래?

제하 (고개 끄덕하고 나가서 문 닫으면)

영주 언니, 이유가 뭐니? 우리 집에 안 가겠다는 이유가 뭐야? 박서방이 언니 싫어할까봐 그래?

선영 아이다~! 박서방 때문은 절~대 아이다.

영주 그럼, 이유가 뭐냐구?

선영 (눈치 보다) 내가 너거 집에 가 있는 동안 시댁식구가 찾아오모 우짜노?

영주 시댁식구?

선영 (시종일관 밝은) 응. 너거 시댁에는 내 없는 사람이자나.

영주 …! (뜨끔) 누가… 그래?

선영 곱단옴마가 그랬다. 내는 너거 시댁에 없는 사람이니까, 결혼식또 가모 안 된다꼬.

영주 …! (미안하고 아파서) 그래서 내 결혼식 안 온 거니?

선영 (신 난) 어데? 갔었다. 내 안 가모 누가 가겠노? 내 이따시 맹큼 큰 잠자리 선글라스 끼고, 스카프또 (흉내 내며) 이래이래 칭칭 감고 갔웃따~ (회상에 빠지는) 그때 영주 니 을마나 이뻤는 중 아나? 선녀가 내리와또 니만큼 이쁘지는 못했을 끼다. (해죽 웃고) … 영주야. 내는 없는 듯이 여 있을 테니까, 니가 보러와도. 그라모 되잖아? 응?

영주 (결심한) 언니. 이제 시댁식구가 알아도 상관없으니까.

가자.

선영　찐짜로?

영주　그래. (다짐하듯) 그러니까, 얼른 준비해…!

선영　그라모 사람들한테 내가 니 언니라꼬 얘기해도 되나?

영주　그래. 얘기해… 김선영이, 김영주 언니라고 얘기해.

선영　(환해지며) 알았다. 그라모 내 가께! 지금 가께!

선영, 신이 나서 짐을 꾸리면. 후우 한숨을 쉬는 영주.

S#2　인디언 텐트 판매점 안 / 낮

머리에 추장깃털을 쓰고, 인디언 텐트 재료를 구입하고 있는
정도. 휴대전화 벨이 울리면 받으며.

정도　어, 우리 애기 어디야?

채린F　(날 선) 오빠야말로 어딘데?! 아직도 오빠 엑스 집이야?

정도　아니야~ 지금 시장이야~

채린F　시장엔 왜?

정도　닻별이 인디언 텐트 만들어주기로 해서 재료 좀 사려고
　　　　왔어.

S#3　초음파검사실 앞 복도 / 낮

채린	(초음파검사 봉투를 들고 나오며) 인디언 텐트? 하~ 오빠 엑스 딸은 인디언 텐트씩이나 만들어주면서, 우리 애가 어떻게 자라는지는 관심도 없지?
정도F	무슨 소리야~? 채린아, 오빠 맘 진짜 몰라서 그래? 낮에 닻별이랑 놀아주고 저녁에 너한테 가려고 이러는 거잖아.
채린	(씨근덕) 아니, 올 필요 없으니까, 거기서 아주 죽때리고 살아~! 살고! 우리 결혼은 없던 걸로 해! (딸깍 전화를 끊는다)

S# 4   인디언 텐트 판매점 안 / 낮

정도	채린아. 오채린. (끊고) 아이 씨~ 얘는 또 어떻게 달래냐? 참, 인생 날로 먹는 게 없어요. 날로. (짜증스럽게 설치된 텐트를 툭 치면, 우르르 무너진다)
주인	(쓱 노려보면)
정도	이히 카우페 쯔바이 다폰. 오케이? (Ich Kaufe zwei davon! ok?-두 개 사줄게, 됐어?)
주인	(뺑해서 보면)
정도	노흐 메르? (Noch mehr?-왜, 더 사줘?) (비웃음 띠며 혼잣말) 무식한 것들, 그러니, 늘 요 모양 요 꼴로 살지~

S# 5   달리는 제하 차 / 낮

운전하고 있는 제하와 조수석의 영주. 선영, 뒷좌석에서 혼자
신이 난.

선영   영주야. 가는 길에 시장 쫌 들렀다 가모 안 되겠노? 박
      서방 좋아하는 매운 갈비거리또 쫌 사고, (가방 두들기
      며) 여 말린 쑥도 있으이까, 쑥버무리또 할라모 찹쌀도
      쫌 팔아야 되그등?

영주   (후우) 그런 거 필요 없으니까 그냥 가자. 언니.

선영   아이다~! 박서방은 매운 갈비라모, 자다가도 벌떡 일어
      난다. 우리 집 처음 왔일 때도, 박서방 혼차서 갈비 한
      양재기를 다 묵었다 아이가.

영주   (선영을 쓱 돌아보며, 톤이 낮아진 목소리로) 언니, 됐다
      고 했지? 됐으니까 오늘은 그냥 가자. 응?

선영   … 알았다. 그라모 그냥 가자. (하면서도 섭섭해서 혼자
      구시렁대는) 배운 사람들은 그그르 마이 한타 카도만,
      박서방도 그근갑다. 그 뭐라 카더라? 고기는 안 묵고 풀
      만 묵는 기 있는데…?

제하   (룸미러 보고 미소) 베지테리언이요?

선영   맞십니더! 베지테리~! 영주야, 박서방도 베리테리 맞
      제?

영주   (창피한데)

제하   영주한테 들어보니까, 언니 음식솜씨가 그렇게 끝내준
      다면서요? 제아무리 베지테리라도, 친정언니가 해주는

갈비찜이라면 깜박 죽을 것 같은데요?

선영   (환해지며) 그르까예?

제하   그럼요~ 아마 갈비찜이랑 쑥버무리 보면 입이 이만~해
질걸요? 누님, 그럼 우리 시장 먼저 들렀다 갈까요? 갈
비도 사고, 찹쌀도 사 갖고 가야죠.

선영   (신나지만, 영주 눈치 보며) 진짜로 그래 해도 됩니꺼?

제하   그럼요. 누님이 하고 싶다는데 누가 막습니까? 안 그래요?

선영   (좋아져서 헤헤 웃는데)

영주   (그러지 말라는) 제하야~!

제하   (가만있으라는) 그럼 출발합니다~! 꽉 잡으세요~!

제하, 주변을 살피더니 핸들을 휙 꺾는다.

INSERT
차선을 바꿔서, 급 유턴을 하는 제하의 차.

S# 6   달리는 제하 차 / 낮

급 유턴에 몸이 옆으로 우르르 몰리면, "옴마야~" 하면서도
웃음이 나는 선영과, 몸이 쏠리며 제하를 믿게 보는 영주.

S# 7   재래시장 / 낮

선영, 고기거리를 보며 "아이씨요? 이기 얼맙니꺼?", "이그는 요?" 비싼 가격에 고민하면, 옆에서 거드는 제하.

제하 누님, 갈비찜은 이걸로 하는 게 더 맛있을 것 같은데요? 이게 씹는 맛은 더 죽이잖아요. 안 그래요?

선영 (제하가 싼 부위를 가리키자 반가운) 그르까예? 아저씨 예~, 그라모 이그 좀 달아주이소.

제하 아저씨예~ 맛있는 부위로 주야 됩니대이~ (선영 보며) 맞죠?

선영 맞십니더. (하면서 웃는다)

영주, 안 되겠다 싶어 제하를 휙 붙잡아 끈다.

제하 왜 그래?

영주 (선영 못 듣게 윽박지르는) 그러는 넌 왜 그러는 건데? 이게 재밌니?

제하 (낮게) 김영주, 너 재밌으라고 하는 거 아니거든? (눈짓 하며) 봐봐.

영주 (선영을 보면)

제하 니 언니, 지금 엄청 들떠 보이지? 근데 저러시는 게 오히려 불안해서 그럴 수도 있다는 생각은 안 해봤어?

영주, 선영을 보면 초조한 듯 손을 혼자서 감싸고 비비다가 눈 마주치면 해죽 웃지만, 왠지 편한 얼굴은 아니다.

영주   (설마… 보는데)

제하   이왕 모시기로 했으면, 언니 마음 편하게 해드려.

영주, 속상해지는데 휴대전화 벨 울린다. 모르는 번호다.

영주   (받으며) 여보세요?

대영F 영주야. 내다, 니 오빠 대영이~!

영주   … 오빠? (자리 피하며) 이 전화번호는 뭐야?

제하   (돌아보면)

S# 8   경찰서 형사과 / 낮

대영   (형사들 들으라는) 어, 이그는 형사과 반장님께서 깊은
          배려를 해주셔가 쓰는 갱찰서 전화다.

영주F 그래서 무슨 일인데?

대영   영주야. 내 진짜 니한테는 죽어또 몬차 연락 안 할라꼬
          했는데, 이대로는 억울해가 죽을 그 같아서 즌화 함
          때렸다~!

영주F 왜 또 그러는 건데?

대영   형사님이 그라는데, 누부 자빠뜨렸던 ㄱ 집딜리 쉐끼 있
          잖아. 그 쉐끼랑 합의 안 하모, 내 구치소에 드가고, 검

찰에또 기소될 끼란다. 유전무죄! 무전유죄! 내는 지강 헌이가 와 인질극을 벌있는지 인자 이해가 된다.

영주F 헛소리 말고, 합의금이 얼만데?

대영 그게 말이다. 일. 천만원.

S# 9   재래시장 / 낮

영주 뭐? 천만원? (기절하겠는데)

대영F 그래, 영주 니가 들어도 말또 안 되는 액수제? 그라모 내는 을마나 원통하고 방통하겠노? 안 글나?

영주 그래서, 그 합의금은 언제까지 마련해야 되는데?

대영F 그기 좀 급하게 됐다. 내일.

영주 뭐? 내일?

대영F 응. 영주야, 내일까지 합의 안 하모, 구치소로 넘가버린 다는데, 니도 어렵겠제?

영주 (푸들푸들 짜증이 솟는데)

S# 10   경찰서 형사과 / 낮

대영 알았다~! 그라모 내는 그냥 이대로~ 이 옷 입은 채로 그대로~ 표표히 구치소로 입성하께. 니는 절~때 신경 쓰지 마라.

영주F 오빠…!

대영   (말발이 먹히나 싶어 한 수 더 두는) 그까이꺼 구치소. 내는 을마든지, 은제든지 드갈 수 있다~! 하지만 말이다. 내 드가 있는 동안, 우리 순영이 누부는 누가 돌볼지 그기 마음에 걸리가 자꾸 눈물이 앞을 가린다~ (울먹이는 시늉 하면)

영주F   (버럭) 그렇게 언니를 걱정했으면, 사고를 치지 말았어야지! 인간아!

대영   (깜짝) 영주야. 내가 그르고 싶어서 그른 그 아인 그는 니가 더…

영주F   (O.L) 아니, 오빠 말대로 들어가! 들어가서 살아! (확 끊어버린다)

대영   여보세요? 영주야~ 영주야~ 니 내 말 곧이곧대로 들으모 안 돼~! 영주야~! (뚜뚜 소리 나면, 마음이 급해진) 형사님, 전화 한 통만 다시 걸모 안 되겠십니꺼?

형사   (그러라는)

대영   감사합니대이~! (전화 다시 걸며) 내 합의만 보게 되면 예~ 여 형사과 회식 한번 찐하게 쏘겠십니더~ 찐하게~ (통화 기다린다)

S# 11   **재래시장 / 낮**

영주   (울리는 휴대전화 거부하며) 내가 어디 뜯어먹을 세 있다고들 이러니? 응?

후우~ 하늘을 보며 한숨을 쉰다.

S# 12   영주 아파트 일각 주차장 / 낮

제하의 차에서 내리는 영주와 선영. 제하, 장본 물건들을 영
주 손에 건네면.

영주　　고맙다, 이제하. (미소 지으면)

제하　　혹시 언니가 불편해하시면, 바로 연락해. 병실은 비워둘
　　　　테니까.

영주　　아니, 그럴 일 없을 거야.

제하　　그럼 너 좋을 대로 해. (선영 보며) 누님, 그럼 다음에 또
　　　　뵙겠습니다.

선영　　(아파트 둘러보며 신기해하다가) 예. 고맙십니대이.

제하　　(빙긋 웃고 차 출발시켜서 가면)

선영　　거 사람 개안타. 그자? 저래 인물도 잘난 사나가 와 운
　　　　전기사를 하노? 저 사람은 우리 박서방보따는, 머리가
　　　　한참 안 좋았는갑다. 그차?

영주　　(짜증 섞인) 운전기사가 아니고, 의사야.

선영　　의이사? 그라모 의이사 슨상님이 우리 영주 운전기사를
　　　　해준다는 말이고? 하이고야, 우리 영주 진짜로 잘난 사
　　　　람이대이. 그차?

영주　　(말을 말자, 싶은데)

선영   (마음이 달떠서 둘러보며) 영주야~! 너거 집은 어데고? 으이?

영주   (이대론 안 되겠다 싶어) … 언니, 나랑 얘기 좀 해.

선영   (여전히 올려다보며) 어, 말해봐라.

영주   (붙들며) 김선영. 지금부터 내가 하는 말 잘 들어.

선영   (그제야 보면) …?

영주   언닌 우리 집에 아주 살러 가는 게 아니고 손님으로 가는 거야. 내 말 알아듣겠어?

선영   안다. 내는 손님이고, 니는 주인이다. 맞제?

영주   그래. 언니는 손님으로 가 있는 거니까, 아무 물건에나 함부로 손대지 말고, 내가 하라는 대로만 하고 있어. 알겠어?

선영   어, 알아들었다.

영주   그리고, 우리 닻별이. 성격이 예민한 애라서 언니한테 못되게 굴지도 몰라. 아니 못되게 굴 거야. 그래도 같이 싸우지 말고 어른답게 행동해. 알겠어?

선영   (다짐하는) 어른답게~! 알겠다.

영주   그리고, 박서방은… (하다가) 아니야. 아무튼 지금 내가 얘기한 것 절대 어기면 안 돼. 알겠지?

선영   (자신에 찬) 걱정 마라~! 내 무슨 일이든 간에 니한테 몬 차 물어보고, 어른답게 행동할 끼다. 그라모 됐나?

영주   그래. 그럼 돼.

선영   (해죽 웃는다)

영주　　(여전히 불안하지만, 억지로 미소 짓고) 들어가자, 언니.

선영　　어~ (영주 손에 들린 보따리를 휙 낚아채며 히죽)

S#13　영주 집 거실 / 낮

인디언 텐트를 조립해서 겨우 세우는 정도. "에이 씨~! 귀찮아 죽겠네" 하는데 키패드 소리 들리면 잽싸게 추장모자를 뒤집어쓰고, 인디언 텐트 위로 천을 휙 덮더니.

정도　　엉덩이 들고 똥 뉘~ 수다스러운 늑대가 뭐 만들었는지 보여줄까?

하면서, 짠~! 천을 걷어 인디언 텐트를 보여주는데, 영주와 선영이 쓱 들어온다. 정도, 폼 잡고 기대려다가 선영을 보니, 당황해서 "선, 선영이 처형?" 놀라, 물러나다가 인디언 텐트와 함께 넘어진다.

영주　　(같이 놀란) 뭐 하는 거야? 지금?

정도　　(몸을 일으키고, 추장 모자를 벗는데 딸꾹질이 나온다)

선영　　박서방~ 이기 얼마 만이고~ 으이?

정도　　(딸꾹질 계속하며) 예. 오, 오랫만입니다. 처형.

선영　　닺별이 집 맹글어주는 거라? 영주야~! 우리 박서방은 은제 봐도 백 점짜리다, 백 점짜리~! 맞제?

정도   (어색하게 웃고, 영주를 보며) 닻별 엄마, 나랑 얘기 좀
      하지.

영주   나랑 얘기할 게 뭐 있니? 오랜만에 언니 만났으면, 언니
      랑 얘기를 해야지. 언니, 나 회사 다녀올 테니까, 박서방
      이랑 얘기하고 있어.

선영   알았다~

영주   (나가려고 하면)

정도   (영주의 팔을 휙 잡더니) 에이~ 이 사람 왜 이래? 잠깐
      할 얘기 있다니까? (하면서 닻별 방으로 끌고 간다)

선영   (키득) 저래들 밤낮없이 금슬이 좋노? (둘러보더니 주방
      으로 가며) 박서방~! 내 박서방 좋아하는 매운 갈비 해
      줄 테이까네, 쪼매만 지둘리라. 알겠제?

S#14   영주 집 닻별 방 / 낮

정도   예~ 처형~! (딸국, 하고서 영주를 노려보며) 너 진짜 미
      친 거 아냐? 여기가 어디라고 처형을 데리고 와! 처형을!

영주   왜 우리 언니가 못 올 데라도 왔니? 여긴 내가 뼈빠지게
      일해서 구한 내 집이거든? 니 집 아니야~

정도   이게 증말~! 다른 사람은 다 끌어들여도 처형은 절대 안
      된다고 했어? 안 했어?

영주   박정도~! 너 유학비용, 우리 언니 과수원 땅 팔아시 보
      내준 거거든? 그 덕분에, 그렇게 노랠 부르던 법대교수

	님 되셔서 금의환향하셨으면, 선영이 언니한테 큰절이 라도 해야 되는 거 아니니? 그렇게 주제파악이 안 돼?

정도 주제파아악~? (열받은) 김영주. 내가 왜 너랑 결혼했는 지 정말 몰라서 그래?

영주 …?

정도 니가 닻별이 임신해서 내가 마지못해 결혼한 줄 알았 어? 절대 아니거든?

영주 … 뭐? 그럼 뭔데?

정도 내가 니네 집 갔다 와서 파혼하자고 했을 때, 저 바보언 니가…! (하다가) 아우, 그때 생각만 해도 살이 떨려서 말문이 막힌다.

영주 대체 무슨 일이 있었다는 건데!

정도 그렇게 궁금하면, 저 무지하고 살벌한 니 언니한테 직접 물어봐! 직접! (휙 나간다)

영주 (붙들며) 어딜 가려는 건데!

정도 내가 얘기했지? 처가식구 끌어들이면 나 절대 안 들어 온다고! (영주를 휙 뿌리치고 문 탕 닫고 나가버린다)

영주 (시근덕거리며 뒤따라 나가면)

S# 15 **영주 집 현관 + 거실 / 낮**

영주 (나오며) 정도씨!

정도 (붙들릴까봐, 신발도 제대로 못 신고 서둘러 나가는데)

선영	(주방 쪽에서 나오며) 박서방~! 니 지금 어데 가노?
정도	(에에에이 씨~! 하면서 문 탕! 닫고 도망치듯 가버린다)
영주	(기가 막혀 보는데)
선영	영주야, 박서방이 와 저라는 근데?
영주	그건 내가 묻고 싶은 말이거든?
선영	…?
영주	언니, 박서방이랑 무슨 일이 있었니? 내 결혼식 전에 무슨 일이 있었냐구?
선영	(뜨끔한 표정이다가) 아이다아~ 아무 일또 읎웃따. 박서방이랑 내 사이에 무슨 일이 있었겠노?
영주	진짜야?
선영	진짜다~! 내 하늘에 맹세하고, 땅에 빌어도 절대 아무 일도 읎웃따. 아이 있었다꼬 해도, 절대 읎웃따~!
영주	… 무슨 일 있었구나. 그렇지? (다그치는) 맞지!
선영	(주눅 들지만, 버티는) 그그는 내 죽을 때까지 절대 얘기 안 하기로 한 그다. 그래도 듣고 싶다모, 차라리 내를 치 죽이라!
영주	(노려보며) 저 황소고집통. 알았어. 박서방한테 물어보면 알겠지! (가려 하면)
선영	(턱 붙들며) 박서방도 절대 얘기 안 할 끼니까 물어보지 마라.
영주	대체 무슨 일이 있었는데 그래?!
선영	(딴청 피우는) 옴마야. (박수 치며) 내 갈비를 찬물에 담

가둔다는 그를 깜빡해뿟다~! (휙 가면)

영주　언니! 언니! (하는데, 딩동 휴대전화 문자메시지 소리 들린다. 보면)

수리E　편집장님. 오늘 기획회의 있는 거 아시죠? 다섯시입니다.

영주　(궁금하고 답답하지만, 어쩔 수 없는) 선영 언니. 나 회사 갔다 올 테니까, 닻별이 오면, 괜한 얘기 하지 말고 묻는 말에만 대답해. 알겠어?

선영E　묻는 말에만? 알았다~

영주　(서둘러 나가면)

선영　(고개 내밀며) 하이구야. 그기 은제 적 일인데, 박서방이 안즉도 기억하고 있노? (오금이 저리는 표정)

S# 16　채린 집 거실 / 낮

채린　(단단히 토라진) 그래 봤자, 며칠이나 된다구? 결국 언닌지 뭔지 하는 또라이 여자가 내려가면, 다시 엑스 집에 들어갈 거잖아~

정도　에이, 그게 무슨 김빠지는 소리야~ 그전에 김영주 끌고 가서 이혼서류 접수 끝내야지~

채린　오빠 엑스가 그렇게 한대?

정도　안 하면? 지가 먼저 약속을 어긴 건데, 어쩔 건데? 그리고 구두약속도 약속이기 때문에, 먼저 깬 사람이 책임을 져야 되거든? 그게 바로 민법에서 자유계약의 원칙이라는 거거든.

채린　(의심스럽게 보면)

정도　채린아, 오빠가 너랑 애기 위해서 이렇게 인디언 텐트 지을 것도 사 갖구 왔잖아.

채린　오빠 딸 주려던 거 아니고?

정도　걔건 나일론이고, 이건 백 프로 코튼. 백 프로 자연산 면 이라니까~ 오채린~ 얼른 텐트 만들어서, 원 헌드레드 퍼센트 퓨어했던 인디언 시절로 돌아가지 않을래? (툭 치며) 응? 울부짖는 늑대처럼~ (늑대 울음소리 내면)

채린　(히죽) 늑대처럼?

정도　(채린을 붙들고 깨무는 흉내 내며) 얼른 준비해? 텐트 금방 지을게?

채린　(금세 풀려서) 응~

S# 17　영주 집 주방 / 낮

말린 나물을 물에 불리고, 각종 반찬을 쓱싹쓱싹 만드는 선 영. 콧노래가 절로 나온다. 양재기에 무친 톳나물 맛을 보더 니 실룩 웃는데, 이때, 문 탕 닫는 소리와 함께 들어오는 닻별. 거실에 주저앉아 있는 인디언 텐트를 보더니.

닻별　어, 인디언 텐트다~! 아빠~! 아빠! (시재로 기면)

선영　(식칼을 들고 도마에서 칼질을 하다가 돌아보며 환해진다)

닻별   (서재에서 나오며) 아빠, 어딨어?

안방으로 가려는데 앞을 가로막는 선영. 식칼을 든 줄도 잊은 채.

선영   (반가운) 니가 닻별이가? (하다가) 아이지. 영주가 묻는 말에만 대답해라 캤지. (닻별을 보고, 씩 웃으면)

닻별   (식칼을 들고 웃는 선영에 놀라서 물러나며) 아줌마 누구세요?

선영   (질문이 반가운) 내? 내는 김선영이다~! 김선영.

닻별   (침 꼴깍 삼키고 물러서며 주위 확인하는) 김선영이 누군데요?

선영   김선영이는 내고~! 내는 니 이모다, 이모. 그라고 또 묻고 싶은 그 없나? 으이? (다가오면)

닻별   (잽싸게 백팩에서 호신용 스프레이를 꺼내서 겨누며) 그칼 치우고 물러나요! 칼 안 치우면, 이거 확 쏴버릴 거야!

선영   (그제야 손에 쥔 칼을 보며) 옴마야~ (화들짝 던지며) 이그를 내가 와 들고 있노? (겁에 질린 닻별을 보며) 니 마이 놀랬제? 닻별아, 내는 이상한 사람 아이고, 니 이모다. 이모~!

닻별   웃기지 말아요? 난 나한테 이모가 있다는 얘기는 단 한번도 들어본 적이 없거든요?

선영   (그 모습이 귀여워 웃으며) 하이고, 우스바라. 우째 저래

째리보는 굿까지 지 옴마를 똑 빼다 박았노? (귀여워서) 하이고, 이쁜 굿~! 일리 와봐라. 우리 갱아지. 한분만 안 아보자.

선영, 닻별을 안으려고 손을 뻗는 찰나, 닻별이 스프레이를 분사한다! 얼굴 정면에 스프레이를 뒤집어쓰는 선영. "옴마야~! 앗, 뜨거라! 아이고오~ 매버라~! 닻별아, 내 죽는대이~!" 발을 동동 구르며, 방향을 못 잡고, 벽에 부딪히고, 화초를 붙들고 나뒹굴고, 바닥에 미끄러져 넘어지고, 눈물 죽죽 흘리며 난리법석이다.

선영   아이고 내 죽는다~ 닻별아~ 내 좀 살리도~ (눈물범벅 되며, 캑캑)

닻별, 휴대전화를 꺼내들고, 후다닥 베란다로 달려가 문을 닫는다.

S# 18   채린 집 거실 / 낮

인디언 텐트를 얼추 완성하고 있는 정도, 이때 휴대전화 벨이 울린다.

정도   (휴대전화를 귀와 어깨에 끼고) 여보세요?

S# 19   영주 집 베란다 + 욕실 / 낮

"아이고오, 고초당초가 맵다 캐도, 이래는 안 맵겠다~ 아이고
~ 나 죽는다~" 샤워기로 얼굴을 뒤집어쓰고, 어부부부~ 입
도 헹구면서 씻고 있는 선영의 모습이 베란다 유리를 통해 보
이면.

닻별   아빠. 난데~! 아빠 지금 어디야?

정도F   아빠? 아빠야 당근 학교지. 근데 왜 그렇게 시끄러워?
         무슨 일 있어?

닻별   어, 아빠. 어떤 이상한 여자가 식칼을 들고 집에 들어와
         서, 자기가 내 이모라고 그러거든?

S# 20   채린 집 거실 / 낮

정도   (모르쇠) 진짜? 그게 누군데?

S# 21   영주 집 베란다 / 낮

닻별   이름이 김선영이라는데, 아빠 나한테 진짜 이모가 있었
         어?

정도F   어, 그게 말이지.

닻별   (발 동동) 아빠, 빨랑 좀 얘기해봐. 이상한 아줌마가 욕

실에서 나올라 그래~! 아빠, 빨리이~!

S# 22   채린 집 거실 / 낮

정도 (가다듬고) 닻별아. 그 김선영이란 아줌마, 엄마 언니 맞아.

닻별F 그럼, 저 이상한 아줌마가 진짜 이모란 말야?

정도 응. 니 이모 맞아.

닻별F 근데, 왜 여지껏 나한텐 얘기 안 했어?

정도 그게 말이지… (작심한) 박닻별~ 아빠 말 오해하지 말고 들어야 돼?

S# 23   영주 집 거실 + 베란다 / 낮

선영이 온통 물범벅이 되고, 눈이 벌겋게 퉁퉁 부어서 비척거리며 나오더니, 거실에 대자로 벌렁 눕는다. 그 모습을 유리창을 통해 보고 있는 닻별의 표정이 점차 굳더니.

닻별 … 알았어, 일단 끊어. (전화 휙 끊고, 베란다문 열고 들어오면)

선영 아구야. 우째 씻으면 씻을수록 더 매버지노? 닻별아, 여눈 안 매분 약 읇노? 있으면 내 좀 도~ 응?

닻별 (한심하게 보더니 방으로 휙 들어가비린다)

선영 (들고 나온 바가지 물을 얼굴에 들이부으며) 아이고, 뜨

거버라~ 누가 얼굴 우에서 쥐불놀이하는 그 같대이~
아이고오~

S# 24   평창동 최고만 집 전경

S# 25   평창동 최고만 집 마당 / 낮

화면을 휙 가르며! 수직으로 꽂히는 절굿공이. 파편이 팍팍!
튀는데 메주덩어리들이다. 최고만이 절구질을 하고 있고, 김
집사, 절구를 붙들고 있다. 튀는 메주 파편이 입에 들어오며,
뱉어내며.

김집사 (불만스런) 회장님. 드시고 싶으신 게 있으면, 요리사를
시키시면 되지 왜 자꾸 일을 만드십니까? 예?

최고만 (연신 절구질을 하며) 이 자식아! 니가 부른 요리사 중에
제대로 된 음식 만든 놈이 하나라도 있었냐?

김집사 그거야, 회장님 입맛이 워낙 특이하셔서 그런 거 아닙니
까?

최고만 그러니까, 내가 직접 만들어 먹겠다는 거 아냐! (멈추고
땀 닦으며) 고작 이깟 빠끔장 하나 못 만들어서, 그런 들
떨어진 자매한테 수모를 당하느니, 내가 직접 만든다구
자식아. 내가 직접! (절굿공이를 치켜들고 자세 잡으며)
메주, 더 넣어라~

김집사, 마지못해 메주를 넣는데, 밖에서 빵빵 차소리와 함께 벨소리가 들린다. 김집사 돌아보면.

CUT TO 경과
트럭 수조에서 펄펄 뛰는 우럭을 커다란 대야에 옮기는 수산 센터 직원들.

김집사 (혼잣말) 죽겠네~ 회장님! 이 많은 우럭을 다 어쩌시려구요?

최고만 어쩌긴 뭘 어째? 배 갈라서 발려야지. 뭘 보고 있어, 이놈아. 얼른 칼 가지고 와서 배 따.

김집사 (진지한) … 죄송합니다만… 그렇게는 못하겠습니다.

최고만 이 자식 봐라. 고작 메주 몇 덩이 찧었다고 벌써 꾀부리는 거냐?

김집사 그게 아니라 말입니다. 회장님. 다른 건 다 시켜도 좋은데요, 살생만은 절대 못하니까, 명을 거두어달라고 부탁드리는 겁니다. 죄송합니다, 회장님. (90도로 절을 하면)

최고만 (기막힌) 이 자식 웃긴 자식이네~ 사람 몸은 죽어라 푹푹 찌르고 다니던 칼잽이놈이, 생선 배 좀 따라는데 뭔 말이 그리 많아?! 자식아!

김집사 저더러 손 씻고, 살생하지 말고, 불교에 귀의하라고 한 건 회장님이시잖니까? 아, 왜 그러세요~ (가면)

최고만 (어이없어) 그러려면 고기도 처먹지 말지, 자식아! 쇠고

기장조림은 왜 그렇게 많이 처먹는데? 야, 김집사! 너 진짜 짤리고 싶어서 환장했냐? 야, 일루 안 와! (하다가 배달하는 수산센터 직원을 보면)

수산센터 직원　전 배달 전문입니다, 회장님. (후다닥 가면)

최고만　한심한 것들~! 니들 내가 만든 우럭미역국 달라고만 해 봐. 아주 죽을 줄 알아. 알겠어!

최고만, 휙 우럭들을 보더니, 손을 집어넣고 우럭을 턱 잡는 순간 "아아아~! 가시, 가시~!" 하면서 놓친다. 짜증이 나서 수조를 걷어차며.

최고만　야, 이 자식아! 그럼 김선영이를 데리고 오든가아~!

S# 26   영주 집 거실 + 주방 / 낮

볼이 부은 닻별, 혼자서 인디언 텐트를 세우고 있는데. 선영이 벌게진 얼굴에 부채질을 하면서 다가오더니.

선영　닻별아. 물파스 어데 있는지 좀 갈키주모 안 되겠노?

닻별　(뚱한) 물파스는 왜요?

선영　아무리 세수를 해도, 여 얼굴 화끈거리는 기 안 가라앉 그덩?

닻별　(어이없는) 그래서, 얼굴에 물파스 바르려구요?

선영　어, 벌 같은 그에 쏘이가, 퉁퉁 붓고 열 날 때, 물파스 바르모 억쑤 시원하그등. 부은 긋도 금세 가라앉는다 아이가.

닻별　(어이가 없다) 아줌마 진짜 바보예요? (휙 돌아서 들어 가면)

선영　마이 안 바르고 쪼매만 바르께~ 그라지 말고 좀 가르치 도, 어?

닻별　(어이없어 돌아보다가, 문 탕 닫고 들어간다)

선영　하이 씨~! 얼굴이 뜨거버가 아무 일도 몬하겠는데? 우 짜지? 맞다. 영주가 물어보고 하라 캤지? (전화기를 돌 아본다)

S# 27　채린 집 거실 / 낮

전화벨 소리 울리면, 인디언 텐트 안에서 뒤척이던 정도. 문 을 확 걷고 나온다. 역시 짜증난 표정으로 돌아눕는 채린. "에 이 씨~!" 전화를 받으며.

정도　(퉁명스런) 어, 딸. 또 무슨 일 있어?

S# 28　영주 집 닻별 방 / 낮

닻별　아빠, 저 이모란 사람 뭐야? 외계인 날 깉은 이상한 사 투리 쓰는 것도 짜증나 죽겠는데, 완전 바보야~! 바보.

아빠, 언제 와? 빨리 와서 나랑 인디언 캠프 만들자, 응?

정도F　닻별아. 그게 말이지. 아빠도 집에 정말 가고 싶은데 말이지. 아빠 이제 못 가.

닻별　그게 무슨 말인데? 왜 아빠가 못 와?

정도F　(심각한 척) 닻별아, 세상에 말 못할 일들도 많이 있는 법이거든?

닻별　…! (표정이 굳는다)

S# 29　　**에스띨로 편집장실 / 낮**

영주　(전세계약서 보며 통화 대기 중, 펜을 초조하게 탁탁 두들기는데)

대출녀F　오래 기다리셨습니다. 고객님. 지금 팩스로 보내주신 전세계약서 확인했습니다.

영주　대출은 문제없는 거죠?

대출녀F　죄송한데, 김영주 고객님 전세계약서로는 오백만원밖에 대출이 안 될 것 같습니다.

영주　오백만원이요? 왜죠?

대출녀F　저희 말고 선순위 은행에서 대출을 너무 많이 받으셔서 그 정도밖에 안 될 것 같습니다. 죄송합니다.

영주　(난감하다) 알겠습니다. 그럼 오백이라도 입금해주세요. 예, 고맙습니다. (전화 끊고, 후우 한숨 쉬는데)

이때, 휴대전화 벨이 다시 울린다. 보면, 집 전화번호다.

영주 (받으며, 불안한) 어, 언니. 나야. 무슨 일 있어? (사이, 점차 굳어지다가) 언니 바보야? 어떻게 얼굴에 물파스를 바를 생각을 해? … 혹시 닻별이한테도 얘기했니? 얼굴에 물파스 바를 거라고 얘기했냐고!

선영F 어. 근데 닻별이는 안 가르쳐주서 너한테 전화한 기다.

영주 (울화 치밀어) 언닌, 바보인 거 티내는 게 그렇게 좋니? 처음 만나는 조카한테 바보인 거 들통나는 게 그렇게 좋냐구!

선영F 아, 아이 내는 그기 아이고…

영주 내가 아까 뭐랬니?! 제발 어른답게 행동하라고 했지! 제발~!

S# 30   영주 집 거실 / 낮

선영 (전화 받으며) 미안하다. 앞으로는 어른답게 행동하께. 진짜로 미안하다. 그만 드가봐라. (전화를 끊고, 머리 탁탁 치며) 하이 씨. 으른답게 내가 그냥 찾아서 발랐으야 되는데. (닻별 방을 본다)

S# 31   에스띨로 편집장실 / 낮

겨우 화를 가라앉히고, 닻별 번호를 찾아 전화를 거는 영주.
초조하게 신호가 가고, 닻별이 받으면.

닻별F   (뚱한) 여보세요.

영주   (눈치 보는) 닻별아, 엄마야. 이모 만났어? 만나보니까
어때?

S# 32   영주 집 닻별 방 + 에스띨로 편집장실 / 낮 (화면 분할)

닻별   (부아가 치밀어) 엄마! 왜 저런 이상한 아줌마를 데려다
놓은 건데! 왜 허락도 없이 저런 아줌마를 데려다놔서,
아빠가 안 들어오게 만드는 거냐구!

영주   … 뭐?

닻별   엄만 항상 이런 식이지? 뭐든 엄마 마음대로 결정하고,
뭐든 엄마 마음대로 행동하잖아! 주변 사람들 기분이 어
떤지는 하나도 안 중요하지? 엄마는 뭐든 엄마 맘대로
하는 사람이니까! 그치!

영주   닻별아.

닻별   엄마란 사람이 어떻게 그렇게 이기적이야?!

영주   (화 솟은) 박닻별! 너 지금 엄마한테 그게 무슨 태도니?
이모가 엄마 집에 오는 게 누구 허락을 받아야 되는 문
제야? 그리고, 아빠가 집에 안 들어오겠다는 게, 이모가
와서라는 거야?

닻별 그게 아니면 뭔데? 그게 아니면, 아침까지 들어오겠다던 아빠가 왜 안 들어온다고 그러냐구! 아빠, 진짜 안 들어오면, 나도 엄마 안 봐. 아니, 아빠 안 오면 나도 여기 없을 거니까! 혼자 북 치고 장구 치는 엄마 언니란 사람이랑 둘이 잘 살아봐! (왈칵 끊는다)

S# 33   에스띨로 편집장실 / 낮

영주 닻별아! 박닻별! (부아가 치밀어서 숨을 몰아쉰다) 박정도 이 비겁한 인간…! (일어나서 나가려는데)

조선희 (들어오며) 편집장님.

영주 (보면)

조선희 어디 가시려구요? 기획회의 시간 다 됐는데요?

영주 내일 하자. (나가면)

조선희 (걱정스런) 편집장님, 예정대로라면, 오늘 저녁까진 기획안들 픽스해주셔야…

영주 (날 선) 내일 새벽에 처리할 테니까! 기안들 올려놓으라구! 됐니! (휴대전화로 전화를 하며 휙 나가면)

조선희 알겠습니다. (하고, 밖에서 보는 직원들에게 어깨 으쓱)

S# 34   에스띨로 승강기 앞 복도 / 낮

영주 (복도를 걸어오며 전화하는데)

E   지금 고객이 전화를 받지 않아 소리샘으로 연결이 됩니다.

영주 (승강기 버튼 신경질적으로 누르고 올라타며) 박정도.
나 지금 니네 학과장님 만나러 갈 거거든? 내가 폭탄 던
지기 전에 오는 게 좋지 않겠니? (전화 버튼 누르고 휴
대전화 끄면, 화난 얼굴 위로 승강기 문 닫힌다)

S#35   영주 집 닻별 방 / 낮

닻별, 씩씩거리면서 백팩에 아이패드를 쑤셔 담으며 전화 받
기를 기다린다. 수현이 전화를 받으면.

수현F 여보세요?

닻별 오빠, 지금 어디야? 나 좀 데리러 와줘. 빨리~!

하면서, 돌아서는데 무서운 얼굴로 닻별을 노려보고 서 있는
선영. 닻별, 움찔 놀라는 순간, 닻별의 휴대전화를 확 낚아채
고, 백팩을 빼앗는 선영.

닻별 뭐 하는 거예요! 내 휴대전화 내놔요! 얼른요! (빼앗으려
고 하지만)

선영 (허공으로 휴대전화를 올리는데)

수현F 여보세요? 여보세요?

선영 아, 여보세요? 내 박닻별이 이모 되는 사람인데요. 지금

부터 박닻별이 가정교육 받으야 되니까, 이따가 다시 통화하이소. (탁 끊는다)

닻별   (기가 막혀) 아줌마가 무슨 권리로 내 전화를 뺏어요!

선영   권리? 그른 그는 내 모리지만, 이그는 안다. (닻별을 턱 잡으며) 니는 어린이고~! 내는 어른이고~! 니는 열 살이고 내는 마흔도 휘얼씬 넘었다~! 그리고! 니 와 엄마한테 거짓말시키노? 내 은제 혼자 북 치고 장구 치고 했드냔 말이다. 내는 그른 적 절대 엄꺼든~!

닻별   … 아줌마, 진짜 바보예요?

선영   그래 내는 바보다. 바보라또 니보다 휘얼씬 오래 살아가, 사람이 지키야 될 기, 뭔중 니보다 더 잘 안다. 어른은 어른답게! 어린이는 어린이답게! 알긋나! 그런 의미로! (의자를 쓱 끌고 와) 여 앉으라! 반성의자다!

닻별   뭐라구요?

선영   여, 앉아가 니 옴마한테 소리 지르고 거짓말한 그 반성해라~!

닻별   돌겠네~! (나가려고 하면)

선영   (와락 주저앉으며) 내 말 못 알아묵나? 앉으라꼬!

닻별   아, 왜 이래요!

닻별, 일어나려고 하지만, 선영의 완력에 꼼짝도 못한다.

닻별   (바둥거리며) 이거 안 놓을 거예요!

선영　니 자꾸 까불모 서울구경 시키불 끼다! 알긋노!

닻별　뭐라구요?

선영　서울구경이 뭔지 모리면, 함 비주까? 으이? (닻별의 관자놀이를 양손으로 잡고 쭉 치켜올리며) 이기 서울구경이다. 서울구경~!

닻별　(통증에 비명 지르며) 아줌마, 미쳤어요!

선영　아줌마가 아이고, 이모다. 슨영이 이모! 이모라고 부를 때까지 니 서울구경 시키주까? 으이? (다시 추켜올리면)

닻별, 선영을 밀치고 비명을 지르다가, 갑자기 몸을 덜덜 떨며 경기를 하더니 축 늘어진다. 선영, 놀라서 닻별을 받아 안아 눕히며.

선영　(놀라서) 옴마야. 야아가 와 이라노? 닻별아~! 닻별아~! (볼을 두들기지만)

닻별　(여전히 의식을 놓은)

선영　옴마야. 이를 우짜노? (후다닥 주방으로 달려간다)

닻별, 눈을 뜨더니 재수없다는 표정을 짓고 일어나려는데. 다다다다! 선영이 달려오는 소리 들리면, 다시 눈을 감고 눕는다. 바가지를 들고 들어오는 선영, 물을 입에 머금더니, 닻별을 향해 푸우우~ 뿜는다. 닻별, 움찔하지만… 참는다. 다시 물을 뿜는 선영. 닻별, 눈을 질끈 감고 참는 모습을 눈치채는 선영.

선영	물이 부족해가 안 깨나나? (후다닥 달려가면)
닻별	(슬쩍 눈을 뜨는데, 저만치서 양동이로 물을 들고 오는 선영 보인다. 질끈 눈을 감는데)
선영	(다가와) 이분에도 안 깨모, 119 부르지 모. 하나, 둘, 싯~!
닻별	(벌떡 일어나 앉으며 노려본다)
선영	어? 우리 닻별이 깨났나?
닻별	(핑 하고 일어나 가려고 하면)
선영	(잡으려) 어데 가는데? 깨났으모 반성의자에 앉아가 반성해야제.
닻별	(어이없어 보면)
선영	(부라리는) 뭐 하노! 퍼뜩 몬 앉나!
닻별	(우들우들 떨며, 노려보다가 의자에 털썩 앉으며) 앉았어요! 이제 됐어요!
선영	그래. 그라모 앞으로 두 시간 동안 엄마한테 소리 지르고, 거짓말한 그 반성하면서 앉아 있으라.
닻별	(기막혀 보면)
선영	만약에 두 시간 전에 여서 한 발자국이라또 움직이모, 니 밤새 서울구경 해야 될 끼다. 알긋제! (나간다)
닻별	(문 닫히면, 눈물 그렁그렁해져 이를 악물고 노려보며) 아줌마! 내가 이대로 가만있을 줄 알아? 네가 아줌마 쫓아내고 말 거야…!

S# 36   영주 집 거실 / 낮

닻별E   반드시 쫓아낼 거니까 두고 보라구요!

선영   (절레절레) 하구야. 혼날라 카모, 경기하다까 까무라치는
          시늉하는 그까지, 우째 그리 똑같노? (히죽 웃고 간다)

S# 37   영생대학 일각 / 오후

미친 듯이 차를 몰고 와 세우는 정도. 후다닥 뛰어내려서 주
위를 두리번거리는데, 저만치 영주가 보인다. 이를 악물며 다
가가는.

정도   김영주. 너 돈 애 아니냐? 하다하다 이제 협박질까지 하
          니? 응!

영주   (시계 보더니) 폭탄 터질까봐 겁은 났던 모양이네?

정도   (욱하지만 참고) 너 자꾸 이런 식으로 나오면, 나도 이혼
          청구소송하고, 닻별이 법정에 세울 수밖에 없어~ 알아?

영주   그래, 그럼 니 마음대로 해~

정도   … 뭐?

영주   대신 닻별이한테 상처 준 만큼 니 새 여자도 상처 받으
          라 그래.

정도   … 너 그게 무슨 말이야?! 엉!

영주   (초음파사진 꺼내서 흔들며) 너 요새 죽고 못사는 그 기

집애가 보낸 이 사진 보니까, 4개월은 됐겠더라?

정도　…!

영주　이혼청구소송하면, 길게는 몇 년씩 걸린다며? 그럼 그
때까지 그 기집애 애 낳아서, 호적에 올리지도 못한 채
로 그렇게 살아봐. 알겠니? (휙 가버리면)

정도　(뒤통수 맞은 얼굴로) 야, 야, 김영주! 김영주!

S# 38　채린 집 거실 / 밤

채린　그 여자 진짜 웃긴 여자네~! 오빠, 그냥 이혼청구소송
해버려! 그깟 여자가 뭐가 무서워서 망설여?

정도　(착잡한 척, 후우~) 채린아, 오빠 마음 모르겠니? 오빠
가 무서워서 그런 게 아니잖아.

채린　그럼 뭔데?

정도　닻별이 아직 어린애야. 이혼하겠다고 애까지 법정에 세
우는 건 너무 잔인하잖니? 오빠 그런 사람 아니잖아~

채린　잔인해? 그럼 우리 애는? 우리 애 낳으면, 이름을 길동
이라고 지을 거야?

정도　… 그게 무슨 소리야?

채린　오빠 엑스랑 이혼 못하면, 우리 애기가 태어나도 아빠를
아빠라고 부르지도 못할 거잖아~! 그럼 그게 홍길동이
지? 박길동이야?

정도　에이, 그건 너무 오바다~ 오빠가 그전에 어련히 안 할까

봐서 그래?

채린　말로만 해결한다고 하고, 해결된 게 하나라도 있어?!

정도　(다독이려고) 채린아~

채린　(손 탁 쳐내며) 됐어! 그 여우 같은 엑스한테 가든 말든 오빠 맘대로 해~! (흑 우는 시늉하면서 방으로 들어가버린다)

정도　(쫓아가지만 문이 닫혔다. 두들기며) 채린아, 채린아?

채린E　가~! 오빠 딸내미한테 가버리라구! 난 우리 불쌍한 길동이랑, 처참하게 버림받은 채로 늙어 죽을 거야~ 길동아~ 우리 불쌍한 길동아~ (오버해서 엉엉 우는 소리)

정도　(미치겠다) 채린아~ 채린아~!

정도, 문 두드리고. 지쳐서 기댄 채 머리로 쿵쿵 노크하며, "채린아" 하는 모습들이 여러 각도로 오버랩되면, 괘종시계가 뎅뎅 울린다. 얼결에 보다가 헉! 휴대전화 통화시간 확인하면 15분이 다 지나고 있다.

정도　샤이쓰~! (하면서 미친 듯이 달려나간다)

CUT TO 경과

문이 왈칵 열리며 와르르 몰려들어오는 오민석과 수하들.

오민석　박정도 이 싹퉁바가지 쉐끼야. 내또 잠 좀 자자. 이 쉐끼

야! 박정도! 니 영점 일초 안에 못 튀나오나! 으이! 이 쉐
끼 어데 숨어가 안 나오노?

S# 39   거리 / 밤

바람을 맞으며 쓸쓸히 걸어가는 정도. 오들오들 떨며.

정도   아, 이 지상에 방 한 칸 가지지 못한 자의 슬픔이여~!
(비장한) 정도야~ 성공하자. 김영주 그 기집애, 짤라버
리고! 채린이랑 보란 듯 결혼해서! 인생 꽃처럼 한번 살
아보자~! (버럭) 박정도! 넌 할 수 있다! 아자자자~! (하
다 재채기하고 옹송그리며, 두리번) 찜질방이… 어디 있
었는데? (호주머니 뒤적이는데 비었다) 하이 씨이~ 돌
아버리겠네~!

S# 40   영주 아파트 전경 / 밤

S# 41   영주 집 거실 / 밤

현관문 열리고, 영주가 들어오면.

선영   (반갑게 핸드백 받아주며) 왔나? 피곤하제?
영주   됐어~ 닺별이는? (닺별이 방으로 가려고 하면)

선영　　놔두그라. 일찍 잔다~

영주　　자? 닻별이 아까 난리 안 부렸어?

선영　　아이가 난리 부리봤자, 을매나 부리겠노? 걱정 마라. 내 어른답게 잘 가리칬다.

영주　　… (들어가고 싶지만, 한편으론 피하고 싶은)

선영　　(영주를 거실 쪽으로 우우 밀며) 저녁 안 묵웃제? 쪼매만 지둘리라. 금방 따신 밥 해주께~

영주　　됐어… 생각 없어. (안방으로 들어간다)

선영　　가뜩이나 애빈 아가 밥까지 건너뛰모 우짜노? 그라지 말고…

영주　　(막으려는) 아니, 먹고 왔어. 먹고 왔으니까 됐다구.

선영　　(아쉬운) … 그랬나? 그라모 밤참으로 고구마라도 삶아주까?

영주　　아니, 됐으니까 언니도 그만 쉬어. (들어가는데)

선영　　(물끄러미 보다가) 영주야.

영주　　(돌아보며) 왜…?

선영　　혹시 말이다… 혹시 내 때문에 박서방 안 들어오는 기가‥?

영주　　…!

선영　　그라모. 내 과수원집으로 내리가까…?

영주　　누구한테 그런 소릴 들었어? 닻별이가 그래?

선영　　아이다~ 그기 아이고. 봄또 다 됐는데, 과수원에 거름을 한나또 안 칬다 아이가. 그래가 마음도 바쁘고, 대영이 우째 됐나또 궁금하고…

영주	(O.L) 과수원집엔, 며칠 있다 데려다줄 테니까. 쓸데없는 생각 하지 말고 그냥 있어. 알겠어?
선영	알았다. (해죽 웃고) 드가서 쉬라.
영주	(들어간다)

S# 42 영주 집 안방 / 밤

지친 얼굴로 들어오는 영주, 장롱을 열고 갖가지 로고가 박힌 파우치를 꺼내서 쌓아놓고. 안에 있는 백들을 확인하며 어딘가 전화를 건다.

중고샵F	예. 중고명품 매매 숍입니다.
영주	오사장님, 저 김영주예요.
중고샵F	아이고, 편집장님. 이 시간에 어인 일이십니까?
영주	갑자기 급전을 쓸 일이 좀 생겨서 백들 좀 처분할까 하는데, 내일 아침 일찍 좀 찾아봐도 될까요?
중고샵F	그럼요. 편집장님 백이야 백 프로 오리지날 진품인데 저희야 항상 땡큐 아닙니까? 이번에도 담보로 하실 겁니까?
영주	아니요. 그냥 처분해주세요. 내일 오전 중에 찾아뵙겠습니다.

지친 표정으로 커다란 종이가방에 백들을 담는 영주. 침대에 풀썩 엎드린다. 눈을 감는다.

S# 43   영주 집 거실 / 밤

불이 꺼진 거실. 쪼그리고 앉아 있던 선영, 몸을 옆으로 누이며.

선영E   영주야⋯ 박서방 안 오는 기 진짜 내 때문이 아이었시모
좋겠다⋯ 니 바보 언니 때문이 아이모 진짜로 좋겠다⋯
(슬픈 미소)

S# 44   평창동 최고만 집 마당 / 밤

손에 물고기 비늘로 가득한 최고만, 손을 후후 불어가며 우럭
배를 따서 급조한 빨랫줄에 널고 있다. 김집사, 수면용 모자
를 눌러쓰고 하품을 하면서 문을 열고 보더니.

김집사   (놀라서) 회장님. 아직도 여기 계신 겁니까?
최고만   (비늘투성이 얼굴로 휙 노려보면)
김집사   (놀라서) 세상에~ 그 많던 우럭 배를 혼자 다 따신 겁니
까? 정말 대단하십니다, 회장님.
최고만   알랑방구 뀌면 누가 말린 우럭 줄 줄 아냐? 넌 국물도
없어, 자식아. 가~!
김집사   예. 그럼 하시던 일 계속하십시오. (들어가면)
최고만   나쁜 자식. 가란다고 그냥 가? 넌 절대 안 줘. 이 자식아
~! (분노의 배 가르기를 하다가 칼 내던지며) 도저히 못

해먹겠다. 야, 김집사! 무슨 수를 써서라도 김영주네 집이 어딘지 찾아와!

김집사　김영주 집은 왜 말입니까, 회장님?

최고만　김영주를 찾아야, 그 빌어먹을 바보탱이 김선영이를 만나든 말든 할 것 아냐! 지금 당장 찾아 당장!

김집사　예, 회장님. (가면서) 거참, 집요하네. 그 양반.

최고만　내 기필코 먹고 만다. 말린우럭미역국~!

S# 45　영주 아파트 전경 / 새벽

S# 46　영주 집 거실 / 새벽

커다란 종이가방을 들고 나오는 영주. 나가려는데 부리나케 주방에서 나오는 선영.

선영　영주야, 니 벌써 출근하는 그가?

영주　일들이 좀 밀려서 그래. 갔다 올게.

선영　아침 다 됐는데, 한 숟가락만 묵고 가모 안 되나?

영주　난 됐으니까, 이따가 닺벌이나 좀 챙겨줘.

선영　그그는 걱정하지 마라. 그래도 니 이래 빈속에 출근해서 되겠나? 된장국 다 끓있는데 밥 좀 말아주까?

영주　아니, 늦었어. (가다가) 그리고 혹시 모르는 사람이 벨 눌러도 함부로 문 열어주지 마. 여긴 시골이랑 달라서 이상한 사람들도 많아. 내 말 무슨 말인지 알겠어?

선영　　걱정 마라. 니 올 때까지는 아무한테도 문 안 열어줄 끼다.

영주　　갔다 올게. (나간다)

선영　　그래. 조심해서 댕기오그래이. (하품한다)

S# 47　　영주 집 복도 / 새벽

집을 나오는 영주, 승강기를 향해 걸어가는데 어둠속에 웅크리고 있던 남자가 끄응 몸을 돌린다. 정도다. 놀라서 보는 영주.

영주　　정도…씨?

정도　　(부스스 몸을 일으키면)

영주　　여기서 뭐 하는 거야? 설마 여기서 밤샜니?

정도　　그럼, 이 꼭두새벽에 미쳤다고 여기서 청승 떨고 있겠냐? 김영주. 니네 집엔 안 들어갔지만 난 분명히 닻별이랑 약속 지키러 왔다 가는 거다. (몸을 으스스 떨고 가면)

영주　　(물끄러미 보다가) 그렇게 보기 싫으니…? 여기서 밤을 샐 만큼 우리 언니가 보기 싫어?

정도　　(돌아보면)

영주　　정도씨, 우리 언니, 아무리 바보라지만 당신한텐 세상 누구보다도 잘해준 사람이었어. 그런데도… 그렇게 싫어? 대체 우리 언니랑 무슨 일이 있었던 건데 그러는 거니? 응?

정도	김영주. 너 꼬셔서 신세 망치게 한 건 미안한데, 내 인생도 너랑 결혼하면서 망쳤어. 그 결혼을 한 건 니 바보언니 때문이고. 그러니까… 너도 나 원망하지 마라. (가면)
영주	(갑갑하지만) 알았어. 언니, 이삼 일이면 다시 내려갈 거니까, 그때 들어와서 얘기해줘. 그럼 당신이 원하는 대로 법원에 같이 가서 이혼접수해줄게.
정도	(환해지며) 그럼, 처남 사고 친 건 해결됐어?
영주	그럭저럭. 오늘 피해자랑 합의해서 오빠 석방되면, 언니 내려보낼 거니까, 그때 들어와.
정도	… 그래? 잘됐네. 언니 내려가면 연락해라. 나도 닻별이랑 약속은 지킬 테니까. (후우~ 한숨 쉬고 간다)
영주	(쓸쓸하게 바라보다가 간다)

S# 48   에스띨로 전경 / 아침

S# 49   에스띨로 편집장실 / 아침

영주	홍이림, 만우절에 맞춘 스마일 편. 괜찮다. 진행하고.
홍이림	감사합니다.
영주	진태오. 니가 올린 봄에 어울리는 술 이야기 말인데, 아무리 광고성이라지만 사케랑 봄은 계절감이 떨어지지 않아? 술얘기 싣고 싶으면 로제와인이나 계절에 맞는 칵테일로 방향 바꿔.

진태오 (뻘쭘해져서) 예! 알겠습니다.

영주 그리고 조선희. 밀라노는 결국 포기한 거지?

조선희 예, 편집장님. 지난달에 사장님께 직접 취재경비 품위를 올렸는데… (난감한) 죄송합니다, 편집장님.

영주 니가 죄송할 게 뭐 있니? 회사가 어려워서 그런 건데. 아무튼 난 해외 트렌드 취재는 포기 못하겠으니까, 파리 컬렉션은 놓치지 말자. 경비는 내가 어떻게든 구할 테니까, 항공사, 호텔 수배해서 부킹해.

조선희 (환해지는) 알겠습니다.

직원들 (역시, 김영주! 표정들이다)

영주 그리고 라비~ 1/4분기. 베누스 프로젝트 기획은 니가 맡기로 했지?

로버트 예, 편집장님. 지금 디자이너들이랑 열심히 미팅 중입니다.

영주 베누스는 우리 에스띨로 얼굴 같은 거니까, 기획 철저히 해. 일 안 하고, 디자이너들이랑 눈 맞았다 걸리면 죽는다~!

로버트 (억울한) 편집장님. 저 스트레이트거든요? 스트레이트~ (근육 만들면)

홍이림 맞아요, 편집장님. 그건 제가 증명할 수… (하다가 합! 입 다물면)

직원들 오오~ 그런 사이야? (하면서 놀리면)

로버트 편집장님. 저희 그런 사이 아니거든요? 홍피처가 일방적으로… 아, 뭐라고 말 좀 해봐요!

영주 이림이 라비한테 들이대는 건 전 우주가 다 아는 거니까 됐고~!

홍이림 편집장님~

영주 쓰으~ (째려보고, 팀별 이름이 적힌 봉투 밀어놓으며) 진행비로 턱없이 부족하겠지만, 일단 움직여. 나머진 며칠 안으로 깔끔하게 처리해줄 테니까. 오케이?

팀원들 알겠습니다. (봉투 들고 나가면)

영주 (후우 한숨 쉬고) 수리야, 사장님 어디 계시니?

수리 지금 외근 중이신데요.

영주 그래? (일어나며) 나 지방엘 좀 갔다 올 거니까, 사장님이 찾으면 전화하라고 해.

수리 알겠습니다.

S#50   오민석 사무실 / 낮

오민석, 손님과 마주 앉아 제출한 서류를 검토하고 있다. 이때, 문이 탕! 열리더니 들어오는 채린.

채린 아빠, 나 오빠 때문에 속상해 죽겠어~! 어제 결국 집에 안 들어오고 외박한 거 알아?

오민석 야, 일마야~! 내 지금 비즈니스하는 거 안 보이나?

채린 아빠~ 딸이 홍길동을 낳게 생겼는데 그깟 비즈니스가 문제야?

오민석 (당황해서 손님에게) 배사장, 서류검토는 다 끝났으이까, 밖에 나가모 우리 직원이 챙기줄 깁니다.

손님 감사합니다, 회장님. (나가면)

채린 (그 자리에 털썩 앉는데)

오민석 배사장님~ 선이자 30% 몬차 띠는 그는 알고 있지예?

배일도 (손님 돌아서면 배일도다!) … 예. (억지 미소 짓고, 비통하게 나가면)

채린 (턱짓으로) 누군데?

오민석 뭐 에스띨론가 몬가 하는 잡지사 사장인데, 직원 월급이 밀리가 급전 땡기러 왔다. 임대보증금이 꽤나 쎄가 받아준 기다.

채린 에스띨로? 저 사람이 에스띨로 사장이야? (와락 서류를 끌어다 본다)

오민석 와? 니 아는 데가?

채린 알지, 완전 잘 알지~! (뭔가 잔머리 굴리더니) 아빠! 내가 얘기할 때까지, 에스띨로 절대 돈 빌려주지 마!

오민석 …?

S# 51 달리는 영주 차 / 낮

운전을 하는 영주. 경부고속도로를 타는 길이다. 휴대전화 벨울린다. '정은 아가씨' 다. 피하고 싶지만 어쩔 수 없이 받는.

영주　　예, 아가씨.

정은F　언니, 가방 갖다 주기로 한 게 언젠데, 여지껏 깜깜무소
　　　　식이에요?

영주　　(아차 싶다) 어머, 제가 바빠서 깜빡했나보네요. 미안해
　　　　요. 오늘은 그렇고, 내일은 꼭…

정은F　(O.L) 그럴 필요 없어요. 언니 집 비밀번호 8464죠?

영주　　… 예?

정은F　지금 언니 집 앞이거든요? 백은 내가 직접 찾아서 갈 테
　　　　니까 볼일 보세요.

영주　　(대경실색한) 아가씨! 아가씨! (뚝 끊겼다. 이런 제길! 휴
　　　　대전화로 급하게 전화를 건다)

S# 52　　**영주 아파트 1층 입구 / 낮**

정은　　(화면에 쑥 들어오며) 오빠 이혼하면 다신 못 올 테니까,
　　　　이번 기회에 아주 싹싹 긁어야지~ (히죽 웃고 들어간다)

S# 53　　**영주 집 거실 + 욕실 / 낮**

텅 빈 거실에 울리는 전화벨 소리.

CUT TO 욕실

욕조에 물을 받아놓고, 이불빨래를 발로 밟고 있는 선영. "출

렁출렁~ 출렁출렁~" 흥얼거리느라 벨소리 못 듣는다.

S# 54   달리는 영주 차 / 낮

영주, 초조하게 응답을 기다리며 "제발 전화 좀 받아~ 언니~!"
조바심이 난다. 마음이 급해져서 급하게 고속도로 진입로를
벗어나 차를 몬다.

S# 55   영주 아파트 일각 놀이터 / 낮

오토바이를 세워두고 그네를 타고 있는 수현과 닻별.

수현   왜 싫어? 난 모르고 있던 이모가 오면 더 반갑고 좋을
        것 같은데?

닻별   (심통 난) 그냥 이몬 줄 알아? 아이큐도 완전 부족한 바
        보라니까~ 그리고 그 이모 때문에 아빠가 집엘 안 오는
        데 좋긴 뭐가 좋아.

수현   꼬맹아~ 그래도 이모 너무 미워하지 마. 이모라고 바보
        가 되고 싶어서 됐겠어? 또 그런 이모를 둔 엄마는 얼마
        나 힘들었겠냐? 안 그래?

닻별   오빠 왜 알지도 못하면서 우리 엄마 편을 들어?

수현   (히죽 웃으면서) 나도 그런 바보 한 명 알거든? 자식 위
        해준답시고 절대 못 찾을 데로 꽁꽁 숨어버린 바보엄마.

아무리 찾으려고 해도 찾을 수도 없는… 그런 바보.

닻별   (보면)

수현   그러니까 너도 엄마한테 잘해, 인마. 알았어? (머리 헝클어뜨리면)

닻별   아, 됐어~! 도대체 위로가 안 돼~ 가~! (일어나서 가버린다)

수현   (씩 웃고) 작곡가 선생님, 다음 곡 언제 나오는데? 어?

닻별   (심통 나서) 다신 곡 안 써줘~ 이 바보야! (가버린다)

수현   (히죽 웃는다)

S# 56   영주 집 거실 + 안방 / 낮

키패드 누르는 소리 들리더니, 정은이 쏙 들어와 쪼르르 거실을 가로질러 안방으로 들어간다.

CUT TO 안방

허밍을 하면서 옷장을 여는 정은. 백을 넣어둔 파우치들을 우르르 쏟아 내려놓고, 열어보며 확인한다. 매장에서 본 제품을 찾더니 "앗싸아~!" 챙기고, 다른 백들을 뒤적이다가, 옷장을 휙 열더니 옷을 후다닥 벗고, 속옷차림 위로 명품옷들을 신나게 길친다.

CUT TO 거실

빨래를 들고 나오던 선영이 그 모습을 보더니 희한하게 쳐다
본다.

CUT TO 안방
맘에 안 드는지 훌렁 벗어던지고, 다른 옷을 걸쳐 입으려다
선영과 눈이 마주치면, 엄마야~ 놀라서 몸을 가리는 정은.

정은   아줌마, 누구야?

선영   그러는 거기는 누구신데예?

정은   (선영 행색을 보더니) 아, 도우미 아줌마구나? (무시하고
다시 옷 갈아입는데, 여전히 바라보는 선영이 신경 쓰여)
아줌마~ 난 신경 쓸 거 없으니까, 아줌마 볼일이나 봐~

선영   내 볼일이야 내 알아서 볼 낀데, 그짝 볼일은 몬데예?

정은   보면 몰라요? 옷 갈아입잖아~

선영   … 아가씨, 모델입니꺼?

정은   (어?) 아줌마 나 알아?

선영   그르이까네, 어데서 마이 본 얼굴이다 싶어가 내도 이래
짬짬이 보는 거 아이라요?

정은   웃겨~ 주제에 눈썰미는 있네~ (속옷차림으로 여러 포
즈 취하며) 이러면 알아보겠어?

선영   (고개를 갸웃 보면)

정은   아줌마, 나 막심 모델이잖아~ 막심~

선영   아, 모델이라가 아무 데서나 옷을 훌러덩벌러덩 벗고 지

랄을 하는 기구나.

정은 뭐라구요? 지랄?

선영 그라모, 말만한 가스나가 남의 집에 들어와가 빤쓰만 입고 (흉내 내며) 이래이래 하는 기 지랄이지 몬데?

정은 아줌마~!

선영 하이고야. 서울에는 이상한 아들이 많다 카드만, 너도 (손가락을 뱅뱅 돌리며) 이긴가부제?

정은 뭐라구요?

선영 모델이모 모델답게! 잡지에나 나오제, 와 남의 집에 드와서 쇼를 하고 자빠짓노, 이 가스나야!

정은 (기막혀) 아줌마! 여긴 우리 오빠 집이거든!

선영 오빠아~? 하이고마. 아가씨요, 미안스러봐서 우짜지요? 여는 내 동생 집이거등요~ 이 도둑 가스나야~!

선영, 득달같이 달려들더니 정은의 머리채를 휘어잡고, 다리를 걸어 내동댕이친다. 비명 지르는 정은을 올라타려고 하면서 쥐어박는다. 비명을 지르며 선영을 밀치는 정은.

정은 이 아줌마가 미쳤나? 당신 자꾸 이러면 경찰 부를 거야!

선영 갱찰? 그기 내가 바라는 바그등? 갱찰 부르기 전에 니는 이그부터 받으라~!

선영, 정은의 머리카락을 움켜쥐더니, 회심의 박치기를 날린다. 코피가 터지며 바닥에 터엉~ 나가떨어지는 정은. 선영, 이마를 쓱 쓸어넘기더니 휴대전화 꺼내서 112 버튼을 누른다.

112F (신호 가고 받으며) 112입니다. 무엇을 도와드릴까요?

선영 거 갱찰이지예? 여 도둑질하는 미친 가스나를 잡았거든예. 퍼뜩 출동해가 잡아가이소. (회심에 찬 미소 짓다가) 주소예? 여 주소가 우째 되드라?

하는데, 발자국소리 들린다. 돌아보면 기함한 표정으로 서 있는 닻별.

선영 (자랑스런) 닻별아~ 여 주소가 우예 되노?

닻별 고모…?

선영 고모가 아이라 이모라이까, 이모~! (하는데)

정은 (엉엉 울며 코 움켜쥐고) 닻별아. 고모 코 삐뚤어졌나봐. 구급차 좀 불러줘. 엉엉.

선영 고모라꼬? (놀라서 닻별을 돌아보면)

닻별 (휴대전화를 톡톡 눌러 전화를 한다) 엄마, 난데 엄마 언니가 대형사고 쳤네? (고소하다는 표정이다)

아연 긴장하는 선영 얼굴 위로 구급차 사이렌 소리 선행한다.

S# 57 **(정은 입원한) 병원 앞 / 낮**

급하게 주차장에 멈춰 서는 차에서 내리는 영주. 응급실을 향해 달려간다.

S#58   (정은 입원한) 응급실 / 낮

코를 중심으로 얼굴을 칭칭 감아 코맹맹이 소리로.

정은   (기막히다는) 새언니, 그 여자가 진짜 친언니 맞아?

영주   … 예. 맞아요.

정은   그럼, 그 여자 바보인 것도 맞지!? 그지?

영주   … (치욕스럽지만 참는데)

정은   바보면 착하기라도 하든가, 이건 무슨 깡패도 아니고. 이 코 보여? 이거 어떡할 건데? 어떡할 거냐구!

영주   성형외과에 수술날짜 잡을게요. 죄송해요, 아가씨.

정은   수술비는 당연 언니가 낼 거지?

영주   … 예. 그래야죠.

정은   그럼, 이왕 하는 김에 여기도 좀 찍게 해줘. 그리고 이 백이랑 언니 옷장에 있는 잔 샌더 옷도 주구.

영주   … (그사이에 이걸 챙겨 왔니? 우습고 씁쓸하지만) 그러세요.

정은   (금세 헤벌쭉해지는데)

영숙E   지금 그깟 백하고 옷이 문제니?

정은   엄마~

영주	(뜨끔 놀라서 돌아보면 영숙이다)
영숙	참 대단한 애구나, 너. 전도양양한 우리 아들 임신을 핑계로 발목 붙들 때 알아봤지만, 이 정돈 줄은 몰랐다?
영주	어머니…
영숙	바보언니가 있었어? 그걸 어떻게 십 년 동안이나 감쪽같이 숨기고 살았어? 왜? 니 피에도 니 바보언니랑 같은 피가 흐르는 게 들통 날까봐 숨긴 거니?
영주	…
영숙	그런데 어떻게 닻별이 같은 천재 딸은 낳았대? 닻별이 진짜 니 배 아파서 낳은 애 맞니?
영주	… 어머니…!
영숙	아니면, 니 바보언니 숨기듯 배 아픈 척하면서 어디서 데려온 애 아냐? 우리 아들 붙들려고?
영주	… 말씀이 심하십니다.
영숙	심해? 니 바보등신 같은 언니가 내 딸한테 저질러놓은 짓은 안 보이니? 시애미를 십 년 동안이나 속인 짓은 아무렇지도 않고?
영주	…
영숙	너란 애 도대체 어디서부터 어디까지 믿어야 하는 거니? 안 되겠다~! 정은아! 오빠한테 전화해서 병원으로 당장 오라고 하고 닻별이도 불러라!
정은	닻별인 왜?
영숙	왜긴 왜야? DNA검사 시켜야지!

영주 어머니…!

영숙 머리부터 발끝까지 진실한 데라곤 하나도 없는 앤데, 닻별이가 정도 앤 줄 어떻게 믿니?

영주 (꾹꾹 눌러 참으며) … 어머니, 지능이 부족한 건요, 유전이 되는 게 아니거든요? 그러니까… 닻별이 DNA검사 같은 건 하지 마시죠?

영숙 하지 마시죠오? 하~ 얘얘, 시애미한테 말하는 꼴 좀 봐라. 니가 이렇게 못 배운 티를 내니, 우리 정도가 이혼을 못해서 안달을 하는 거잖니! 안달을!

영주 (울컥하지만 히죽 웃으며) 어디… 정도씨뿐인 줄 아세요? 어머니…? 저도 어머니 아들 박정도씨랑 이혼하고 싶어 죽겠거든요?

영숙 뭐?

영주 근데 우리 딸 닻별이 때문에 겨우 참고 있는 거거든요? 닻별이 미국만 보내면, 아드님 곱게 보내드릴 테니까 너무 걱정하지 마세요.

영숙 어머, 정은아. 애 말하는 것 좀 봐라.

영주 그럼, 저 말하는 것 보는 김에 좀 더 들어주실래요?

영숙 … 뭐?

영주 저두요, 배울 만큼 배웠구요. 가족들 사랑 받을 만큼 받고 살았거든요? 저 그렇게 막 자란 애 아니거든요? 저희 언니두요, 지능은 부족하지만… (치미는) 다른 사람한테 털끝만큼도 피해 안 주고 산 사람이거든요…? 누구한테…!

무시받고 막 대해질 만큼… 나쁜 짓 한 적 없거든요…?!

정은 웃겨~! 언니는 내 꼴을 보고도 지금 그런 말이 나와?!

영주 … 아가씨, 아가씨도 저랑 오빠 이혼하려는 거 다 알고 있었잖아요. 그걸 다 알면서도 매장에 나타나서 생떼 부리고, 허락도 없이 남의 옷장 뒤지고, 그러니까 그런 꼴을 당한 거잖아요. 안 그래요?

정은 (기함하는) 엄마.

영숙 애~! 김영주! 너!

영주 아직 제 말 다 안 끝났거든요? 어머니.

영숙 (기절하겠다 보면)

영주 만일에요… 친자확인한답시고… 우리 닻별이… 머리카락 하나라도 건드리면요… 어머니, 저, 평생 며느리로 봐야 될 겁니다. 아시겠어요?

휙 돌아서는 순간, 정도가 부들부들 떨면서 바라보고 있다.
"정도씨…" 하는 순간, 따악! 영주의 따귀를 갈기는 정도.

영주 (고개가 휙 젖혀지고, 눈물이 왈칵 터질 것 같아서 보는데)

정도 평생 며느리로 봐야 될 겁니다? 니가 어디서 감히 협박질이야! 협박질이!

영주 (부들부들 노려보며) … 박정도…

정도 입 닥쳐! 김영주, 니가 지금 무슨 짓을 하고 있는 줄 알아? 니가 감싸고도는 니 바보천치 언니 때문에! 너 우리 집에서 무시당하고 쪽팔릴까봐, 난 지난 십 년 동안 니 언니 얘기 입 밖에도 안 꺼냈어~! 그런데, 내 동생을 저 지경으로 만들어놓은 것도 부족해서, 이젠 우리 엄마까지 협박을 해? 하~ 니네 집구석 핏줄은 원래 그 모양으로 뻔뻔한 거냐?! 그래?

영주   (터진다. 따귀를 따악 갈긴다)

영숙/정은 (기겁하고)

정도   (얼굴이 벌게지며) 이게 어디서~! (손을 치켜들면)

영주   (따악! 따귀를 다시 갈기고, 다시 갈긴다)

정도   (얼결에 맞고 쇼크 먹은 표정인데)

영숙/정은 에미야! / 언니!

영주   그래… 우리 집 핏줄이 원래 좀 뻔뻔하거든? 근데 말이지. 아무리 우리 집이 후져도, 우리 엄마, 너 같은 자식한테 맞고 살라고 낳아준 거 아니거든?

정도   김영주…!

영주   그래, 이혼하자. 니가 원하는 대로 해줄 테니까, 내일 법원에서 보자. 됐니? (휙 밀치고 간다)

S# 59   달리는 영주 차 / 밤

운전하면서 울고 있는 영주. 분하고 서럽다.

영주   … 나쁜 사람들… 나쁜 자식… 아무리 미워도 어떻게…

그런 말을 해? 어떻게…?

분해서 눈물 삼키며 운전하다가 결국 차를 갓길에 세우더니,
음악 크게 틀어놓고, 으어억~! 운다. 엉엉 우는 영주.

S#60　　**영주 아파트 전경 / 밤**

S#61　　**영주 집 거실 / 밤**

선영　　(주눅이 들어 있는) 닻별아, 니네 옴마 시어머니한테 마
　　　　이 혼났으까?

닻별　　당연한 거 아니에요? 가뜩이나 엄마랑 아빠 사이도 안
　　　　좋은데 이런 일까지 벌여놨으니, 이혼 안 하는 게 더 이
　　　　상하지.

선영　　(놀라서) 이혼…?

닻별　　몰랐어요? 엄마랑 아빠… 완전 냉전인 거?

선영　　그라모… 내 우찌하모 좋겠노?

닻별　　(쓱 보더니) 알려주면, 그대로 할 거예요?

선영　　그래, 알리도. 닻별이 니는 천재니까, 니가 알리주는 대
　　　　로 하께. 죽으라모 죽는 시늉이라도 하께.

닻별　　… 그럼, 시골로 가요.

선영　　내 가모, 엄마랑 아빠랑 개안아지까? 다시 옛날처럼 오
　　　　순도순 잘 살까?

닻별　　적어도 노력은 하겠죠.

선영　　그래? 그라모 내 가께. (허둥지둥 일어나며) 닻별아, 내
　　　　기차 타고 버스 타고 가께. (가방 챙기다가) 닻별아… 엄
　　　　마 오모, 내 진짜 미안하다꼬 쫌 전해줄래…? 우리 영주
　　　　한테… 내 (가슴 치며) 내가 진짜 잘못했다고… 쫌 전해
　　　　줄래…? (눈물이 뚝 떨어진다)

닻별　　(왠지 마음이 짠하지만, 고개 돌리고 외면한다)

S#62　영주 차 안 / 밤

한참을 울고 진정이 된 영주. 핸드백에서 티슈를 찾아 코를
푸는데, 핸드백에서 굴러나온 '마트로시카'가 보인다. 그 위
로 들리는.

제하E　　김영주 니 매력은 어떤 일이 생겨도 꼿꼿하게 콧대 세우
　　　　고 있는 거거든?

S#63　영주 회상 / 3부 73신 – 달리는 제하 차 안

제하　　그러니까 그냥 죽 꼿꼿하게 있어도 돼. 이렇게~! (하면
　　　　서 선물꾸러미를 건넨다)

영주　　뭔데? (열어보면 영주와 꼭 닮은 ㅗ팀의 콧대 도도한 마
　　　　트로시카다) 이게 나라는 거니?

제하　당근이지. 그 그림처럼 꼿꼿하게 살라구. 늦었지만 생일 축하한다.

S# 64　영주 차 안 / 밤

영주, 마트로시카의 그림을 보고 눈물을 닦는다. '그래, 기운 내자' 마음을 가다듬고 차 시동을 건다. 차를 출발시키면.

S# 65　다른 도로 일각 / 밤

선영, 가방을 들고 앞만 보고 끊임없이 걷는다.

선영　대영아… 내가 이래 가모, 우리 영주랑 박서방이랑 다시 개안아지겠제? 그렇겠제…? (혼자서 히죽히죽 웃어보지만, 금세 눈시울 붉어지며)

선영E　미안하다, 내 동생. 미안하다, 김영주… (눈물 뚝뚝 흘리며 걷는다)

선영을 지나치는 영주의 자동차. 서로 엇갈리는 모습에서 4부 엔딩.

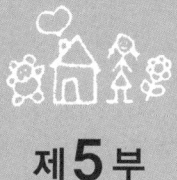

제5부

S#1   오프닝 – 4부 닻별 방 / 밤

선영   내 가모, 엄마랑 아빠랑 개안아지까? 다시 옛날처럼 오순도순 잘 살까?

닻별   적어도 노력은 하겠죠.

선영   그래? 그라모 내 가께. (허둥지둥 일어나며) 닻별아, 내 기차 타고 버스 타고 가께. (가방 챙기다가) 닻별아… 엄마 오모, 내 진짜 미안하다꼬 쫌 전해줄래…? 우리 영주한테… 내 (가슴 치며) 내가 진짜 잘못했다고… 쫌 전해줄래…? (눈물이 뚝 떨어진다)

닻별   (왠지 마음이 짠하지만, 고개 돌리고 외면한다)

S#2   달리는 영주 차 안 / 밤

굳은 표정으로 운전하고 있는 영주 위로 들리는, 따귀 갈기는 소리. 영주, 표정이 움찔 굳으면.

S# 3　영주 회상 / 응급실

정도　평생 며느리로 봐야 될 겁니다? 니가 어디서 감히 협박질이야! 협박질이!

영주　(부들부들 노려보며) … 박정도…

정도　입 닥쳐! 김영주, 니가 지금 무슨 짓을 하고 있는 줄 알아? 니가 감싸고도는 니 바보천치 언니 때문에! 너 우리 집에서 무시당하고 쪽팔릴까봐, 난 지난 십 년 동안 니 언니 얘기 입 밖에도 안 꺼냈어~! 그런데, 내 동생을 저 지경으로 만들어놓은 것도 부족해서, 이젠 우리 엄마까지 협박을 해? 하~ 니네 집구석 핏줄은 원래 그 모양으로 뻔뻔한 거냐?! 그래?

S# 4　동 달리는 차 안

영주　(부아가 치미는) 내가 무시당하고 쪽팔릴까봐 얘기 안 했다구? 박정도, 니가 아니구? 이 비겁한 자식아… (분해서 눈물이 핑 돈다)

S# 5　거리 / 밤

가로등 불빛만 비치는 거리를 터덜터덜 걸어가고 있는 선영. 어두운 거리에 겁을 먹고, 서수남 하청일의 〈팔도유람〉을 개

사한 노래를 부르면서 걷고 있다.

선영　　삼천리 금수강산 먹을 것도 많다지만 선영이네 꿀배만큼 맛있는 것 없다니까, 모두 같이 구경가세~ 자, 슬슬 떠나볼까~

하는데, 배달부 폭주족들이 요란하게 경적을 울리며 도로를 갈지자로 달려간다. 겁에 질려 도로에서 휙 멀어져 걸어가며, 더 크게 부르는.

선영　　버스를 타고 서울을 떠나, 강원도 설악산 양양 낙산사 대관령 고개 넘어 강릉 경포대 삼척 촉석루, 울릉도 성인봉 태백산 오르다 지쳐 내려와 경상도로 넘어가세~ 부산 자갈치시장 해물도 많고 화물선, 여객선…

S# 6　　**최고만의 달리는 차 안/ 밤**

조수석에 앉아 기대감에 찬 시선으로 밖을 보는 최고만.

최고만　김영주 편집장 집이 이쪽 맞는 게냐?
김집사　예. 맞습니다, 저기 저 아파튼 거 같은데요?
최고만　저기에 가면, 그 바보멍텅구리 김선영이 있을 거라, 이거지?

김집사　회장님, 김선영씨 만나면 그렇게 부르지 마시죠. 그래도, 명색이 스카웃하러 가시는 길이잖습니까?

최고만　미친 자식. 내가 내 돈 주고 밥순이로 스카웃하면서, 내 맘대로도 못 부르면? 김선영 요리사님~ 이러냐?

김집사　그럼, 이대호 선수를 돼지 이대호라고 부르면, 억만금을 준대도 일본에 갔겠습니까? 홈런타자 이대호 선수, 우린 당신이 필요하다. 이러니까 간 거죠. 안 그렇습니까?

최고만　(딴에는 그렇지만) 이 자식이 똘만이들 풀어서 주소 좀 찾았다고 지금 나한테 훈계하는 거냐? 어?

김집사　그게 아니고 말입니다. 회장님.

최고만　운전이나 똑바로 해, 자식아! (구시렁대는) 바보란 말이 뭐가 어때서? 내 눈엔 김선영이나 너나 도찐개찐이다. 이 자식아.

투덜거리며 창밖을 보는 최고만. 걸어가는 선영의 뒷모습이 보인다. 엉덩이 포물선이 스캔되며.

최고만　어떻게 대한민국 여편네들 엉덩이는 다 똑같은 거야. 젠장. (사이드미러에 선영이 보이지만, 최고만 보지 못한다)

S# 7　**영주 아파트 전경**

S# 8　**영주 집 거실 + 닻별 방 / 밤**

지친 얼굴로 들어오는 영주. 신발을 벗고 들어오는데 반기는
이 없다.

영주   언니. 선영 언니…? (불러보지만 대답 없다. 닻별 방에
      노크를 하고 문을 열며) 닻별아, 이모 어딨니?

닻별   …

영주   (지친) 박닻별… 엄마가 이모 어딨냐구 묻잖아…?

닻별   … 갔어~

영주   가다니…? 어딜 갔는데?

닻별   이모네 집에 간다면서 갔다구.

영주   … 뭐? (마음이 급해지는) 언제? 어디로 갔는데! 응?

닻별   (짜증부리는) 아, 몰라~ 그걸 내가 어떻게 알어?

영주   (화가 난) 박닻별! 너 이모 부족한 사람인 거 몰랐어? 니
      가 아무리 어리지만, 이모가 지능이 부족한 사람이란 것
      쯤은 그냥 봐도 알았을 거 아니냐구?

닻별   그런다구 집도 못 찾아가? 내 아이큐 반만 돼도 다 찾아
      갈 수 있거든?

영주   (버럭) 박닻별! 니 이모! 니 아이큐 반도 안 되는 사람이
      야! (울컥하며) 니 이모, 김선영! 진짜 바보라서! 집도 못
      찾아간다구! (휙 나간다)

닻별   (놀라서) … 엄마… (일어나 나가면)

영주   (어느새 문을 탕 닫고 나간다)

닻별   (켕기는) 그 아줌마, 집에 가는 길 다 외운다고 그랬다니

까~ 왜 나한테 그래~! (씨근덕대지만, 금세 걱정스러운)

S# 9   몽타주 / 영주 아파트 일각 도로 + 편의점 + 이면도로

영주, 주위를 헤매며 "선영 언니, 김선영" 애타게 소리를 지르
며 찾는다. 큰길, 이면도로, 편의점 앞 등등을 헤매며 선영을
찾는 초조한 얼굴의 영주. 턱이 숨까지 차오르며, 미칠 것만
같다. 휴대전화를 꺼내서 김선영의 번호를 찾는다. 전화를 걸
면 신호가 간다. 초조하게 기다리는데.

S# 10   다른 도로 / 화면 분할되며

선영   (노래하듯 웅얼거리며) 마산 진해 합천 해인사 대구 경
        산에 가니 사과도 많네.

하는데 휴대전화 걸려온다. 번호를 보면, 영주다…!

선영   어, 영주다. (환해지다가 금세 표정이 굳어지며, 휴대전
        화를 어쩌지도 못하고 손에 쥐고 있다가, 결심한 듯 휴
        대전화 버튼 누른다)

S# 11   영주 아파트 앞 도로 / 화면 분할되며

영주	(연결되면) 언니! 선영 언니!
선영	(통화음을 손으로 가리고, 숨도 안 쉬는)
영주	언니, 선영 언니, 맞지? 언니 지금 어디니? 어디냐구?
선영	(전화를 뚝 끊는다)
영주	언니, 선영 언니! (선영에게 급하게 다시 전화를 하는데 연결된다)
선영	(히죽 웃고, 끊긴 전화를 보더니, 꾹 누르고 귀에 대고 통화하듯) 영주야, 인차 니 목소리 들었으이까 내는 됐다.
영주	(연결됐다, 막 말하려는데)
선영	곱단옴마가 내가 니 옆에 있으모 니가 다친다 캤다. 그래또, 내는 니 옆에 꼭 붙어 있고 싶었는데, 인자는 안 되겠다.
영주	(뭐라고 하려다가 듣고 있다)
선영	영주야. 내는 꽃부리과수원에 가 있을 테이까네, 배꽃 필 때 와도. 그라모 된다. 내 동생, 김영주, 잘 있으래이. (눈물이 핑 도는데)
영주	… 이 멍청아! 꽃부리과수원 가는 길이나 아니?! 알고 가는 길이냐구!
선영	(헉! 놀라서 이기 어떻게 된 거지? 휴대전화를 보면)
영주	김선영! 너 지금 어디야? 어디냐구!

선영, 놀라서 휴대전화를 뚝 끊고. 성마른 손으로 배터리까지 후다닥 뺀다. 화면 분할 끝나며.

선영 (가슴이 벌렁거리는) 하구야. 전화가 은제 연결이 됐드노? (가방 움켜쥐고 후다닥 걸어가며, 여전히 팔도유람톤으로) 경북 예천군 용궁면 꽃부리과수원, 선영이네 과수원. 꿀배가 최고야. 배터지게 먹고, 남은 건 싸고, 이고, 지고, 끌고, 버스를 타고 서울을 떠나 강원도 설악산 양양…

S# 12　　**영주 아파트 앞 일각 도로**

영주 언니, 선영 언니! (하지만 이미 끊겼다. 다시 재버튼 누르면)
F 고객의 사정으로 인해 전화기가 꺼져 있사오니…
영주 (미칠 것만 같다. 버럭) 이 미친 여자야! 대체 어디에 있냐구!

영주, 다시 급하게 선영을 찾아서 걸어가는 모습이 자동차 불빛에 스쳐지나간다.

S# 13　　**서행하는 차 안**

김집사 (고개 돌리며) 회장님. 지금 저 사람, 김영주 편집장 아닙니까?
최고만 (돌아보더니) 차 세워라~!

김집사   (차를 급하게 세우면)

S# 14   영주 아파트 일각 거리 / 밤

최고만   (내려서 영주를 보며) 어이, 이보셔~! 김영주 편집장! 김
영주 편집장!

영주   (선영 언니 부르느라 못 들으면)

김집사   (후다닥 내려) 김영주 편집장님~!

영주   (자기 이름을 부르자, 혹시나 하면서 돌아보면)

최고만   (지팡이 짚고 열심히 다가와) 김영주 편집장, 나 기억하
겠소?

영주   (초조한 마음에 아는 얼굴이라 일단 반갑다) 아, 예. 기
억납니다. 저희 언니 아시는 분들이시죠?

최고만   당연히 알지. 딱 한 번 봤는데도, 평생 잊혀지지 않을 만
큼 강렬한 인상의 바보였으니까.

김집사   (붙들고, 어색하게 웃으며) 회장님.

영주   (화나지만 가릴 때가 아니다. 급한) 혹시 저희 언니 못
보셨어요? 이쪽으로 오시는 길에 못 보셨냐구요? 예?

최고만   당신 언니 행방을 우리한테 왜 묻는 건데? (하다가) 당
신, 김선영이 그 바보 잃어버린 게야?

영주   못 보셨나보군요. 실례했습니다. (획 돌아서 가며) 김선
영. 선영 언니~! (달려간다)

최고만   이봐! 이보쇼! 김영주 편집장!

김집사	어떡하죠? 회장님. 저희도 찾아봐야 되는 것 아닙니까?
최고만	찾긴 뭘 찾아 자식아. 동네 슈퍼 갔다가 뺑뺑이 도는 거 겠지. 그러다 못 찾으면 112에 신고하면 되잖아.
김집사	(정색을 하는) 그렇게 실종된 사람수가 일 년에 몇 명인 지 아십니까? 자그마치 육만 명입니다. 육만 명! 그리 고, 이러다 김선영씨 못 찾으면, 회장님 말린우럭미역국 은 영영 못 드시는 거란 말입니다. 아시겠어요?
최고만	(뜨끔한데)
김집사	(둘러보더니) 전 이쪽을 찾아볼 테니까, 회장님은 저쪽 을 찾아보십시오. (가려고 하면)
최고만	(자존심 상했다) 야, 김집사. 이 자식이 어따 대고 명령 이야?
김집사	회장님.
최고만	니가 저쪽 찾아 인마. 내가 이쪽 찾을 테니까. 건방진 자 식. (걸어가며) 김선영~! 바보천치 김선영~!
김집사	(급하게 뛰어가며) 김선영씨~! 김선영씨~!

S# 15   다른 일각

최고만, 땀까지 닦아가며 주변을 둘러보며, 목이 쉰 채로 "김 선영~" 부르다가 헥헥거리며.

최고만E 우라질. 이건 완전히 경제학적인 낭비다. 밥 한 그릇 얼어먹으러 왔다가 밥 두 그릇 에너지를 소비하고 있잖아.
제미~ (하는데, 앞에서 가는 여자의 엉덩이가 스캔된다)
할튼, 몽골리안 우랄알타이어족 여자들 엉덩이는… (하
다가) 가만!

S# 16   최고만 회상

달리는 자동차 시야로 보이는 선영의 뒷모습 엉덩이 스캔 포
물선이 뜨고. 1부 집으로 들어가는 선영의 엉덩이 스캔 포물
선이 다른 한쪽에 뜨면 포물선 두 개가 일치하면서.

S# 17   동 거리

최고만   젠장맞을. 그 엉덩이가 그 엉덩이였어?

급하게 주위를 둘러보더니, 스마트폰을 꺼내서 지도를 검색
한다. 화면 상단에 지도가 뜨고 경로가 표시되면,

최고만E   신장 160cm 여자의 평균 보폭을 38cm. 일분에 160보
로 가정하면, (시계 보며) 김선영 엉덩이를 목격한 시간
으로부터 대략 30분 경과. 터미널을 가려면, (화면에 경
로표시가 되고) 교차로가 두 개. 교차로에서 직진할 확
률은 포아송분포를 적용하면 90%. 그럼, 이 바보천치가

이동한 거리는 1824미터, (화면에 숫자 뜨고 38cm×
160×30=182400cm) 교차로 통과시간을 평균 3분으로
계산하면, 토털 이동거리는 1641.6미터! (손을 흔들어
택시를 잡는다) 택시~!

S#18   다른 도로 / 밤

급하게 달려오던 김집사, 영주와 마주친다.

김집사   그쪽에도 없습니까?

영주   … 예.

깁집사   그럼 전 이쪽을 좀 더 뒤져볼 테니까, 편집장님은 다른
쪽을 좀 더 보십시오. (가려고 하면)

영주   저기요, 성함도 모르는 분이신데, 정말 고맙습니다.

김집사   (히죽) 저도 이런 일 있어봐서, 김영주씨 마음 잘 압니
다. 분명히 이 근처에 있을 거니까 너무 걱정 마세요.
(히죽 웃고) 김선영씨~! 김선영씨~! (부르며 가면)

영주   (고맙게 바라보다가 발을 재촉하는데, 문자가 딩동 온
다. 정도다)

정도E   내일 아침 열한시까지 가정법원 앞으로 와. 깔끔하게 마
무리하자.

영주   (기막히고 서럽다) 박성도… 남들한테도 이러지 않겠
다… 이 나쁜 자식아… (눈물이 핑 도는데 휴대전화 벨

이 울린다. 닻별이다. 마음 추스르며) 어, 닻별아. 이모
혹시 집에 들어왔니?

닻별F 아직 못 찾았어?

영주 (낙담) 응, 아직.

닻별F 엄마, 지금 어딘데?

영주 (지치고 초조한) 몰라. 집 근처 어디겠지.

닻별F 그럼 글로리백화점 앞으로 가봐.

영주 글로리백화점? (사이) 뭐? (하다가 김집사를 돌아보며)
잠시만요!

김집사 (돌아본다)

S# 19 글로리백화점 앞

주위를 둘러보며 신호를 기다리는 선영. 끽~ 택시가 서고 최
고만 내린다. 최고만, 회심의 미소를 지으며, 횡단보도를 건
너려는 선영을 부른다.

최고만 어이, 바보천치! (선영 못 알아들으면) 김선영! 이 바보
아줌마야!

선영 (그제야 돌아보더니) 어… 개장수 아저씨네.

최고만 개장수는 얼어죽을~! 지금 어디 가는 건데?

선영 (뚱하고 경계하는) 그그는 개장수 아저씨가 와 묻는데
예? 내, 지금 집에 가는 길입니더. (노래하는) 버스를 타

고 서울을 떠나~

최고만   당신이 하청일이냐? 내가 서수남이야? (노래하듯) 구경
한번 잘~했네~ 같이 불러줘?

선영   어, 개장수 아저씨도 그 노래 알아요?

최고만   알기는 개뿔~ 그 나이에 무슨 얼어죽을 가출이야, 가출
이! 헛소리하지 말고, (더럽다는 듯이 옷깃 잡으며) 얼른
따라와!

선영   와 이랍니꺼? 이거 놓으이소! (뿌리치면)

최고만   (행인들 눈치 보며) 젠장맞을, 누가 당신 같은 바보천치
한테 연애하재? 불어터진 우릭 같은 얼굴 하지 말고, 얼
른 못 따라와! (선영의 가방을 확 당기면)

선영   (협박조로) 이그 좋은 말 할 때 놓는 기 좋을 낀데예?

최고만   (기막힌) 좋은 말? 그럼 어디 나쁜 말 해봐? 해봐?

선영   존 말이고 나쁜 말이고, 개장수 아저씨 같은 사람한테는
말이 필요없겠네예~

최고만   그럼 뭐가 필요한데? 어?

선영   바로 이깁니더~!

선영, 페널티킥을 차듯 발을 뒤로 휙 뺐다가, 있는 힘껏 최고
만의 사타구니에 발길질을 날리는 모습이 슬로모션으로 잡히
면! 커어억~!! 하더니, 자리에서 턱 주저앉는 최고만. 뒤늦게
비명을 지른다.

S# 20   글로리백화점 일각 / 밤

급하게 달려오는 김집사와 영주. 영주 위로 들리는.

닻별F   아까, 아줌마가 터미널 가는 길 물어봐서, 아파트 건너
편에서 택시 타면 된다고 했거든?

영주E   그래서?

닻별F   거기서 택시 안 타고 걸어갔으면 아줌마 보폭으로 글로
리백화점 근처 정도까지 걸어갔을 거야. 지적장애를 가
진 사람들은 직진만 하는 경향이 있다니까.

영주, 텅 빈 백화점 앞을 둘러본다. 오가는 사람 없다.

김집사   이쪽으로 왔을 거라구요? 안 보이는데? 아무튼 좀 더 찾
아보죠. 김선영씨! 김선영씨! (가면)

하는데, 저만치서 최고만이 말도 못하고 다리를 배배 꼬며 걸
어온다.

최고만   (거품까지 문) 김, 김군아. 김군아.

김집사   (발견하고) 회장님~! 회장님 왜 이러십니까? 예? (부축
하면)

최고만   구급차… 불러라. 내… 그게 터진 것 같다.

김집사　　터지다뇨? 어디가 터졌단 말입니까, 예?

최고만　　(김집사를 붙들고 울상이 돼서) 구급차 부르라구, 이 자 식아~

영주, 돌아보다가 최고만 뒤편에 서 있던 선영을 발견한다. 선영, 휙 고개를 돌리더니 엄폐물을 찾아 몸을 휙 숨긴다. 영 주, 반가움과 설움, 미움 등이 한꺼번에 올라온다. 선영에게 걸어가면. 선영, 얼굴을 더 처박고 숨도 안 쉬는데. 영주가 쏙 나타나며.

영주　　(화 치민) 꿩새끼니? 머리만 숨긴다고 안 보여! 김선영!

선영　　(목소리 바꾸며) 내 김선영 아인데요?

영주　　(와락 끌어당기며) 사람 속 뒤집어놓고, 지금 숨바꼭질 하자는 거니! (터진다) 지금 장난하냐구!

선영　　(눈치 보며) … 장난하는 그 아이다… 닻별이가 이 길로 쭉 가모, 버스터미널 나온다 캐서 가는 질이었다. 내 진 짜로 꽃부리과수원 집에 갈라꼬 그런 기다.

영주　　그럼 제대로 찾아나 가든가! 아니면! 정말 소리 소문도 없이 사라져버리지 그랬니! 이도 저도 못하는 주제에! 왜 자꾸 사람 속을 뒤집어놓냐구, 왜!

선영　　… 미안하다…

영주　　김선영~! 너 정말 징글싱글하다. 징글징글해서… 나는 더 못 보겠거든…? 그러니까, 그냥 없어져줄래…? 너 버

리고… 내가 지옥에 갈 테니까… 제발 내가 못 찾는 데
로 사라져버리라구~! (왈칵 울음이 터진다. 자리에 주저
앉아 울면)

선영 (함께 아파서) 미안하다. 내 다시는 니 허락 안 받고는
안 나가께. 내가 잘못했다. 내 잘못했으이까 울지 마라.
으이…? (따라 운다)

영주 (뿌리치며) 아니… 너도, 닻별이도! 다 필요 없어. 필요
없으니까… 제발 나 좀 가만 좀 내버려둘래? 제발 나
좀… 내버려…둬… 제발… (목이 메어서 운다)

선영 (만지지도 못하고) 영주야… 울지 마라, 영주야. (운다)

CUT TO 일각
김집사, 최고만의 엉덩이를 탁탁 두들겨주며 안쓰럽게 보면.

최고만 김군아. 저것들 눈엔… 나 다친 건, 보이지도 않는 거
지? 그치?

김집사 (건성으로 엉덩이 쳐주며) 그러게요.

최고만 제대로 못 쳐. 이 자식아~! 제대로… (다리 꼬며) 아흑~!

S# 21   영주 집 거실

키패드와 문소리가 들리면 후다닥 달려나오는 닻별, 선영을
보더니.

닻별　(안도하면서도 실망스러운) … 아줌마 찾았네?

선영　(반가운) 닻별아~

영주　(고맙긴 하지만) … 박닻별! 이모한테 아줌마가 뭐야? 아 줌마가!

닻별　(심술 난) 엄마가 언제 나한테 이모 있다는 소리 했었 어? 십 년 만에 갑자기 데리고 와놓고선, 왜 나한테 화 를 내는데!

영주　(부들부들 떨리지만) 엄마가 뭐랬니? 사람마다 말 못할 사정이 있다고 했어? 안 했어?

닻별　그럼 이모가 엄마한테 말 못할 사정이었다는 거야? 이 유가 뭔데?

영주　(뜨끔 말문이 막히는데)

닻별　왜, 이모가 바보라서 부끄러웠어?

영주　그래! 그랬어. 엄마도 이모 창피했어. 하지만 이젠 안 그 래. 아니, 안 그러기로 했으니까! 너도 앞으로 이모라고 깍듯이 불러, 알겠어!

닻별　(기막히다는 듯이 보다가) 뭐든 엄마 맘대로지? 그럼, 나 도 내 사정 봐서 부를게. 됐어? (방문을 탕! 닫아버리면)

영주　박닻별! 너 엄마가 말하고 있는데, 태도가 그게 뭐야! 이 리 못 나와! (방문 열려고 하면)

선영　(잡으며) 그카지 마라. 내도 닻별이가 이래 큰 그 보고 놀랐는데, 지는 얼마나 더 놀랬겠노?

영주　(더 미워지지만, 겨우 참고) 가방 내려놓고, 들어가 씻고 자.

선영   어, 알았다. (가방 내려놓고 해죽 웃는다)

영주   (밉게 노려보다가, 들어가 문 탕! 닫으면)

선영   (웃음이 가시고, 금세 씁쓸해지는)

선영E   … 대영아… 내는 영주한테 잘하고 싶은데… 우리 영주
가 환하게 웃는 그 보고 싶은데… 내 때문에 자꾸만 운
다… 내는 바보라서… 우째야 될지 모리겠다… 니가 와
서 가리차주모 안 되겠노…?

눈물이 핑 도는 선영의 얼굴에서 짧은 암전.

S# 22   영주 아파트 전경 / 아침

S# 23   영주 침실

휴대전화 벨소리 계속 울리면 더듬거리면서 전화를 받으며.

영주   (피곤에 절어) 여보세요?

대영F   영주야! 너 지금 어덴데, 안즉까지 안 오고 있노? 혹시
집달리 그 쉐끼가 합의를 안 해주고 있드노?

영주   (아차 싶다) … 오빠, 일이 좀 생겼었어. 미안해.

대영F   (화난) 뭐라꼬? 그라모, 여 내려오지도 않았다는 그가?

영주   미안해. 급한 일이 좀 생겨서 그랬어. 합의금 금방 마련
해서 내려갈게.

S# 24　경찰서

대영　(화난) 김영주 니 진짜로 너무한 거 아이라? 니 유치장에서 자본 적 있드노? 밖에는 꽃 피는 춘삼월일중 몰라또, 유치장은 시베리아 벌판이야~ 시베리아~ 밤에 추버서 잠도 안 온다꼬. 이른 비인간적인 환경에 오빠를 처박아두고, 뭐라꼬? 금방 마련해서 온다꼬? 그 금방이 은젠데? 말 나온 짐에 날짜 박아봐라, 으이!

S# 25　동 영주 침실

영주　(화가 나는) 오빠. 오빠가 언제 나한테 돈 맡겨놓은 적 있니? 사고는 오빠가 쳐놓고 왜 나만 붙들고 이러느냐구! 나도 지금 미치겠거든!

대영F　(금세 꼬랑지 내리며) ⋯ 알지~ 니 애쓰는 거 내가 왜 모리겠노? 그래또, 내가 얼른 나가야, 선영 누부도 데꼬 내리오고, 너거 집도 평화를 되찾을 기 아이가? 그래가 하는 얘기니까, 오해하지 말그래이~

영주　(부글부글)

대영F　그라고⋯ 니, 내리올 때 내리와도, 그전에 부탁 한 가지만 들어주모 안 되겠노?

영주　(짜증나지만 참고) 뭔데?

S# 26   동 형사과

대영   딴 기 아이고, 여 유치장에서 묵는 관식이 한 끼에 일천
          사백원인데, 꽁보리밥, 단무지,김치 딱 이래 세 가지가
          나온다. 국민소득 3만 불을 바라다보는 나라의 관식이
          이래 되가 되겠나?

영주F   (얄미운) 그래서?

대영   뭐 다른 기 아이고, 여에 일천원만 보태모 계란후라이
          하나하꼬 된장국이 나오그등. 그그라도 시켜묵으모 체
          력보강을 해놔야…

영주F   알았어. 오늘 송금할게. 끊어.

대영   고맙다, 내 동생. 진짜로 고맙다. (여유 있게 전화 끊으
          며) 어이, 김형사. 우리 동생이 내 통장에 영치금을 즉각
          입금한다고 하그등? 오늘 즘심은 고추잡채에 빼갈 일
          빙 어떻노? 내 쏘께~ (전화기 들며) 북갱반점 즌화번호
          좀 불러봐라~

형사   (어이없어서 보면)

대영   와, 홍콩반점이 더 낫드노?

S# 27   동 영주 집

전화를 끊고, 후우 한숨을 쉬는 영주. 이때 문자메시지 소리
들린다. 정도다.

정도E	김영주. 열한시 정각, 가정법원 앞이다.
영주	(기막히고 미치겠다) 어떻게… 단 하루도 편한 날이 없니…? (하는데 문자 소리 또 들린다. 보면)
정도E	오늘 안 오면 진짜 전쟁이다. 전쟁! 알겠어?
영주	(터진다. 휴대전화 내던지고) 그래, 지금 간다! 간다구! 이 나쁜 자식아…!

S# 28   파밀리아 연습실

수현을 졸졸 쫓아다니면서 투정 부리는 닻별. 멤버들 새 노래
맞춰보고 있다.

닻별E	(짜증 난) 아, 못하겠다는 이유가 뭔데에~! 그냥 아줌마 손잡고 터미널 가서, 예천 가는 버스만 태워주고 오면 된다니까~
수현	싫어~
닻별	아, 왜 싫은데? 알바비 준다니까?
수현	박닻별, 만약에 니가 이모라면 어떨 것 같애? 낯선 사람 손에 이끌려서, 어디로 가는지도 모른 채로 끌려가는 기분이 어떨 것 같은지 생각해봤어?
닻별	(그 생각은 못했다) ……!
수현	그거 기분 아주 드럽거든? 그러니까 나한테 다시는 그런 부탁 하지 말래?!

닻별   (노려본다)

수현   (무시하고 기타줄 조율하면)

닻별   (팽 하니 나가며) 오수현! 넌 나보다 알지도 못하는 이모
            란 사람이 더 좋지? 나쁜 놈. 다신 안 봐! (획 나가버린다)

수현   (픽 웃고, 기타줄 조율하는데)

멤버   야, 오수현. 그냥 갔다 오지 뭘 그렇게 튕겨? 그게 뭐 어
            려운 부탁이라도 되냐? 차라리 내가 가?

수현   (버럭) 함부로 말하지 마! 아무것도 모른 채 당하는 사람
            은! … 세상이 무너지는 기분이니까… 알겠어…!

멤버   (놀라서, 찔끔) 알, 알았어… (가면)

나가던 닻별, 수현을 쓱 돌아보다가 나간다.

S# 29   가정법원 전경

S# 30   가정법원 접수대 일각

정도   (서류를 일일이 확인하며) 주민등록등본 각 1통, 이혼신
            고서 3통, 협의이혼의사 확인신청서 3통.

영주   (정떨어진 표정으로 본다)

정도   (냉큼 받으며) 오케이. 서류는 다 준비됐으니까, 이제 이
            신청서만 접수시키면… (하는데)

영주   (서류를 획 낚아챈다)

정도   (표정 변하며) 김영주.

영주   어제 저녁에 곰곰이 생각해보니까, 이대로는 억울해서 이혼 못해주겠거든?

정도   (휙 빼앗으려다가 놓치며, 이 악물며) … 그럼 뭘 원하는데?

영주   당신 유학 가서 썼던 비용, 이달 안으로 갚아.

정도   (비웃음) 천하의 김영주도 이혼하려니까 본전 생각나는 모양이지?

영주   그럼, 나라고 다를 줄 알았니? 그 비용 찾아다가 닻별이 유학 보내야겠거든?

정도   그래? 그럼 갚아주지! 갚아줄 테니까 내역서 첨부해서 청구서 보내~!

영주   (얄밉다) 허이구, 고맙다. 너무 고마워서 서류는 내가 접수할게. 됐지? (또각또각 접수처로 가면서, 어쩔 수 없이 표정 변한다)

S# 31   지방법원 앞

정도   (나오더니, 영주를 흘낏 보더니) 괜한 죽상 하지 마라. 어차피 너랑 나는 첫 단추부터 잘못 꿰어진 사이였어.

영주   누가 죽상을 해? 박정도, 너나 바람피우지 말고 제대로 살아봐라. 응?

정도   (이죽) 내가 바람을 괜히 피웠니? 너니까 바람피운 거야. 김영주 너니까. 몰랐어?

영주 (부글부글 노려보면)

정도 야야, 어차피 찢어지는 마당에 열 내서 뭐 하냐? 어차피 잃어버린 십 년. 서로 기억 속에서 깨끗이 지워버리고, 이쯤에서 각자 행복을 찾아서 빠이빠이 하자. 됐지? 고맙다, 김영주. (환하게 웃어주고 가면)

영주 (노려보지만, 분하고 서럽다) 인간 같지도 않은 자식.

돌아서 걸어가는 영주. 금세 눈물이 날 것만 같아서 꾹꾹 참는데 휴대전화 걸려온다. 박정은, 아가씨다. 받으면.

정은F 언니, 지금 어딘데 아직까지 안 오는 거예요? 지금 성형외과 선생님이랑 상담 끝났거든요?

영주 (기막힌데)

S# 32 성형외과

정은 선생님이 그러시는데, 이왕 코 하는 김에 눈만 살짝 더 찝어주면 훨 나을 거라고 그러시는데~

영주F 그래요?

정은 응. 그래서 눈 좀 찝고, 오른쪽 쌍꺼풀 풀린 것 좀 올리고, 이왕 하는 김에 광대뼈도 쫌만 깎구, 식염수 150CC 정도만 넣으면 빅토리아 시크릿 모델해도 될 것 같대.

언니. 나 완전 하고 싶은 거 있죠?

S# 33   동 가정법원 앞

영주   (기막히다) 그럼 그렇게 하세요.

정은F   정말요? 정말 그래도 돼요?

영주   그럼요. 어차피 오빠가 낼 건데, 내가 무슨 상관이겠어
요?

정은F   새언니, 그게 무슨 말이에요?

영주   박정은. 가식 좀 그만 좀 떨래? 나 지금 니 오빠랑 이혼
서류 접수하고 나오는 길이거든? 그게 무슨 뜻이냐면~
이제 너랑 나, 아무 사이도 아니란 말이야. 아무리 무식
해도 그 정돈 알아듣지? 그러니까 니 오빠한테 병원비
를 내든, 직접 니 주저앉은 코를 세워달래든, 알아서 하
라구! 됐니! (확 끊는다)

S# 34   동 성형외과

정은   (전화가 끊기면) 여보세요? 여보세요? (기막혀) 뭐, 이런
웃긴 여자가 다 있어? 짜증 나!

S# 35   동 가정법원 주차장

영주, 차문을 열기 위해 스마트키 버튼을 눌러보지만, 열리지 않는다. 짜증이 솟아서 자동차 키를 꽂는데, 부아앙~! 소리와 함께 지나가는 뚜껑이 열린 스포츠카. 운전하는 채린과 "요호~" 환호를 지르며 지나가는 정도가 보인다.

영주E (기막히고, 슬프다) 박정도… 넌 뭐든 그렇게 쉽지? 결혼도… 이혼도…?

S# 36   영주 집 현관 + 닻별 방 / 낮

키패드 소리 들리고 닻별이 들어온다. 방문을 열고 들어가는데, 방 한가운데 인디언 텐트가 서 있다. 텐트 위에 색깔별로 그림들이 그려져 있고, 바닥엔 수채화 물감이며 물통들이 널려 있다. 안에서 무언가 꿈지럭거리다가 나오는 선영.

선영 어, 닻별이 니 은제 왔노?
닻별 (짜증난) 이 인디언 텐트 아줌마가 지은 거예요?
선영 어. 내가 아침부터 지금까지 만든 기다. 어떻노? 이쁘제?
닻별 왜 내 허락도 안 받고 여기에 지었냐고 묻는 거잖아요!
선영 왜? 나는 니 기분 안 좋을 때, 여 숨어 있으라고 지은 긴데. 니 옴마 어릴 적에도 과수원에 이른 그 지었었다.
닻별 … 그런 얘기 듣고 싶은 마음 없으니까, 그냥 좀 나가줄래요?

선영 알았다. (나가다가) 닻별아.

닻별 (무시하는데)

선영 내 며칠만 있으모, 집에 갈 그그덩. 내 동생 김대영이 갱
찰서에서 누명만 벗고 나오모, 내는 꽃부리과수원에 갈
끄니까… 그때까지만 내 미워 안 하모 안 되겠노?

닻별 …

선영 내는 니가 미워해또 되는데, 니 옴마가 마음 아파하는
그 같아서 그르는 기다. (슬프게 히죽 웃어주고 나간다)

닻별 …

입을 삐죽하고, 인디언 텐트 안을 쓱 보면. 안에 붙어있는 별,
달. 야광 스티커가 한가득이고, 은하수가 은가루처럼 그려져
있다. 놀라는 표정이 되는 닻별.

닻별 (혼잣말) 아빠랑 지은 거보다 훨씬 이쁘네…?

S# 37 신촌 프리마켓 거리 / 오후

제각기 개성을 뽐내는 수공예품들을 전시해놓고 흥정하는
젊은이들의 활기찬 모습을 망연히 바라보면서 걸어가는 영
주. 호객을 하는 여자 디자이너에게 미소를 지어주고 지나가
는데.

정도E　　에이요~! 이쁜 언니~ 그러지 말고 이거 좀 잘 봐봐요.

영주　　（깜짝 놀라서 돌아보면）

이십대 후반의 정도가 퀼트와 프린팅된 스카프를 손에 들고
권하며.

정도　　이거 지금 파리에서 유행하는 가장 핫한 디자인이거든
요? 제 여친이 수제품으로 똑같이 만든 거라니까요? 언
니는, 장차 한국의 최고 디자이너 작품을 미리 구입하시
는 겁니다. 사실 거죠?

정도, 사랑 가득한 얼굴로 돌아보면. 이십대 초반의 영주가
부끄럽게 미소를 짓고 있다. 망연해지는 영주, 울컥 눈물이
돈다. 우두커니 서서.

영주E　　… 보이는 곳마다 이렇게 다 추억인데… 박정도… 넌…
정말 아무렇지도 않니…? (눈물이 뚝 떨어진다)

S# 38　포장마차 전경 / 밤

거세게 쏟아지는 빗줄기가 포장마차 천막을 두드리고, 흘러
내린 빗물이 후드득 바닥에 떨어진다.

S# 39   포장마차 안 / 밤

이미 불쾌하게 오른 강현주와 오히려 말짱해 보이는 영주.

영주   (마시고) 선배, 선배는 이혼서류 접수할 때 기분이 어땠어?

현주   어떻긴 뭐 어때? 한겨울에 이가 시린 동치미를 한 동이쯤 좌악 원샷한 기분이었지. 아주 속이 뻥 뚫리게 시원하드라.

영주   (씁쓸한) 그래? 나도 그럴 줄 알았는데… 속이 뻥 뚫리게 시원할 줄 알았는데… 오히려 (가슴을 누르며) 여기에 커다란 돌덩이가 내려앉은 기분이더라…?

현주   야, 김영주. 결혼 한 번 실패했다고 하늘이 무너지디?? 땅이 꺼져?

영주   그래 맞어. 지난 십 년 동안… 고린 동전 한 푼, 땀 한 방울 안 섞어준 그런 개새끼랑 찢어졌으면… 만세삼창이라도 부르고, 하늘을 날아갈 만큼 좋을 줄 알았는데… 이런 그지 같은 기분은 뭐지?

현주   … 영주야.

영주   (울컥하며) 선배, 나 그 개새끼, 사랑했었다? 왠 줄 알아? 그 개새끼가 있지~! 가진 거라곤 부끄럽고 치욕스런 비밀밖에 없는 깡촌 출신 기집애를, 빛이라고 불러주고, 무채색 인생에 처음으로 색깔이라는 걸 입혀준 놈이었어. 처음으로 다른 세상을 꿈꾸게 해준 놈이었다구. 그래서…! 이 사람이라면, 이 남자라면…! 평생을 족쇄처럼 따라다니는 구질구질하고 징글맞은 내 가족으로부터 날 구원해줄지도 모른다고 생각했어.

선배, 나 그 힘으로… 박정도가 꾸게 해준 꿈의 힘으로… 여지껏 살아왔다…? 근데… (슬프게 웃으며) 여기가 끝이래… 그 자식이… 이제 여기서… 멈추래… (눈물 뚝 떨어진다)

현주　　(마음이 아프다)

S# 40　　가라오케 / 밤

오민석, 불콰하게 취해서 잔을 들고 건배 제안 중이다.

오민석　　그동안 말도 많고 탈도 많았던 이혼 문제가 깨끗이 정리된 이 마당에, 본인은 건배 제안을 아니할 수가 읎다~! 박정도~!

정도　　예. 장인어르신.

오민석　　빛나는 오씨 가문의 일원이 된 것을 환영하며, 건배~!

정도　　영광입니다~!

두 사람 건배를 하고 원샷을 한다. 오민석, 정도의 잔에 술을 더 따라주면, 옆에서 과일을 먹고 있던 채린.

채린 아빠~ 그만 좀 해~ 우리 오빠 술도 약한데 필름 나가겠다~!

오민석 파티하자꼬 지랄떤 기 누군데 그르나, 가스나야. 그라고, 이래 갱사스러분 날 필름 좀 나가마 으떻나? 안 글나?

정도 맞습니다, 장인어르신. 채린아, 걱정 마. 오빠 생각보다 술 쎄~

오민석 쉐끼~ (정도의 머리를 흐트러뜨리며) 박정도, 니 맘 놓지 마래이. 인자부터 시작이대이. 우리 영생대학교 로스쿨을 살리고 찍이는 그는 이제 니 손에 달려 있어~!

정도 걱정 마십시오, 장인어른. 이래 베도 제 팔로워가 팔만 명입니다. 맡겨만 주신다면, 로스쿨만큼은 최고의 대학으로 꼭 만들어 보이겠습니다.

오민석 (환해지며) 그래, 니 믿고 팍팍 밀어줄 테이까네, 함 저질러봐~!

정도 예~! 장인어르신! 감사합니다~! (채린 보고 웃는)

S# 41 닻별 방 / 밤

인디언 텐트에 잡동사니를 진열하고 있던 닻별, 노크 소리가 들리면 후다닥 텐트 입구를 가리고 선다. 선영이 고개를 내밀며.

선영 닻별아. 니 오늘도 저녁 안 먹을 끼고? 내는 뱃가죽이 등에 달라붙어뺐는데.

닻별   … (고민하는)

선영   오늘은 비도 오고 해서 부침개랑 장떡 맹글어놨는데. 니 안 묵으모, 내도 안 묵을란다. (나가려고 하면)

닻별   … 그럼… 저녁 먹을 테니까, 나랑 약속부터 해요.

선영   무신 약속인데?

닻별   아줌마 동생 누명만 벗고 나오면, 진짜 시골집으로 갈 거죠?

선영   하모. 벌써 봄 돼가 과수원에 할 일이 을매나 많은데, 내 도 내리가고 싶어가 마음이 억쑤 급하다~

닻별   좋아요. 그럼 먹어요.

선영   (환해지며) 그라모 내 얼른 밥 차리께~ (나가며) 닻별아, 고맙대이. 진짜로 고맙대이. (문 닫히면)

닻별   내가 배고파서 밥 먹는데 뭐가 고맙지? 꼭 우리 엄마랑 똑같이 얘길 하네~

S# 42   **동 포장마차 / 밤**

영주   선배, 내 꿈이 뭐였는 줄 알아? 내 아이한테 부끄럽지 않은 가족을 만들어주는 거였어. 직업이 뭐가 됐든, 우리 아빠 이런 사람이다~ 자랑할 수 있는 반듯한 아빠와, 학교를 마치고 집에 돌아오면… 예쁜 접시에 팬케이크 을 구워주고, 시럽을 더 달라고 칭얼거리는 아이에게, 숙제 다하면 더 주겠다고 으름장을 놓는 그런 엄마가 있는 집… 그게 내 꿈의 전부였어. (자조적인 미소) 근데 그게 이렇게 어려운 건지 몰랐어…

현주　(부러 과장된) 아이고, 김영주한테 이렇게 센티한 게 있었어? 이 기집애야, 왕년에 이혼 안 해본 사람 있어? 꿀꿀한 소리 집어치우고, 한잔 더 하자. 오늘 지대 한번 망가져보자구. 어?

영주　(씁쓸하게 보다가) 아니, 나 그만 갈래.

현주　어딜?

영주　(부러 기운 차린) 어디라니? 파티가 끝났으니까, 재투성이 신데렐라는 호박 같은 바보언니랑 까시 같은 딸내미 보러 가야지. (흔들거리며 탁자를 밀치고 나간다)

S# 43　포장마차 밖

쏟아지는 빗줄기를 맞으며 질척거리는 걸음으로 걸어가는 영주. 새삼 눈물이 핑 돌며, 눈물이 솟는다. 빗물을 핑계 삼아 눈물을 흘리면서 걸어가는데, 어느새 우산이 쓱 영주를 받쳐준다.

영주　(보면, 제하다) 제하야…

제하　(농담조의) 니가 사춘기 소녀니? 비 맞고 더 키 크고 싶어서 그래? (미소 짓고) 가자. 바래다줄게. (손잡고 이끄는데, 영주가 따라오시 않는다) …?

영주　(이미 눈물이 가득인) … 제하야… 나… 오늘이 끝이라고 생각했거든? 머리에선 여기가 끝이라고… 이제 진짜 끝내야 된다고 얘기하는데… (가슴 두드리며) 여기선 안 그래… 이혼 도장 찍고 나면… 정말 다 잊어버릴 수 있을 거라고 생각했는데… 아니, 이제 다 잊어야 한다고 다짐하고 또 다짐하는데… 그럴수록… 자꾸 더 생각이 나. 지난 십 년 동안… 기억들이 자꾸 떠올라서… 여기가 미어지는 것만 같아… 닻별이, 내 목숨 같은 우리 닻별이 생각만 하면… 심장에 가시가 수천 개는 박히는 것처럼… 아프다…? 심장이 터질 것만 같아서 숨을 못 쉬겠어… (어깨를 후드득 떨면서 운다)

제하   (가슴이 무너지는 것만 같다. 영주를 안아주며) 울어. 실컷. 그 가시 다 뽑힐 때까지… 다 울어.

영주   (급기야 참았던 눈물을 쏟으며 엉엉 운다)

제하, 영주를 다독여주며 마음이 아프다. 비에 젖고, 영주의 눈물에 젖는 제하의 어깨도 미세하게 함께 떨린다.

S#44   영주 집 거실 + 주방 식탁

수저를 들어서 밥을 먹고 있는 닻별. 선영이 이뻐 죽겠다는 표정으로 보면서.

선영   우짜면 이래 수저로 밥을 푹푹 떠 먹는 그까지 영주를 쏙

빼닮았노? (닻별의 수저 위에 반찬을 올려주며) 무라~

닻별 (쓱 보며) 아줌마. 내가 좋아하는 음식을 어떻게 알고 줘요? 우리 엄마가 알려줬어요?

선영 어데? 생긴 기 니 옴마 어릿을 적이랑 똑 닮았는데, 식성이라고 다르겠노? 똑같지. 안 그렇겠노? (미소)

닻별 (픽 웃고 밥 먹는데)

S# 45 영주 아파트 일각 + 제하 차 안 / 밤

영주를 태운 제하의 차가 들어와 멈춰선다.

CUT TO 차 안

영주 (우두커니 있다가 들어가기 무서운) 벌써 다 왔네…?

제하 괜찮겠어?

영주 (부러 기운찬) 그럼~ 내가 기운 빠지면, 저 위에 있는 사람들은 어떡하라구. (억지 미소) 바래다줘서 고맙다. (아이스크림 봉투 들며) 이것도 고맙구. 두루두루 다 고맙다.

제하 에이, 왜 이러셔~ 김영주, 넌 꼿꼿하게 콧대 세우고 있는 게 이쁘다니까~

영주 그래~ 콧대 세우고 꼿꼿하게 갈게. 간다. (내리려고 하면)

제하 잠깐만 기다려. (우산을 찾아 들며) 내가 현관까지…

영주 아니야, 모퉁이만 돌면 금방인데 뭐. 술도 깰 겸 비 좀

맞지, 뭐. 간다~ (손 흔들어주고 가면)

제하   (안쓰럽게 보다가, 불빛을 깜박깜박하며 구조신호를 보
         낸다)

영주, 돌아보더니 부러 환하게 웃어주고 손 흔들고 사라지
면… 잔상처럼 남는 영주의 얼굴을 떠올리며, 우두커니 앉아
서 여전히 불빛을 깜박거리며.

제하E   SOS 조난을 당했습니다. SOS… 우리 영주가… 조난을
         당했습니다… SOS 구해주세요. (눈가가 젖으며) 누가
         우리 영주 좀… 구해주세요…

S# 46   영주 아파트 현관 앞

비를 맞으며 올려다보는 영주. 어떻게 애기해야 되나, 마음이
소란스럽다. 후우~ 심호흡을 하고, 부러 기운차게 걸어간다.

S# 47   영주 집 현관 + 거실

영주   (문 열고 들어오며 부러 기운찬) 딸~! 우리 딸 어딨니?
         (닻별 방문 열어보고) 박닻별~ (탕 닫고 거실로 나오며)
         박닻별~

하는데, 선영이 쪼르르 거실 쪽에서 나온다.

선영　(반갑게) 영주 왔노? 닻별아, 옴마 왔다. 저녁은? (하다
　　　가 젖은 영주를 보며) 하이구야, 우산이 없었시모 전화
　　　를 하지. 이래 비를 흠뻑 맞고 드왔노? 감기 걸리겠다~
　　　(후다닥 욕실로)

닻별　(나와서 보면)

영주　(겉옷 벗어던지며) 딸~! 엄마 왔다~? 엄마가 우리 닻별
　　　이 좋아하는 아이스크림 사갖구 왔다~? (봉투 열며) 우
　　　리 딸, 딸기맛 아이스크림 좋아하지? (꺼내려는데)

닻별　… 엄마 오늘 왜 그래?

영주　(과장된) 왜애~? 엄마가 이상해?

닻별　당근 이상하지. 살찐다고 못 먹게 했던 아이스크림을 사
　　　오질 않나, 술 취한 척 비틀거리질 않나. 엄마, 지금 아
　　　빠 흉내 내는 거야?

영주　(뜨끔하지만) 그래~ 엄마가 아빠 흉내 좀 내면 안 돼?
　　　아빠 독일 가 있는 동안 엄마가 아빠 노릇까지 다 했었
　　　잖아~

닻별　웃겨~ 한 가지도 제대로 못했으면서.

영주　(뜨끔) 야, 너 그렇게 얘기하면 엄마 섭하거든? 그래도
　　　노력은 했었잖아, 노력은. 안 그래?

닻별　됐거든~ (들어가려고 하면)

영주, 닻별을 뒤에서 와락 안는다. 욕실에서 나오던 선영, 그 모습 보고 왠지 멈칫하고 선다.

닻별　아, 왜 그래? 숨 막혀~ 아, 엄마아~

영주　잠깐만 있어봐~ 엄마가 우리 딸 냄새 맡고 싶어서 그러니까… 잠깐만 이렇게 있어주라. 응? (냄새 맡으며) 흐음. 좋다~ 우리 딸 냄새… (목이 잠기는데)

닻별　아, 술냄새 나~ 엄마아~

영주　(그대로 있다간 울 것 같아서 놓아주며, 부러 서툰 연극처럼) 그래, 가~! 기집애야. 엄마도 삐쳤어. 흥. (팔짱을 끼면)

닻별　(기막힌) 웃겨, 증말. 엄마, 오늘 진짜 이상한 거 알아? (하면서 팽 자기 방으로 들어가면)

영주　(후우~ 한숨을 쉬고, 자리에 주저앉는다)

선영　(조심스럽게 나와서) 영주야, 여 수건 있다.

영주　(밉게 올려다보다가, 또 금세 슬퍼지며 슬프게 픽~ 미소) 그래… 김선영… 니가 무슨 죄가 있겠니… 언니… 너도 가여운 인생이지…

눈물이 핑 돌 것 같아서 고개 돌리고 일어나 비틀거리고 들어가면.

선영　… 영주야… 니 혹시 뭔 일 있었드노?

영주   아니, 아무 일 없어. 지금부터 나 잘 거니까, 건드리지
        말고 가만 놔둬. 알겠어…?

선영   (어쩌지도 못하고) … 알았다. 그라모 여 수건으로 머리
        라또 쫌 닦고 자모 안 되겠노? (하는데, 방으로 들어가
        문 탕! 닫는다. 걱정스럽게 보다가) 자아가 무신 일이 있
        는 그 같은데…

걱정스럽게 영주가 벗어놓은 옷과 핸드백을 챙겨들고, 정성
스럽게 빗물을 닦는다.

선영   (핸드백 보며) 이기 까죽 아이가? 까죽은 물에 젖으모
        배리버린다 카든데~

큰일이라도 난 듯이 핸드백을 닦는데, 백이 열리며 우르르 쏟
아지는 화장품이며 열쇠고리 등등. 그 사이로 접힌 종이가 보
인다.

선영   (젖었을까봐) 이기 무신 중한 서류 같은데, 뭐지? (초등
        학생처럼 읽는다) 접수증명원~! 사건번호~ 2012호. 협
        의…이혼의사 합의. 이기 모지? 닻별아! 닻별아. 이기
        뭐지 쫌 봐줄래? (부르고) 부에 박정도~ 처에 김영주~
        (하다가 뭔지 알겠다! 굳는데)

닻별   (문 열고 나오며) 아, 또 뭔데요?

선영　　(화들짝 감추며) 아이다. 아무긋도 아이다.

닻별　　(삐죽하고 들어가다가) 엄마 아침에 타줄 꿀은 냉장고 둘째 칸에 있는 거 알죠?

선영　　어. 그래, 알았다. 고맙대이.

닻별　　(들어가면)

선영, 후들후들 떨리는 손으로 이혼접수증을 바라본다. 그 모습에서 암전.

S# 48　　영주 아파트 전경 / 아침

S# 49　　영주 집 안방

잠들어 있는 영주를 깨우는 닻별.

닻별　　(흔들며) 엄마, 엄마, 얼른 일어나 봐. 손님 왔어.

영주　　(잠에 취해서) 손님? (일어나 시계 보면 9시다) 이 시간에 무슨 손님이 와? 누군데?

닻별　　나도 처음 보는 사람들인데, 김선영씨 만나러 왔대.

영주　　김선영…? (왠지 모를 불안감에 벌떡 일어난다)

S# 50　　영주 집 거실

영주, 옷을 걸쳐입고 나오면, 주위를 둘러보며 지팡이로 툭툭
건드리고 있는 최고만과 대기하고 있는 김집사다.

김집사　안녕하십니까? 김영주 편집장님.

영주　(알아보고) 아, 예. 지난번에 감사했습니다. 그런데 이
시간에 어쩐 일로…

최고만　볼일이 있으니까 왔겠지, 그냥 왔겠소? 김선영이 그 바
보… (김집사 보고, 큼) 김선영씨한테 용건이 좀 있어서
왔는데, 어디 있소?

영주　(경계하는) 저희 언니한테 무슨 볼일이 있으신 기죠?

최고만　제미, 손님이 왔으면, 냉수라도 한 사발 먼저 갖다주면
서 얘기하는 게 예의지, 요새 것들은 도대체 예의라고
는…

김집사　(최고만 앞을 막으며, 큼~! 한다. 미소 짓고) 저희 회장
님께서 김선영씨한테 제안할 게 좀 있어서 아침부터 결
례를 무릅쓰고 찾아왔습니다. 용서하십시오.

최고만　(투덜거리는) 결례는 개뿔~ 예의 있는 척하지 말고 얼른
얘기나 해, 이놈아.

영주　(김집사 봐서 참으며) 무슨 제안을 하겠다는 거죠?

김집사　아, 그게 말입니다. 저희 회장님께서 김선영씨를 회장님
집 찬모, 아니 요리사로 초빙하고 싶다고 하셔서 말입니
다. (명함을 건네주면)

영주　(받으며) 찬모요?

닻별   (슬그머니 명함을 영주 손에서 받아서 본다)

김집사   예. 지난번 김영주씨 생일 때 김선영씨가 준비하던 요리
         가 회장님 마음에 쏙 드셔서 말입니다.

닻별   (신기하게 쳐다보는데)

영주   죄송하지만, 그건 좀 힘들겠습니다.

최고만   (빈정상해서) 거, 제안을 들어보지도 않고 힘들겠습니다
         는 뭔가?

김집사   (최고만 눈짓에) 월급은 한 이백오십 정도 생각하고 있
         습니다만.

영주   아니요. 돈 때문이 아니라, 저희 언니, 며칠 있으면 지방
         으로 내려갈 겁니다. 제안은 감사합니다만, 어렵겠네요.

최고만   (다급하게 김집사를 보면)

김집사   (눈치 보며) 그럼 삼백이면…

영주   감사합니다만, 그런 일은 없을 겁니다.

S# 51   영주 집 앞 복도

최고만   (다급한) 그럼 사백이면 되겠소? 어? 아니면, 오백?

영주   죄송합니다. (문 탁 닫으면)

최고만   젠장맞을. 그런 바보천치 데리고 지금 장사를 하겠다는
         거야, 뭐야?!

김집사   회장님, 그만 포기하시죠.

최고만   아니, 다른 건 다 포기해도. 난 말린우럭국은 포기 못한

다. 김선영이 스카웃할 모든 방법을 강구해서 보고해!

김집사　예, 회장님.

S#52　동 영주 집 거실

닻별, 신기한 듯 명함을 보고 있는데, 영주가 들어오며.

영주　닻별아, 이모 어딨니?

닻별　몰라.

영주　모르다니? 박닻별. 이모 길 잃어버린 게 바로 엊그젠데, 이모가 어디 갔는지를 모른다는 게 말이 돼? (금세 불안한) 이모 언제 나갔는데? 나가는 거 못 봤어?

닻별　(그제야) … 아빠한테 갔어.

영주　… 뭐? 그게 무슨 말이야?

닻별　아빠 만나서 할 얘기 있다고 해서, 내가 주소 가르쳐줬다구.

영주　이모가 아빠랑 무슨 할 얘기가 있어?

닻별　그걸 내가 어떻게 알아~ 이모아줌마가 알지.

영주　(혹시나 휙 안방을 돌아본다)

S#53　영주 방

영주　(후다닥 들어와 화장대를 보는데, 핸드백이 보이지 않는

다) 닻별아! 박닻별. (정신없이 여기저기 찾으며) 엄마 어제 갖구 나갔던 핸드백 못 봤니? 응?

닻별　(가지고 들어오며) 이거 말하는 거야?

영주　어, 맞어.

영주, 낚아채듯 받아서 닻별이 볼까 뒤돌아서 핸드백을 열어 보는데, 접수증명원이 보이지 않는다.

영주　닻별아. 혹시 너 여기 들어있던 서류… (하다가) 어제 이 모가 엄마 핸드백 봤니?!

닻별　가죽이 비에 젖으면 안 된다구, 뭐라구 하면서 닦는 것 같던데?

영주　설마… (얼굴 표정이 굳으며) 닻별아, 엄마 좀 나갔다 올게! (후다닥 나간다)

닻별　(태연한 척 있다가 현관문 닫히는 소리 들리면)

S# 54　거실

닻별, 후다닥 뛰어나오더니 휴대전화를 찾아들고, 버튼 급하게 누른다. 신호가 가면, 조바심이 나서 발을 동동 구르며.

닻별　아이, 참. 아줌마 전화 좀 받아요~! 엄마 지금 출발했잖아~~

하다가, 문득 휴대전화를 귀에서 떼어본다. 거실 소파 한구석에서 울리는 휴대전화 벨소리.

닻별 아이, 참. 미치겠네? 휴대전화를 안 갖구 가면 어떡해? (휴대전화를 끄지만, 여전히 벨소리 울리면)

혹시나 하는 마음에 후다닥 뛰어가 선영의 짐가방을 뒤적인다. 잡힐 듯 안 잡히는 휴대전화에 짜증이 나서 탈탈 털어 뒤집으면 쏟아지는 속옷이며, 옷가지들. 그 속에 휴대전화가 보인다. '내 동생 김영주' 다. 받으면.

영주F 김선영! 지금 어디니!
닻별 (맥 빠진) 엄마, 나야. 아줌마 휴대전화 두고 갔어. (끊고)

"에이 씨~" 짜증 나서 발을 휙 구르는데, 옷가지 사이로 비단으로 정성스럽게 감싼 보석함 뭉치가 보인다. 궁금증에 보석함 드는데, 그 아래로 꼬깃꼬깃 접어놓은 종이가 보인다. 뭐지? 종이를 펼쳐보던 닻별, 얼굴이 하얗게 질린다.

S# 55 달리는 차 안

영주, 다급하게 운전하면서 전화를 건다. 받지 않으면, 정도에게 다시 전화를 걸며.

영주   김선영. 제발 허튼짓하지 말래…? 제발…!

S# 56   채린 주상복합 아파트 앞

버스에서 내린 선영. 건물을 보더니, 쪽지의 이름과 맞는지
확인한다.

선영   여에 박서방이 있다 이그지~! (비장하게 걸어간다)

S# 57   채린 집 거실

이동용 옷걸이에 수십 벌의 예복이 걸려 있고, 대기하고 있는
디자이너와 어시스턴트. 채린이 거만하게 소파에 기대 잡지
를 보며 고개 까닥이고, 경쾌한 음악과 함께 문이 열리며 나
오는 정도. 하얀색 턱시도 차림이 멋지다.

채린   우와~ 오빠 울트라 캡숑 짱, 짱~!
정도   (쑥쓰럽다는 듯이 히죽 웃으며, V자를 그리며) 괜찮아?
         오빠가 옷빨이 좀 나지?
채린   응. 근데 내 드레스랑 맞추려면 색깔이 좀 그렇겠다. 오
         빠, 턱시도는 보라색으로 해라, 보라색.

정도	보라색?
채린	응. 내가 핑크색으로 할 거거든. 지금 같이 맞춰볼까?
정도	지금?
채린	응. *(끄덕끄덕)* 디자이너님, 내 드레스 좀 준비해줘요~ *(안으로 후다닥 들어가며)* 기대해, 오빠~
정도	당연 완전 기대하지~! 하트 뿅뿅~!
채린	*(히죽 웃고 디자이너, 어시스턴트와 함께 들어가면)*
정도	*(거울 보면서 폼 잡고, 자뻑 중이다가)* 트위터에 한 장 올려볼까나~

정도, 휴대전화를 찾는데, 진동으로 열 통 넘게 전화가 걸려 와 있다. 웬수다.

정도	애는 또 무슨 초 칠 일이 있어서 전화질이야? 전화질이. *(하는데 웬수 전화가 수신된다. 어쩔 수 없이 받으며)* 아침부터 또 뭔데?
영주F	정도씨, 혹시 우리 언니 거기 안 갔니?
정도	니네 언니? 니네 언니가 여길 왜 와?
영주F	그래…? 그럼 다행이고.
정도	아침부터 무슨 뜬구름 잡는 소리 하는 거야? 너 술 마셨니?
영주F	닻별이가 그러는데, 언니가 당신 만나러 갔다길래 혹시나 해서 전화해보는 거야. 아님 됐구. 그럼 끊어.

정도　　잠깐만, 잠깐만! 니 언니가 날 만나러 왔다구?

이때, 인터폰 울리는 소리 들린다. 정도, 설마 하는 얼굴로 인터폰을 확인하는데, 모니터 화면에 정도를 쳐다보듯 바라보고 있는 선영의 얼굴이 보인다.

선영　　박서방, 니 거 있드노! 내 김순영이다. 김순영.
정도　　(놀라서 휙 돌아서는) 이런 미친…! (겁에 질려 전화기에 대고) 김영주~! 니 언니! 니 미친 언니! 지금 우리 집에 왔거든? 만일, 오늘도 십 년 전처럼 또 사고 치면, 나도 이번엔 못 참으니까, 너, 지금 당장 저 미친 또라이 언니 데려가! 얼른 데려가라구!
영주F　　대체 십 년 전에 무슨 일이 있었다는 건데?
정도　　니 언니가 얘기 안 해? 내가 구려터진 니네 시골집 갔다 온 다음에 파혼하자고 했었지? 닻별인 지우기로 하고. 기억나?
영주F　　그래… 기억나.
정도　　그때, 니 언니 김선영이 나 찾아서 서울로 올라왔거든? 그것도 그냥 온 줄 아니? 이따만한 식칼을 들고 왔어, 이 인간아! (하면서, 겁에 질려 회상에 빠져든다)

S# 58　정도 회상 / 십 년 전 캠퍼스 일각

S# 59   정도 회상 / 십 년 전 캠퍼스 빈 강의실

책상에 탕! 하고 놓이는 식칼! 그 앞에 앉아 있던 정도, 놀라서 움찔한다. 선영, 작심한 얼굴로 정도 앞에 칭칭 감은 동아줄, 그리고 비상약과 마시는 소화제를 척척! 꺼내서 진열해놓는다.

선영 박서방, 니가 골라라~

정도 (시껍한) 뭘, 뭘 고르란 말입니까?

선영 영주랑 갤혼 안 할 끄모, 이 싯 중에 하나를 고르란 말이다!

정도 저 저기요, 처형님. 일단 진정하시고…

선영 (O.L) 갤혼도 안 할 그면서 처형은 무신 얼어터진 처형이고!

정도 그 그럼, 영주, 영주 언니. 화나고 속상하신 건 알겠지만요.

선영 화나꼬 속상하다꼬? 그르고 말 정도면, 내가 와 여까지 찾아왔겠노? 박정도… 니는 영주 그 아가 어떤 안 중 아나? 지 어매 젖 한분 제대로 못 물고 자라가, 맨날 뱅원 신세지문서 자란 아다. (눈시울 뜨거워지며) 조 껍데기처럼 말라가 바람만 불어도 휘청휘청하던 아다. 그래 자란 아를 니가 또 아프게 할라꼬? 내는 그 꼴 몬 본다. 내 죽어또 몬 봐~!

정도 … 저기 말입니다, 영주 언니.

선영 니가 몬 고르겠나? 그라모 내가 고르께‥! (식칼을 뽑았다가, 동아줄을 칭칭 당겼다가, 결국 약봉투를 든다)

정도	영주 언니, 제발 진정하시구요, 제발 이성적으로 사태해 결을…
선영	(듣지도 않고 회한에 젖은) 김영주. 내 동생. 평생을 아빠 읎는 아로 자랐는데… 그 아아까지 아빠 읎이 자라게 하는 꼴… 내는 죽어또 못 본다. … 차라리 내가 몬차 죽는다. 내가…!

선영, 봉지약을 입에 탁 털어넣고, 소화제를 확 까더니 벌컥벌컥 마신다. 정도, 당황해서 "왜, 왜 이러세요? 예?" 하는데… 구급차 소리 들리고.

S# 60   구급차 안

구급대원, 선영의 입을 벌리기 위해서 안간힘을 쓰며.

구급대원	환자분! 입 좀 벌리세요! 안 그러면 죽어요!

입에 거품을 물면서도 입을 벌리지 않는 선영. 정도 어쩔 줄 몰라 하는데.

구급대원	(버럭) 아, 뭐 합니까? 이분 좀 잡아요!
정도	예? 예. (얼결에 선영을 잡으려고 하면)
선영	(먼저 손을 뻗어 정도의 옷깃을 와락 잡으며) 박정도~

내 죽어서라또… 니 쫓아다닐 끼다, 죽어서라또… (턱
쓰러진다)

정도, 비명을 지르며 물러나서 오들오들 떤다. 거품을 문 채
로 눈을 뒤집은 선영이 자신을 보는 듯하다. 구석에서 웅크리
며 신음하는 정도.

정도   (발악하듯) 할게요. 하면 되잖아요~!

S# 61   **채린 집 거실**

정도   (생각하기도 싫다는 듯 고개를 흔들며) 김영주~! 너 지
금 당장 튀어와서, 니 언니 끌고 가! 아니면, 지금 나 바
로 경찰에 신고 때린다. 알겠어?!

S# 62   **달리는 영주 차 안**

영주   (부아가 치밀지만) 주소가 어디니? 니네 집 주소가 어디
냐구! (사이) 알았어. 지금 가는 길이야… 지금 가는 길
이라구!

S# 63   **동 채린 집**

정도　　사고는 니네 집구석에서 저지르면서, 어디서 큰 소리야! 빨랑 오기나 해! 이 웬수 같은 여자야!

정도, 전화를 끊는데… 계속 울리는 인터폰 소리가 멈춘다. 어? 보면… 선영이 화면에 사라지고 없다.

정도　　(패닉 상태인) 간 건가? (믿고 싶은) 어, 인터폰 안 받으니까 집이 비어 있는 줄 알고 간 거겠지? 그렇겠지? (조바심이 나서 모니터를 구석구석 보는데)

이때, 방문이 열리며, 짜잔~ 나오는 채린. 핑크색 드레스가 청춘하면서도 요염하다.

채린　　(부채로 얼굴을 쓱 가리며) 어때, 오빠?

정도　　어, 죽, 죽여. (하면서도 여전히 인터폰 모니터에 시선이 가면)

채린　　반응이 그게 뭐야, 오빠? 맘에 안 들어?

정도　　아, 아니야. 완전 마음에 들어, 완전.

채린　　(삐친) 표정은 뭐 마려운 강아지 같으면서 뭐가 마음에 든다는 거야? 오빠 땜에 결혼식 때 배가 뽈록 나올 거라서, 드레스 색깔까지 바꾼 거잖아~

정도　　진짜, 진짜 이쁘다니까~ 그레이스 켈리 이후에 니가 최고로 이뻐~ (여전히 겁에 들뜬) 너도 알지? 할리우드 최

최고 미녀 스타였다가 모나코, 모나코 왕국의 왕비가 된
여자. 응?

채린　(풀어지며) 진짜?

정도　그러엄~ 오빠 가슴이 너무 콩닥콩닥 뛰어서 막 미칠 것
같거든? 오빠, 여기 땀나는 거 보이지? 응?

채린　(같이 들떠 히죽 웃으며) 오빠~ 나 여기에 오빠 턱시도
색깔이랑 맞춘 보라색 티아라를 쓸 건데, 이쁘겠지?

정도　진, 진짜? 그럼 하객들 완전 다 쓰러지겠는데~

하는데, 딩동 벨소리 들린다. 정도, 허거걱! 겁에 질려서 인터
폰 모니터를 보면… 현관 앞. 선영이다!

정도　샤이쓰! 바, 바로 문앞이잖아.

채린　누군데 그래?

정도　채, 채린아. 얼 얼른 숨어! 얼른…!

채린　왜에? 누가 왔는데, 딸꾹질까지 하고 그래? (모니터 보
려고 하면)

정도　(가리며) 안 돼! 채린아, 얼른 패닉룸으로 가라니까!

S# 64　영주 집 거실

믿기지 않는 듯 서류를 노려보는 닻별. 이혼접수 증명원이다.
김영주의 서명을 보는 닻별의 눈에 눈물이 핑 돌고, 입술이

덜덜 떨린다.

S#65   에필로그

문을 탕탕! 두들기며 "박서방, 내다. 문 쫌 열어봐라~!" 부르
는 비장한 표정의 선영과, 급하게 차를 몰고 가는 영주의 얼
굴이 빠르게 교차를 거듭하다가, 정지화면이 되면.

닻별E   그래서 이모아줌마가… 아빠 사는 곳 알려달라는 거였
어?

선영과 영주와 닻별의 얼굴이 화면에 함께 잡히면서 5부
엔딩.

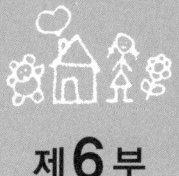

제**6**부

제6부

S#1　오프닝 – 5부 엔딩 몽타주

이혼접수증명원을 원망스럽게 바라보는 닻별.

닻별　그래서 이모아줌마가 아빠 사는 곳 알려달라는 거였어? (접수자 이름 김영주와 서명을 보면서, 분노한) 엄마가… 어떻게 이래…? 나한텐 물어보지도 않고… 어떻게 이럴 수 있어…?! (눈물을 주룩주룩 흘린다)

S#2　채린 집 거실

정도　김영주~! 니 언니! 니 미친 언니! 지금 우리 집에 왔거든? 만일, 오늘도 십 년 전처럼 또 사고 치면, 나도 이번엔 못 참으니까, 너, 지금 당장 저 미친 또라이 언니 데려가! 얼른 데려가라구!

S#3　달리는 영주 차 안

영주   (부아가 치밀지만) 주소가 어디니? 니네 집 주소가 어디
      냐구! (사이) 알았어. 지금 가는 길이야… 지금 가는 길
      이라구!

S# 4   채린 집 거실

문을 탕탕! 두들기며 "박서방, 내다. 문 쫌 열어봐라~!" 부르
는 소리 들리면.

채린   박서방…? 오빠, 혹시 김영주 언니가 온 거야? 그 바보
      여자?
정도   … 어. 왔, 왔어.
채린   (얼굴이 확 구겨지며) 지가 뭔데 우리 집엘 와? (나가려
      고 하면)
정도   채린아…! (막는데)
채린   비켜봐~! (정도를 밀치고 나가면)
정도   채린아, 안 돼~!
채린   (와락 문을 열어젖히면)

S# 5   달리는 영주 차 안

영주   설마 아니겠지… 설마… (불안한 얼굴 위로 돌리는)
선영E (악에 받친) 누가 우리 영주를 바보라꼬 불렀드노~!! 대

체 언 노무 자슥이 우리 영주를 바보라꼬 놀리냐꼬오~!!

S#6   영주 회상 / 중학교 교정 / 오후

빗줄기가 쏟아지고 있는 학교 운동장. 선영, 마대자루를 휘두르며 덩치가 큰 중학교 남학생들을 쫓고 있다. 남학생들 선영을 피하고, 근처에 왔다가 놀리듯 도망치곤 하면서 선영을 우스갯거리로 만들고 있다. 선영, 지치지도 않고 맞지도 않는 마대자루를 연신 휘두르며.

선영   (눈에 불똥이 튀는) 이 나쁜 놈들아! 우리 영주 바보 아이다! 우리 영주는 너거들보다 백 배, 천 배는 똑똑한 아다! 바보는 내니까! 내는 놀리또 되지만! 우리 영주, 꽃같은 우리 영주 놀리는 놈! 내 다 찍이삘끼다~! 찍이삘끼라고오~!

선영, 분을 못 이겨 마대자루를 휘두르다가 웅덩이에 미끈 넘어지면서, 흙탕물에 처박힌다. 아이들 와아 웃으면, 눈물이 그렁그렁한 채, 입술을 깨물고 있는 중학교 교복 차림의 영주.

선영   (흙탕물 범벅인 채로 마대자루로 버티고 일어나면)
영주   (울먹이는) … 언니야… 이제 그만해라.
선영   아이다. 니 놀리는 놈들, 내보다 더 바보천치 같은 절마들, 내 가만히 안 둘 끼다~!

영주　(한 맺힌) 김선영이~! 니 진짜 내 쪽팔리 죽는 꼴 보고 싶어 이르나아~! 제발 그만하라꼬오~ 제바알~!! (주저 앉아 운다)

선영　(눈물 나지만) 영주야, 우지 마라. 니가 와 우노? 나쁜 놈 들은 절마들인데 니가 와 우냔 말이다. 우지 마라. 응?

영주　(아아악~! 고함지르며) 김슨영~!! 니만 안 오면 돼애~!! 니만 학교 안 찾아오면, 내 울 일도 엄꼬! 챙피할 일도 엄딴 말이다아~! 그라이까, 제발~! … 제발 좀 내 좀 내비리도~!! 내비리날라꼬오~~!! (발을 버둥거리며 운다)

선영　… 영주야… (미안함과 섭섭함이 가득한 얼굴로 눈물 뚝)

S#7　**달리는 영주 차 안**

영주E　(입술 깨물며) 제발 그러지 마라, 김선영. 이제 제발 그 러지 마… 응?

S#8　**채린 주상복합 아파트 앞**

급하게 차를 세우고 뛰어 올라가는 영주. 조바심이 가득하다.

S#9　**채린 집 현관 앞 승강기**

승강기가 열리면, 미친 듯이 채린 집 호수를 찾아서 뛰어오는 영주. 모퉁이를 돌아서 급하게 달려오면, 비스듬히 열려 있는 현관문. 영주, 겁이 더럭 나지만, 숨을 몰아쉬고 문을 왈칵 열고 들어간다.

S# 10   채린 집 현관 + 거실

영주   (들어오며) 선영 언니! (부르다가 뚝 굳어서 멈춰버린다)

소파에 앉아 있는 채린과 한심하게 바라보는 정도 앞에서 무릎을 꿇고 있는 선영의 모습이 보인다. 믿기지 않는 듯 바라보는 영주.

영주   김선영…?
선영   (흠칫 놀라지만, 돌아보지도 못하고 고개를 숙인다)
채린   (재밌다는 듯 빙글거리고 있다)

굳은 얼굴로 선영을 향해 걸어가는 영주의 시야가 가까워지면. 선영, 겁에 질려 움찔움찔 몸을 피한다. 선영 옆에 서는 영주.

영주   (최대한 누르며) 김선영… 지금 여기서 뭐 하는 거니? (이를 악물며) 얼른 못 일어나니?
선영   (묵묵부답으로 입을 꾹 다물고 있다)

영주	김선영…! 내 말 안 들려? 얼른 일어나랬지…! 얼른…!
선영	(굳게 마음먹은) 안 된다. 내, 박서방 데불고 간다꼬 닻별이랑 철석같이 약속하고 왔다! 손구락도 이래 걸고, 도장도 찍고, 복사또 했다!
채린	(킥~ 웃으면)
영주	(모멸감과 분노에 터지기 일보직전인, 목소리 떨리는) 김선영… 너, 날 얼마나 비참하게 만들려고 이러니…? 내 속을 얼마나 뒤집어놓으려고 이러는 거냐구!
선영	… 영주야.
영주	정말 나 죽는 꼴 볼래? 나, 여기서 혀 깨물고 죽을까? 니 앞에서 죽어 보여야 일어나겠니?! 정말 죽어줘!?
선영	(당황한) 아 아이다. 내 일어난다. 일어나께 그른 무서분 소리 하지 마라. 봐라, 내 여 일어난다. 봐라, 버얼떡~! (하면서 일어나려다가, 다리가 저려서 깨금발을 하면)
채린	(킥킥 웃는다)
영주	(치욕에 떨리지만) 김선영, 똑바로 서! 똑바로 못 서니?!
선영	(난감한) 영주야, 내도 그르고 싶은데, 다리에 쥐가 나삣다. (코에 침을 연신 찍어 바르면)
채린	(웃음을 참지 못해 터진다) 오호호호~ 아유 웃겨. 웃겨 죽겠네~
영주	(부끄러움을 넘어 참담해진, 눈물이 핑 도는) 김선영… 똑바로 걸어… 똑바로 걸어서 나가라구…!
선영	어, 인자 됐다. 인자 똑바로 걸을 수 있다. 봐라. (비뚤

거리며) 똑바로 걷고 있제? (해죽 웃고, 정도를 보더니) 박서방, 그라모 내가 한 얘기 잊지 말고 잘 (생각하그래이)

영주 (O.L 미쳐버릴 것만 같아서, 울음이 맺히는) 김선영~!

선영 알았다. 간다. 가고 있다. (저린 다리로 나가서 해죽 웃고 문을 탁 닫는다)

S# 11   영주 집 거실

식탁의자가 바닥에 질질 끌려가면서 소리를 내고 있다. 닻별, 입술을 꼭 깨물고 의자를 끌고 가 영주방 앞에 세워놓는다. 못과 망치를 들고 의자에 올라가는 닻별. 접수증명원을 방문에 대더니, 탕! 탕! 망치질을 한다. 영주에 대한 분노와 실망감으로 눈물이 번지면서도 탕~! 탕~! 망치질을 멈추지 않는 닻별. 끝내 눈물이 주르르 흐르며 형형… 운다.

S# 12   채린 집 거실

영주, 참담하게 눈도 못 마주치고.

영주 미안해… 일이 이렇게 될 줄은 나도 꿈에도 몰랐어. (가려고 하면)

정도 그게 미안한 사람 태도냐? 여기가 니네 집 놀이터야? 니들 마음대로 쳐들어와서 니들 마음대로 설치다 가도 되는 데냐구!

영주 (눌러 참으며) 그럼, 내가 뭘 어떻게 해줬으면 좋겠니? 나도 무릎이라도 꿇고 사과해줄까?

정도 툭하면 무릎 꿇는 게 니네 집 내력이니?

영주 (자존심 상해서) 뭐?

정도 괜히 미안한 척하지 말고, 다시는 저 바보여자, 얼씬도 못하게 하란 말야! 얼씬도!

영주 … 알았으니까 염려 마. 내가 죽기 전에 다신 이런 일 없을 거야. 됐지…? (가려고 하면)

채린 나 참 기가 막혀서. 오빠, 어떻게 저런 뻔뻔하고 덜떨어진 집구석에서 오빠 애처럼 똑똑한 애가 나온 거야?

정도 (장단 맞추며) 누가 아니래니? 우리 엄마 말마따나 친자확인이라도 했어야 하는 건데. 나 참~

영주 (꿈틀하며) 박정도, 당신 지금 뭐라고 그랬니…?

정도 왜? 니네 자매들 하도 기가 막힌 짓 하고 다니다보니까, 이제 귀까지 막혔니? 어떻게 니네 바보 집안 피에서 닻별이 같은 애가 나왔는지 유전자검사라도 해야겠다고 했다. 됐어?

영주 (부들부들 떨리는) 그게 니 딸한테 할 소리니? 삼 년 내내 박정도 너만 기다린 애한테, 니가 빛이고, 우주고, 세상 전부인 애한테… 그게 애비로서 할 소리야?

정도 내가 더 솔직히 얘기해줘? 나 니 애한테 애비노릇 할 생각 추호도 없는데, 어쩔 수 없이 하고 있는 거거든? 왜? 니들 자매 이 난리 또 부릴까봐서~! 됐냐?!

영주 (분해서 눈물이 나올 것 같지만, 꾹꾹 눌러 참으며) 그래. 이제라도 알려줘서 정말 고맙다. 너무 고마워서 나도 당신한테 보답 좀 할게. 박정도. 내가, 과수원 팔아서 준 니 유학비용 갚으라고 했지?

정도 치졸하긴~ 누가 그깟 유학비용 들먹이면 겁이라도 먹을 줄 알았니? 갚는다고~ 갚으면 되잖아. 이 인간아!

영주 (실룩 미소 지으며) 아니, 갚지 마.

정도 … 뭐?

영주 내일 법원 가서 이혼신청취하서 낼 테니까, 그 돈 갚지 말고, 너 좋아하는 소송준비에 보태 써.

채린 (기가 막혀서) 오빠~

정도 야! 김영주! 너 지금 끝까지 해보자는 거야?

영주 아니, 끝까지 해보자는 건 너야. 박정도. 넌 지금, 적어도 인간이라면 하지 말아야 될 말을 했어. 이제 너 죽을 때까지 이혼 못해~! 아니, 나 죽을 때까지, 나 죽어서 니가 내 관뚜껑에 못 박을 때까지, 절대 안 놔줄 거야. 알겠니? (이글이글 보면서 휙 나가면)

채린 (참다못해) 김영주! 나 좀 봐요!

영주 오채린이라고 했니? 나, 너 같은 애한테까지 말 섞을 에너지 없으니까, 니 수컷이랑 얘기해. 알겠니?

획 돌아서 걸어 나오는 영주. 문을 있는 힘껏 밀치고 나와 탕! 닫는다.

S#13   채린 집 앞 복도

참았던 눈물이 왈칵 쏟아질 것만 같지만, 꾹 참고 걸어가는 영주.

S#14   동 채린 집 거실

채린   (열받은) 하~ 너 같은 애? 오빠, 저 여자 뭘 믿고 저렇게 건방져? 고작 잡지사 편집장 주제에 뭐가 저렇게 대단한 건데~!

정도   내 말이~ 탈탈 털어봤자 개털 집구석 주제에, 자존심은 아주 하늘을 찔러요~ 하늘을~

채린   그래. 김영주, 당신 잘난 콧대 언제까지 세우고 살 수 있는지, 어디 두고보자구. (이를 갈며) 오빠, 나 아빠 좀 만나고 올게.

정도   아빠? 아빠는 왜?

채린   김영주, 내가 밟아버릴 거거든?

S#15   채린 집 밖 승강기 앞

승강기 앞까지 걸어오는 영주. 승강기 버튼도 채 못 누르고 겨우 꾹꾹 눌러 참는데, 가슴이 아프다. 문지르며 눈물을 꾹꾹 참는데, 결국 쿡! 하고 눈물이 터진다. 입술을 깨물며 흐느끼는데, 모퉁이에서 선영이 슬그머니 몸을 내민다. 차마 만지지도 못하고 영주의 옷깃을 슬그머니 붙들며… "영주야…" 하는 순간.

영주   (뿌리치고 이글이글!) 저리 가!! 저리 가란 말야!!

선영   (놀라서 움찔 물러나면)

영주   제발 내 옆에 오지 마. 오지 말란 말이야~!! 제바알~~!!

영주, 주저앉아 운다. 한스럽고 참담해져서 가슴을 두드리며 운다. 선영, 겁에 질리고 미안해서 함께 눈물이 핑 돈다.

S# 16   영주 집 닻별 방 + 현관

바닥엔 찢어진 상장과 망가진 트로피, 내던져 어지럽힌 옷가지들. 눈물범벅이 된 얼굴로 백팩을 들고 나가는 닻별. 현관문이 탕! 닫히는 소리 들리면, 위태위태하게 서 있던 인디언 텐트가 풀썩 무너져내린다.

S# 17   달리는 영주 차 안

무거운 침묵이 흐르고, 무섭게 앞만 보고 운전 중인 영주.

선영   (겁에 질려 눈치를 보며) 미안하다… 니 화 마이 났제…?

영주   (듣고 싶지도 않아서) …

선영   영주야… 내는 박서방이랑 니가 내 때문에 그르키 된 기 미안해가…

영주   (O.L) 김선영. 그 입 좀 다물어줄래?

선영   … 어?

영주   (피로하고 지친) 지금 아무 말도 하고 싶지 않으니까… 제발 그 입 좀 다물라구… 응?

선영   알, 알았다. 미안하다. (하다가) 그래도 걱정 마라. 내 어떤 일이 있어도 닻별이랑 약속은 꼭 지키줄 끼다! 내 니한테 얘기 안 했는데, 예즌에 박서방이 니랑 결혼 안 한다꼬 했일 때…

영주, 결국 못 참고 핸들을 휙 꺾어서 갓길에 차를 급정거한다. 빵빵거리면서 지나가는 차들.

영주   내려…!

선영   … 어?

영주   (낮지만, 매서운) 내 말 안 들리니? 내려! 내리라구~!!

선영   여, 여서? (둘러보며) 여, 여가 어딘데?

영주   (여전히 냉정한) 어디든 상관없으니까 내려. (이를 악물며) 김선영, 지금 당장 내리라구! 지금 당장!

선영   (서슬에 놀라서) 어, 알았다. 내린다. 지금 내린다. (허둥지둥 내리더니 부러 해죽 웃으며) 영주야. 내는 여 닻별이가 준 주소랑 약도또 있으이까 아무 걱정 말고… (하는데 차가 급출발해버린다)

차문을 붙잡았다가 넘어질 뻔하는 선영을 뒤로하고 급출발하는 차. 그 속도로 문이 닫히고. 놀라서 보는 선영의 모습이 룸미러로 멀어진다. 속이 터져버릴 것 같은 표정의 영주. 독하게 입술을 깨물며.

영주E   아니… 김선영, 집 같은 거 찾아오지 말고… 연락도 하지 말고… 그냥 없어져줄래…? 내가… 유황지옥에 떨어져도 좋으니까… 죽어서 온몸이 불타고, 뼈가 녹아도 좋으니까… 내가 너 버리기 전에… 제발 니가 알아서… 사라져줄래…? (서럽고 원망스러워서 눈물이 주르륵 흐른다)

S#18   거리 / 낮

멀어지는 영주의 차를 망연히 보고 서 있던 선영의 얼굴에서 웃음기가 점차 사라지며 슬퍼지는.

선영E 영주야… 내가 이래 바보멍충이지만… 내도 니 마음 안다. 내 여서 없어졌시모 좋겠제…? 내도 똑 그랬으면 좋겠는데… 지금은 몬 그러겠다… 우리 대영이, 누명 뱃길 돈만 마련하고. 또 영주, 니가 쪼매라또 편안하게 웃는 그 보고 나면, 그때 사라지주께… 니 앞에 다신 안 나타나께. 미안하다, 내 동생. (눈물 주르륵 흐르지만, 해죽 웃으며 쓱 닦는다)

이때, 순찰 중인 경찰차가 서행해서 달려오는 모습이 보이면, 선영, 후다닥 뛰어가 경찰차를 막아선다.

경찰 (고개 내밀며) 아주머니, 무슨 일이십니까?

선영 (당당한) 길을 잃어버릿심더! 내 집에 쫌 데려다주이소!!

S#19 달리는 차 안

분노와 설움이 엉킨 얼굴로 입술을 깨물고, 눈물을 쓱쓱 닦으며 운전을 하고 있는 영주. 전화벨 계속 울린다. 신호에 걸리면 차를 세우고 확인한다. 배일도다. 무시하고 안 받으면, 끊기고 문자메시지 도착한다.

수리F 편집장님, 사장님께서 급하게 상의할 일이 있으시다고 연락 달랍니다.

영주, 문자를 보내려다가 도저히 대꾸할 기분이 아니다. 휴대전화를 핸드백에 쑤셔넣는데, 제하가 준 마트로시카가 보인다. 우두커니 보던 영주, 신호가 바뀌자 휙 차를 돌린다!

S#20   탈의실

제하, 지친 얼굴로 마스크를 벗고 수술복을 벗어던진다. 로커룸 문을 열고, 옷을 꺼내다가 휴대전화를 확인하면. 영주한테서 걸려온 부재중 전화, 문자도 보인다. 환해진다.

S#21   한국대학 캠퍼스 전경

옷을 갈아입고 환한 얼굴로 달려오는 제하 위로 들리는.

영주E   (애써 밝은) 이제하. 전화 안 받는 거 보니까 수술 중인 모양이네? 잠깐 바람 쐴 시간 있으면 나올래?

저만치 벤치에 앉아 있는 영주의 뒷모습 보인다. 제하, 주차된 차량의 사이드미러에 얼굴을 쓱 비춰보고, 벤치 옆으로 간다.

S#22   캠퍼스 일각 / 벤치

제하   (부러 요란하게 옆에 앉으며, 밝은) 언제 왔어?

영주   어, 좀 전에. (커피 건네며) 마실래? 좀 식었는데.

제하   (받아서 벌컥 마시고) 캬아~ 좋다. 김영주 니가 몰라서 그러는데, 커피는 원래 이렇게 식혀서 마시는 음료거든? 브라질에선 원래 그래. 아니, 코스타리카였던가? (하면)

영주   (피식 웃다가, 금세 우울해지는) 제하야, 원래 사는 게 이렇게 힘든 거니?

제하   (알지만 부러 밝은) 안 힘들면 사는 게 무슨 재미가 있겠냐? 힘드니까 살 만한 거지. 김영주, 사람이 80년을 산다고 가정하면, 웃고 행복한 시간이 얼마나 되는 줄 알아? 그 시간이 말이지, 겨우…

영주   (픽 웃고) 이제하, 그 기사 내가 썼거든?

제하   아, 그랬나. 근데 진짜 행복한 시간이 그 정도밖에 안 된대?

영주   요즘 같아선, 그 시간만큼이라도 행복해질 날이 올까 싶다. 아니, 행복해지는 것까지 바라지도 않아. 하루 24시간이 아니라, 한 시간만이라도… 이렇게 아무 걱정 없이 봄볕에 잠들었으면 좋겠다.

제희, 가운 사이로 양산을 쓱 펼쳐서 팡! 펼쳐 들고 가려주며.

제하   과도한 햇볕과 황사는 노화의 원인이 된다는 의사선생

님 말씀~

영주 (픽 웃더니, 양산을 건네받아 얼굴을 가리며) 제하야…
나… 요즘 너무 힘들다…? 힘들어 죽겠는데… 누구 하
나 붙들고 얘기할 사람이 없어서… 너 찾아왔어.

제하 (우산 쓱 올리더니, 영주의 얼굴을 콕콕 찍어주며) 듣기
전에 먼저, 성자와 성부와 성신의 이름으로 너의 죄를
사하노라. (씩 웃고, 양산으로 가려주며) 얘기해.

영주 (미소 짓고, 금세 쓸쓸해지는) 스무 살에 이 캠퍼스에 들
어설 때부터 나 매일매일 기도하며 살았어. 하느님, 제
발… 나한테 지옥 같은 가족들… 생떼처럼 달라붙은 바
보언니, 다 데려가고… 저 혼자만 남게 해주세요. 저한
테 속한 모든 사람들, 다 데려가버리고… 제발… 저한테
새로 시작할 가족을 주세요. 매일 기도했어.

제하 (안쓰럽게 본다)

영주 그렇게 기도해서 얻은 게 닻별인데… 이제 그 애한테 가
족이 깨졌다고, 니가 믿던 엄마, 아빠는 더 이상 바람막
이가 될 수 없다고… 얘기해줘야 돼. (북받치는) 그 얘길
하러 가야 되는데… 너무 무섭고… 너무 미안하다…?
(눈물이 핑 도는데)

제하 (마음이 아프지만, 부러 밝은) 스무 살에 이 캠퍼스에서
가슴이 두근대던 경상도 여자아이를 하나 만났거든? 그
애를 보면서 가슴이 단 한 번도 안 설렌 적이 없었어. 그
래서 매일매일 기도했어. 하느님, 비가 오면 저 아이의

우산이 되어도 좋고, 바람이 불면 바람막이가 되어도 좋습니다. 그리고 이렇게 햇볕이 따가운 날이면, 볕을 가리는 양산의 손잡이가 되어도 좋습니다.

제하, 손을 뻗어 양산을 쥔 영주의 손을 잡아준다.

영주 (뜨끔 놀라서 굳는다)

제하 영주야, 힘들면 언제라도 달려와. 아니, 힘들다고 SOS만 보내. 그럼 내가 너한테 갈 테니까.

영주 (가슴이 덜컥하지만, 이럼 안 된다, 마음 다지고) 제하야…

제하 알아, 아직은 때가 아닌 걸. 하지만 얘기해주고 싶었어. 김영주, 너 혼자 아니라는 거.

영주 (가슴이 시큰해진다)

제하 닻별이한테도 그렇게 얘기했으면 좋겠어. 엄마랑 아빠가 헤어져도, 넌 혼자가 아니라고. 널 이 우주보다 더 사랑하는 사람이 니 옆에 늘 함께 있다고.

영주 (눈시울이 뜨거워진다. 참으며, 양산 내리고. 부러 밝게) … 고맙다… 친구?

제하 (마음이 아프지만 미소 짓고, 장난스레) 괜춘했어?

영주 응. 완전 괜춘했어. (부러 밝게 미소 짓고 일어나며) 덕분에 기운이 좀 난다. 나, 이제 닻별이 만나러 갈래.

제하 (따라 일어나며) 그래.

영주 (양산 돌려주며) 고맙다? (미소 짓고 가면)

제하　　그럼, 술 사~

영주　　(가며) 그래, 살게, 술.

제하　　코 삐뚤어질 때까지~!

영주　　(점점 멀어지며, 돌아서) 그래, 코 삐뚤어질 때까지 살게.

제하　　나 의식 잃고 쓰러질 때까지다~!

영주　　그래, 너 의식 잃고 병원에 실려갈 때까지 살게~! (손 흔
　　　　　들고 웃으며 간다)

제하E　　김영주. 이렇게밖에 못해서 미안하다.

제하　　(손을 모아 고함치듯) 김영주, 꼭 술 사야 된다아~!

멀리서, 손을 흔들고 가는 영주의 뒷모습을 쓸쓸하게 보는 제
하. 돌아서면.

영주E　　(돌아서 보고) 고맙다, 이제하. 근데… 나, 너 돌아볼 여
　　　　　유 같은 거 없어… 미안해, 친구야. (기운 내며 간다)

S# 23　　대형마트

밝은 음악과 함께 식품코너를 돌며 장을 보고 있는 영주. 유
기농 퍼레이드다. 영주, 피망을 들었다가 내려놓는데.

닻별E　　엄마, 나 피망 싫어~

S#24 영주 회상 / 영주 집 식탁

닻별과 마주 앉아서 식사 중인 영주. 닻별, 영주가 숟가락에
올려준 피망볶음을 슬그머니 떨어뜨리면. 영주, 새 피망을 올
려준다.

닻별 엄마아, 나 피망 안 먹으면 안 돼?

영주 (단호한 척) 안 돼. 골고루 먹어야 키도 쑥쑥 크지. 닻별
이 너 지금 키가 몇 센친 줄 알아? 니 또래 애들보다 반
뼘은 작삲아. 얼른 먹어.

닻별 (삐죽거리며) 엄마도 파는 빼고 먹으면서 왜 나한텐 먹
기 싫은 피망을 먹으라 그러는데?

영주 (보면, 앞접시에 건져낸 파가 민망하다. 젓가락으로 들
어서 날름 입에 넣고) 봤지? 엄마도 먹었으니까, 너두
얼른 먹어. (올려주며) 자!

닻별 (울상이 되면서도 피망을 입에 넣고 씹는다)

영주 어때? 맛있지?

닻별 맛없어~

찡얼거리면서 인상을 쓰는 닻별이 귀여워서 웃음이 나는 영주.

S#25 동 대형마트 + 계산대

미소 짓고 내려놓으려던 피망을 다시 담는 영주. 계산대로 간다. 장 본 물건들을 계산하고 담고 있는 영주. 전화가 걸려온다. 집이다.

영주 (닻별이라고 생각한, 밝게) 어, 닻별아.

선영F 영주야, 내 닻별이 아이고, 슨영이다.

영주 (반가움 반 미안함 반) … 언니. 집은 어떻게 찾아갔니?

선영F 어, 경찰차 운전하는 아저씨가 데리따줏다.

영주 그래? 다행이다. 근데 전화는 왜 했니? 무슨 일 있어?

선영F (망설이는) 어… 그기 아무래도 닻별이가 집을 나간 그 같다.

영주 뭐? 닻별이가 왜 집을 나가?

선영F 그기 왜냐면… 닻별이가 니 이혼접수증명원을 본 그 같 그등?

영주 (벼락 맞은) … 뭐?

영주, 놀라서 미친 듯이 계산대를 빠져나간다. 접수대 여직원이 "손님~" 부르지만, 대답할 겨를도 없이 빠르게 걷다가 달려간다.

S# 26   오민석 사무실 / 밤

오민석 (무시하는) 오채린, 니가 지금 에스띨로를 인수하겠다

이 말이가?

채린 왜? 내가 못할 것 같애? 아빠, 나 파리 에스모드에서 패션공부 했었어~! 아빠가 보내줘놓구 벌써 잊어버렸어?

오민석 (코웃음) 공부는 무신 얼어디질 공부? 이상한 환쟁이 놈하고 눈 맞아가 독일로 잠수 탄 주제에. 니 박서방도 거서 만난 그 아이가?

채린 (으르렁) 아빠~! 그 얘긴 다시 하지 말랬지!

오민석 알았다, 알았다. 가스나 성깔하고는. 그란데, 에스띨로 같은 잡지사는 뭐 빨아묵을 게 있다꼬 인수할라 카는데? 그기 돈이 되나?

채린 아니, 돈 같은 건 상관없어. 김영주 그 여자만 내 앞에 무릎 꿇게 하면 되니까. (이를 간다)

오민석 저 저 또 이상한 고집 나온다. 야, 이 가스나야. 사람 무릎 꿇게 할라카모 우리 상근이 시키가 잡아오면 되지, 뭐 한다꼬 잡지사까지 인수할라 카는데?

채린 (휙 노려보며) 아빠, 그놈의 사채업자 티 좀 그만 낼래?

오민석 (이게 콱! 하다가) 니 맘대로 해라. 맘대로~!

으르렁거리고 있는 채린을 걱정스럽게 본다.

S# 27   영주 집 현관 + 거실

와당탕 문을 열고 들어오는 영주. 난장판이 된 닻별이 방을 보면 더럭 공포가 몰려온다. 정신 나간 듯 서재를 열어보고, 둘러보며.

영주   언니, 닻별이, 우리 닻별이 어디 갔니? 응?

선영   (죄스러운) 영주야…

영주   언니! 닻별이가 어떻게 이혼접수증명원을 봤다는 거니? 닻별이가 무슨 수로 그걸 봤다는 거야!

선영   (죄스런) 그기… 니 핸드백에서 떨어진 그를 내가 주워 가, 내 가방에다 꼭꼭 숨겨놨거등? 그란데 닻별이가 내 전화기 찾으면서 본 그 같다… 쩌어기… (손으로 가리키면)

영주 방문에 못으로 박혀 있는 이혼접수증명원. 점층 화면으로 증명원이 가까워질수록, 탕! 탕! 영주의 가슴에 대못이 박히는 것만 같다. 떼어낼 기운도 없어… 힘이 빠져서 털썩 주저앉고 만다.

영주   김선영… 나 피 말라 죽는 꼴 보고 싶니…? 정말, 내 심장이 터져 죽는 꼴 보려구 이래…? 내가… 왜 사는지 몰라…? 내가… 누구 때문에 이 모진 목숨 붙들고 사는지 몰라? (눈물 왈칵 쏟아지며) 김선영, 나… 닻별이 없으면… 죽어. 닻별이 없으면 하루도 못 산다구우~ (운다)

선영   (영주가 더 걱정돼서 단호한) 그른 소리 마라! 니가 와

못 사노! 걱정 말고 기다리라! 내 닻별이 찾아오게! 내 무신 수를 써서라도 닻별이 찾아올 테이까! 니는 걱정 마! (부리나케 나가려고 하면)

영주 아니, 됐어. 닻별이는 내가 찾을 테니까, 언니는 잠자코 집에 있어. (나가려고 하면)

선영 (영주의 손을 와락 움켜쥔다)

영주 … 언니!

선영 (간절하면서도 단호한) 내 때문에 이래 됐으이까, 내도 찾게 해도…! 내 분명 찾을 수 있다! 으이! (미안함과 죄스러움에 의지까지 불타오르는)

영주 (못 말리는 것 안다) … 그래. 가자. 닻별이 찾으러 가자.

선영 (그제야 놓으며) 어, 가자!

두 사람, 서둘러서 거실을 빠져나간다.

S# 28   아파트 현관 앞 / 밤

선영과 영주, 승강기에서 빠져나와, 달려가며 닻별을 애타게 부른다. 이때 영주의 휴대전화로 전화가 걸려온다. 닻별이다.

영주 언니!

선영 (돌아보며) 어? 닻별이 선화가?

영주 (끄덕이고 불안하지만 재빨리 받으며) 여보세요? 닻별이니? 닻별아.

수현F　닻별이 엄마 되시죠?

영주　(놀란) 예. 제, 제가 닻별이 엄맙니다. 누구시죠? 누군데 우리 딸 휴대전화로 전화를 하는 거죠?

수현F　아, 저 닻별이 친구 오수현이라고 합니다.

영주　친구요…?

수현F　예.

영주　그럼, 우리 닻별이 지금 어딨죠?

S# 29　놀이터 / 밤

수현　아파트 놀이터 아시죠? 거기로 오시면 닻별이가 기다리고 있을 겁니다. 그럼 안녕히 계십시오. (끊는다)

닻별E　야, 이 바보 똥개야! 누가 우리 엄마한테 전화하랬어! 우리 아빠한테 데려다달랬잖아~!

수현, 소리가 들리는 방향으로 고개를 돌리면, 놀이터 미끄럼틀 위에 뒷덜미가 걸려서 대롱대롱 매달려 있는 닻별.

닻별　아, 빨리 안 내려줄 거야~! 이 똥개야~!

수현　(픽 웃고) 박닻별, 너 니네 아빠네 집 몰라? 알잖아~

닻별　… 뭐?

수현　너 혼자 충분히 찾아갈 수 있는데도, 왜 날 찾아온 건

데? 너 엄마랑 얘기가 하고 싶어서 그런 거잖아~

닻별 (뜨끔해서) 뭐?

수현 엄마가 왜 그랬는지 알고 싶으니까, 나한테 니네 엄마랑 얘기할 기회를 마련해달라고 온 거 아냐?

닻별 (자존심 상해서) 오빠 같은 돌대가리가 뭘 안다고 심리 분석이야? (발을 구르며) 아, 얼른 안 내려줄 거야!

수현 (휴대전화를 닻별이 호주머니에 넣어주면서) 심술부리 지 말고, 엄마랑 무슨 얘기 할지나 잘 생각해둬. 알았 지? 오빠 간다~ (손 흔들고 가면)

닻별 오수현! 이 나쁜 놈아! 진짜 안 내려주고 갈 거야? 오수 혀언~!

수현, 무시하고, 헬멧 쓰고 오토바이 시동 거는데, 저만치서 선영과 영주가 "닻별아~" 부르면서 달려오는 모습이 보인다. 수현, 선영과 영주를 향해 오토바이 방향을 바꾸더니, 깜빡깜 빡 신호를 보낸다.

S# 30 놀이터 일각

멀리 놀이터에서 불빛이 선영과 영주에게 점멸되면… 눈이 부셔서 보는데. 오토바이 불빛 방향이 바뀌더니 다시 점멸하 는데, 닻별이 보인다.

선영 영주야, 쩌어그 빨래맹키로 걸리 있는 기 닻별이 맞제?

영주 … 닻별아…! (뛰어간다)

S#31 동 놀이터 일각

수현, 닻별을 향해 비추던 라이트를 돌리더니, 오토바이를 출발시킨다. 닻별을 향해 손을 흔들고 달려가는 수현의 오토바이. 오토바이와 지나치며 달려오는 선영과 영주. 영주, 고개를 돌려서 오토바이 탄 수현을 본다. 수현, 살짝 목례하고 달려간다.

선영 닻별아, 니 와 거거 걸려 있노? 으이?

닻별 (자존심 상해서 외면하면)

영주 (안도감에 울컥하며) 괜찮아? 박닻별. 너 괜찮은 거지? 응?

닻별 (화가 나서 시선 외면한다)

S#32 영주 집 욕실

닻별의 머리를 감기고 있는 영주. 닻별, 입이 댓 발 나온 채로 쪼그리고 앉아 있다. 샤워기로 닻별의 머리를 헹궈주고, 수건으로 감싸주는 영주. 닻별의 팔을 만져보며.

영주	어디 봐. 아픈 덴 없어? 괜찮아?
닻별	(뿌리치며) 됐거든? (나가려고 하는데, 영주의 손에 잡힌다)
영주	… 딸… 엄마가… 미안해.
닻별	(화난) 미안하다고 사과하면 이혼한 게 사라져? 원래대로 돌아오냐구! (뿌리치고 가려는데)
영주	… 엄마, 이혼 안 할 거야.
닻별	(믿지 않는) 이혼서류도 엄마 이름으로 접수했으면서 그게 말이 돼?
영주	닻별아. 엄마, 오늘 아빠한테 가서 이혼취하서 낸다고 얘기했어.
닻별	(돌아보며, 미심쩍지만) 정말이야?
영주	응. 우리 닻별이 스탠퍼드 가기 전까지, 아빠랑 엄마, 서로 노력하자고 했어.
닻별	진짜지? 엄마. 거짓말 아니지?
영주	그래, 진짜야. 거짓말 아냐. 그러니까… 닻별이도 엄마 너무 미워하지 말아줄래? 엄마도 우리 닻별이 행복하게 해주고 싶어서, 정말 많이많이 애쓰고 있거든? 그러니까 엄마 자꾸 밀어내지 말고… 엄마한테도 기회를 줘. 그럴 수 있지?
닻별	…
영주	(애틋하게) 닻별아…
닻별	… 알았어…

영주	(눈시울이 뜨거워지지만 꾹 참고 미소 지으며) 고맙다, 우리 딸.
닻별	(여전히 비죽하면서) 그럼, 이모아줌마는?
영주	엄마가 얘기했잖아. 대영이 삼촌한테 문제가 생겨서 그 문제만 풀리면 금방 내려갈 거야.
닻별	그게 도대체 무슨 문젠데 그래? 외삼촌이 무슨 누명 쓴 거래며?
영주	맞어. 근데 그 누명을 벗으려면 합의금이 필요하대. 그래서 엄마가 열심히 합의금 마련하고 있거든? 그러니까, 이모 너무 미워하지 말고 조금만 기다려줄래?
닻별	합의금이 얼만데?
영주	… 닻별아.
닻별	알았어. 그건 어른들 일이니까, 엄마가 알아서 해. 대신 아빠랑 절대 이혼 안 하는 거다. 알았지?
영주	… 응. (고개 끄덕인다)
닻별	(풀리며) 먼저 나갈게. 엄마도 씻고 나와. (나가면)
영주	(미소 짓지만, 금세 한숨이 나온다)

S# 33   욕실 앞 + 거실

수건을 닻별처럼 두른 영주가 문을 열고 나오려는데, 머리 말려주는 선영과 닻별의 뒷모습이 보인다. 안방으로 가려는데 들리는.

선영 (머리를 닦아주다가 닻별의 눈을 보더니) 우째 눈이 이
래 초롱할꼬. 내가 너거 옴마라도 니 눈 이래 보면, 세상
시름 다 잊어뿔겠다.

닻별 피이~ 엄만 그런 말 절대 안 하거든요?

선영 와?

닻별 엄만, 나 보면 맨날 스터디는 어떻게 했니? 이번 교수님
은 어때? 잘 가르쳐? 마음에 안 들어? 이딴 것만 물어보
거든요? 맨날 공부, 공부. 우리 엄만 내가 무슨 공부하
는 기곈 줄 안다니까요.

CUT TO

영주, 닻별 말에 씁쓸한 표정으로 가다가, 선영 말에 멈춰 선다.

CUT TO 동 거실

선영 아이다~ 니네 옴마가 니 을매나 아끼는데.

닻별 공부 잘할 때만 아끼겠죠. 안 창피하니까.

선영 두 살 땐가, 니 볼거리를 심하게 해가 병원에 입원한 즉
이 있었다.

닻별 병원에 입원을 해요?

선영 응. 그때 니 열이 40또도 넘고, 사흘 동안 의식도 엄꼬
그랬다. 그때, 니 옴마가 우쨌는 중 아나?

닻별 어쨌는데요?

선영 사흘 내내 밥도 안 묵고, 물또 안 마시고, 잠도 안 자고.

닻별이 니 손만 이래 꼬옥 붙들고, 기도했다. (감정이입
되며) 하느님, 우리 닻별이 살리주세요. 닻별이 데리가
려면, 차라리 내를 데려가세요. 내가 대신 갈 테이까 하
느님 우리 닻별이 살리주세요. 이러면서 사흘 내내 울었
다. (하면서 그렁그렁한 눈을 쓱 훔치면)

닻별　진짜요…?

선영　하모. 내가 왜 사람 목심이 달린 일에 그짓말을 하겠노?

닻별　(왠지 엄마가 달라 보인다) …

S#34　영주 방 / 밤

들어와 문을 닫고 기대는 영주.

영주E　하느님, 저한테는 어떤 고통을 주셔도 달게 받을 테니
까… 우리 닻별이… 행복하게만 해주세요. 제발 오늘 저
녁처럼만… 살게 해주세요.

영주의 간절한 표정에서 짧은 암전.

S#35　영주 아파트 전경 / 아침

S#36　영주 집 거실

출근준비를 하고 서둘러 안방을 나오는 영주를 보며.

선영   영주야. 지금 출근하노?

영주   (스카프를 매며) 어, 늦었어. (현관으로 가는데)

선영   (미리 준비한 쟁반에 음식을 받쳐 들고 뒤따라오며) 빈
      쏙에 나가지 말고 이그 좀 묵고 가그래이.

영주   언니, 나 원래 아침 안 먹는 거 알잖아. (하는데, 벌써 쌈
      이 눈앞에) … 언니…

선영   무봐라. 곰취잎 삶아가 소고기를 고추장에 볶아가 싼 기
      다. 봄에 입맛 떨어질 때는 곰취쌈이 띡이다. 응?

영주   (아침부터 싸우기 싫어서 어쩔 수 없이 받아먹는다)

선영   으떠노? 쌉쏘롬하이 맛나제.

영주   (맛은 있다. 씹으며) 그래. (나가려 하면)

선영   어데? 이굿도 한나만 더 묵어봐라. 창란젓 탁탁 다지가,
      다시마로 싸고 미나리로 감은 기다.

영주   … 됐어.

선영   그라지 말고 한 개만 더 먹어봐라. 어?

영주   (어쩔 수 없이 받아먹는데)

닻별   (나오며) 피, 언니가 아니라 꼭 엄마 같네?

영주   (뜨끔 놀라며) 그게 무슨 소리야?

선영   (역시 놀라는데)

닻별   왜, 내가 아침 안 먹는다고 하면, 엄마도 이모처럼 지러
      잖아. 자매라서 똑같은 건가? (아무렇지도 않게 주방으

로 가면)

영주　(가다듬으며) 닻별아. 너 학교 갈 준비 안 해? 오늘 스터디 있는 날 아니었어?

닻별　(물컵 들고 나오며) 스터디 레벨이 안 맞아서 교수님이 따로 스터디 구성해준댔어. 오늘은 하루종일 이모랑 같이 놀 거야.

영주　이모랑?

닻별　왜? 내가 이모랑 노는 거 싫어?

영주　(부러 밝은) 싫긴 왜 싫어? 엄마 언니랑 딸이 친해진다는데. 엄마야 완전히 땡큐지. 엄마 갔다 올게?

영주, 신발을 신다가 키홀더를 둔 채로 나가면, "잘 댕기오래이~" 문단속하고 휙 돌아서는 선영.

선영　닻별아, 옴마 갔다~!

닻별　(환해져 안방으로 들어가며) 빨리 들어와요~! 빨리~!

선영　어~ 근데, 진짜 니가 내 취직시키줄 수 있노?

닻별　걱정 말아요. (명함 보여주며) 어제 저녁에 전화해서 얘기 다 끝내놨거든요? 얼른 들어오라니까요.

선영　어~ (신이 나서 따라 들어간다)

S# 37　복도

걸어가다가 "맞다! 차 키~" 하면서 급하게 돌아서 온다.

S#38   영주 집 현관 + 거실 / 안방 앞

영주, 들어와 키홀더를 찾아 들고 다시 가려는데, 안방에서 키득거리는 소리 들린다. 뭐지? 싶어서 걸어가면.

S#39   영주 안방

닻별, 영주의 옷을 마구 꺼내서 선영에게 대본다.

닻별   아닌가? (바꾸고) 이건 어때요?
선영   이쁘다~
닻별   에이, 아니야~ (신이 나서 이 옷 저 옷 대보며) 이모, 이 건 어때?
선영   이것도 이쁘고, 저것도 이쁘고, 내 눈엔 다 이쁘다~
닻별   피, 그런 게 어딨어? (보다가) 이게 제일 깔끔한데? 이 모, 이걸로 할까? 오케이?
선영   오케이? 어, 오케이다.

선영의 얼굴에 화장품을 발라주는 닻별. 입술도 그려주고 볼 터치도… 선영, 소꿉놀이하는 것 같아서 행복하나. 닻별이 얼 굴에도 볼터치를 해주면서 환하게 웃는다.

S# 40   거실

그 모습을 열린 문틈으로 보면서 미소가 떠오르는 영주. 슬그머니 문을 닫고 나오는데, 휴대전화 벨이 울린다. 들킬까봐 서둘러 나간다.

S# 41   복도

현관문을 살그머니 닫고, 미소가 번지는 얼굴로 전화를 받는 영주.

영주   (밝게) 여보세요?

대영F   여보세요는 빌어먹을 뭐가 여보세요가~!

영주   대영이 오빠?

대영F   그래, 내다 이 나쁜 가스나야! 니 내가 지금 어데서 즌화하고 있는 중이나 아나!

영주   (참으며) 거기 어딘데…?

S# 42   달리는 호송차 안 / 교차로 보이는

대영, 수갑을 차고 전경대장의 휴대전화를 빌려서 전화 중인.

대영   여 구치소 가는 호송차 안이다! 이 나쁜 가스나야!

영주	(놀라서) … 호송차? 그게 무슨 말이야? 검찰에 넘어가기 전까지는 아직 시간이 있다고 했잖아.
대영	국가가 하는 일을 내 같은 깡촌 무지리 놈이 우예 알겠노? 까라모 까고! 콩밥 치묵으라모 치묵으야제!
영주	… 알았어. 금방 합의금 마련해서 조치할 테니까 조금만 기다려줘.
대영	기다리라꼬? 뭘 얼마나 기다리노? 김영주, 이 나쁜 가스나야. 니가 내를 진짜 한 핏줄이라꼬 생각했시모 이래 안 했어~! 애즈녁에 집을 담보로 잡히서라또! 대출금 받아가 합의금 마련했을 기라꼬!

S# 43 복도

영주	오빠, 지금 무슨 소리가 하고 싶은 건데…!
대영F	(기막히다는) 니가 진짜로 몰라서 이라는 기야? 내 여태껏 참아주고, 숨카주모, 입 꾹 다물고 모린 체하고 있으면! 은젠가는! 니가 내 입으로 씨부리기 전에! 니가 몬차! 얘기할 끄라고 믿었었어~! 그란데, 니 죽어또 얘기 안 하대?
영주	(혹시 닻별이가 나와서 듣지 않을까 돌아보며, 이를 악문) 오빠…!
대영F	서울서 법학자 마누래에 편십장 노릇까지 하면서 에헴하고 살다보이까, 니가 우째 태어나고, 우째 컸는지도

다 잊어뿟나? 니 어매가 누군지 싹 다 잊어뿟냐꼬!

영주 … 그래서, 이제 와서 뭘 어쩌자는 건데!

대영F 우째긴 뭘 어째? 참새도 죽으면서 찍한다꼬! 내도 죽기 전에, 김영주 니 진짜 어매가 누군지! 니가 을마나 나쁜 가스난지, 싹 다 밝히고! 자폭하겠다 이 말이다!

영주 (입술 깨물며) 김대영… 만일에 한마디만 더 하면… 만일에 우리 닻별이 귀에, 오빠가 한 헛소리 한마디라도 들어가면… 내가 오빠 죽일 거야… 알겠어…?! (휙 끊어 버린다)

S# 44   동 호송차

대영 여보세요? 여보세요! (독이 오른) 나쁜 가스나. 끝까지 이래 나온다 이그제? 임금님 귀는 당나귀 귀라꼬, 어데 두고보자. (버럭) 어데 두고보자꼬오~! (이를 악문다)

S# 45   동 복도

부들부들 떨리는 영주. 벽에 턱 기대고 가슴을 진정시키려고 애쓰며.

영주 니들이 벌인 짓을 왜 이제 와서 나한테 이래? 왜…? (입술 깨문다)

S# 46   최고만 집 전경 / 아침

S# 47   최고만 집 거실

왔다갔다, 안절부절, 시계를 보고, 지팡이를 툭툭 두들기고,
참다못해 벌떡 일어나며.

최고만   김군아! 김군아!

김집사   (느긋하게 걸어오며) 부르셨습니까? 회장님.

최고만   김선영이 그 바보는? 왜 안 오는 건네? 약속시간이 열한
시 아니었어? 어?

김집사   조금 늦는 모양이죠, 뭐.

최고만   조금 늦어? 찬모 면접 보러 오는 주제에, 누구 맘대로
늦는다는 게야! (조바심에) 어제 김선영이 조카라는 애
가 분명히 전화한 거 맞지?

김집사   예에~ 회장님도 옆에서 들으셨잖습니까?

최고만   근데 왜 안 오는 거냐? 그새 마음이 바뀐 거 아니냐?
응?

김집사   뭐… 김선영씨가 회장님 별로 안 좋아하니까 그럴 수도
있겠네요.

최고만   그럴 수는… (콱!) 얼른 전화해봐! 자식아!

하는데, 딩동! 벨소리 울린다. 김집사, 조바심이 난 최고만과

달리 느긋하게 인터폰을 드는데. 최고만, 못 참고 휙 인터폰을 빼앗아 들고 모니터 보며.

최고만 뭘, 뭘 얼쩡거리고 있어! 얼른 들어오잖구! 얼른 들어와!
(버튼 눌러 문 열어주고, 쾅! 인터폰 꽂아둔다)

김집사 (어이없는 미소)

S# 48   최고만 집 정문 앞

선영 (둘러보며) 닻별아, 여가 내가 일해야 되는 집이가?

닻별 왜? 이모 아는 집이야?

선영 어, 여는 있잖아, 디게 못돼치묵은 개장수 아저씨네 집이거덩? 그래가 내 여는 진짜 들어가기 싫은데…

닻별 걱정 마. 내가 개장수 아저씨란 사람 꼼짝 못하게 해줄 테니까.

선영 진짜로?

닻별 (계약서 흔들며) 내가 계약서 벌써 다 준비해왔거든~

선영 (환해진다)

S# 49   에스띨로 사장실

영주 (앉으며, 흥이 나지 않는) 투자자가 결정됐다구?

배일도 응. 빼도 박도 못하겠어서 완전히 포기하고 있었는데,

어제 저녁에 갑자기 황금동아줄이 하늘에서 떡~! 내려
왔지 뭐냐?

영주 투자자는? 누군데?

배일도 파리에서 패션 전공한 사람이라는데, 우리 에스띨로에
관심이 많았던 모양이야. 특히 김영주 너에 대해선 모르
는 게 없딘데?

영주 그래? 다행이네. 그럼 언제부터 투자하겠대니?

배일도 애들 입 찢어진 거 안 보이디? 어제 저녁에 계약서 도장
찍고, 바로 입금돼서 애들 월급부터 쏴줬다. 니가 먼저
집행한 진행비까지 넉넉하게 계산해서 넣었으니까, 너
도 확인해봐.

영주 그래, 고맙다.

배일도 이 자식은 천신만고 끝에 회사가 살아났는데, 왜 이렇게
죽상이야? 뭐 안 좋은 일 있어?

영주 됐고. 투자방식은 어떻게 하기로 한 거니?

배일도 일단 공동발행인 체제로 가기로 했다.

영주 편집장 권한에 왈가왈부하진 않겠지?

배일도 걱정 마라. 어느 미친놈이 천하의 김영주 편집장님 권한
을 건드리겠어? 그랬다간 작살나는데. 안 그래?

히는데, 수리가 노크를 하고 들어오더니.

수리 사장님, 손님 오셨습니다.

배일도 그래? 얼른 모셔. (시계 보고 일어나며) 야, 이거 완전 칼
        타임인데?

영주 (함께 일어나며 준비한다)

수리, 문을 열고 안내하면. 선글라스를 낀 채린이 들어온다.
놀라서 굳어버리는 영주 옆으로 쓱 멈춰 서더니.

채린 내가 그랬죠? 언제 어떻게 만날지 모르는 게 사람이라고.

씰룩 비웃고, 영주를 지나쳐서 배일도와 악수를 나눈다. 영
주, 상황을 파악하기 위해 안간힘을 쓰는데.

배일도 김편, 아니, 김영주 편집장님. 인사드려요. 우리 에스띨
        로의 투자자이시자 공동대표를 맡게 되실 오채린 사장
        님입니다.

영주 (눌러 참고) 김영주입니다. (겨우 목례를 하는 순간)

채린 (무시하고 앉으며) 배사장님, 직원들이랑 인사 좀 시켜
        주겠어요?

배일도 예? 지금 김영주 편집장이랑 인사하시라고…

채린 이 회사 직원이 편집장 하납니까? 다들 불러모으세요.

배일도 아, 예. 알겠습니다.

영주 (부들부들 떨리는 시선으로 노려보면)

채린 김영주 편집장님, 직원들 불러달란 말 못 들었나요?

영주　(이를 악물고) 그렇게… 해드리죠. 가실까요?

채린　편집장이란 사람이 어떻게 말귀도 못 알아듣죠? 불러모으란 건, 여기 이 자리로 부르란 말입니다, 알겠어요?

영주　(이를 악물며) 원한다면, 그렇게 해드리죠…! (배일도 나오라는)

S# 50　최고만 집 주방

선영, 닻별과 식탁에 마주 앉아 있는 최고만과 기립한 김집사. 그 앞으로 찬합에 담겨 있는 곰취, 호박잎, 양배추, 디시마쌈.

최고만　이걸 먼저 시식해서 맛이 없으면, 공짜로 음식을 해주겠다, 이거냐?

닻별　예. 대신에 맛있게 드시면, 제가 제시한 조건으로 계약을 해주시면 되구요.

최고만E　(실룩 웃으며) 건방진 바보들 같으니라구. 먹고 맛없다고 하면 그만이잖아. 저 호박 같은 바보가 넝쿨째 굴러왔구만.

최고만　좋다~ 그럼 우선 맛부터 보자~

최고만, 곰취쌈을 하나 꺼내 입에다 턱 던져넣고, 아작 씹는디. 순간, 눈이 휘둥그레져 쩝쩝. 씹다가… 한숨을 쉬면서 눈이 감긴다. 김집사, 영문을 몰라 슬쩍 쌈 하나를 입에 넣고 시식하다가 한숨을 쉬면서 함께 눈이 감긴다.

E	(정지용의 '향수' 노래가 흘러나오며) 넓은 벌 동쪽 끝으로~
최고만E	오오~ 이게 대체 무슨 맛이냐? 저 백두대간 산자락을 타고 내려오는 일급 청정계곡 물을 빨아먹고 자란 싱싱한 곰취와, 빨갛게 독이 오른 청양고추를 말려 담근 태양초 고추장, 그리고 이건 해설피 금빛 게으른 울음을 우는 얼룩배기 황소의 엉덩이 살과 철원평야의 햇살을 받고 자란 일등급 백미와의 만남. 매우면서도 부드럽고, 싱그러우면서도 쌉쏘롬한 이 맛~! 오오. 어떻게 곰취쌈 하나에서 이런 하모닉한 맛이 난다는 거냐?
닻별	맛이 어떠세요?
최고만	(눈을 뜨고, 센 척하려고 하지만 벌써 맛에 감동해서 더 듬거리는) 하, 하나, 하나 먹고 어, 어, 어, 어떻게 알아? 다른, 다른 것도 먹어, 먹어봐야지~
최고만	(뭘 먼저 먹을까? 눈에서 광채를 띠며 고르려는데)
김집사	(감동한) 회장님, 다시마쌈 드셔보십시오. 완전 죽음입니다.
최고만	다시마? 그래, 다시마.

다시마쌈을 입에 넣고 씹는 순간, 합창곡으로 들리는 '배를 저어가자 험한 바다 건너~' 희망의 나라로 첫 소절 들리고 뚝!! 끊긴다.

최고만 젠장맞을. 이건 또 뭐냐? 순천만 너머 청정해역에서 자란 오독오독 씹히는 다시마에, 혁~! 이 맛은 섬진강 물을 먹고 자란 토하젓이다. 토하젓! 이런 제기랄. 무슨 놈의 쌈 하나에 대한민국이 다 담겨 있는 게야!

눈물까지 핑 돌아서, 쌈을 꿀꺽 삼키더니, 눈을 번뜩이며 다른 쌈을 먹으려고 손을 획 내미는 순간, 턱! 뚜껑을 닫는 선영.

최고만 지, 지금 뭐, 뭐, 뭐, 뭐 하는 짓이야? 뚜, 뚜껑은 왜, 왜, 왜, 왜 닫는데? 엉?

닻별 시식을 하셨으니까, 이제 계약을 하셔야죠.

최고만 계약? 좋아. 계약, 계약해야지. 조건, 조건이 뭐였지?

닻별 (지르는) 일당 오십만원이요.

최고만 오십만원…? (가당찮은)

선영 (놀라서) 닻별아~ 그그는 말도 안 된다.

닻별 (이모는 가만있으라는)

최고만 이런 건방진 꼬맹이를 봤네! 너 내가 니네 이모 음식에 꽂힌 거 알고 막 지르는 게냐! 어?

닻별 (슬그머니 눈치 보며) 아니면, 하루 일당 천 원에 매일 40%씩 더 주는 인센티브로 하시든가요.

최고만 천 원에 40%?

김집사 회장님, 그 조건이면 완전 공짜 아닙니까? 뭘 망설이세요? 그 조건이면 저라도 하겠습니다.

최고만	뭐?
김집사	김선영씨, 제가 계약하면 저를 위해서 음식 만들어주실 거죠?
선영	하모예. 내도 셋방 아저씨 밥 해주모 더 좋지예. 지난분에 내 길 잃어버릿을 때도, 내 찾느라꼬 고생하셨잖아예.
최고만	(심술 난) 당신 찾은 건 나거든! 나~!
닻별	계약하실 거예요? 안 하실 거예요?
최고만	(물끄러미 보다가) 좋다. 하자.
닻별	(환해지는데)
최고만	대신, 나도 조건이 있다.

S# 51 에스띨로 복도 일각

영주	너 미쳤어? 아무리 투자자가 급하기로서니, 어디서 저런 경우 없는 계집앨 끌고 와! 끌고 오길!
배일도	김편, 혹시 너랑 아는 사이였어? 누구야? 쟤.
영주	(이가 갈리지만 차마 얘기 못하고) 니가 끌고 온 애니까 니가 해결해, 이 자식아! (휙 편집장실로 가버린다)
배일도	야, 김편! 김편! (하다가 직원들이 예의주시하자) 에, 지금부터 우리 에스띨로 공동발행인과 미팅이 있을 거니까 다들 준비하시고, 조선희 차장부터 들어와요.
조선희	예? 예. (눈치 보면서 간다)

직원들, 편집실에 들어가 앉은 영주와 사장실을 번갈아 보며
긴장하는.

S# 52   최고만 집 거실

선영   증맹서예? 밥하는 데 무신 증맹서가 필요합니꺼?

최고만   증맹서가 아니라, 증명서! 누가 밥하는 증명서 떼어오
래? 김선영이 당신, 최종학력이 뭔지! 주소는 어딘지!
가족사항은 어떻게 되는지! 전과는 없는지! 그리고 각종
질병 및 전염병엔 감염된 적 없는지! 뗄 수 있는 모든 증
명서는 다 떼어오라구!

김집사   증명서는 왜 말입니까, 회장님.

최고만   야, 이 자식아. 찬모 하겠다고 헛바람 잡아놨다가, 지들
멋대로 관두고 안 나오면, 나는 쫄쫄 굶으란 말이냐! 안
그래!

닻별   좋아요, 떼어다드릴게요. 그럼 되죠?

최고만   그래. 그럼 김집사, 니가 서명해라.

김집사   제가요?

최고만   아까 너라도 계약해준다며? 자식아.

김집사   좋습니다, 까짓것~! (쓱쓱 서명해서 닻별에게 한 장 건
네주면)

닻별   (약간 미안하지만) 고맙습니다. (서둘러) 이모, 가자.

선영   어. (일어나, 인사 꾸벅하고) 안녕히 계세요. (간다)

김집사   (흐뭇하게 보며) 회장님, 이제 음식 드시고 싶으시면 제 허락 받으셔야 됩니다. 하하.

최고만   한심한 자식. 너 일당 천 원에 하루 40% 붙는 게 한 달이면 얼만지 알기나 해?

김집사   참 내. 천 원에 40% 해봤자, (머리 굴리며) 다음 날이면 이천사백원. 그다음 날이면… 사천삼백육십원…

최고만   한 달이면 6천5십1천8십1원이야, 자식아!

김집사   예에? 육, 육천오십만원요?

최고만   그럼 두 달째면 얼마일 거 같냐? 1조 4642억 7331만 7643원이야. 사채업 한다는 자식이 복리계산도 할 줄 모르냐, 이 돌대가리야. 건방떨더니 잘됐다, 자식아. 한번 죽어봐.

김집사   (울먹이며) 회장님~

S# 53   구청 전경

S# 54   구청 민원실

번호표를 받아서 대기석에 앉는 선영과 닻별.

선영   (놀라서) 흐미~ 그라모, 너무 비싸게 받는 그 아이가?

닻별   괜찮아. 어차피 이모는 얼마 일 못하고 내려가야 되잖아. 집사 아저씨한텐 미안하지만, 그전에 외삼촌 합의금

벌려면 어쩔 수 없어.

선영　　그래도 그그는 좀 아인 그 같은데.

닻별　　걱정하지 마. 그전에 내가 정리해줄 테니까.

선영　　알았다. 내는 니만 믿는대이.

선영, 닻별을 보면서 해죽 웃는데. 딩동! 대기번호가 뜬다.

닻별　　어, 우리 거 나왔다! (후다닥 달려간다)

S# 55　구청 앞 전경

닻별, 가족관계증명원과 제적증명서를 보면서 나오고 있다.

닻별　　할아버지 김영철씨가 이미 돌아가셨고, 서곱단 할머니
　　　　는 아직 살아 있네. 그리고 우리 엄마는 결혼을 해서 나
　　　　갔고. 어, 여기 오달숙은 누구야?

선영　　어? 그그는 대영이 마누래… 아니 부인이었는데, 도망
　　　　갔다.

닻별　　그래? (보다가) 우리 엄마는 출생신고가… 1980년 3월
　　　　15일에 되어 있고, 할아버지가 사망한 건… (하다가 뭔
　　　　가 이상하다) 이모, 우리 엄마랑 몇 살 차이랬지?

선영　　어, 열여섯 살. 내가 니네 엄마보다 얼어싯 살 더 많다.

닻별　　그럼, 할아버지는 몇 살 때 돌아가셨는데?

선영　할아버지? 할아버지는 내 열두 살 때 돌아가셨지?

닻별　말도 안 돼. 그럼 우리 엄마는 할아버지도 없이 태어났다는 거야?

선영　… (못 알아듣고) 어?

닻별　이모 말대로라면, 할아버지는 이모 열두 살 때 돌아가셨고, 엄마는 이모 열여섯 살에 태어난 거잖아. 그럼 엄마 아빠가 할아버지가 아니란 얘기잖아! 안 그래?

선영　(당황해서) 어? 그, 그기 무슨 말이지?

닻별　이모… 우리 엄마, 아빠가 따로 있었어…?

선영　(놀라서 말을 못하다가) 어, 택시 왔다. 택시~! (뛰어가 잡는다) 닻별아. 택시 잡았다. 언능 안 오고 뭐 하노. 으이?

닻별　(다가오더니) 이모 먼저 타.

선영　어? 그르까? (택시에 타면)

닻별　(택시 기사에게) 아저씨. 금호동 ○○ 아파트 아시죠? 우리 이모, 거기에 좀 내려주세요. (문을 탕 닫고 돌아서 걸어간다)

S# 56　**택시 안**

선영　(멀어지는 닻별을 보며, 창문 두들기는) 닻별아… 닻별아… (공포가 몰려오는 얼굴로 바라본다)

S# 57　**정도 교수실**

이혼법 책자를 산처럼 쌓아놓고, 법조문을 뒤적이고 있는.

정도   (펜을 내던지며) 어우, 미치겠네~ 이혼청구소송을 벌여
        도 귀책사유자가 승소할 방법이 없네, 방법이~ 하이 씨
        이~! (머리를 쥐어짜는데, 노크 소리 들린다. 척 폼 잡으
        며) 네에~

닻별   (문 열고 들어오며) 아빠~

정도   (화들짝) 닻별아, 여긴 어떻게 왔어? (뒤 쓱 보며) 혼자
        왔어?

닻별   응. 아빠한테 물어볼 게 있어서 왔어.

정도   (약간 긴장하는) 뭔데?

CUT TO

정도, 제적등본을 보고 있다. 닻별도 옆에서 호기심에 보며.

닻별   봐봐, 엄마가 태어나기 4년 전에 외할아버지 사망신고
        가 돼 있잖아. 맞지?

정도   그르네? 엄마가 혼외자로 입적이 되어 있네?

닻별   그럼, 엄마네 아빠는 누군 거지? 할머니가 재혼한 거야?
        아니면, 엄마가 입양이 된 거야? 입양됐으면 우리 엄마
        네 엄마는 누구야?

정도   … 닻별아. 이건 엄마나 아빠한테도 굉장히 심각하고 민
        감한 문제거든? 그러니까 닻별이 넌 일단은 모른 척해

줄래?

닻별 알았어.

정도 그리고 이건, 아빠가 갖고 있어도 되지?

닻별 응. 아빠.

정도 닻별아, 지금 아빠 논문 때문에 엄청 바쁜데 어떡하지?

닻별 걱정 말고 일해. 난 집에 갈 게.

정도 그래, 고맙다, 우리 딸~ (닻별에게 손 흔들어주다가 문 닫히면) 이것 봐라. 김영주, 니가 혼외자식이었다 이거 지? 김영주, 니가 날 살리는구나~ 응? (실룩 미소)

S# 58 에스띨로 편집장실

조선희를 비롯한 직원들, 영주 앞에 모여 불만을 터뜨리는.

조선희 편집장님, 새 발행인한테 편집권한을 넘기신 건 아니죠?

영주 그게 무슨 소리야?

홍이림 그게 아니면 왜 편집장님이 오케이한 기획안까지 다시 제출하라는 거죠?

영주 … 뭐?

로버트 아니, 그건 약과라니까요? 저한텐 뭐랬는지 아십니까? 진행하던 베누스 프로젝트 자체를 전면 재검토하랍니다.

영주 (부글부글 끓는데)

진태오 저한테 브랜드 매니저 영입할 거니까, 영업도 그쪽에서 지시를 받으라던데요?

나팀장　그런 거 아닌 거죠? 저 여자 혼자 난리치는 거죠? 편집
　　　　　장님.

영주　　내가 알아서 할 테니까, 니들은 하던 일들 진행이나 잘
　　　　　해. 마감 닥쳐서 눈물 빼지 말고, 알겠어!

직원들　예~! (나가며 수군거리는) 거봐, 내가 뭐랬어?

영주, 도저히 안 되겠다. 자리에서 벌떡 일어나는데. 이때 휴
대전화 벨이 울린다. 정도다. 입술 깨물고 받으면.

S# 59　정도 교수실 / 화면 분할되면서

영주　　나야. 얘기해.

정도　　김영주. 너 당돌한 앤 줄은 알았지만, 이 정돈 줄은 몰
　　　　　랐다?

영주　　(짜증나는) 또 무슨 소리가 하고 싶어서 이러는 건데?

정도　　방귀 뀐 놈이 성낸다더니, 전도양양한 법학도의 앞날을
　　　　　사기결혼으로 똥칠해놓은 주제에, 어디서 짜증질이야?
　　　　　짜증질이!

영주　　(뜨끔하면서) … 뭐? 사기결혼?

정도　　그래! 니가 누구 딸인지도 숨긴 채, 배우자를 기망하고 반
　　　　　대하는 출산까지 밀어붙인 게 사기결혼이지, 그럼 뭔데?
　　　　　김씨 집안의 혼외자 주제에, 친딸 행세하면서 나랑 결혼

하니까 그렇게 좋디? 그래서 이혼 안 해주려는 거야?

영주 (뜨끔 놀라서) 박정도, 너 지금 무슨 소리 하는지 하나도 못 알아듣겠거든?

정도 그래? 그럼 알아듣게 해주지. 팩스 확인해봐. 지금 당장 보내줄 테니까. (왈칵 끊으며 화면 분할 끝나면)

영주 여보세요? 여보세요?

하다가, 급하게 고개를 돌리면. 창밖으로 수리 책상의 팩스기에 팩스가 올라오는 것이 보인다. 굳어서 미친 듯이 달려가는 영주.

S# 60 편집실 수리 책상 일각

부리나케 달려나온 영주. 수리가 막 팩스를 뽑아들려는 순간, 와락 낚아챈다.

수리 (놀라서) 편집장님…

영주 (억지 미소 짓고) 내 팩스야… (불안한 얼굴로 돌아선다)

S# 61 영주 편집장실

문을 닫고, 누가 올까 두리번거리며 제적증명서를 보면… '김철용. 1976년 사망. 김영주. 1980년 3월 15일 출생' 적혀 있다. 굳어서 바라보는데, 휴대전화 벨소리가 천둥처럼 들린다.
정도다. 떨리는 손으로 받으면. 화면 분할되며.

정도   내 팩스 받아봤지?

영주   … 그래. 받아봤어.

정도   (여유 생긴) 이제 시치미는 더 못 떼겠지? 김영주, 너 누
구니? 너 대체 누구 딸이야? (낚시질하는) 혹시 김선영
이 그 바보가 니 엄마니…?

영주   (덜컥 겁에 질리는) … 뭐…?

정도   (뭔가 감이 온다) 맞구나. 김선영이 그 바보인니기, 니
엄마 맞았어? 그치?

겁에 질려 놀라는 영주의 얼굴과 비릿하게 웃는 정도의 모습
에서 6부 엔딩.

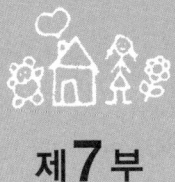

제**7**부

제7부

S#1   오프닝 – 영주 편집장실 / 전화 연결

문을 닫고, 누가 올까 두리번거리며 제적증명서를 보면… '김
철용. 1976년 사망. 김영주. 1980년 3월 15일 출생' 적혀 있
다. 굳어서 바라보는데, 휴대전화 벨소리가 천둥처럼 들린다.
정도다. 떨리는 손으로 받으면, 화면 분할되며.

정도   내 팩스 받아봤지?

영주   … 그래. 받아봤어.

정도   (여유 생긴) 이제 시치미는 더 못 떼겠지? 김영주, 너 누
구니? 너 대체 누구 딸이야? (낚시질하는) 혹시 김선영
이 그 바보가 니 엄마니…?

영주   (덜컥 겁에 질리는) … 뭐…?

정도   (뭔가 감이 온다) 맞구나. 김선영이 그 바보언니가, 니
엄마 맞았어? 그치?

영주   (벼락 맞은 듯 말을 잊고 떨리는데)

정도   김영주, 왜 대답을 못해? 야, 김영주.

영주 (떨리지만, 꾹 누르며) 박정도… 너 바보니? 독일 좀 갔다 왔다고 한글 읽는 것도 까먹었어? 엄마 이름이 서곱단으로 되어 있는 거 안 보여?

정도 (오히려 기세등등해진) 김영주, 내가 니네 엄마를 몰라? 니네 엄마 서곱단씨가! 니 바보언니를 두고 재혼할 사람이었어? 니네 집 그렇게 모진 집안이었니?

영주 (말문이 막히는데)

정도 김영주씨, 이제 솔직히 시인하시지?

영주 (입술 깨물며 다짐하듯) 아니, 난 그런 엄마 둔 적 없거든? 내 엄마는 서곱단이고…! 김선영은 내 인니야…! 하늘이 두 쪽 나도, 그건 변함없는 사실이야. 알겠니?

정도 (더더욱 의심스런) '강한 부정은 강한 긍정이다' 라는 명제도 있지~

영주 박정도! 니 헛소리 들을 만큼 들었으니까, 나도 하나만 문자. 우리 집 제적등본은 어떻게 뗐어? 나랑 이혼할 꼬투리 잡으려고 동사무소 가서 직접 발급받았니? 이 짜친 자식아!

정도 (빙글거리며) 오호, 내가 그 생각을 왜 못했을까?

영주 … 그럼, 누구한테 받은 건데? (하는데 문득 떠오르는)

S# 2 **영주 회상 / 유치장**

대영 우째긴 뭘 어째? 참새도 죽으면서 찍 한다꼬! 내도 죽기 전에, 김영주 니 진짜 어매가 누군지! 니가 을마나 나쁜 가스난지, 싹 다 밝히고! 자폭하겠다 이 말이다!

S#3   동 영주 편집장실

영주   (설마 하는) 너 우리 오빠랑 통화한 거니? 우리 오빠가 전화해서 알려준 거야?

정도   (픽 웃으며) 김영주, 니 정신건강을 위해서 안 듣는 게 좋을 텐데.

영주   (죽일 듯) 박정도…!

정도   좋아. 그럼, 얘기해주지. (뜸 들이며) 니가 받은 제적등본은 닻별이가 가져온 거야. 니 딸 박닻별이가. 이제 됐니? (탁 끊는)

영주   (벼락 맞은 듯) … 뭐? (놀라서 전화기를 든 손이 툭 떨어진다)

S#4   영주 집 현관 + 거실

키패드 소리가 들리고 문이 열리고 닻별이 들어오면, 선영이 거실에서 후다닥 뛰어나온다. 역시 긴장한.

선영   닻별아.

닻별   이모. 한 가지만 물어볼게. 우리 엄마의 아빠가 누구야?

선영　(덜컥 놀란) … 어?

닻별　이모는 알고 있지? 우리 엄마가 호적에 입적될 때, 이모는 열여섯 살이었잖아. 그러니까 다 기억하지? 우리 엄마의 친아빠는 누구였는데? 응?

선영　(겁에 질려 더듬거리는) 내, 내는 기억 안 난다.

닻별　이모!

선영　(공포가 되살아나는 듯한) 내는 모린다꼬. 내는 모리니까, 내한테 묻지 마라. 내한테 묻지 마라. 닻별아, 으이. (눈물까지 그렁그렁해진다)

닻별　… 이모…?

S# 5　영주 편집장실

자리에 털썩 주저앉는 영주. 호흡이 갑작스럽게 급해져서, 겨우 호오호오~ 숨을 내쉬면서 제적등본을 바라보다가 안 되겠다. 얼굴을 찡그리며 일어나 핸드백을 챙기는데, 노크 소리와 함께.

수리　(들어오며) 편집장님, 닻별이 통장잔고증명 제출기한이 일주일밖에 안 남았습니다. 기한 넘기면 비자는 물론이구요, 스탠퍼드 입학 자체가 거부될 수도 있답니다.

영주　뭐? (더더욱 마음 급해져서) 알았어. 내가 알아서 처리할게. (서둘러 나가는데)

조선희   (들어오며) 편집장님, 새 사장님이 편집방향에 대해서 발표할 게 있다고 사장실로 모이라는데, 어떡할까요?

영주   난 외부에 일이 있어서 참석 못한다고 전해.

조선희   예?

영주   (화가 치밀어) 그깟 발행인 같지도 않은 기집애한테…! (하다가) 배사장한테 바깥 업무 있다고 전해달라구. 알겠니?

조선희   예? … 예, 편집장님.

영주   (수리와 조선희를 밀치고 급하게 나간다)

조선희   (뭔가 불안한 기운을 감지하고 걱정스럽게 본다)

S# 6   달리는 영주 차 안

　잔뜩 겁이 난 얼굴로 운전하면서 가는 영주 위로 들리는.

정도E   맞구나. 김선영이 그 바보언니가, 니 엄마 맞았어? 그치?

영주   (벼락 맞은 듯 말을 잊고 떨리는데)

정도E   김영주. 왜 대답을 못해? 야, 김영주.

　운전을 하면서, 떨쳐내려고 고개를 휘젓는 영주.

정도E   니가 받은 제적등본은 닻별이가 가져온 거야. 니 딸 박닻별이가. 이제 됐니?

영주　　（초조하고 조바심이 나서, 가속기를 밟는다）

S#7　영주 상상 / 영주 집

고통스러운 표정으로 운전을 하는 영주 모습 사이로 플래시백으로 보이는.

닻별　　（쓰윽 나타나더니） 엄마, 엄마의 아빠가 누구야? 엄마 아빠라는 할아버지는 엄마가 태어나기 4년 전에 돌아가신 거 맞지? 그럼, 할머니가 진짜 엄마의 엄마이긴 한 거야?

　　　CUT TO 호송차 안

대영　　서울서 법학자 마누래에, 편집장 노릇까지 하면서 에헴하고 살다보이까, 니가 우째 태어나고, 우째 컸는지도 다 잊어뿟나? 니 어매가 누군지 싹 다 잊어뿟냐꼬!

　　　CUT TO 닻별 방

닻별　　아니면, 엄마가 다른 데서 입양되어 온 거야? 그럼 이모는 엄마한테 누군데? 이모랑은 또 무슨 관계냐구? （눈물이 그렁그렁해서） 엄마, 사실대로 얘기해줄래? 엄마의 진짜 엄마는 누구야? 누가 엄마의 신짜 엄마고! 누가 엄마의 진짜 가족이냐구! 우리 엄마, 김영주가 대체 누구 딸이냐구우~!

S# 8　　달리는 차 안

닻별의 고함소리가 귀에 들리는 듯하다. 눈을 질끈 감는 영
주. 이때 빠아앙~! 경적소리 들린다. 놀라서 보면, 중앙선을
넘어선 영주의 차. 반대편 차량과 충돌 직전이다. 비명을 지
르며 핸들을 급하게 꺾는 영주!

S# 9　　거리

영주의 차가 급하게 좌측으로 기울면서, 도로에서 마찰연기
가 치솟는다. 급정거를 하면서 핸들을 꺾는 바람에 회전을 하
면서 멈추는 영주의 차.

S# 10　　영주의 차 안

급하게 회전하던 차가 멈추면, 영주의 시선으로 뒤에 달려오
던 차가 돌진해오는 모습이 보인다. 커다란 충돌음과 함께 거
칠게 흔들리는 영주. 구급차 소리 선행하고.

S# 11　　정도 회상 / 구급차 안

구급대원, 선영의 입을 벌리기 위해서 안간힘을 쓰며.

구급대원   환자분! 입 좀 벌리세요! 안 그러면 죽어요!

입에 거품을 물면서도 입을 벌리지 않는 선영. 정도 어쩔 줄 몰라 하는데.

구급대원   (버럭) 아, 뭐 합니까? 이분 좀 잡아요!
정도   예? 예. (얼결에 선영을 잡으려고 하면)
선영   (먼저 손을 뻗어 정도의 옷깃을 와락 집으며) 박정도~ 내 죽어서라또… 니 쫓아다닐 끼다, 죽어서라또… (턱 쓰러진다)

정도, 비명을 지르며 물러나서 오들오들 떤다. 거품을 문 채 로 눈을 뒤집은 선영이 자신을 보는 듯하다. 구석에서 웅크리 며 신음을 흘리는 정도.

정도   (발악하듯) 할게요. 하면 되잖아요~!

S# 12   **달리는 정도 차 안**

선영을 떠올리며 몸서리를 치는 정도.

정도 그럼 그렇지. 어떻게 언니라는 인간이 동생 파혼했다고 약을 먹겠어, 약을. (핸들 치며) 에이 씨~ 그때 알아봤으면 이 개고생 안 하는 건데.

S# 13 인서트

정도의 차가 경상북도 경계를 넘어 예천을 향해 가고 있다.

S# 14 동 달리는 정도 차 안

정도의 휴대전화 벨이 울리면, 냉큼 번호 확인하고 받는 정도.

정도 어, 김경위. 알아봤어? 경북 예천군 용궁면 가야 2리 18 번지. 김대영. 맞어, 개.

김경위E 김대영이 그 사람 공무집행방해 및 상해혐의로 지금 ○○ 구치소에 이송돼 있거든?

정도 오케바리. 그래, 고맙다. (사이) 걱정하지 마, 인마. 내가 누구냐? 나 이번에 영생대학 로스쿨 총괄교수 된다는 소문 들었지? 새끼, 누가 공무원 아니랄까봐. 한턱 갖고 되겠냐? (신 나서 지 턱을 턱턱 치며) 두 턱! 세 턱! 쏘라 는 대로 턱! 턱! 니들 턱 빠질 때까지 쏴주마~! 그래, 고 맙다. (전화 끊고) 이제 김대영이 통해서 확인절차만 들 어가면 된다 이거지? (실룩 미소 짓고) 김영주, 너 이제 끝이야, 끝~!

S# 15   병원 전경

S# 16   병원 복도

급하게 달려가는 가운 차림의 제하. 응급실 문을 거칠게 열고
들어간다.

S# 17   응급실 안

급하게 들어오는 제하, 간호사에게.

제하   T.A로 들어온 김영주 환자 어딨습니까?

간호사   17번 베드입니다. 선생님.

제하, 급하게 응급실 가로질러 커튼을 젖힌다. 오도카니 앉아
있는 영주를 보고 안심하는. 부러 밝게.

제하   어이, 김영주 편집장. 여지껏 낸 보험료 아까워서 보상
받으려고 사고쳤니? (의자 끌어다 앞에 앉으며) 아니면,
내 간호 받고 싶어서 나이롱 환자 되기로 한 거야?

영주   (헛헛한 미소) 어, 그랬나봐. 닻별이한테 가야 되는데…

닻별이 보기가 무서워서… 어디로든 도망치고 싶었나봐. 사고라도 당해서 이 끔찍한 상황… 눈 질끈 감고 잊어버리고 싶었나봐.

제하 이혼 얘기, 아직 닻별이한테 얘기 안 했어?

영주 아직, 아직 못했어. 닻별이 상처줄까봐 겁이 나서, 아니, 닻별이가 날 더 미워하게 될까봐 말도 못 꺼냈어…

제하 영주야. 닻별이 니 생각보다 훨씬 똑똑하고, 현명한 아이야. 어쩌면 니네 부부 이혼문제쯤은 가벼운 감기처럼 앓고 지나갈 수도 있어.

영주 (문득 치미는) 어떻게 그래?! 닻별이가 아무리 천재래도! 이제 고작 열 살이야! 여자애한테 열 살이 어떤 나인 줄 아니? 지 엄마 아빠가 세상의 전부고! 지 엄마 아빠 사랑만 받기에도! 일 년 365일이 부족한 나이야. 그게 열 살이거든!

제하 …!

영주 (갑자기 풀이 죽어) 그런 애한테… 엄마 아빠 이혼 얘기도 부족해서, 엄마가 거짓말쟁이였다는 얘기까지 해야 돼…

제하 그게 무슨 소리야? 거짓말쟁이라니? (멍한 영주를 보며) 영주야~!

영주 (들리지도 않는) 우리 닻별인 좋은 것만 보고, 좋은 것만 듣게 해주고 싶었는데… 우리 딸한테만큼은… 나이 열 살이, 인생에서 가장 행복한 순간이었다고 기억하게 해주고 싶었는데… (눈물 핑 돌며) 내 나이 열 살 때처럼…

살게 하고 싶지 않았었는데… 그것만큼은 죽어도 싫었
는데…

제하　영주야.

영주　(눈이 젖으며) 제하야. 내 나이 열 살 때… 무슨 일이 있
었는 줄 아니…? 세상이, 내가 알던 세상이 온통 뒤죽박
죽이 되어버렸다? (헛웃음 나는) 내가 알던 엄마가 엄마
가 아니었고, 내가 알던 언니가… 언니가 아니더라…?

제하　…!

영주　꽃부리과수원에서 하루종일 배꽃을 줍고, 토끼풀로 반
지도 만들고, 꽃시계노 함께 만들던 비보언니가… 더 이
상 언니가 아니고… 내 엄마였대… (분해서 입술을 깨무
는데 눈물 주룩 흐른다) 그게 내 나이 열 살 때였어. 열
살이라는 나이가 나한테 준 유일한 선물이었다…? (평
온을 유지하려고 하지만, 분하고 서러운 눈물이 주르륵
흐른다) 그걸… 이제… 닻별이한테 해야 된대. 생일날,
어린이날, 크리스마스이브날… 받고 싶은 선물이 세상
한 가득인 열 살짜리, 내 딸한테 (이를 악물며) 세상이
얼마나 지독하고 지악스러운지… 얘기해줘야 된대. 내
가, 내 입으로… (목이 메며) 얘기해야 된대… (몸을 동
그랗게 말고 윽윽 운다)

제하　(안쓰럽다. 등에 조용히 손을 얹고 조심스레 쓰다듬어주
는데)

영주　(목이 멘) 제하야. 나, 안 그러면 안 되니? 그냥 도망치면

안 돼…? (어깨를 들썩이며 울면)

제하 그래, 얘기하지 마. 얘기하지 마, 영주야. 니 마음 아픈 데가 다 낫고 나면, 그때 천천히 얘기해. … 닻별이도 기다려줄 거야. 그때까지는 기다려줄 거야.

영주 … 그럴까? 정말 그래줄까? 우리 닻별이… 나처럼 미워 안 하고 나 기다려줄까?

제하 그럴 거야. 그럴 거야. (다독여준다)

영주 (아스라한 기대로) 그랬으면 정말 좋겠다. 그래줬으면… 정말… 좋겠다… (눈물 주룩)

S# 18   구치소 전경

S# 19   구치소 면회실

대영, 면회실로 들어오다가 정도를 보고 흠칫 놀라지만, 부러 화난 척. 거들먹거리면서 털썩 앉는 대영.

정도 (환하게 웃는) 형님, 저 왔습니다. 몸은 좀 어떠세요?

대영 (퉁명스럽게) 와, 영주 그 가스나가 가보라 카드노? 나쁜 가스나~ 내가 확 자폭해뿐다 카네 겁이 나기는 했든 모양이제?

정도 (뭔가 감이 오지만, 모른 척) 형님. 저 여기 내려온 거, 영주는 모릅니다.

대영	뭐라꼬? 그라모 박서방 니는 여를 어떻게 알고 온 기고?
정도	그거야 다 형님에 대한 애정이 있으니까, 경찰에 검찰에 수소문해서 온 것 아닙니까, 하하.
대영	(삐죽대는) 전화번호도 안 갈키주는 놈이 애정은 무신 얼어죽을 애정이고?
정도	에이, 왜 이러십니까아~ 형님한테 진 신세 갚겠다고 불원천리 달려온 동생한테 이러시면 섭하죠~
대영	서천 쇠가 웃을 소리를 해라~ 일마야.
정도	그럼 서천 소들 한번 웃게 해볼까요? 형님이 제 유학비용 대주느라고 팔았던 과수원땅 값, 한 방에 시원하게 돌려드리겠습니다. 형님.
대영	(가당치도 않다는) 사식도 못 묵는데 자꾸 웃긴 소리해가 배고프게 하지 말고, 고마 가봐라. (일어나며) 영주 그 가스나가 어떤 가스난데, 그래 하게 놔두겠노? 그게 말이 되나!
정도	(보고 미소 지으면)
대영	(진짠가? 싶어서) … 그라모, 조건이 뭔데?
정도	(미소만 짓고 있으면)
대영	(몸이 달아) 과수원 판 돈을 돌리준다카모 몬 조건이 있을 거 아이겠노? 내, 내 요 입 다물라는 그가?
정도	이닙니다, 형님, 그 입 좀 열라는 조건입니다.
대영	뭐라꼬? 입을 다물아도 시원찮을 판에 입을 열라꼬?
정도	예. 여십시오. 그것도 크~게~! (실룩 미소)

S# 20　영주 아파트 전경 / 밤

영주를 태운 제하의 차가 스르르 들어와 멈춰 선다.

제하	(우두커니 앉아 있는 영주를 보며) 괜찮겠어?
영주	(서투른 미소 짓고) 응, 괜찮아. (하면서도 못 내리면)
제하	영주야. 차라리 솔직히 말하는 건 어떨까?
영주	아니… 아직은 싫어.
제하	닻별이도 언젠가는 알게 될 일이잖아.
영주	그래. 언젠가는 알게 되겠지. 그래도 그때까진 꽁꽁 숨길 거야. 설령 닻별이가 먼저 알게 된다고 해도, 죽어도 아니라고 할 거야. 나 같은 인생 사는 거, 나 하나면 충분해. (단호한) 나 같은 인생, 닻별이한텐 죽어도 안 물려줄 거야. 죽어도…
제하	(안쓰럽게 본다)
영주	… 그렇게 다짐, 다짐을 해도… 너무 무섭다. 제하야.

S# 21　영주 아파트 승강기 앞 + 복도

승강기가 열리면, 승강기에서 내리는 영주. 두렵고 공포스러운 마음을 누르며 걸어오는 영주.

영주E	(마음속으로 되뇌는) 김영주. 닻별인 모를지도 몰라. 아

니, 알아도 모르는 척, 시치미 뚝 떼고 평소처럼 하면
돼. 호적이 잘못됐다고, 시골에선 흔한 일이라고 우기면
돼. 그럼 돼. 아니, 그래야 돼. 김영주. (키패드 누른다)

잠금장치 열리지만, 차마 망설이다가 심호흡하고 문을 연다.

S# 22   영주 집 현관 + 닻별 방 + 거실

영주, 현관으로 들어와 조용히 신발을 벗는다. 쥐 죽은 듯 적
막한 집안. 정적도 무섭다. 닻별 방에서 새어나오는 불빛이
보인다. 조심스럽게.

영주　　(문 열며) 닻별아…? (하는데 인디언 텐트 불빛만 있고
　　　　　닻별 없다) 닻별아? 박닻별…? (서재 문을 열며) 박닻
　　　　　별? (하는데 없다. 불안감이 밀려와) 닻별아…?

하는데, 영주 뒤쪽으로 쓱 나타나는 인기척.

닻별E　　엄마, 나 여기 있어.
영주　　(뜨끔한다)
닻별　　엄마…
영주　　(뒤도 못 돌아보고) 어… 거기… 있었어…?
닻별　　엄마. 뒤 좀 돌아봐.

영주	… 어?
닻별	엄마 얼굴 좀 보게, 뒤 좀 돌아보라구.
영주	(가슴이 두근거리고 터질 것만 같다. 어쩔 수 없다) 어… 그, 그래.

마음을 모질게 먹고, 눈을 질끈 감았다 뜨고, 뒤로 돌아선다.
의자에 앉아 있던 닻별이 일어나더니 의자 위로 올라선다.

닻별	엄마…
영주	어… 닻별아. 지금… 뭐 하는 거야?
닻별	(손을 까딱대며 오라는)
영주	(더럭 겁이 나지만, 천천히 다가가면)
닻별	… 엄마, 힘들었지…?
영주	(당황하고 긴장한) 뭐… 뭐가?
닻별	난~ 잠깐만 못 봐도, 아빠 보고 싶어서 막 눈물 나고 그 랬는데… 엄마는, 엄마 아빠 보고 싶어서, 어떻게 살았 어…?
영주	(순간 북받쳐 쿡! 참았던 울음이 솟는데)
닻별	이리 와, 엄마. 내가 엄마 안아줄게. (팔을 벌리면)
영주	(목이 멘) 그래. 우리 딸. 엄마 좀 안아줘. (안긴다)
닻별	(영주를 안아주며) 엄마, 이제 엄마네 아빠 보고 싶으 면… 혼자 울지 말고, 나한테 안아달라고 그래. 그럼 내 가 언제든지 이렇게 꼬옥 엄마 안아줄게. 응?

영주　(터진다. 눈물이 쏟아지며) 그래. 엄마가 아빠 보고 싶으면 닻별이한테 얘기할게. 꼭 얘기할게.

닻별　응. 얘기해, 엄마. 나한테 얘기해. (더욱 세게 안아주면)

영주　(닻별을 와락 안고) 내 새끼⋯ 내 이쁜 강아지⋯ 고마워⋯ 고마워⋯ 우리 딸⋯? (눈물 흘리면)

닻별　(영주의 눈물을 닦아주며, 함께 주르륵 눈물 흘린다)

영주　(그 모습이 이쁘고 고마워서 다시 와락 안는다)

저만치 서서 그 모습을 보며, 안도의 눈물을 쓱 훔치는 선영.

S#23　닻별 방 인디언 텐트 안 / 밤

잠들어 있는 닻별의 머리카락을 매만지는 영주. 눈물이 터질 것같이 행복하고 고맙다. 닻별의 볼에 입술을 맞추고 조심스럽게 나오면, 선영이 문앞에 서서 어설픈 미소를 짓고 있다.

S#24　영주 집 거실

영주　(선영을 몰아세우며) 김선영, 도대체 무슨 생각을 하고 사는 거니? 뭘 어쩌려구 닻별이한테 제적등본을 떼게 했어?

선영　취직할라모 그게 있어야 된다 캐서 띠았는데, 그른 기 나오는 중은 꿈에도 몰랐다. 미안하다.

영주	취직을 해? 김선영! 내가 과수원집에 데려다줄 때까지, 쓸데없는 짓 하지 말고 집에만 있으라고 했지!
선영	미, 미안하다. 내는 대영이 합의금 모으는 데 보낼라 꼬…
영주	오빠 합의금은 내가 알아서 할 테니까! 언닌 그냥 잠자 코 있어. 알겠어!
선영	어, 알겠다. 근데 내도 닻별이가 하도 이거저거 물어봐 가 무서봐 죽겠다. 그라이까내 어데든 나가 있으모 안 되겠노?
영주	그래. 놀이터에 가든, 노인정에 가서 놀든, 닻별이랑 함께 있지 마. 닻별이가 뭘 물어봐도 모른다고만 해. 알겠어?
선영	어, 알, 알겠다.
영주	(다짐시키는) … 김선영. 내가 누구야?
선영	… 김영주… 내 동생이다.
영주	그래. 나, 언니 동생이야. 김영주는…! 김선영 동생이야! 다른 누구도 아닌 동생! 알겠어?
선영	… 알, 알고 있다.
영주	절대 잊어버리지 말고, 절대 닻별이한테 들키지 마. 죽 는 한이 있더라도 절대…! 알겠어?
선영	(결의에 찬) 걱정 마라. 하늘이 두 쪽이 나더라또, 내 죽 는 한이 있어또, 그그는 절대 안 잊어버릴 끼다.
영주	당연히 그래야지. (분하고 이 갈리는) 니들이 먼저 시작 한 거니까. 니들이… 그렇게 만든 거니까…! (증오스럽

게 보다가 들어가, 문을 탕 닫는다)

선영E … 미안하다… 김영주… 니 잘못도 아인데… 다 니 잘못
으로 만들어가… 니를 이래 힘들게 할 중은 몰랐다. 평
생 니 가심에 대못을 박는 일인 중은 꿈에도 몰랐다…
(눈물 쓱 닦는다)

S# 25   영주 침실

영주E (옷을 갈아입으려고 벗다가 거울에 비친 자신을 보며)
니가 왜 미안해…? 미안해할 것 없어, 김영주. 니가 왜
미안해야 해? 니가 어떻게 살아왔는데?

새삼 분해서 입술을 깨물지만, 그 독기가 비쳐지는 것 같아
거울을 밀쳐버린다.

S# 26   채린 집 침실 / 밤

채린 (옷 받아주며) 혼외자식? 김영주가 혼외자식이었어?
정도 그렇다니까~
채린 그런 주제에 도도한 척, 귀족인 척은 혼자 다 하고 산 거야?
정도 걔가 원래 그런 애거든~
채린 웃겨 증말. 그래서? 김대영인가 뭔가 하는 김영주 오빠
합의만 해주면, 온 집안이 다 짜고서 사기결혼시켰다는

각서를 써주겠대?

정도 당연하지. 내 유학비용을 김영주 말고 지한테 준대니까, 아주 눈이 뒤집히드라~

채린 앗싸아~ 그럼 내일이면 정식 이혼소송청구하는 거지?

정도 당근이지. 게다가 의외의 소득을 올릴 수 있을지도 몰라.

채린 의외의 소득? 그게 뭔데?

정도 김영주 진짜 엄마가 누군지 아는 것.

채린 피, 그게 뭐 중요해?

정도 김영주 진짜 엄마가 김선영이라면, 얘기는 좀 달라지지 않겠어?

채린 뭐어? 우리 집 찾아왔던 그 바보가 김영주 진짜 엄만 거야? 무섭다, 그 여자. 아무리 바보래도 어떻게 지 엄마를 언니로 만들 수가 있어?

정도 내 말이~ 하여튼 독사 같은 게 독사 같은 짓만 하고 살았다니까. 아무튼 내일이면 김영주 그 기집앤 완전 아웃이야. 아웃~

S# 27   제하 집무실

스탠드 불빛을 켜놓고 마트로시카의 얼굴을 그리고 있는 제하. 웃는 영주의 캐리커처 입모양을 그리려다가 문득 멈추면.

S# 28   제하 회상

영주   (눈이 젖으며) 제하야. 내 나이 열 살 때… 무슨 일이 있었는 줄 아니…? 세상이, 내가 알던 세상이 온통 뒤죽박죽이 되어버렸다? (헛웃음 나는) 내가 알던 엄마가 엄마가 아니었고, 내가 알던 언니가… 언니가 아니더라…?

제하   …!

영주   꽃부리과수원에서 하루종일 배꽃을 줍고, 토끼풀로 반지도 만들고, 꽃시계도 함께 만들던 바보언니가… 더 이상 언니가 아니고… 내 엄마였대… (분해서 입술을 깨무는데 눈물 주룩 흐른다) 그게 내 나이 열 살 때였어. 열 살이라는 나이가 나한테 준 유일한 선물이었대…? (평온을 유지하려고 하지만, 분하고 서러운 눈물이 주르륵 흐른다) 그걸… 이제… 닻별이한테 해야 된대. 생일날, 어린이날, 크리스마스이브날… 받고 싶은 선물이 세상 한 가득인 열 살짜리, 내 딸한테 (이를 악물며) 세상이 얼마나 지독하고 지악스러운지… 얘기해줘야 된대. 내가, 내 입으로… (목이 메며) 얘기해야 된대… (몸을 동그랗게 말고 윽윽 운다)

제하   (안쓰럽다. 등에 조용히 손을 얹고 조심스레 쓰다듬어주는데)

영주   (목이 멘) 제하야. 나, 안 그러면 안 되니? 그냥 도망치면 안 돼…? (어깨를 들썩이며 울면)

S# 29   **동 제하 집무실**

제하E (망연히 보다가 미소 띤 얼굴을 완성하며) 김영주. 언젠 가는 이렇게 웃는 날이 오겠지? 아니, 이제 내가 너 웃 게 만들어줄게. 내가.

결심한 제하의 모습에서 짧은 암전.

S# 30   캐피탈은행 건물 전경

S# 31   캐피탈 안

부스 앞에 앉아서 기다리고 있는 영주, 여직원이 다가오더니.

여직원 김영주 고객님, 신청하신 대출금은 지금 고객님 계좌로 입금되었습니다. 확인해보세요.

영주 (굳은 미소) 감사합니다. (서류 들고 일어나려는데)

여직원 잠시만요.

영주 (돌아보면)

여직원 죄송한데, 여기 사인 한 장만 해주시겠어요? (에스띨로 잡지 내밀며) 제가 에스띨로 팬이거든요. (미소)

영주 (난감하다. 누가 볼까, 후다닥 사인을 하고 내밀면)

여직원 감사합니다, 편집장님. (은밀하게) 여기 오신 건 비밀로 해드릴게요.

영주 고맙습니다.

창피함을 무릅쓰고 서둘러 걸어나오는데, 휴대전화 벨이 울린다. 수리다. 난감해져서 전화를 끊고 나간다.

S# 32   에스띨로 편집실

수리 책상 앞에 모여 있는 편집실 직원들.

진태오   편집장님 전화 안 받아요?

수리   네. 계속 안 받으세요.

로버트   (휴대전화 걸면서) 내 전화도 안 받아. 어떻게 내 전화도 안 받으시지?

직원들   (로버트 자뻑에 열받아 노려보고)

홍이림   미치겠네. 이제 곧 회의시간인데, 우리더러 어쩌라구 이러시는 거야? 편집장님 대체 왜 이래?

이때, 뒤에서 쓱 나타나는 채린과 새 브랜드매니저.

채린   김영주 편집장한테 전화하는 모양이지?

직원들   (허걱 놀라서 돌아보면)

채린   우리 편집장님 오늘 아~주 급한 일이 있어서 못 나올 거니까, 헛수고들 하지 말고, 내 방으로 집합들 해요. 새로 모신 브랜드매니저 소개해줄 테니까.

나팀장   브랜드매니저요?

쥘레르 (쓱 나서며) 엄~ 여러분 반가워요~ 내가 누군 줄은 다 들 아시리라고 믿고. 앞으로 잘 부탁해윰~

조선희 쥘레르 앙? 이림아, 저 사람 짝퉁 앙 아니니?

홍이림 누가 아니래요? 가는 잡지사마다 말아먹는다는 하마 같 은 인간.

직원들 (경악하는 표정이다)

S# 33 달리는 영주 차 안

　예천을 가리키는 이정표가 차창으로 보이면. 운전을 하던 영 주, 전화번호를 찾아서 전화를 건다. 신호가 가면.

집달리F (받으며) 아, 여보세요~

영주 안녕하세요. 저, 김대영씨 동생 되는 사람입니다. 기억 하시죠?

집달리F 아, 그라문예. 기억하지예.

영주 저희 오빠 합의금 마련하는 게 좀 늦어져서 이제야 연락 드리게 됐습니다. 혹시 오늘 시간이 되시면…

집달리F 합의금예? 합의금은 오늘 아침에 받았는데예~

영주 예? 합의금을 받아요? 누구한테요?

집달리F 김대영씨 처남이라꼬 하는 사람한테 받았는데예. 이름 이 뭐드라?

영주 혹시, 박정도… 아니었습니까?

집달리F	야, 박정도씨, 맞십니더.
영주	(얼굴이 굳어진다) 아, 예. 알겠습니다. (전화 끊고) 박정도, 이 인간. 또 무슨 꿍꿍이를 벌이는 거야?

영주, 다급하게 정도의 전화번호를 찾아 누른다.

S# 34   구치소 대기실

대기번호표를 받아 들고 느긋하게 앉아 있는 정도. 합의서를 보면서 다리를 까닥대는데, 휴대전화 벨 울린다. '엘수'가 뜨면 따라 부르며.

정도	뱀이다~ 뱀이다~ 징글맞고 재수 없는 뱀이다~ (받으며, 이죽대는) 어이구, 이게 누구신가~ 김영주 편집장님 아니셔?
영주F	박정도. 너 지금 어디니?
정도	천하의 김영주가 언제부터 내 소재에 그렇게 신경을 쓰셨나?

S# 35   달리는 차 안

영주	(부글부글 끓는) 지금 어디냐구! 묻잖아. 니 혹시 우리 오빠 만나고 있니?

정도F   (놀리는) 아니~ 아직.

영주   (뜨끔) 아직이라니?

정도F   지금 면회신청 해뒀으니까, 좀 있으면 만나게 되겠지.

영주   뭐? 박정도, 니가 왜 우리 오빠를 만나는데?!

정도F   (이죽거리는) 왜라니~? 니가 나한테 어떤 거짓말을 하고, 뭘 더 속이고 사기결혼을 했는지 알아야, 너랑 이혼소송을 하든 말든 할 것 아니겠어?

영주   그래서, 그걸 지금 우리 오빠한테 물어보겠다는 거니?

S#36   구치소 대기실

정도   당연하지. 아니면 내가 미쳤다고 이 촌구석까지 친히 왕림하셨겠니? (딩동 하고 면회번호가 뜨면) 아, 드디어 내 차례네? 그럼 면회 끝나고 연락하자. 응? (실룩 웃고 끊으며) 어디 속 좀 끓여봐라, 이 기집애야.

S#37   달리는 차 안

영주   박정도! 박정도! (미칠 것 같은 심정으로 다시 버튼 누르지만)

E   고객 전화기가 꺼져 있어…

영주E   (미쳐버릴 것만 같다. 서둘러 가속페달을 밟으며) 얘기하지 마, 김대영… 죽어도… 박정도 그 새끼한텐… 얘기하지 마, 제발…

S#38   최고만 집 / 전경

S#39   최고만 집 주방

유리창으로 보이는 주방 풍경. 선영이 열심히 식탁을 차리고
있다. 최고만, 유리에 딱 달라붙어서.

최고만E 오오~ 드디어 먹게 되는 거냐? 햇볕과 그늘을 오가면서
말린 호박오가리나물이며, 된장에 무친 냉이, 새콤달콤
한 달래. 그리고 저기 뚝배기에서 오골오골 끓고 있는
너의 정체는 뭐냐? (까치발을 하고 보더니) 젠장. 저건
내가 환장하는 깡된장 아니더냐~! 세상에, 표고버섯 밑
동과 양파, 호박, 바지락 속살, 그리고 우렁까지 들어간
된장비빔밥계의 전설. 깡된장~! 하지만 저걸로 끝난다
면 진정한 깡된장 요리가 아니다.

선영이 잔뜩 썰어놓은 부추와 함께 나물 쟁반을 식탁에 올려
놓으면.

최고만E 그렇지~ 정구지! 정구지가 올라옴으로씨 진정한 깡된
장 요리가 완성되었구나. 바보 주제에 어찌 그리 내 입

맛은 속속들이 파악하고 있는 거냐? 김선영, 너의 정체는 뭐냐?

하는데, 닻별이 선영 치맛자락을 붙들고 자꾸만 칭얼거리는 모습이 보인다. 선영, 닻별을 피하듯 주방으로 들어가면. 깡된장에서 연기가 피어오른다.

최고만   아니, 저 귀한 깡된장이 다 눌어붙는데 김선영이 바보천치는 대체 뭐 하고 있는 게냐! 이런 젠장맞을. (후다닥 나간다)

S# 40   최고만 집 주방

최고만   (주방으로 뛰어가 뚝배기를 내리려다가) 앗! 뜨거! (놓치면서, 바닥에 쨍하고 깨지는 뚝배기) 이런 젠장맞을!

선영   이 개장수 아저씨가, 증말~! 뚝배기는 와 또 깨묵고 난립니꺼? 예?

최고만   내가 개장수 아니라고 몇 번을 얘기했어, 몇 번을! 그리고, 깡된장이 다 타서 졸아드는 것도 모르고 쑥덕댄 게 누군데 그래! 당신 여기 놀러 왔어? 엉?

선영   (꿍해서) 내는 일할라꼬 하는데 닻별이가 자꾸 뭐를 물어보는 통에 정신이 사나봐서 그랬십니더.

최고만   야, 꼬맹이! 너, 왜 내 직원이 노동하는 데 방해하는 거냐, 엉!

닻별   (뽀로통해져서) 방해하는 게 아니구요.

최고만   방해하는 게 아니면 뭔데? 너 때문에 내 직원이 최선을 다해서 요리를 못하면! 난 그토록 기다리던 하모닉한 음식을 먹을 수 없게 된다. 그러면 뭘로 변상할 거야? 어? 계약위반 비용 니가 낼 거야?

닻별   (삐죽) 애들이 무슨 돈이 있어요?

최고만   그럼 애들답게 학교를 가든가. 왜 학교는 안 가고 니네 이모 꽁무니만 쫓아다니는데? 너 왕따야?

선영   (편드는) 왕따가 아이고예, 우리 닻별이는 천잽니디. 천제.

최고만   천재? 복리계산 좀 할 줄 안다고 다 천재면, 세상 사채업자들은 다 천재냐? 개나 걸이나 다 천재야? 야, 꼬맹이. 너, 일당 천원에 40%가 복리로 붙으면 한 달에 얼만지 알고 지른 거냐?

닻별   (뚱해서) 그럼 그것도 모르고 계약했을까봐요? 개장수 아저씨가 서명한 거 아니니까, 신경 끄으세요. (가면)

최고만   뭐? 야, 쥐방울. 니가 등비수열을 안다는 게야? 어? (하는데)

선영   (최고만을 툭 건드리며) 닻별이 때문에 불편해가 똑 죽는 중 알았는데… 고맙십니더. (손가락 내밀며) 개장수 아저씨. 짱짱~! (헤헤 웃으면)

최고만   … 짱은 얼어죽을. 근무시간에 왜 히숙히죽 웃고 난리야? 헛소리하지 말고, 얼른 밥상이나 차려!

선영	(삐죽하고) 예에~ (돌아서 가면)
최고만	짱은 얼어죽을~ (괜히 으쓱해져서 나오며) 야, 쥐방울!

부르는데, 김집사가 바구니에서 메주콩을 고르고 있다.

최고만	김집사, 넌 거기서 뭐 하는 거냐?
김집사	예? 김선영씨가 청국장 담근대서 콩 고르는데요?
최고만	그러니까 집사인 니가 왜 콩을 고르냐구. 자식아.
김집사	아, 이거요. 이 메주콩 썩은 거 다 골라내면, 일당에 붙는 40% 중에 5% 줄여준다고 해서 말입니다.
최고만	(한심하다) 어이구, 저걸 집사라고. 차라리 인형 눈을 붙여라, 자식아.
김집사	아, 그 생각은 왜 못했지? 회장님. 인형회사 번호 아십니까?
최고만	저걸 그냥 콱~!

S# 41　구치소 전경

영주의 차가 급하게 달려와 서고, 구치소 면회실을 향해서 달려가는 영주.

S# 42　구치소 면회신청 장소

면회신청서를 적고 있는 영주. 수인번호를 모르겠다.

영주　　　(접수대에 가서) 수인번호를 몰라서 그러는데, 김대영씨
　　　　　　라고 어제 이송되어온 사람 번호 좀 알 수 있을까요?

교도행정　잠시만요, 이름이 뭐라구요?

영주　　　예, 김대영입니다. (초조하게 기다리는데)

교도행정　예, 여기 있네요. 김대영씨 수인번호가요…

정도E　　38464번~!

영주　　　(뜨끔 놀라서 돌아보면)

정도　　　(실룩 웃고 서 있다)

S# 43　　구치소 일각

영주　　　(정도를 다그치며) 니가 왜 우리 오빠를 만나는 건데?
　　　　　　대체 뭐가 궁금해서 우리 오빠를 만나는 거냐구~!

정도　　　오빠? 김대영이 니 오빠였어?

영주　　　… 뭐?

정도　　　김대영이 니 오빠였냐구, 이 기집애야~!

영주　　　(뜨끔해서 보면)

정도　　　김영주, 너 정말 대단한 애더라~ 어떻게 눈 하나 깜짝
　　　　　　안 하고, 니 엄마를 언니로 만드니?

영주　　　(덜컥 내려앉는)

정도　　　김선영이 그 바보가 김영주, 니 언니가 아니라! 니 친엄

마잖아! 열 달 동안 배 아파서 너를 낳은 친엄마! 그런 사람을 바보라고 버렸어?

영주 (덜덜 떨리지만 입술 깨물며) 그런 거 아니거든…?

정도 아니거든? 너 정말 인간이 아니구나? 이렇게 다 까발려진 마당에 끝까지 오리발을 내밀겠다는 거니? 야, 나 같은 놈도 우리 엄마는 안 버려~! 아니, 천하에 쳐죽일 살인죄를 저지른 놈들도! 죽을 때 되면 찾는 게 지 엄마라구! 근데, 엄마가 바보천치라고 호적까지 바꿔서 언니라고 부르고. 그것도 부족해서 이젠 엄마 자체를 부정해? 그렇게 성공하고 싶디? 그렇게라도 해서 성공하고 싶었냐구!

영주 (부들부들 떨리는데)

정도 나쁜 기집애, 넌 지옥에 갈 거야. 지옥에… (휙 가면)

영주 (점점 더 울분이 터지는) 니가 뭘 안다고 그래? 니가 나에 대해서 뭘 안다고 그렇게 함부로 얘기해?! 니가, 나에 대해서! 뭘! 얼마나 안다구! 그 따위로 지껄이냐구! 이 나쁜 자식아~!!

정도 (뒤도 안 돌아보고, 고개 절레절레 흔들며) 독한 기집애. (가면)

영주 (울분이 받치고 억울해서 헛웃음 나오는) 넌… 내가 어떻게 살았는지… 알기나 해? 니들이… 내가 어떻게 살아왔는지… 알기나 하냐구우~!!

분한 얼굴에 눈물이 뚝 떨어진다. 숨이 가빠져 호오호오~ 몰아쉬며 겨우 진정시키는데, 벚꽃이 바람에 날리면서 요란한 술자리 소음들.

S# 44   영주 회상 / 바닷가 시골집 일각 / 밤

벚꽃나무 아래서 동네잔치를 벌이고 있는 사람들. 새색시 한복을 입은 선영이 부산하게 음식을 나르며, 맛있게 드이소~ 하고 있다. 곱단, 시댁어른들과 앉아서 담소를 나누고, 젊은 대영은 만취다. 음식을 나르던 선영, 뭔가 뒤꼭지가 따가워 돌아보면, 입구에 꼬질꼬질해진 열 살짜리 영주가 선영을 보고 있다. 놀라는 선영, 후다닥 밖으로 뛰어나간다. 그제야 선영이 나가는 것을 보는 곱단.

S# 45   바닷가 / 밤

선영   영주야, 니 여까지 우째 찾아왔는데? 으이? 밥은? 밥은 먹었드노? 니 옷이 이기 뭐꼬? (만지려는데)

영주   (휙 뿌리친다)

선영   영주야…?

영주   (우들우들 떨며 독이 서린 채) … 김슨영이, 니 내한테 누꼬?

선영   (긴장한) 내? 내는 니 언니잖아… 와?

영주 (경멸스런) 니가 진짜 내 언니가? 대답해라! 니가 내 진짜 언니가?

선영 … 영주야.

영주 마지막으로 묻는 기다…! 니가 니 입으로 대답해라… 김 슨영이 니가! 언니라고 하면! 내 죽을 때까지 내 언니 할 끼고…! 니가…! 김슨영이 니가…! (눈물 왈칵 쏟아지고 목이 메며) 내 옴마라 카모… 죽을 때까지… 내 옴마 할 끼다. 입때껏 알았던, 김슨영이 바보언니 말고…! (가슴 두들기며) 내…! 김영주 옴마로… 사는 기다…! 그라이 까, 지금 대답해라…! (목이 멘) 니 내한테 누꼬…?

선영 (울음이 밴) 영주야… 와 이라노? 이카지 마라.

영주 뭘 이카지 말라 카노! 내 쪽인 그는 너거들이다! (피 맺 힌) 지금 입때껏!! 곱단어매! 대영이 오빠! 김슨영이 니 까지! 내만 쏙 빼놓고! 너거들끼리 입 맞차가 내 쪽인 그…! … 오늘부로 다 잊어뿔고, 다시 시작할라꼬, 사흘 을 꼬박 걸어가 니 만나러 온 그란 말이다!

선영 영주야…

영주 (눈물 맺힌) 김슨영이, 내가 와 이러는지 진짜 모리겠 나? 내는 언니, 아이, 김슨영이 니 진짜 좋아했으이까… 곱단옴마보다, 훨씬 더 좋아했으이까… 그라이까… 내, 니… 용서해줄 수 있다꼬 얘기하는 거그든?

선영 (죄스러움에 왈칵 눈물이 난다) 영주야…

영주 (눈물 훔치며) 대답해라… 김슨영이… 니, 나한테 누꼬…?

선영　(마음이 찢어지지만, 울음 삼키며) 김영주… 내는… 니 언니다…

영주　(눈물 왈칵 쏟아지는) 김슨영. 내는 니가 바보여또 상관 엄꼬! 모지라또 상관엄따. 누가 니 놀리모 내 죽을 때까 지 싸와줄 수도 있고… 누가 뭐라꼬 해도… 내는… 니 딸… 할 수 있다… 니 바보로 태어난 기… 니 잘못 아이 니까… 내가… 김슨영이 니 딸로 태어난 긋도 니 잘못 아이니까… 내는… 죽을 만큼 김슨영이 좋아하니까…

선영　(울컥 눈물이 쏟아진다)

영주　(울음 삼키며) 마지막으로 다시 한분 물어보께… (간절 한) 내… 김영주… 김슨영 니한테 누꼬…?

선영　(눈물 삼키고 다짐하는) 니는… 내… 동생이다… 김영 주, 니는 내 동생이다. 태어날 때부터… 니는 내 동생이 고! 내는 니 언니다…! … 그라이까, 니는 언능 집으로 가라.

영주　(결국 눈물이 터지고, 어깨가 흐느껴지지만, 입술 깨물 며) 그래. 그라모 이제 죽을 때까지… 다시는 옴마라 꼬… 생각도 안 하께… 내 옴마는 서곱단이고… 김슨영 이는 내 언니니까… 내 그래 살게. 김슨영이, 내 그래 산 다꼬오~~!!

선영　(울음 참으며) 그래… 그래 살아라. 김엉주. 니는 내 동 생이니까. 니는 내 동생이니까…

영주　　(하늘을 보며 운다. 비명 같은 고함을 지르며 운다)

이때 뒤로 달려오는 곱단과 대영.

곱단　　대영아, 언능 선영이 데리꼬 드가라~ 언능.
대영　　누부야, 언능 가자! 언능! (선영을 끌 듯이 데리고 가면)
곱단　　(영주를 때리며) 이 미친 가스나야! 여가 어데라꼬 찾아
　　　　　 왔노! 누구 신세 망칠라꼬 여까지 찾아왔느냔 말이다!
영주　　(울지도 않고 입술을 깨문다. 매를 맞으면서도 눈물이
　　　　　 번지면서도 꾹꾹 누른다)

S# 46　요양원 / 오후

벚꽃이 창밖에 날리는 요양원 일각. 휠체어에 우두커니 앉아
서 열심히 배꽃 봉투를 만들고 있는 곱단. 그 옆에서 물끄러
미 보는 영주.

영주E　（한스럽다) 곱단엄마, 당신 딸은 그렇게 아꼈으면서…
　　　　　 나한텐 왜 그랬어…? 나도, 엄마가 갖고 싶었어… 바보
　　　　　 라도… 내 엄마 갖고 싶었었는데… 그걸 왜 막았어…?
　　　　　 (애증이 서려서 보는데)
곱단　　(돌아보며 히죽 웃더니, 호주머니에서 꼬물꼬물 무언가
　　　　　 를 꺼내서 영주 손에 쥐어준다)

영주	(보면, 마커펜이다)
곱단	뭐 하노, 이 가스나야. 언능 영주 갖다주그래이.
영주	… 뭐?
곱단	와, 영주가 니 닮아가 그림 그리는 그 좋아하잖아. 언능 안 갖다주고 뭐 하노~ (하면서 다시 봉투 접는다)
영주	(서럽다) 곱단엄마, 서곱단~ 이런 거 말고오~ 당신들이 주고 싶었던 것 말고~ 열 살짜리 기집애가… 눈이 빠지 도록 기다리던 걸 줬어야지이~ 김영주 엄마를 줬어야 지이~ (한스럽게 운다)

S# 47　영주 집 거실 + 닻별 방 앞

지친 얼굴로 들어오는 영주.

선영	영주야, 오늘은 왜 이렇게 늦었노? 일이 많았나?
영주	(대꾸도 없이 지나쳐서 닻별 방으로 가려고 하며) 닻별 이는?
선영	(말리며) 깨우지 마라. 하루종일 내 쫓아다니면서 이것 저것 캐묻다가 지쳤는지 완전히 곯아떨어졌다.
영주	닻별이한테 무슨 이상한 소리 한 거 아니지?
선영	걱정 마라~! 내 입을 요래 꼭 다물고 아무 소리도 안 했다.
영주	… (한숨 같은) 그래. 잘했네…
선영	니 배고프제? 얼른 씻고 나오그래이. 내 금방 밥 차리주

께~! (후다닥 음식을 준비하려고 가면)

영주   (한스런) 김선영… 너 행복했니?

선영   … 어?

영주   내 언니로 살아서… 행복했냐구?

선영   (뜨끔하지만) 그라모. 내야 억수 행복했지~

영주   (분하고 미워 터질 것 같지만, 입술 비틀리며) 그래…? 그럼 됐어. (들어가면)

선영E   (멀뚱히 서서 보며) 영주야, 내는 니 옆에 있는 것만 해도 세상에 부러울 기 한나또 없었다… (쓸쓸하게 미소지으며) 내가 니한테 누구라고 불리도… 내는 다 좋았다. (히죽 웃지만 서글픈)

S# 48   욕실

수도꼭지를 틀어놓고 망연히 거울을 보고 있는 영주.

영주E   그럼 된 거야. 김선영, 너, 행복했으면 된 거야. 그러니까 지금 이대로 살아. 죽을 때까지… 내 언니로… 살아.

눈물 번지면 이를 악물고 세수를 한다. 거칠게, 거칠게 얼굴을 비빈다.

S# 49   채린 집 거실

샴페인으로 건배를 하는 채린과 정도.

채린　오빠, 그럼 내일 이혼청구소송 내는 거야?

정도　당연하지. 지 엄마를 언니라고 속인 것도 부족해서, 언
　　　니란 여자를 동원해서 난동과 협박으로 올린 결혼식인
　　　데. 당연히 혼인무효 청구소송을 내야 되지 않겠어? 이
　　　제 김영주 그 기집앤 고양이 앞에 쌩쥐야. 쌩쥐. 찍찍~!

채린　오빠 고양이고? 야옹야옹~

정도　아유. (꼬집으며) 귀여워 죽겠어~ 채린아. 오늘 밤새 고
　　　양이처럼 야옹거려볼까?

채린　(샐쭉) 오빠 하는 거 봐서~

정도　어유, 어유. 이 앙큼한 고양이 같으니라구~ (덮친다)

채린　야옹야옹~ (까르륵거리며)

S# 50　**에스띨로 전경 / 아침**

S# 51　**에스띨로 편집실**

영주　다들 이게 뭐야! 내가 컨펌한 기획안이 왜 이 따위로 변
　　　한 거냐구! 홍이림! 이게 기사야? 술집광고지!

홍이림　(억울하다는 듯 뽀로통)

영주　라비. 너 우리 베누스 프로젝트 컨셉 뭔지 알기나 해?
　　　패션쇼에 명품브랜드만 잔뜩 때려 붙이면! 이게 대한민

국 0.1% 상류층 행사지, 어떻게 싱글맘을 위한 패션쇼
가 되겠니! 엉!

로버트   죄송합니다. 편집장님.

홍이림   편집장님. 이거 라비 잘못 아니거든요?

조선희   (가만있으라고 나무라는) 홍이림!

홍이림   (억울한데)

조선희   편집장님, 혹시 새 브랜드매니저 온 거 알고 계셨습니까?

영주   새 브랜드매니저라니? 그게 무슨 소리야? (얘기하라는)
조선희!

조선희   오채린 사장이 브랜드매니저로 쥘레르 앙을 영입해 왔
습니다.

영주   (잘못 들었다는 듯) 뭐? 쥘레르 앙?

진태오   (이죽거리는) 쥘레르 앙~! 일명 짝퉁 앙. 새 브랜드매니
저님께서~ 기획안은 물론이고 마케팅, 광고까지 (쥘레
르 앙 흉내 내며) 다 자기한테 컨펌받으시랍니다~

영주   김수리, 사장님 어디 계시니!

수리   오늘 안 나오셨는데요?

영주   지금 장난해? (직원들을 휙 밀치고 나간다)

직원들, "예스!" 하면서 영주의 뒤를 시선으로 좇는다.

나팀장   한바탕 피의 전쟁이 시작되겠구만.

진태오   나팀장님은 누구한테 걸 겁니까? 난 우리 편집장님한테

만 원.

수리 저두 편집장님한테 걸래요.

직원들 (너도 나도 다들 편집장한테 걸면)

로버트 그럼 난 오채린 사장한테 만 원 걸게~

직원들 (일제히 노려보며 제각기) 배신자! 박쥐! 브루투스! 간신! 조조!

로버트 (억울한) 왜들 이래요? 일방적으로 편집장님한테만 걸면 게임이 안 되니까 그런 거잖아요.

홍이림 (쿡쿡 찌르며) 라비, 너 오채린한테 관심 있니? 그래?

로버트 무슨 소리예요? 오채린이가 나한테 관심이 있으면 있겠쥐~ 내가 뭐가 아쉬워서~ (머리 쓱 넘기며) 질투하는 거야? 촌스럽게?

직원들 (일제히 우우~) 자뻑~! 나르시시스트~! 거울왕자~! (소리 지른다)

S# 52 복도

눈매가 이글이글해져서 걸어오는 영주. 사장실 문을 탕탕! 두드리더니, 대답을 들을 새도 없이 왈칵 열고 들어간다.

S# 53 사장실

영주 오채린 대표님! 나 좀 봅시다!

채린   (브랜드매니저와 화보를 보고 있다가) 시골바람을 쐬서
          그런가? 얼굴이 좋아 보이네요, 편집장님?

영주   (꿈틀) 뭐?

쥘레르   (친한 척) 어머~ 김영주 편집장. 이게 얼마 만이니~?
          엄~ 밀란 쇼 때 보고 처음이니까, 일 년 만이지? 어머,
          반갑다아~

영주   쥘레르 앙. 당신은 입 닥치고 나가 있어줄래?

쥘레르   뭐, 닥치고? 애, 김영주 편집장~! 나 여기 놀러 온 거 아
          니다아~ 나아~ 에스띨로 새 브랜드매니저로…

영주   (죽일 듯 휙 노려보면)

쥘레르   금방 끝날 거지? 오사장님, 그럼 말씀 나누세요~ (나간다)

채린   (이죽대는) 아직은 이 바닥에서 말발 좀 먹히는 모양이네~

영주   말발만 먹히는 줄 아세요? 아직 내 더러운 승질도 먹히
          거든요? 오채린 대표님, 당신 나 물먹이려고 에스띨로
          에 투자한 모양인데, 이제 그만 돌아가주시죠? 당신 같
          은 사람 때문에 우리 애들 고생시키기 싫거든요?

채린   어머? 우리 에스띨로 직원들이 다 김영주 편집장 자식
          들인 것처럼 얘기하시네?

영주   우리 편집실 기자들! 다 내 동생이고, 내 아이들이나 마
          찬가지거든요?

채린   글쎄, 그거야 김영주씨 생각이고, 기자들이 김영주씨가
          어떤 사람인지 알고 나도 그럴까 모르겠네~

영주   (뜨끔하는) … 그게 무슨 소리죠?

채린	(비웃음 띠고) 모른 척 시치미 떼기는~
영주	그게 무슨 소리냐고 물었잖습니까, 오채린 사장님!
채린	하라면 못할 줄 알아요? 도도하고 시크하기로 소문난 잡지계의 까도녀께서, 엄마는 치매 걸렸다고 요양원에 버리고, 오빠란 인간은 구치소에서 썩게 놔두면서, 혼자 고고한 척 귀족행세를 하고 있다는 걸 알게 돼도 지금처럼 떠받들어줄까요? (히죽 웃으면)
영주	(굳어버리는데)
채린	그것도 부족해서, 엄마를 바보라는 이유로…
영주	(O.L 독이 올라) 오채린!
채린	(놀라서 찔끔)
영주	(이글이글) 너 거기서 한마디만 더 하면, 나도 너랑 똑같이 대해줄 테니까, 한마디만 더 해봐! 어서!!
채린	(순간 놀라서 더듬) 내, 내가 뭐 없는 말 했어요?
영주	오채린. 나도 너한테 최소한 예의는 지켜주려고 했거든? 근데 너나 박정도 그 새끼, 인간에 대한 예의와 염치는 다 쌈 싸 쳐드셔서! 나도 니들이랑 똑같이 놀아줄게~!
채린	뭐라구요?
영주	와이프 있는 남자 꼬드기고! 아이까지 임신한 것도 부족해서! 그 와이프 생일날, 지 새끼 초음파사진 보내고! 거기다 사채업자 애비 앞세워서, 와이프 직장 사장으로 낙하산 타고 내려왔다고 소분나면, 닌 무시할 것 같아?
채린	(당황해서) 그딴 소리 하면 내가 겁먹을 것 같아욋!

영주	아니, 겁먹지 마. 겁먹지 말고 어디 한번 질러봐. 니 말처럼 나 같은 깡촌 무지렁이 출신이 이 자리까지 어떻게 올라왔겠니? 독으로 악으로 올라왔거든? 어디 끝장보려면 질러보라구~! 알겠니! (휙 나간다)
채린	그래~ 어디 한번 해보자구요! 누가 이기는지 한번 해보자구!
영주	(입술을 꾹 깨물고 휙 나간다)

S# 54   사장실 밖

문을 탕! 닫고 나오는 영주. 귀를 쫑긋 세우고 듣던 쵤레르 앙, 깜짝 놀라서 물러나면.

영주	내가 컨펌한 기획안에 함부로 손댔다가 걸리면, 당신 손모가지 날아갈 줄 알아. 알겠어?
쵤레르	(손이 오그라드는) 내, 내가 뭘?
영주	(안에다 대고) 김수리! 나 외근 나갈 테니까, 회의는 이따 다녀와서 하자고 해. 알겠니!
수리	(뛰어나오며) 예, 편집장님.
영주	(휙 돌아서 나간다)
직원들	(우르르 쏟아져나오며 승리의 포즈들)
쵤레르	(얄밉게 보며) 천박한 것들! 오사장~ (들어간다)

S# 55   최고만 집 전경

S# 56   최고만 집 식탁

나물이며 반찬이 풍성하게 차려진 밥상. 흡족한 얼굴로 앉는 최고만.

최고만E   오늘은 또 뭐냐~ (큼큼 냄새를 맡더니) 이 코코하고 구수한 냄새. (뚜껑 열어보며) 오호, 오늘은 담북장이구나.

수저를 들어서 뜨려고 하면, 선영이 뚜껑을 탁 닫는다.

최고만   왜, 왜 뚜껑을 닫는데? 왜?
선영   아직 사람이 안 왔다 아입니꺼?
최고만   누가, 누가 안 왔다는 건데? 닻별인가 하는 그 꼬맹이 말하는 거야?
선영   셋방 아저씨예, 뭐 합니꺼? 퍼뜩 오이소~!
김집사E   예에~ 지금 갑니다~ (하더니, 금세 들어와 최고만 앞에 턱 앉는다)
최고만   (그제야 보면, 최고만 앞쪽으로 밥그릇과 국그릇이 두 개 더 놓여 있다. 빈정상한) 김군아, 김선영이 저 여자한테 나 겸상 안 한다고 전해라.
김집사   예. (선영 보며) 들으셨죠?

선영	예. 식기 전에 얼른 드이소.
김집사	예~ 잘 먹겠습니다. 허허. (담북장을 뜨려고 하면)
최고만	(턱 숟가락으로 막으며) 이런 건방진 자식! 어디 함부로 내가 먹는 음식에 숟가락을 들이대! 김선영이! 당신, 내가 겸상 안 한다고 하는 말 못 들었어!
선영	그라모, 개장수 아저씨는 저쪽에다 차리주까예? (최고만의 밥그릇을 들려고 하면)
최고만	뭐, 뭐 하는 거야! (빼앗으며) 내, 내가 왜 저기 가서 먹어야 되는데! 내 식탁 놔두고, 내가 왜 저 구석쟁이에 찡겨서 먹어야 되냐구! 김집사, 너 절루 안 가, 이 건방진 자식아!
선영	셋방 아저씨가 가기는 왜 갑니꺼? 갈라모 개장수 아저씨가 가야지.
최고만	그게 무슨 개뼉다구 같은 소린데!
선영	내 계약 해준 그는 여 셋방 아저씨니까, 이 밥상 주인도 셋방 아저씨 아입니꺼? 그라이까 갈라모 개장수 아저씨가 가이소. (최고만 앞에 놓인 반찬을 당겨 김집사 앞에 놓으며) 이그 맛 좀 보이소. 으떻습니까?
김집사	(먹어보더니) 허허, 완전 짱입니다. (손가락 내밀며) 짱짱!
선영	(웃으며) 짱짱!
최고만	(숟가락을 탁! 내던지면)
선영	와요? 안 묵을 깁니꺼? (던진 수저 들려고 하면)
최고만	내, 내가 왜 안 먹어! 먹을 거야. 난 죽어도 여기서 먹는

다! 알겠어!

선영 그라모 그르시든지예.

김집사 (담북장을 뜨려고 수저를 담그면)

최고만 (밀쳐내며, 경쟁적으로 담북장을 뜨면서 김집사를 노려본다)

선영 (한심하게 보며) 하구야, 얼라도 아이고. 치소, 마! (숟가락 다 치우고 듬뿍 떠먹는다) 하이고야, 맛 좋네~

두 사람 (앞다퉈 먹는다)

선영, 어이없게 보는데, 이때 휴대전화 벨이 울린다. 반는 선영.

선영 여보세요? 내는 김선영입니다.

대영F 누부야~ 내다.

선영 (반가운) 대영아~ 내 동생. 니 누명 벗고 나왔드나? 니 어데고? 으이?

두 사람 (누구지? 본다)

S# 57 **파밀리에 연습실**

닻별 우리 이모 왜 그러지?

수현 (기타음을 맞추며) 뭐가?

닻별 내가 엄마에 대해서 물어보믄, 무슨 죄를 지은 사람처럼 자꾸 화들짝 놀라면서 날 피하는 것 같아.

수현　에이, 설마.

닻별　난 우리 엄마에 대해서 알고 싶어서 그런 건데. 우리 엄마가 나만 했을 땐 어땠는지, 무슨 생각을 했는지, 꿈이 뭐였는지. 너무너무 궁금한 게 많은데, 하나도 얘기를 안 해줘.

수현　엄마한테 직접 물어보면 되잖아.

닻별　엄마한테?

수현　응. 너 엄마랑 둘이 데이트한 적 있어?

닻별　피, 엄마랑 무슨 데이트를 해? 맨날맨날 바빠서 얼굴 보기도 힘든데.

수현　그러니까 니가 데이트 신청을 해야지. 엄마, 오늘은 엄마 옛날 얘기 들려주세요~ 이러면서. 그럼 니네 엄마도 완전 좋아하실걸?

닻별　진짜 좋아할까?

수현　직접 해보면 되잖아. 그럼 엄마가 좋아하는지 안 좋아하는지 알 것 아냐? (손 내밀면)

닻별　(보다가 잡는다. 미소)

S# 58　교수회관 복도

굳은 얼굴로 복도를 걸어오는 영주. 화가 머리끝까지 난 얼굴이다. 박정도 교수실 앞에 서더니 문을 탕탕! 두들기고 와락 열고 들어간다.

S# 59   정도 교수실

이혼소송서류를 준비하고 있던 정도, 영주를 보더니 얼굴이
굳는다.

정도   (이죽거리는) 귀신이네? 나 지금 법원 가려던 참인데,
       어떻게 알고 왔니?

영주   (부글부글 끓지만 누르며) 니가 얘기했니? 오채린, 그
       기집애한테 니가 얘기했어?

정도   당연하지. 너를 타산지석 삼아서, 절대 김영주 같은 엄
       마가 돼선 안 된다고 감동 어리게 얘기해줬지.

영주   (참으며) 박정도, 부탁인데 이혼소송 시작하지 마라.

정도   합의이혼 접수한 거, 단박에 때려 엎고 이혼취하서 날린
       거 바로 너야~! 벌써 잊었어?

영주   아직 이혼취하서 안 냈거든. 그러니까 당신도 이혼청구
       소송 하지 마.

정도   (가당찮은) 그럼 뭐 어쩌자는 건데?

영주   3개월 숙려기간 지나면, 내 손으로 구청에 이혼신고 해
       줄 테니까, 여기서 그만하자.

정도   왜, 이혼청구소송 하면 니 구질구질한 과거가 닻별이한
       테 들통날까봐 그러니? 니 자존심 상처날까봐?

영주   그래! 닻별이가 알까봐 그런다! 이 나쁜 자식아…!

정도   김영주, 넌 그게 글러먹었어. 말로는 닻별이가 세상에서

제일 중요하다고 떠벌리면서, 니 자존심 상하는 게 먼저지? 결국 넌 닻별이보다 니 잘난 자존심이 더 중요한 인간밖에 안 되는 거야. 알아?

영주   그래. 나 자존심 강해. 아니, 자존심 빼놓으면 시체야. 그게 왜일 거 같니? 나 혼자 폼 나려고 그러는 것 같니? 세상에 하나밖에 없는 딸한테 부끄럽지 않은 엄마가 되고 싶어서 그랬어~! 내 딸 닻별이가 언제 어디에서든, 우리 엄마는 김영주다! 떳떳하게 얘기할 수 있는 사람이 돼주고 싶어서~! 닻별이 낳고 여기까지 아등바등 올라오면서 쉽게 갈 수 있는 길, 단 한 번도 못 갔어. 왜 그랬는 줄 아니? 우리 딸이 어디서 보고 있을까봐, 엄마 보고 실망할까봐 못 갔어. … 그게 내 자존심인데…! 그 자존심 좀 세우면 안 되니?

정도   (노려본다)

영주   박정도… 니가 무릎 꿇으라면 꿇을게. 아니, 니가 춤을 추라면 춤출 수도 있어. 그러니까… 당신 딸 닻별이 상처줄 일 하지 말아주라. 제발. 응?

정도   …

S# 60   에스띨로 앞

닻별을 태운 수현의 오토바이가 달려와 멈춰 선다. 닻별이 내려주고.

수현	데이트 끝나면 어떻게 됐는지 알려줘야 돼?
닻별	응. (장미꽃 한 송이를 흔들며) 이거 고마워.
수현	(손가락 경례하며) 별말씀을~ (싱긋)

수현이 출발하면 손 흔들어주고, 에스띨로를 올려다보는 닻별. 기대감에 찬 얼굴로 들어간다.

S# 61   에스띨로 편집실 복도

주위를 기웃거리며 걸어오는 닻별. 이때, 홍이림과 로버트가 나오다가.

홍이림	어, 닻별이네? 박닻별~! 너 언니 기억 나?
닻별	안녕하세요~ 기자 언니.
로버트	편집장님 딸? 꽃까지 들었네? 나한테 데이트 신청하러 왔어?
홍이림	(퍽 밀치고)
닻별	언니, 우리 엄마 어디 계세요?
홍이림	엄마? 엄마 잠깐 외근 나가셨는데. 잠깐만, 내가 편집장님한테 연락해볼게.
닻별	감사합니다.

S# 62   에스띨로 사장실

채린	(퇴근준비를 하는데)
쥘레르	오사장, 김영주가 저렇게 세게 나오면 나도 일하기 힘들 어지는데.
채린	상관하지 말고 하던 대로 밀어붙여요! 뒤는 내가 책임질 테니까. 알겠어요?
쥘레르	그러지 뭐~
채린	(문을 휙 열고 나간다)

S# 63 에스띨로 복도

로버트, 닻별과 함께 서 있다가 채린이 나오면, 자뻑 포즈로 보는데.

채린	(지나치다가 문득 돌아보며) 너 닻별이 아니니?
닻별	(쓱 보더니 시선 외면한다)
채린	(화가 훅 솟다가 문득 무슨 생각이 들어) 닻별이 엄마 만 나러 왔어?
닻별	(외면하면)
채린	내가 엄마한테 연락해줄까?
닻별	기자 언니가 연락하기로 했으니까, 신경 끄세요.
채린E	쥐방울만 한 게 지 엄마는 꼭 빼닮아 가지고.
채린	(미소 지으며) 그럼 엄마 올 동안 저 방에 가서 기다릴 래? 언니가 재밌는 얘기 해줄게.

닻별 관심 없거든요?

채린 닻별이 니네 엄마 얘긴데?

닻별 (그제야 돌아보며) 우리 엄마 얘기요?

채린 응. 니네 엄마 얘기. 아주 어릴 적부터 지금까지 있었던
얘기. 언니가 들려줄까?

닻별 (호기심에 차서 보면서 고개 *끄덕끄덕*)

교활하게 웃는 채린과 호기심 어린 닻별의 얼굴에서 7부 엔딩.

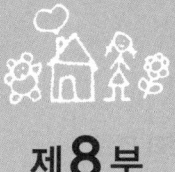

제**8**부

S#1   정도 교수실 / 전화 연결

영주   박정도… 니가 무릎 꿇으라면 꿇을게. 아니, 니가 춤을 추라면 춤출 수도 있어. 그러니까… 당신 딸 닻별이 상처줄 일 하지 말아주라. 제발. 응?

정도   … 좋아. 만약에 이번에도 약속 어기면, 니네 집, 그 말도 안 되는 엉터리 족보~ 닻별이한테 제일 먼저 알려줘도 되지?

영주   (치솟지만, 참으며) 그래. 그렇게 해.

정도   (종이와 펜을 휙 빼서 앞에 탁 내려놓으며) 그럼 각서 써~!

영주   뭐라고 쓰면 되겠니? 뭐라고 쓰면 흡족하겠어?

정도   나 김영주는, 박정도와의 협의이혼에 추호도 반대할 의사가 없음을 증명하고, 숙려기간이 만료되는 즉시! 구청에 이혼신고를 할 것을 약속한다.

영주, 치졸해서 노려보다가 각서를 쓰기 시작한다.

정도   (득의만만한 얼굴로 쳐다보다가) 서명~

영주   (노려보며 서명을 해서 휙 건넨다) 됐니?

이때, 영주의 휴대전화로 전화가 걸려온다. 홍이림이다.

영주   (받으며, 돌아서서) 어, 이림아. 무슨 일 있니?

홍이림F   편집장님, 닻별이가 회사로 찾아왔는데요?

영주   닻별이가?

S# 2   에스띨로 편집실

홍이림   네, 편집장님이랑 데이트하려고 왔다는데요?

영주F   (의아한) 그래? 이림아, 그럼 나 갈 동안, 닻별이 내 방에
서 좀 기다리게 해줄래?

홍이림   지금 오채린 사장 방에 있는데, 나오는 대로 챙길게요.

영주   닻별이가 그 방엔 왜?

홍이림   라비가 그러는데, 오채린 사장이 편집장님 옛날 얘기 해준
다고 데리고 들어갔다는데요? (로버트 보며, 맞지? 하면)

로버트   (고개 끄덕여주고)

S# 3   동 전도 교수실

영주   (부들부들 떨리는) 알았어, 지금 갈게. (후다닥 나가려고

하면)

정도 (붙들며) 서명 안 하고 어딜 가?

영주 당신, 오채린이한테 이상한 소리 한 거 아니지?

정도 (뜨끔하는) 무슨 소리야? 내가 그렇게 경박한 사람으로 보이냐?

영주 만일 그 기집애 입에서 허튼소리 나오면, 곱게 이혼하는 거 물 건너가는 줄 알어. 알겠어! (문 탕 닫히면)

정도 아이 씨, 미치겠네~ 채린이 이 돌대가리 기집애~ (휴대 전화를 건다)

S# 4   에스딸로 전경

차를 세우고 급하게 건물을 향해 들어가는 긴장된 표정의 영주.

S# 5   에스딸로 복도

굳은 얼굴로 복도를 지나서 사장실 방문을 활짝 여는 영주.

영주   닻별아…!

보면, 닻별이는 없고, 오채린이 빙글 회전의자를 돌려서 본다.

오채린 (실룩 웃으며) 어머, 우리 편집장님. 표정이 왜 저러실까? 뭐 마려운 강아지 같으시네?

영주 (꿈틀하지만) 우리 애 어딨니? 우리 닻별이 어딨냐구?

오채린 (어깨 으쓱, 놀리듯 불어로) 글쎄. 어디 갔을까? 앙은 봤어?

쵤레르 (어깨 으쓱하면서, 불어로) 보기야 봤지~

영주 (화가 나고 기가 막혀) 니들 자꾸 짜친 외국어로 나불댈래? 니들 말 정돈 다 알아듣거든!

오채린 (움찔하는데)

영주 오채린, 너 만약에 내 딸한테 이상한 소리 했으면, 너 나한테 죽어. 알겠어? (죽일 듯 노려보는데)

닻별E (입구에 서서) 엄마~

영주 (뜨끔 놀라서 돌아보며) 닻별아··· (다가가며) 어디 있었어?

닻별 기자 언니랑 오빠들이랑 엄마 방에.

영주 그래? 엄마 왔으니까 같이 나갈까? (채린을 노려보며, 닻별 데리고 나간다)

채린 (어이없는) 앙씨, 김영주 불어도 해요?

쵤레르 김영주 쟤, 불어, 영어 다 하잖아. 몰랐어?

채린 (자존심 상해서 보는데)

S# 6   **에스띨로 편집실 복도**

영주 (여전히 긴장해서 눈높이 맞춰 앉으며) 닻별아, 엄마 사무실에 어떻게 왔어?

직원들, 우르르 몰려나오며.

조선희   어떻게 오긴요~ 편집장님한테 데이트 신청하러 왔대잖
        아요.

영주   데이트 신청?

닻별   (쑥스럽지만 장미꽃 한 송이를 건네고, 팔을 벌리고 인
        사하며) 엄마, 나랑 오늘 데이트해줄래요?

직원들   (아유, 귀여워 / 발 동동 구르면)

영주   (쑥스럽지만 기쁘다. 받아 들고) 물론이죠, 공주님?

홍이림   아, 나도 결혼해서 저런 애 하나 갖고 싶다~

로버트에게 기대면, 로버트 쓱 피하고, 진태오가 턱 받아주며.

진태오   (느끼하게) 지금 만들어줘?

홍이림   (꺅! 소리치고 밀고 일어나서 가슴팍 치면)

직원들과 바라보는 닻별도 환하게 웃고. 영주도 웃음 짓지만
여전히 조금은 불안해서 닻별을 본다.

진태오   일동 차렷!

직원들   (일제히 차렷하면)

진태오   우리 에스띨로의 위대한 영도자이시자, 지지 않는 태양
        이시며! 빛이자 소금인 우리 김영주 편집장님의 데이트

를 축하하며, 일동 경례~!

직원들 (척! 경례를 하면)

영주 오버들은. (하면서 경례 받아주는 시늉하면)

진태오 바로!

직원들 (손을 내리며, 제각기) 닻별아, 데이트 잘해~ / 안녕~
(인사한다)

닻별 (환히 웃으며) 안녕히 계세요.

인사를 마치는 닻별. 손을 뻗어 영주의 손을 잡고 자랑스럽게
웃는다. 왠지 뿌듯해지는 영주. 닻별과 손을 흔들며 나간다.

S#7 채린 방

블라인드 사이로 그 모습을 지켜보는 채린. 서로 장난을 치는
직원들 틈에서 진태오를 노려보며.

채린 너 수염 난 아부쟁이. 너부터 아웃이야. 아웃~! (쵤레르
돌아보며) 앙씨. 저 수염쟁이, 마케팅, 광고 담당 맞죠?

쵤레르앙 진태오? 맞아.

채린 쟤, 광고하면서 뽀리깐 거 없는지 탈탈 털어봐요. 알겠
어요?

쵤레르앙 애~ 뽀리가 뭐니, 뽀리가. 없어 보이게. (채린이 휙 노려
보면) 알았어. 뽀리깐 거 다 찾을게~ (찌그러지면)

채린	(전화 걸려온다, 받으며) 어, 오빠. (심술 난) 오빠 내가 바보로 보여? 맘에도 없는 오빠 엑스 칭찬해주느라고 혓바닥에 바늘이 다 돋았단 말야~!

S# 8   에스띨로 건물 앞

닻별	(영주 손잡고) 엄마, 아빠 조교라는 아줌마가 엄마 회사 사장이야?
영주	어? 어. 그게 있지…
닻별	피~! 조교하면서 사장도 하는 거 보면, 돈이 많은 집 여자가부지? 엄마, 저딴 여우 같은 여자한테 절대 밀리지 마? 엄마가 훨씬 이쁘니까. 알았지?
영주	어, 어. (어설픈 웃음)

S# 9   고속버스터미널 / 앞

터미널 앞으로 쓱 나오는 대영. 둘러보고 심호흡하며.

대영	코는 간질간질하고~ 목은 텁텁하이, 이기 서울은 서울 맞네. (흐음 공기를 맡는데)
선영E	대영아아~ 내동생~ 대영아~

대영, 고개를 돌려보면. 선영이 팔을 벌리고 저만치서 달려온다.

대영　누부야~ (팔을 벌려서 선영을 와락 안는다)

선영　을매나 고생이 많았노? 으이? 여 뚜부 무라. 뚜부를 무
　　　　으야, 다시는 그란 데 안 간단다. (비닐봉지에서 떼어주
　　　　며) 얼른 무봐라.

대영　(받아먹으며) 간장은 안 가왔나?

선영　맞다, 간장을 빼묵읏다. 싱겁노?

대영　아이다, 묵을 만하다. 니도 쫌 무봐라. (서로 먹여주고,
　　　　애틋하다)

S# 10　근처 일각

심술궂은 표정으로 바라보고 있는 최고만과 흐뭇하게 보는
김집사.

김집사　회장님, 김선영씨네 우애가 아주 좋은 집안인 모양입니
　　　　　다~ 허허.

최고만　우애는 얼어죽을. 저놈 저거 하자 물건인 거 안 보이냐?
　　　　　한눈에도 딱 지 누나 피 빨아먹고 사는 인간빨대잖아.
　　　　　주둥이는 꼭 모기 주둥이처럼 생겨 가지구설랑.

김집사　(선영이 오는 걸 보며, 툭 치며) 회장님.

선영　(대영을 데리고 다가와) 대영아, 인사디리라. 내 계약해
　　　　주고 취직까지 시키준 셋방, 아이디, 집사아저씨다.

대영　미욱한 저의 누부를 직원으로 채용해주셔가 이 은혜를

우째 갚을지, 누부를 대신해서 감사인사라또 올리겠십
니더. 큰 대, 꽃부리 영, 김대영입니다. 사장님. (깍듯이
절을 하고) 혹시, 집사면… 집을 사고팔고 하는 부동산
계통에 계시는지…

김집사 아, 예. 허허허.

최고만 (무식한 놈) 거봐라, 내 뭐랬냐? 하자랬지? 하자.

대영 (뭐야? 이 인간은? 하는) 누부야. 이짝 분은 누구고…?

선영 아, 이짝은 개장수 아저씨라꼬 신경 쓸 그 엄따.

최고만 (욱해서) 누가 자꾸 개장수래? 개장수가! 빌어먹을.

김집사 저희 회장님이십니다.

대영 회장님요? 아, 그럼 애견협회. (하다가) 아, 그라모 투견
협회? 맞지예? 딱 얼굴도 길쭉하게 생긴 기 도베르만이
나 세파트, 딱 그쪽이네예.

최고만 (자존심 상해서) 우라질. 그러는 당신은 어떻게 생긴 줄
알아? 꼭 비 맞고 오돌거리는 털 빠진 믹스견 같아. 이
사람아!

대영 (김집사 보고) 저… 사장님, 믹스견이 뭡니꺼?

김집사 똥갭니다. 잡종 똥개.

선영 또옹개애? 이런 개장수 아저씨가 누구 동생보고 똥개라
카노! 똥개가!

최고만 이 아줌마야. 당신 동생이 먼저 시작했잖아! 액면은 지
누나보다 서른 살은 많아 보이는구만. 동생은 얼어죽을.

대영 아니, 이 양반이 내를 은제 봤다꼬, 악담이고? 우리 고향

다방 가모, 내 보고 다 브래드 피트라 캐. 브래드 피트~!

최고만　브래드 피트는 얼어죽을… (싸우려 하면)

김집사　회장님. 그러게 댁에 계시라니까 왜 따라 나와서 이러십니까?

최고만　내 요리사 훔쳐갈까봐 그랬다, 자식아. 왜!

S# 11　패밀리레스토랑 / 밤

VIP 자리에 앉은 영주와 닻별.

영주　(메뉴를 건네며) 뭐 먹을래? 우리 딸, 먹고 싶은 게 뭐야?

닻별　(고르며) 음… (하는데)

지배인이 다가와 영주에게 정중하게 인사를 한다.

지배인　김영주 에스띨로 편집장님, 맞으시죠? (명함 건네며) 이 레스토랑 지배인입니다.

영주　(익숙하게 받으며) 아, 예. 안녕하세요.

지배인　편집장님 잡지에 소개된 다음에, 저희 매출이 자그마치 45%나 올랐지 뭡니까? 거듭거듭 감사드립니다.

영주　(비즈니스적인 미소) 그래요? 다행입니다.

지배인, 손짓하면 서빙하는 직원들이 트레이를 받쳐 들고 다가와 음식을 내려놓는다. 온갖 종류의 음식들이 가득하다. 닻별, 우와~ 신기해서 바라본다.

지배인 뭘 좋아하실지 몰라서 이것저것 준비해봤습니다. 즐거운 저녁식사 되십시오. (닻별에게 쿠폰 건네며) 이건 다음에 엄마랑 데이트할 때 쓰세요~ (눈 찡긋해주고 가면)

닻별 감사합니다아~ (자랑스럽게 보여주며) 우와, 캡숑 울트라 빅빅~! 짱이다. 엄마네 잡지, 되게 유명한가부다. 그치?

영주 (뿌듯하다) 글쎄, 쫌 알아주지? (웃어준다)

닻별 (자랑스럽게 쳐다보며) 엄마가 맨날맨날 바쁜 게 엄마네 잡지 잘 만들려고 그러는 거구나. 그러니까 이런 데서 엄마도 금방 알아보지. 그치?

영주 (흐뭇하고, 왠지 자랑스럽다)

(경과) 음식을 닻별의 접시에 담아주며.

영주 (태연한 척하지만 약간은 긴장한) 닻별아, 웬일로 엄마한테 데이트 신청을 했어?

닻별 음. 엄마 어릴 적에, 엄마는 뭐가 제일 큰 고민이었는지, 그게 궁금해서.

영주 엄마가 닻별이만 했을 때? (애가 뭔가 알고 묻는 걸까, 불안하지만. 그래 솔직해지자…) 음, 엄마는 있지, 엄마의 엄마랑 친해지고 싶었어. 소풍 갈 때나 운동회 때, 우리 엄마가 다른 엄마들처럼 따라와서 보물찾기도 같이 해주고, 풍선 터뜨리기랑 수건돌리기 게임도 같이 하고, 그리고… 엄마 없이 혼자 온 친구들 불러서 김밥도 같이 나눠 먹으면서… 내 친구들한테 우리 엄마다~ 자랑하고 싶었어. 이쁘고 똑똑하지는 않아도… 우리 엄마니까… (아릿해지는) 김영주한테는 세상에서 단 한 명밖에 없는 우리 엄마니까… 근데, 못 그랬어. (쓸쓸하게 미소 지으면)

닻별   그럼 난 완전 다행인 건데?

영주   뭐가?

닻별   난 김영주 편집장님처럼 이쁘고 똑똑한 엄마가 있으니까. 맞지?

영주   우리 딸이 그렇게 생각해준다니까 엄마 기분 정말 좋은데? (미소 지어주지만, 마음이 착잡하다)

S# 12   영주 아파트 전경 / 밤

S# 13   영주 집 복도

닻별과 손을 잡고 걸어오는 영주. 닻별이 먼저 달려와 키패드를 누르고, 문을 열어주며, '어서 오세요~' 포즈를 취하면. 무릎 인사를 하며 '감사합니다~' 늘어가는 영주.

S# 14   영주 집 현관 + 거실

닻별   (신발 벗으며) 이모~! 아이스크림 사 갖구 왔어. 우리 인
          디언 텐트에서 같이 먹자. 이모~

선영   (주방에서 쏙 나오며) 우리 강아지 왔네~ 옴마야. 오늘
          은 큰 강아지랑 같이 왔네~

닻별   (웃으며) 웃겨. 엄마보고 큰 강아지래.

영주   (웃어주고, 하지 말라고 선영을 흘겨보는데)

선영   영주야, 대영이도 왔다. 대영이 누맹 다 벗고 나왔단다.

영주   … 뭐?

선영이 뒤로 쓱 나오는 대영. 영주를 본 척도 않고.

대영   하이구야, 이기이기 인형처럼 생긴 이기 누꼬? (와락 안
          아 올리며) 니가 닻별이가? 으이?

닻별   (놀라며) 엄마.

선영   닻별아, 니 삼촌이다. 대영이 삼촌~!

닻별   삼촌? (맞냐는 듯 영주를 보면)

영주   (억지로 미소 짓고 고개 끄덕여준다)

대영   와, 닻별이 눈엔 내가 삼촌으로 안 보이나? 그라모 뭘로
          보이노? (영주 들으라는) 너무 젊어가 오빠로 보이노?
          아이면 너무 늙어가 짝은 할아부지로 보이노? 으이?

영주   (흠칫 굳지만, 억지 미소 지으며) 오빠, 나랑 애기 좀 할래?

대영   (실룩 미소 짓더니) 어데? 영주 니랑 얘기하는 그야, 나
중에 해도 되지만, 우리 조카랑은 처음 상면하는 그랑
마찬가진데, 인사를 좀 질게 해야제, 질게. 안 글나? 닻
별아.

닻별   (영주와 데이트 기분 이어지며, 처음 보는 삼촌이 신기
하기도 해서) 좋아요. 삼촌도 내 방에 가서 같이 아이스
크림 먹어요.

대영   아이스크림? 내가 아이스크림이라모 자다가도 버얼떡~!
일어나는지 우예 알고 사왔노? 으이? (닻별을 안은 채,
까불치며 쓱 영주를 지니쳐 들어가면)

영주   (입술 깨무는데)

S#15   닻별 방 인디언 텐트 안

아이스크림을 나눠 먹으며 옛날 얘기에 흠뻑 빠진 닻별.

닻별   엄마가 다섯 살 때까지 기저귀를 차고 다녔다구요?

대영   하모. 니 옴마가 지금은 억쑤로 쎄 보이도, 그때는 키가
작아가 동네 아들한테 맞고, 찔찔 짜면서 오빠야~ 자아
들이 내 때릿다, 오빠가 대신 때리도, 그랬다이까.

닻별   (신기한 듯) 진짜 우리 엄마가 그랬어, 이모?

선영   아이다. 영주는 세 살 때부디 기저귀 띠고, 다섯 살 때는
구구단도 외고 한글도 혼자 깨쳤다. 그라고 동네 아들도

영주가 때릿으모 때릿지 맞지는 않았다. 대영이 니는 모 하나 제대로 기억하는 기 없노? 니 바보가?

닻별 맞아, 이 삼촌이 더 바보 같애.

선영 맞다, 삼촌이 더 바보다. 바보.

닻별 (서로 손을 잡으며 공동전선을 형성하면)

대영 하구야. 누부 니 생사람 잡을 기고? 닻별아, 내 기억력 이 을매나 좋은지 갈차주까?

S# 16   영주 침실

조바심에 왔다 갔다 하는 영주. 문득 들리는.

대영F 우째긴 뭘 어째? 참새도 죽으면서 찍 한다꼬! 내도 죽기 전에 김영주 니 진짜 어매가 누군지! 니가 을매나 나쁜 가스난지, 싹 다 밝히고! 자폭하겠다 이 말이다!

안 되겠다. 방문을 열고 급하게 다시 나간다.

S# 17   영주 집 거실 + 닻별 방 앞

거실을 가로질러 닻별 방으로 들어가려고 문을 여는데, 인디 언 텐트 보인다. 대영, 영주가 들어오는 거 보면서 못 본 척.

S# 18　닻별 방 인디언 텐트 안 /

대영　(영주 들으라는) 누부야. 니 기억나나? 영주가 딱 닻별
　　　이만 할 때, 누부 결혼식 깨방 놓을라꼬 누부 시댁 될 집
　　　까지 사흘 밤낮을 걸어왔든 그 말이다.

CUT TO

영주　(움찔 멈춰 서는데)

CUT TO 인디언 텐트 인

닻별　(놀란) 이모, 결혼했었어…?

선영　(당황해서) 어? 어 그, 그기 곱단옴마가 자꾸 가라 캐서…

대영　닻별아, 그때 니 옴마가 와가 뭐라 캤는지 아나? 김슨영
　　　이, 내 니한테 누꼬~! 내 니한테 누구냔 말이다~!

듣고 있던 영주, 치솟는다. 문을 활짝 열고 들어오며.

영주　… (이를 악문) 오빠…!

대영　(기다렸지만, 모른 척) 어, 영주 왔나? 지금 니 어릴 적
　　　애기 하고 있는 중이었다.

영주　(애써 태연한 척) 오빠, 옛날 애기는 이제 그만하고, 나
　　　랑 애기 솜 할래?

대영　(어깃장) 와? 인자 한참 이바구가 재밌어지는데, 그차?

닻별아.

닻별 응. 엄마, 이모가 결혼했었대~

영주 어, 알어. 닻별아. 미안한데, 엄마랑 삼촌이랑 중요하게 할 얘기가 있거든? 오늘은 그만 얘기하고 잘래?

닻별 (마지못해) 알았어.

선영 (역시 당황해서 발로 대영이 엉덩이를 팍팍 밀며) 얼른 일나라. 얼른!

대영 알았다. 밀지 마라~! (비척대고 일어나면서) 닻별아, 엉클이랑은 내일 다시 얘기하제이. (엄지손가락 세우며) 엉클 비 배액~

닻별 (큭큭큭 웃으면)

S#19 영주 침실 / 밤

영주 (문을 탕 닫고 돌아서며) 오빠, 미쳤니? 닻별이한테 그 얘기는 왜 꺼내는데? 나 들으라고 일부러 그랬니? 이제 아주 대놓고 땡깡을 부리겠다는 거야?

대영 내는 닻별이가 궁금하다 캐서 옛날 얘기 해주는데, 그기 니한테는 와 땡깡으로 들릴까?

영주 오빠 대체 왜 이래? 왜 이렇게 자꾸 엇나가냐구!

대영 내가 뭘 엇나간다꼬 그라노? 내는 엇나가는 그 엄따.

영주 오빠!

대영 (정색하며) 김영주, 내가 유치장에서 일천오백원짜리 관식 묵으면서 뭘 깨달았는지 아나! 현찰 무죄! 꽁수표 유죄! 니가 내한테 해주겠다, 해주겠다 남발하는 꽁수표는 다 필요엄꼬, 믿을 그는 오로지 현찰! 현찰밖에 없다는 그를 깨달았단 말이다.

영주 그래서…! 내 엄마가 누군지 죄다 까발린 대가로 박정도한테 합의금 받아서 나온 거니!

대영 그라모! 내가 은제까지 니 처분만 기다리고 있으야 되는데! 내도 살아야 할 그 아이가! 내도!

영주 (악 받치는) 그래? 그럼 오빠가 그렇게 좋아하는 돈, 현찰! 내가 마련해줄게. 내가 피라도 팔아서! 과수원 판 돈 돌려줄 테니까, 내일 당장 선영이 언니 데리고 내려가! 알겠어!

대영 돈 마련되면 얘기해도~! 그라모 은제든지 승영이 누부 데리고 내리가게~ 됐나? (실룩 웃고 나간다)

대영, 문 닫고 나가면. 영주, 화가 치솟아 가슴이 답답하다. 후우~후우~ 가쁜 숨을 쉬면서 가슴을 붙들고 주저앉는다.

영주 니들이 저질러놓고 왜 맨날 나한테 이래? 왜…? (서럽고 원망스러워 한숨을 몰아쉬는데, 문득 떠오르는)

영주E 어제 저녁에 곰곰이 생각해보니까, 이대로는 억울해서 이혼 못해주겠든?

정도E 그럼 뭘 원하는데?

S# 20   영주 회상

영주   당신 유학 가서 썼던 비용, 이 달 안으로 갚아.

정도   (비웃음) 천하의 김영주도 이혼하려니까, 본전 생각나는
모양이지?

영주   그럼, 나라고 다를 줄 알았니? 그 비용 찾아다가 닻별이
유학 보내야겠거든?

정도   그래? 그럼 갚아주지! 갚아줄 테니까, 내역서 첨부해서
청구서 보내!

영주   아니, 지금 각서 써.

S# 21   동 영주 방

영주, 가슴을 진정시키며 서랍을 여는데. 정도가 쓴 각서와
송금내역서를 모아놓은 유학비용 계산지가 보인다.

영주E   7천8백만원. 7천8백이면… (얼추 맞을 것 같다)

영주, 휴대전화에서 정도의 번호를 찾아 문자를 쓰기 시작한다.

영주E   나야, 정도씨. 당신 유학자금, 언제까지 돌려줄 수 있는
지 날짜 좀 알려줄래? 닻별이 비자문제 때문에 급해서
그래.

문자를 보내려다가, 치욕스러움에 포기하려고 내려놓다가.

영주　　못할 게 뭐 있어? 우리 새끼 위해선데…?! (보내기 버튼을 꾹 눌러 문자 보낸다)

S# 22　　채린 집 침실

정도, 문자를 확인하더니 실룩 미소 지으며.

정도　　김영주 똥줄이 타서 문자 보낸 걸 보니까, 김대영이가 서울에 올라오긴 한 모양이지? (실룩 웃으면)

채린　　김영주 찌질이 오빠가 올라왔대?

정도　　그러니까 유학비용 언제 보낼 수 있냐고 문자를 한 거겠지.

채린　　과수원 판 돈은 그 찌질이한테 주기로 한 거 아니었어.

정도　　그랬지. 근데 김영주 그 기집애가 숙려기간 지나면 지 손으로 이혼신고 하겠대잖아.

채린　　그럼, 오빠 유학비용은 누굴 줄 건데?

정도　　상황 봐서~

채린　　상황을 보다니? 그게 무슨 소리야?

정도　　김영주는 협의이혼 해줄 테니까 닻별이 유학비용으로 달란 거고, 김대영이는 사기결혼시킨 거 가서 써줄 테니까 저한테 날라는 거잖아. 근데 지금 상황으로 봐선 김영주한테 주는 게 우리한테 유리하거든?

채린	근데?
정도	김영주 그게 또 버선목 뒤집듯 뒤집으면 돈만 날릴 수 있잖아. 그러니까, 상황 봐서 지들끼리 싸움을 붙인 다음에, 오빠한테 유리한 쪽에 던져줘야지.
채린	(놀라는) 와, 오빠가 아군이었으니 망정이지 적군이었으면~ 어휴~ (몸서리를 치면)
정도	오빠는 우리 강아지 영원한 아군이잖아. 아군~ (엉덩이 다독여주다가, 채린이 보는 웨딩잡지를 보며) 그건 왜 봐? 웨딩드레스는 벌써 고른 거 아니었어?
채린	(쓱 가리며) 나두 오빠처럼 김영주한테 한 방 먹이려구.
정도	뭘 먹여?
채린	두고봐. (실룩 미소 지으면)
정도	채린아, 아무리 생각해도 우린 너무 잘 맞는 거 같지 않니?
채린	누가 아니래~ (서로 킥킥댄다)

S# 23 영주 집 거실 / 밤

선영과 대영, 나란히 누워서 잠을 청하고 있다.

선영	대영아. 내는 니가 누맹을 벗고 나와가 억쑤 좋기는 한데, 인자 닻별이랑 영주랑 몬 본다꼬 생각하이까네, (가슴 만지며) 여에 돌댕이가 턱 앉아 있는 그 같다.
대영	걱정마라. 내 영주랑 얘기해가 며칠 더 있기로 했다.

선영 (깜짝 반가워 일어나며) 진짜로? 그기 진짜가?

대영 하모, 내가 은제 틀린 말 한 적 있드노? 그라이까 이제 여그가 우리 집이다 생각하고 발 쭉 뻗고 자그라.

선영 (반갑지만, 다짐 받으려는) 그라모, 대영아. 니도 여 있는 동안 절대 입조심해야 된대이.

대영 (거들먹거리는) 입조심은 무신 입조심? 내가 내 입 갖고 말도 몬하고 사나? 와 누부랑 영주 사이가 몬지 알려지면, 영주 그 가스나가 쪼까내기라도 한다 카드노? (하다가 컥컥 숨이 막히는)

선영 (대영의 목을 두 손으로 꾁 졸랐다)

대영 (버둥거리며) 누, 누부야. 니 와, 와 이라는데?

선영 (눈에 불똥이 튀며) 김대영이! 만약에 니 입방정 떨어가, 영주 눈에서 눈물나게 하모, 니가 아무리 내 동생이라또 니는 내 손에 죽는대이~! 니 내 진짜 화나모 우째 되는지 알제!

대영 알, 알았다. 알았으이까… 이그 좀… 놔도…

선영 (그제야 눌렀던 손을 떼며, 씩씩 노려본다)

대영 (캑캑대다가) 누부야, 니 진짜 내한테 이럴 수 있나? 하구야, 피는 몬 속인다꼬…

순간, 대영의 얼굴을 손바닥으로 있는 힘껏 후려갈기는 선영.
대영, 팡~! 나가떨어지며, "아이고, 내 코야~" 히먼서 뒹굴면.

선영	(불똥 튀는) 내 입조심 하라 했나 안 했나? 이 보리문디 자슥아!
대영	… 알았다. 조심하께, 조심한다꼬. (코 보며) 누부야, 내 코피 난다.
선영	(다시 확 치려고 하면)
대영	아이다, 그쳤다. 코피 그치뿟다.
선영	퍼뜩 디비 자라! 자슥아! (휙 누워) 내는 내일 일찍 일하러 가야 되니까네, 니 코 골면 확 숨구멍을 막아뻰대이!
대영	(코 붙들며) 알았다. (옆에 누우며 쭝얼거리는) 하 씨, 평소에는 내가 이기는데, 영주 얘기만 나왔다 카모, 사람이 우째 저리 변하노. (선영이 노려보면) 내 잔다. 지금 잠꼬대하는 기다.
선영	(천장 쳐다보며, 후우~ 한숨 쉬고)
선영E	영주야. 내는 니랑 있어가 좋기는 한데, 대영이 저 거마리가 붙어가, 그기 걱정이다. (긴 한숨 쉰다)

S# 24   영주 아파트 전경 / 아침

S# 25   영주 집 거실 + 현관 / 아침

출근준비를 하고 나오는 영주. 거실에 대자로 뻗어 자고 있는 대영을 밉게 보다가 나가면, 선영이 눈치 보면서 영주 뒤를 따라간다.

영주　　언니, 아까 내가 한 말 잊지 마. 알겠어?

선영　　걱정 마라. 대영이 절마랑 닻별이랑 십 리, 아이, 백 리
　　　　는 떨어뜨리놀 끼다.

영주　　그럼 언니만 믿고 갔다 올게. (서둘러 나간다)

선영　　(배웅하며) 그럼 잘 갔다 오래이.

영주, 나가고 문이 닫히면, 들어와 팔로 허리를 받치고 대영
을 노려본다.

(경과)

잠들어 있던 대영의 얼굴 위로 물세례가 휙 쏟아진다. 어푸
푸! 잠에서 깨는 대영.

대영　　뭐꼬? 이기 뭐꼬?

킥킥 웃는 소리에 돌아보면, 닻별과 노려보는 선영. 외출준비
끝났다.

대영　　누부야~!

선영　　김대영이. 내는 닻별이랑 같이 출근할 테이까네, 니는
　　　　밥 챙기묵고 청소랑, 빨래 널어놓은 그 다 개키놔라. 알
　　　　긋나.

대영　　뭐라꼬? 내가 그그를 왜 해야 되는데? (하디기 선영이
　　　　째리자) 알았다, 내 취미가 청소하고 빨래다. 걱정 마라.

선영 구석구석 잘 치우래이. 가자, 닻별아.

닻별 삼촌 안녕~ (나가면)

대영 (털썩 앉으며) 김슨영이, 지기 미칬나? 갑자기 와 이카노! (하다가) 어, 내랑 닻별이랑 떨가놓으라꼬 영주가 시킀다 이기제?

S#26 버스정류장

버스를 기다리고 서 있는 닻별과 선영.

닻별 이모, 삼촌을 왜 그렇게 함부로 대해?

선영 (아직은 긴장한) 함부로가 아이고, 절마는 저래 안 하모 정신 몬 차린다. 그랬으이까, 마누래도 도망간 그 아이겠노? 그차?

닻별 (피식 웃고) 맞어. 근데 난 삼촌 되게 웃기던데? 재밌구.

선영 그래, 내 동생이 웃기는 놈인 그는 내도 인정한다. 그래 또, 니는 대영이랑 같이 있이모 안 된다.

닻별 왜?

선영 왜? 왜나면, 대영이 절마한테는 배울 기 한나또 없으이까. (불안하게 시선 돌리다가 버스가 오면) 어, 닻별아. 버스 왔다. 얼른 타고 가자, 얼른. (내려서며 버스에 손 흔들면)

닻별 이모, 난 오늘 이모랑 같은 버스 타면 안 돼.

선영	(당황한) 와 같이 타모 안 되는데?
닻별	오늘 학교 가는 날이잖아.
선영	학교?
닻별	어. 오늘 교수님이랑 스터디 있는 날이야.
선영	그래? 그라모 학교 끝나모 몇 신데? 으이?
닻별	음. 아마 6시쯤?
선영	그라모, 내 6시까지 맞차가 집에 오게. 니도 꼭 그 시간에 와야 된대이. 알았제?
닻별	알았어~

S# 27 버스 안

선영	(버스 출발하면, 고개 내밀고) 닻별아, 그라모 학교 끝나고 정각 6시에 보제이. 6시다~! 알겠제!
닻별	알았어~

S# 28 버스정류장

선영을 태운 버스가 멀어지자, 닻별이 히죽 웃고 아파트로 달려간다.

S# 29 영주 집 거실

대영   (신문을 들고 오며 식탁보를 걷다가, 오만원권 두 장을 보고) 하이고, 김영주. 니가 무섭긴 무서벘던 모양이제? 이 돈 갖고 나가 놀면서, 닻별이랑은 말도 섞지 말라, 이 그제? 사람 스케일을 뭘로 알고 고작 이그가? 으이?

하면서 신문을 휙 펼쳐드는데, 전단지가 툭 떨어진다. "소싸움. 서울지역 최고 개최 / 과천시…" 적혀 있다. "오이, 이기 뭐꼬?" 보는데, 문 탕 닫히는 소리 들리고 닻별이 들어온다.

닻별   삼촌?

대영   (깜짝 놀라서) 닻별아, 니 슨영이 누부랑 같이 안 갔드노?

닻별   응. 오늘은 삼촌이랑 놀려구.

대영   내랑?

닻별   (끄덕끄덕)

대영   그으래애~ (히죽 웃고) 우리 조카딸이 이래 삼촌을 좋아하는데, 삼촌이 안 놀아주모 그기 인간이겠나? 우리 닻별이는 뭐 하고 놀고 싶은데? 말해봐라. 삼촌이 다 해주께~

닻별   음… 놀이공원 가고 싶어.

대영   놀이공원? (문득 전단지를 쓱 보더니) 그래~ 우리 조카가 놀이공원 가고 싶다모 가야제~ 가자~! 놀이공원~!

닻별   나 가방 놓고 나올 테니까, 삼촌도 얼른 준비해? (방으로 가면)

대영   닻별이랑 친해놓으모 여 늘러붙어 있기도 좋고, 게임도

하고, 이기 일석이조 아이가, 일석이조~!

S# 30   에스띨로 전경

S# 31   에스띨로 편집실

편집실로 들어가는 영주, 직원들 모여서 와글와글하다.

영주　아침부터 무슨 일이야?

홍이림　(뛰어오며) 편집장님, 진태오씨 오늘 퇴사한대요.

영주　뭐? 야, 진태오! 지금 누구 허락도 없이 마음대로 퇴사를 하겠다는 거야? 내가 너 퇴사 허락한 적 있어?

진태오　(히죽 웃고) 죄송합니다, 편집장님. 편집장님한테 누만 끼치게 됐습니다.

영주　지금 장난해? 너 빠지면 당장 마케팅, 광고는 누구한테 맡기라는 건데!

진태오　전들 편집장님 곁을 떠나고 싶겠습니까?

영주　뭐? (조선희를 보면)

조선희　지난달, 광고 실었던 ○○브랜드 있잖습니까? 편집장님.

영주　부도 난 그 회사? 그게 뭐 어쨌다는 건데?

조선희　그 회사 광고비 미수가 발생한 걸 빌미로 오채린 사장이 진태오씨한테 사직서를 제출하라고 했답니다.

영주　뭐? 그건 배사장이랑 벌써 얘기 끝낸 거잖아! 배사장님 어디 있니?

수리   어제부터 계속 결근이십니다.

영주   (열받아서 사장실로 걸어가다가 돌아서더니) 진태오, 너
내 허락 없이 한 발자국도 움직이지 마. 알겠어! (휙휙
걸어가면)

직원들   (앗싸~! 하면서 영주를 응원한다)

S# 32   채린 사장실

격하게 문을 닫고 들어오는 영주. 쥘레르, 식겁해서 시선 피
하고. 영주, 곧장 채린의 책상 앞으로 걸어가 턱 손을 짚고.

영주   오사장님~! 광고 따다보면 망하는 회사도 생기고, 미수
금 발생하는 게 어제 오늘 일도 아닌데, 이제 와서 진태
오를 자르겠다는 건 무슨 의밉니까? 짜친 짓 그만하고,
그냥 스트레이트하게 얘기하시죠? 지금 나더러 나가라
는 겁니까?

채린   고작 미수금 때문에 부하직원 감싸다가 잘렸다고 소문나
면, 그쪽 몸값만 올라갈 텐데, 내가 그 짓을 왜 하겠어요?

영주   그럼, 이러는 이유가 뭡니까?

채린   (실룩 웃고 기획서 흔들며) 김영주씨가 기획해서 히트시
킨 베누스 프로젝트, 내가 원하는 대로 진행하시죠. (턱
던져준다)

영주 (보더니) 5월의 신부? (기막힌) 지금 싱글맘 지원행사에 웨딩쇼를 하자 이겁니까? 안 하면, 내 새끼 자르겠다?

채린 십 년 동안 쌓아왔던 명예냐, 부하직원에 대한 사랑이냐. 선택은 김영주 편집장님이 하시죠?

영주 (죽이고 싶을 만큼 밉지만) 좋습니다, 오사장님 기획대로 프로젝트 진행할 테니까, 진태오 제자리에 돌려놓으시죠.

채린 얼마든지~

영주 두고보시죠? 무슨 수를 써서라도 오사장님 뜻대로는 절내 안 되게 힐 테니끼. (이글이글 노려보며 휙 나가면)

췰레르 자기야, 아무리 그래도 웨딩쇼 진행했다가 진짜 싱글맘들한테 돌 맞으면 어쩌려구 그래~?

채린 내가 왜 맞아? 맞아도 기획자인 김영주가 맞겠지? 그리고 나야, 드레스 협찬만 받으면 아무 상관 없거든? (히죽 미소)

S# 33   과천 소싸움대회장 / 일각 우권구매소

대영 (흐뭇하게 보다가 기운차게 돌아서며) 자~! 박닻별이~! 저 소들 중에 니 마음속 깊은 곳에서 간절하게, 애가 타게 원하는 번호를 망설이지 말고 확 쎄리 골라봐라~!

닻별 번호?

대영 어. 니가 저 중에서 마음에 드는 소를 고르모, 갸아들이

너를 위해가! 목심을 걸고! 온 힘을 다해가! 결승전을 향해 미친 듯이~! 대가리를 들이밀고 쌈박질을 벌일 기다.

닻별 난 소들이 싸우는 거 보기 싫은데. 삼촌, 여기 말고 옆에 놀이공원 가면 안 돼?

대영 내 말이 바로 그 말이다~! 니랑 놀이공원에서 신나게 놀라모 여서 실탄을 팍팍 만들어가 가야 되거등~! 자, 골라라~! 가열차게!

S# 34 투우장

싸움소들이 머리를 들이받으며 격렬하게 부딪치고, 사람들 환호한다. 대영, 벌써 닻별은 안중에도 없이 막걸리를 퍼마시며 미쳐 있다. 시무룩해지는 닻별. 대영은 계속 미친 듯이 소리를 지르고, 응원하고, 막걸리 들이붓고, 춤추고, 설레발을 친다. 그 모습을 실망스럽게 보는 닻별의 모습이 오버랩으로 보이면.

(경과)

닻별 (한숨을 쉬며) 삼촌, 이제 그만 가면 안 돼?

대영 (벌써 취해서 비치적거리며) 어데? 안즉 멀었다~ 니 배고프나? (비틀거리며 호주머니에서 돈 꺼내는데 만원짜리 딱 한 장 남았다) 닻별아~ 니 휴게소 가가, 컵라면하고 팩 소주 있다 아이가, 그그 각 일 개씩 사온나. 한 개는 니 끄, 한 개는 이 삼촌 끄~!

닻별   삼촌~

대영   뭐 하노? 어여 댕기와라~ 그동안에 삼촌이 일등 소가 누군지, 꼭 맞차놓을 테이까네, 언능 댕기오그래이~ 싸랑한대이~ (하트 그리면)

S# 35   **투우장 일각**

닻별   (창피하고 한심하게 보다가 걸어 나오며 전화한다)

수현F   어, 닻별아.

닻별   오빠, 지금 어디야? 나 좀 데리러 오면 안 돼?

수현F   거기가 어딘데?

닻별   여기? 놀이공원 앞인데… 소들이 싸우는 데야.

S# 36   **동 투우장 일각**

대영, 막걸리병을 탈탈 털어먹다가 호주머니를 다시 뒤진다.

대영   어? 여 만원짜리 있던 거 어데 갔지? 아저씨예, 여 만원짜리 있든 그 못 봤십니꺼? (뒤적이다가 휴대전화 꺼내서 흐릿하게 보더니, 번호 틱틱 누른다. 신호가 가고)

S# 37   **정도 교수실 / 화면 분할되며**

정도	(전화 받으며) 여보세요?
대영	(비틀대며) 어, 박서방. 내다, 니 처남 김대영이~ 잘 있었나~
정도	(혀 꼬인 느낌 받으며) 형님, 술 드셨습니까?
대영	술? 마싰지~ 우리 조카, 닻별이랑 놀이공원 와가 기분이 억쑤로 좋아가 술 마싰다~ 박서방, 내 서울 온 그 알제?
정도	예. 많이 취하신 거 같은데, 적당히 하시고 그만 들어가시죠.
대영	어데~ 우리 조카랑 처음으로 소풍 나온 긴데, 신나게 놀아주야지. 신나게~ 그래서 말인데 박서방아~ 니 내 주기로 한 과수원 땅값 있잖나. 그그 일부 중 딱 삼십만원만 지금 보내주모 안 되겠노?
정도	과수원 땅값이요?
대영	그래~ 오늘 내가 닻별이한테 제대로 삼촌 노릇 좀 할라 캐서 그래~
정도	미안한데, 그 돈은 형님 드릴 수가 없게 됐습니다.
대영	그기 무신 말이고? 와, 나한테 몬 준다는 근데?
정도	영주가 협의이혼에 동의할 테니까 자기한테 달랍니다.
대영	뭐라꼬?
정도	닻별이 유학자금으로 쓰겠다는데, 제가 뭐라고 하겠습니까? 저야 영주한테 받은 거니까 영주한테 돌려주는 게 맞는 거죠. 안 그렇습니까?

대영 영주한테 받았다꼬 그기 영주 돈이가! 우리 아부지가 피땀 흘리가 만든 과수원땅 팔아가 준 돈인데, 그기 와 영주 돈이냔 말이다!

정도 그건 영주랑 얘기할 문제지, 저랑 얘기할 문제는 아니잖습니까? 안 그래요? 그럼 이만 끊습니다. (뚝 끊기면)

대영 박서방~ 박서방~

S# 38 정도 교수실

정도 이걸로 일단 정리는 됐고~ (하는데, 다시 전화 울린다. 대영이다) 아유, 이 찌질한 인간~ (무시하고 던져놓는데)

이때, 문 벌컥 열리면서 오민석이 들어온다.

정도 (벌떡 일어나며) 장인어르신.

오민석 어, 박교수. 수고가 많다. (밖을 보며) 뭐 하노? 얼른 갖고 들어온나.

수하들, 사과박스 네 상자를 들고 들어온다.

정도 이게 뭡니까? 장인어르신.

오민석 뭐긴 뭐겠노? 니 유학비용 갚아주야 된다면서? 열어봐라.

정도 감사합니다, 장인어르신.

정도, 사과박스를 열면. 너덜너덜한 천원권 지폐뭉치가 차곡차곡 쌓여 있다. 기막히지만, 내색 못하고.

정도 이게 다… 얼맙니까?

오민석 니는 내 사위될 기니까, 특별히 선이자 10%만 띠아가 정확히 7천하고 2백만원이다.

정도 7천… 2백만원요…?

오민석 그래. 시알아봐라. 아, 맞는지 세어보라꼬.

정도 장인어르신, 이걸 무식하게 언제 다 세고 있습니까? 내일 은행에 가서 계수기로 세어보면 간단한데요. (민석이 노려보면) 지금 세겠습니다, 장인어르신. (서둘러 돈다발을 꺼내 들고 히죽 웃는다)

S# 39 동 투우장 편의점 일각

비척거리며 사람들과 부딪치고, 휘청거리면서도 눈에 불똥이 튀는 대영.

대영 너거들이 지금 날 갖고 노는 그라? 부부라꼬 짜고 날 물 멕인다 이기제? 김영주, 이 나쁜 가스나~!

불똥 튀는 눈으로 휴대전화를 누르면서 거칠게 문을 열고 들어온다.

S# 40 편의점 안

컵라면에 물을 붓고 있는 닻별. 거칠게 문을 열고 들어와 주류
코너로 비틀거리면서 가는 대영을 아직 못 본 상태다. 대영,
주류 코너에서 막걸리를 꺼내더니 뜯어서 벌컥벌컥 마신다.

점원   손님, 계산하고 드셔야 되는데요? 손님.

대영   (아랑곳하지 않고, 씩씩대며) 입 몬 닥치나? 내 이른 막
             걸리값 띠먹을 사람으로 보이드나! (부라리고, 전화를
             걸며) 이 가스나야! 와 전화를 안 봤노, 으이!

나오던 닻별, 대영의 목소리에 고개를 돌리며 "삼촌?" 하면서
진열대 사이를 걸어간다.

S# 41 영주 편집장실

로버트   예? 지금까지 진행하던 컨셉을 다 엎으라구요?

홍이림   말도 안 돼. 편집장님, 라비가 얼마나 고생고생하면서
             뽑은 컨셉인데요. 디자이너들도 다 정해졌잖아요.

영주   (입 닥치라는) 홍이림!

홍이림   (삐죽하면서도, 고개 숙이면)

로버트   좋습니다. 제가 여지껏 진행한 거, 다 날려도 상관없는
             데요. 5월의 신부라는 이 컨셉 자체가 싱글맘들을 위로

하고 지원하는 게 아니라, 아예 속을 뒤집어놓자는 거 아닙니까? 이혼하고 혼자 애 키우는 사람들 앞에서 어떻게 웨딩쇼를 합니까?

조선희 맞습니다. 편집장님, 현실적으로 그건 무리가 있습니다.

영주 그러니까 방법을 찾으라는 거 아냐! 방법을! 불평불만 터뜨릴 시간에 머리 한 번이라도 더 굴려! 뭐 해, 안 나가고!

직원들 (울화통 터지는 얼굴로 나간다)

영주 (똑같이 답답하다) 빌어먹을 기집애.

이때, 휴대전화 벨이 울린다. 보면, 대영이다. 불편하고 짜증 나지만 받으며.

영주 나야, 오빠.

대영F 김영주우~! 천하의 이 나쁜 가쓰나야아~!!

영주 오빠… 술 마셨니?

대영F 그래, 내 술 퍼마싯다! 처음엔 좋아가 퍼마싯고! 지금은 눈까리가 뒤집히가 술 마싯다! 와!

영주 … 오빠…

대영F 김영주, 와 그 돈이 니 돈이가! 와 그 돈이 니 돈이냐꼬!

영주 지금 무슨 소릴 하는 거야?

대영F 박서방 유학 보내주느라꼬 과수원땅 판 돈이 와 니 돈이냐꼬 이 가스나야!

영주   (뜨끔하는) 오빠, 박서방이랑 통화했니?

S# 42   편의점 안

대영   그래! 통화했다모 우짤 긴데! 김영주, 니 내한테 이르는
거 아이야~!

영주F   (답답한) 오빠, 내가 뭘 어쨌다고 이러는 건데?!

대영   몰 우쨌다고 이래? 가스나야! 가심에 손을 얹고 생각해
봐라! 너 태어나서 여적까지! 우리 집에서 니한테 안 해
준 기 뭐 있노! 읍내로 중학교, 고등학교를 안 보내줬노!
아이모, 니 노래를 부르던 서울 유학을 안 보내줬노! 내
가 아무리 모지리라꼬 해도! 내도 서울또 가고 싶고, 대
학교도 가고 싶었어! 니만큼 좋은 대학은 몬 가도 전문대
는 충분히 갈 수 있었다꼬! 그란데 내가 누구 때문에 농
고밖에 졸업 몬하고, 지랭이처럼 땅만 파고 살았는데?

S# 43   동 영주 편집장실

영주   … 그게 지금 나 때문이라는 거야?

대영F   니가 아이모! 내가 와 그랬겠노! 슨영이 누부가! 니만 안
낳아시모! 니만 내 동생으로 호적에 안 올릿시모! 내도
이래 안 살았어!

영주   (파르르 놀라 일어나서 문을 와락 닫으며) 오빠!

S# 44   동 편의점 안

대영   와! 내가 그른 말 했드나! 곱단옴마는 요양원에 처박아
         놓고! 니 낳아준 옴마는 서울로 불러가 남의 집 밥 해주
         는 찬모나 시키먹으문서, 살아보겠다꼬 여까지 기 올라
         온 니 오래비는, 아이, 니 삼촌은 길바닥에서 나앉든지
         말든지 니만 잘 묵고 잘 살면 된다 이기냐꼬!

영주F   (독이 오르며) 오빠, 그만해. 그만하라구 했어…!

S# 45   동 영주 편집장실

대영F   와, 여태껏 아인 척하고 살다보이까, 인자 남의 얘기 같
         나? 서울내기 다마내기 흉내 내고 사느라꼬! 너 낳아준
         슨영이 어매또, 키와 준 곱단어매또! 니 뒷바라지에 등
         골이 휜 이 오래비또 다 잊어뿟냔 말이다!

영주   김대영… 내가 무슨 수를 써서라도 과수원 판 돈 돌려줄
         테니까… 다시는 나한테 연락하지 마. 알겠어! (전화를
         확 끊어버린다)

S# 46   편의점 안

대영   여보세요? 여보세요? (울화가 치밀어 눈물이 핑 도는.
         서럽다) 그래…? 단물 다 빠지고, 껍데기만 남은 내는

똥차 취급이라 이기제? 돈 몇 푼 던지주모 감사합니대 이~ 이라는 그지새끼처럼 보인다 이기제? 내 같은 그는 싹 다 죽어 없어졌시모 좋겠다 이기제~! 김영주. 내가 누꼬? 내가 니한테 누군데 이러냔 말이다~ 이 나쁜 가스나야~!

대영, 눈물이 왈칵 돌면서. 고함을 지르고 진열대를 와락 무너뜨려버린다. 점원, 비명을 지르고. 대영, 바닥에 와당탕 나뒹군다. 눈물이 그렁그렁한 채로 올려다보는데… 컵라면을 들고 있는 닻별이 보인다.

대영　… 닻별아…

닻별　(주춤주춤 물러난다)

대영　(정신없이 일어나며) 닻별아~!

닻별　(컵라면을 내던지고 밖으로 달려나간다)

대영　닻별아~ 내 말 좀 들어봐라. 닻별아. 삼촌이 지금 한 말은 다 거짓뿌렁이다. 술이 취해가 헛소리한 기다. 닻별아~! 닻별아~!

대영, 쫓아가려다가 남자점원에게 붙들린다.

남자점원　뭐 해! 얼른 경비한테 전화해!

대영　이거 좀 놔봐라! 내 우리 조카한테 할 얘기가 있단 말이다. 닻별아! (뿌리치며 애절하게) 지발 좀 놓으라꼬오~!

S# 47   경기장 통로

얼이 빠진 얼굴로 걸어가는 닻별. 아무 소리도, 아무 느낌도 없이 초점을 잃은 눈에 눈물이 왈칵 돌며 휴대전화를 건다. 신호가 가고, 수현이 받으면.

수현F   여보세요?

닻별   오빠, 어디야? 나 좀 데리러 와줄래? 나 좀 데리러 와줘. 응? (눈물이 주르륵 흐른다)

S# 48   최고만 집 전경

S# 49   최고만 데이트레이딩 룸

인터넷으로 주식거래를 하고 있는 최고만. 심각한데. "와하하하" 김집사 웃음소리, 선영 웃음소리가 들린다. 최고만, 짜증난 얼굴로 휙 돌아보면, 옆 유리벽을 통해서 보이는, 식탁에 마주앉아 얘기하는 김집사, 선영.

최고만E   (안경 추켜올리며) 저것들이 하라는 밥은 안 하고 뭐 하고 자빠져 있는 거야? 바보 하나에 모자란 놈까지 둘이

모이니까 아주 신들이 났구나, 신들이 났어. 에잉~ (고개 돌리는데, 또 웃음소리 터지면, 왠지 질투가 나서 휙돌아보는)

S#50   최고만 집 주방 식탁

모여서 콩나물 대가리를 따고 있는 김집사와 선영.

김집사   초등학교부터 고등학교까지 줄곧 전교 일등만요? 어유, 김선영씨 동생분이 진짜 공부를 잘한 모양이네요.

선영   (신이 난) 어디 그것뿐인 줄 압니꺼? 그림그리기 대회, 글짓기 대회, 나갔다 하모 무조껀 일등만 했십니더. 우리 영주가.

김집사   어유, 부럽다. 난 제일 성적 좋았던 게 전교 459명 중에 458등 했을 때였는데.

선영   그라모 꼴찌한 사람은 누구였는데예?

김집사   결석생이요.

두 사람. 1초 침묵하다가 동시에 파하하하 웃는다. 최고만, 부아가 치민 얼굴로 다가와서 김집사의 귀때기를 잡아당기며.

최고만   바보 둘이 모이니까, 누가 누가 더 멍청하나 자랑질 중이냐? 어!

김집사 아, 아. 회장님, 왜 이러십니까?

최고만 (휙 밀치며) 왜 이러긴 자식아! 하라는 밥은 안 하고 모여서 시시덕거리라고 내가 비싼 월급 주는 줄 알아? 넌 집사라는 자식이 왜 콩나물 대가리는 따고 있는 건데, 엉?

김집사 김선영씨가 코다리찜 한다고 대가리 좀 따달라고 해서 말입니다.

최고만 그걸 집사인 니가 왜 하냐구, 자식아!

김집사 아, 서로 바쁠 때 돕고 살면 좋잖습니까? 안 그래요? 김선영씨?

선영 맞십니더. (서로 바라보고 해죽 웃으면)

최고만 (왠지 질투가 확 올라오는) 합쳐봤자 남들 아이큐 반도 안 되는 것들이 좋긴 뭐가 좋아? (김집사가 노려보면) 뭘 봐, 자식아. 얼른 가서 개밥이나 줘, 자식아!

김집사 (선영 앞에서 욕먹어 기분 나쁜) 지금 가잖습니까요! 지금! (신경질 부리며 꽝꽝 걸어가면)

최고만 저걸 집사라고. 어이구. (선영을 노려보며) 당신은 얼른 밥 안 해!

선영 지금 하러 가는 중이그등예~! (머리띠 만지며) 우째 머리가 자꾸 내리오노? (만지작거리면)

최고만 거 머리통엔 뭘 뒤집어쓰고 다니는 건데?

선영 이그예? 이그 셋방 아저씨가 음식할 때 머리 흘리내리지 말라꼬 준 깁니더. 이쁘지예?

최고만	이쁘긴 개뿔. 파란색은 식욕을 떨어뜨리는 색깔인 거 몰라!
선영	개장수 아저씨는 식욕 좀 떨어져도 되그등예~ 밥도 뙈지처럼 마이 묵으면서 우째 저래 북어대가리맹키로 말랐는지 내는 이해가 안 간다. 참, 변비또 있다면서예?
최고만	변, 변비는 얼어죽을. 누, 누, 누가 변비라고 그래. 누가!
선영	(무시하고) 아이모 말고! (가면)
최고만	김집사, 저 얼어죽을 놈의 자식이~!

S#51 최고만 데이트레이딩 룸

방으로 들어오는 최고만, 호주머니에서 알록달록한 머리띠를 꺼내더니 바닥에 내팽개치고. 팍팍! 밟으며, "젠장맞을! 젠장맞을!" 화풀이를 하더니, 변비약통을 열어서 왈칵 퍼 먹으며 "누가 변비래! 누가!" 소리친다.

S#52 거리 / 낮

수현의 오토바이 뒤에 매달려 있는 닻별. 실망감과 분노가 복잡하게 엉켜서 굳은 표정이다.

S#53 영주 편집장실 / 낮

영주, 피로감이 밀려와서 머리를 기대는데, 휴대전화 벨이 울린다. 닻별이다.

영주 (애써 밝은 척) 어, 닻별아. 엄마야.

닻별F 엄마, 회사 앞으로 잠깐만 나올래?

영주 회사? 닻별이 오늘도 엄마 보고 싶어서 온 거야? (하는데 전화 뚝 끊긴다) 닻별아? 박닻별?

영주, '애가 왜 이러지?' 하는 표정으로 급하게 밖으로 나간다.

S# 54 에스띨로 건물 앞

부리나케 밖으로 나와 두리번거리는 영주의 모습이 닻별의 시야로 보인다.

CUT TO

두리번거리며 주위를 둘러보는 영주. 휴대전화가 울리면.

영주 닻별아. 좀 전에 왜 전화를 끊었어? 무슨 일 있는 줄 알고 엄마 깜짝 놀랐잖아.

닻별F 엄마, 나 뭐 하나 물어봐도 돼?

영주 뭔데?

닻별F 엄마의 엄마가 누구야?

영주	(뜨끔) 닻별아. 그, 그게 무슨 소리야?
닻별F	나 엄마 원망하려는 거 아니니까, 솔직하게 대답해줘. 엄마의 엄마가 누구야? 엄마의 엄마 이름이 뭐냐구?
영주	(태연한 척) 엄마의 엄마는 외할머니지. 이름은 서곱단이구. 왜?
닻별	그럼 내 눈을 보고 얘기해봐.
영주	… 뭐?
닻별	돌아서서 내 눈을 보고 얘기해보라구!
영주	(뜨끔 놀라서 돌아보면)

닻별이 휴대전화를 들고 저만치 서 있다. 영주, 이게 무슨 일이지 싶은데.

닻별	(여전히 휴대전화로) 엄마, 마지막으로 물어볼게. 엄마의 엄마가 누구야?
영주	닻별아… 너 왜 그래? 왜 그런 걸 자꾸 물어보는데? 응?
닻별	엄마가 어떤 사람인지 알고 싶어서.
영주	뭐?
닻별	우리 엄마가, 내가 아는 우리 엄마인지 알고 싶어서 묻는 거야. 나한텐 한없이 잘해주는 우리 엄마가… 바보라고, 바보멍텅구리라고… 자기를 낳아준 엄마를… 언니라고 부르는 사람인지 알고 싶어서 묻는 거라구…!
영주	(벼락 맞은) … 닻별아. 어디서 그런 소릴 들었어? 어디

서… 그런 말을… (다가가려고 하면)

닻별 엄마, 나한테 오지 말래? (찻길 횡단보도로 물러나며) 엄마가 온 만큼 난 물러날 거거든?

영주 (닻별이 뒤로 씽씽 달려가는 차를 보며 놀라서) 닻별아!

닻별 마지막으로 물어볼게. 엄마의 엄마가 누구야? 서곱단이야? 김선영이야?

영주 (이를 악물며) 엄마 이름은… 서곱단이고… 김선영은 내 언니야.

닻별 진짜 그래?

영주 그래. 진짜야…!

닻별 (눈이 슬픔으로 젖으며) 엄마… 참 나쁘다… 엄마 참 나쁜 사람이야…

영주 (속이 미어지는, 눈물이 주르륵 흐르며) 박닻별…

닻별 (눈물 주르륵 흐르며) 엄마의 엄마도 그랬겠지…? 엄마가, 선영이 이모를 엄마가 아니라 언니라고 불렀을 때… 지금 엄마처럼… 마음이 아팠겠지…?

영주 (가슴이 터져버리는 것만 같다) 닻별아…

닻별 (목이 메는) 이제 나도… 엄마 딸 안 할 거거든? 나도 이젠 김영주씨라고 부를 테니까… 엄마도… 나한테 그냥 박정도씨 딸, 박닻별이라고 불러줄래? (휴대전화 뚝 끊고, 돌아서 걸어간다)

영주 닻별아… 닻별아…!

횡단보도를 무시하고 걸어가는 닻별을 보며 놀라서 "닻별아!"
달려가려던 영주, 호흡이 막히면서 바닥에 텅! 하고 쓰러진
다. 멀어지는 닻별의 모습이 가물가물해지면, 급한 호흡 소리
들리며 영주의 의식이 점점 희미해진다.

S#55   영주 회상 / 과거 바닷가 / 밤

영주   (울음 삼키며) 마지막으로 다시 한분 물어보께… (간절
한) 내… 김영주… 김슨영 니한테 누꼬…?

선영   (눈물 삼키고 다짐하는) 니는… 내… 동생이다… 김영
주, 니는 내 동생이다. 태어날 때부터… 니는 내 동생이
고! 내는 니 언니다…! … 그라이까, 니는 언능 집으로
가라.

영주   (결국 눈물이 터지고, 어깨가 흐느껴지지만, 입술 깨물
며) 그래. 그라모 이제 죽을 때까지… 다시는 옴마라
꼬… 생각도 안 하께… 내 옴마는 서곱단이고… 김슨영
이는 내 언니니까… 내 그래 살게. 김슨영이, 내 그래 산
다꼬오~~!!

선영   (울음 참으며) 그래… 그래 살아라. 김영주. 니는 내 동
생이니까. 니는 내 동생이니까…

영주   (하늘을 보며 운다. 비명 같은 고함을 지르며 운다)

S#56   동 에스띨로 건물 앞

수현, 다급하게 달려와 영주를 눕히고 소리를 지른다.

수현 박닻별! 얼른 119에 전화해! 얼른!

닻별 (겁에 질리지만, 돌아서 보고만 있는)

수현 이 바보야! 니네 엄마 이대로 죽게 놔둘 거야! 얼른 전화
하라구! 얼른!

닻별 (어쩌지도 못하고 바라보는, 눈에 눈물이 핑 돈다)

S# 57 **제하 집무실**

제하 (전화 받는) 뭐? 엄마가? (벌떡 일어나며) 닻별아, 지금
어디니? 구급차 보낼 테니까 지금 어딘지 얘기해봐. (애
가 닳지만 침착하게) 닻별아, 엄마 괜찮을 거니까, 아저
씨가 낫게 해줄 거니까. 천천히 어딘지 말해봐. 응?

S# 58 **한국병원 전경**

S# 59 **한국병원 응급실 앞**

구급차가 달려와서 멈춰 서면. 조바심이 나서 기다리던 제하와
간호사들, 구급차를 향해 달려간다. 구급차가 열리고 카트에
실려서 내려지는 영주. 이미 기도삽관이 돼 있고, 구급대원이
앰브백 누르고 있다. 제하, 급하게 영주의 상태를 확인하며.

제하　　　환자상태는 어땠습니까?

구급대원 1　처음 도착했을 때, 바이탈은 80/40으로 떨어져 있었고, 그 후로 혈압측정이 안 됐습니다. 하트레이트는 200이 었습니다.

제하　　　(간호사에게) 디피브릴레이터(Defibrillator) 준비시키 고! 빨리 응급실로 옮기세요!

간호사와 구급대원, 영주의 카트를 급하게 밀고 들어가면. 달 려가려던 제하, 돌아본다. 수현과 함께 구급차에서 내려 멍하 니 바라보는 닻별이 보인다. 제하, 닻별에게 걱정하지 말라는 미소 지어주고 급하게 들어간다. 수현, 겁에 질려서 바라보는 닻별을 물끄러미 보다가.

수현　　　(부러 밝게) 박닻별. 구급대원 아저씨가 응급조치 잘됐 다고 했으니까 걱정 많이 안 해도 될 거야.

닻별　　　(수현의 팔을 휙 뿌리친다)

수현　　　…?

S# 60　응급실

카트에 실린 영주를 밀고 들어오는 제하. 응급처치실로 영주 이 카트가 들어가면, 응급의사가 쓱 마으며.

응급의사　선생님. 이젠 저희 응급센터에서 처치할 테니까 걱정 마십시오.

응급의사, 커튼을 젖히고 들어가려고 하면 커튼을 잡는 제하.

제하　아니, 내가 해…!
응급의사　예? 선생님.

제하, 응급의사의 어깨를 밀치고 안으로 휙 들어간다.

S# 61　응급수술실 안

호흡기에 앰브배깅을 하고 있는 인턴과 흉부압박을 하려는 인턴 2가 보이고. 영주의 혈압을 재는 간호사 1. 간호사 2가 심전도 모니터를 붙이고 있다. 제하, 인턴 2에게 "내가 할게!" 하고 흉부압박을 시행하며.

제하　BP는 얼마죠?
간호사 1　BP가 너무 낮아서 매뉴얼(수동혈압계)로도 측정이 안 됩니다.
인턴　선생님, 펄스도 안 잡힙니다.
제하　(심전도를 휙 돌아보고) 펄스리스 브이티(pulseless VT : 무맥성 심실빈맥)로 인한 카디오제닉 쇽(cardiogenic

shock)이야! code A CPR 방송 좀 해주시고, 디피브릴
레이터 빨리 준비해주세욧!

간호사 2   예, 선생님! (뛰어나가면)

충격으로 흔들거리는 영주의 얼굴을 보며 흉부압박을 하는
제하. 이마에 땀이 솟는다. 억지로 웃으려고 애를 쓰며.

제하E   어이, 콧대 뻣뻣한 김영주씨. 왜 그러고 있어? 내가 지
금 너 흉부압박하고 있거든? 평소 같으면 따귀 삼백 대
짜린데 가만있을 거야? 내 말 안 들려? 김영주, 내 목소
리 안 들리니?

영주   (여전히 흔들거리기만 할 뿐)

제하   (암담한, 계속 흉부압박하며) 디피브릴레이터 준비됐습
니까?!

간호사 2   예, 선생님. 준비됐습니다!

제하   (제세동기 잡고) 신크로(synchro)로 200J(줄) 차지!

E   (차지 완료 부저음이 울리면)

간호사   차지 완료됐습니다!

제하   클리어! (앰브배깅하는 인턴 1을 제외하고 비켜서면 버
튼을 누른다)

덜커 몸이 움직이는 영주. 심전도 모니터를 확인하는 제하.
여전히 모니터에 심실빈맥이 보인다. 얼굴이 굳어지며.

제하	300줄!
간호사	차지!
제하	클리어~! (제세동기 버튼을 누르지만)
영주	(덜컥 움직이기만 할 뿐)
제하E	(제세동기 내던지고, 흉부압박을 하면서) 김영주, 나 너 이렇겐 못 보내겠거든? 제발 눈 좀 떠볼래? 제발 니 심장 좀 뛰라고 해? 응?

제하의 흉부압박 리듬에 따라 흔들거리는 영주의 얼굴. 애절한 제하의 모습과 영주의 얼굴이 슬로모션으로 보이면. 금방이라도 눈물이 쏟아질 듯한 제하의 모습에서.

S# 62   제하 회상 / 서클 신입생환영회

새내기들이 일어나 인사하고 있고, 구석에 앉아 있는 제하. 영주, 자기 차례가 되자 일어나 인사한다. 모자를 눌러쓰고 목도리도 풀지 않은 채로 일어나.

영주	(경상도 사투리를 안 쓰려고 하지만 드러나는) 안녕하세요. 의상디자인과 새내기 김영주입니다. 고향은 경북이고요, 서울은 처음 왔습니다.
선배들	(흉내 내며) 고향이 어디라꼬예? / 경북이랍니더, 경북~! / 사과 마이 먹어서 그런가 엄청 이쁘네예~ / 귀엽다~

(하면서 와글와글 웃는다)

얼굴이 벌게져서 고개를 숙이고 앉는 영주, 손만 만지작거리면. 제하, 그 모습을 보면서 웃음이 나지만, 가슴이 두근두근 떨린다.

S# 63   제하 회상 / 캠퍼스

챙모자를 눌러쓰고 앉아 외국 패션지를 보고 있는 영주에게 쓱 다가가 앉아, 탄산음료 캔을 건네는 제하. 영주기 미소 지으면 뒤집어쓴 챙모자를 돌려쓰는 제하. 영주랑 같은 로고다. 영주, 픽 웃으면. 제하, 따라 웃으며 영주 손에 들린 탄산음료 캔을 가져다가 마구 흔든다. 기겁하는 영주에게 픽! 터뜨리는데, 영주가 캔을 제하에게 밀치면 뒤집어쓰는 제하. 웃는 영주.

S# 64   제하 회상 / 도서관

대학 4학년이다. 열공 중인 영주를 숨어서 보는 제하. 장미꽃 다발을 든 정장차림이다. 공연 티켓을 손에 쥔 채 두근거리는 얼굴로 마른 침을 삼키고, 영주에게 다가간다.
영주가 제하의 시야에 가까워지는데, 이때 영주 옆으로 쓱 다가와 어깨를 두르는 남자. 박정도다! 환히 웃는 영주. 과도한 스킨십에 주변 눈치를 보며 뿌리치면서도 웃는 영주.

제하, 휙 몸을 돌려서 로봇처럼 걸어 나온다. 억지 미소를 지으려고 애쓰지만 눈매가 일렁인다.

S# 65   동 응급실

영주를 보는 제하의 눈에 눈물이 핑 돌며, 다시 제세동기를 붙들고.

제하	300줄 차지~!
E	(차지 소리가 올라가며, 완료 부저음이 울리면)
제하	(버튼을 누르기 전, 부들부들 떨리는 눈으로 영주를 보며)
제하E	김영주… 나 너한테 좋아한다는 말도 아직 못했거든…? 이 자식아~! 그러니까… 제발…
제하	(울음이 섞인) 클리어~!

슬로모션으로 보이는. 제하, 영주의 가슴에 전류를 가하면서 눈물이 영주의 눈에 떨어진다. 의식을 잃은 영주와 닻별의 원망스러운 얼굴, 제하의 애절한 모습에서 8부 엔딩.

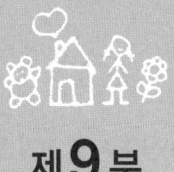

제9부

제9부

S# 1   오프닝 – 제하 회상 / 서클 신입생환영회

새내기들이 일어나 인사하고 있고, 구석에 앉아 있는 제하.
영주, 자기 차례가 되자 일어나 인사한다. 모자를 눌러쓰고
목도리도 풀지 않은 채로 일어나.

영주   (경상도 사투리를 안 쓰려고 하지만 드러나는) 안녕하세
요. 의상디자인과 새내기 김영주입니다. 고향은 경북이
고요, 서울은 처음 왔습니다.

선배들   (흉내 내며) 고향이 어디라꼬예? / 경북이랍니더, 경북~!
/ 사과 마이 먹어서 그런가 엄청 이쁘네예~/ 귀엽다~
(하면서 와글와글 웃는다)

얼굴이 벌게져서 고개를 숙이고 앉는 영주, 손만 만지작거리
면. 제하, 그 모습을 보면서 웃음이 나지만, 가슴이 두근두근
떨린다.

S# 2   제하 회상 / 도서관

대학 4학년이다. 열공 중인 영주를 숨어서 보는 제하. 장미꽃
다발을 든 정장차림이다. 공연 티켓을 손에 쥔 채 두근거리는
얼굴로 마른 침을 삼키고, 영주에게 다가간다.
영주가 제하의 시야에 가까워지는데, 이때 영주 옆으로 쓱 다
가와 어깨를 두르는 남자. 박정도다! 환히 웃는 영주. 과도한
스킨십에 주변 눈치를 보며 뿌리치면서도 웃는 영주.
제하, 휙 몸을 돌려서 로봇처럼 걸어 나온다. 억지 미소를 지
으려고 애쓰지만 눈매가 일렁인다.

S# 3   응급실

제하	300줄 차지~!
E	(차지 소리가 올라가며, 완료 부저음이 울리면)
제하	(버튼을 누르기 전, 부들부들 떨리는 눈으로 영주를 보며)
제하E	김영주… 나 너한테 좋아한다는 말도 아직 못했거든…?
	이 자식아~! 그러니까… 제발…
제하	(울음이 섞인) 클리어~!

하면서 버튼을 누르면, 덜컥! 가슴이 부풀었다가 내려앉는 영
주. 순간, 심전도 모니터의 맥이 정상으로 돌아온다.

인턴　　선생님, 펄스 돌아왔습니다!

제하　　(순간, 눈물이 뚝 떨어지며, 온몸의 기운이 쭉 빠진다)

이때 응급의사가 옆으로 쓱 들어오더니, 제하의 손에서 제세동기를 건네받으며.

응급의사　선생님, 이제 저희한테 맡겨주시죠.

제하　　(그제야 돌아보며 고개를 끄덕하고 물러난다)

응급의사　(제하 자리로 들어오며) 옥시메트리(oxymetry) 달아서 오투 새추레이션(O2 saturation) 확인해주시고, BP 매뉴얼로 다시 측정해주세요. 에어웨이는 셀프(자가호흡) 있습니까?

인턴　　(앰브백 잠깐 빼서 손으로 공기 나오는지 확인하고) 셀프 있습니다. 선생님.

간호사 1　(혈압 체크하고) BP 90에 60입니다.

응급의사　(청진기로 가슴을 대보다가) 펄모너리 이데마(pulmonary edema : 폐부종)가 있는 것 같으니, 체스트 엑스레이 먼저 찍고, ICU로 어레인지하세요!

간호사들　알겠습니다.

인턴과 간호사들, 영주의 이동침대를 급하게 밀고 제하 옆을 지나가며… 바라보며.

제하E　　고맙다, 돌아와줘서…

제하, 옆에 놓인 영주의 손지갑과 휴대전화를 챙겨 들고 나오
는데.

간호사3　선생님, 김영주 환자 보호자는 누구로 할까요?
제하　　(그제야 문득) 잠깐만요? (밖으로 나간다)

S# 4　　**최고만 집 정원**

선영, 현관에서 나와 인사를 하면 심술궂게 보는 최고만.

선영　　셋방 아저씨예. (머리띠 보여주며) 이그 잘 쓸게예. 억쑤
　　　　　마음에 듭니더. 셋방 아저씨, 짱~!짱~!
최고만E　(질투 나는) 저놈의 손가락은 뭐가 저렇게 헤픈 게야?
　　　　　아무나 보고 짱짱이래? 우라질 놈의 손가락.
김집사　아이구, 그렇게 얘기해주시니 제가 더 감사하네요. 6시
　　　　　까지 가야 된다면서요? 얼른 가시죠. (선영을 에스코트
　　　　　하고 차문을 열어주면)
최고만　(쓱 보다가) 야, 김, 김, 김집사. 니, 니, 니가 왜 그 차 타
　　　　　려는 건데?
김집사　김선영씨 바래다드리려는 건데요?
최고만　그게 니 차야? 니가 기름값 내는 차냐구, 자식아. 내가

내 돈으로 사고, 내 카드로 기름 넣고, 넌 그냥 운짱만 하는 차잖아, 자식아. 근데 왜, 왜 니가 차주인 행세를 하는데? 왜?

김집사 (기분 상해서) 그럼 제 차로 모셔다드리면 되잖습니까? 김선영씨, 밖에 제 차 있거든요? 그리로 가시죠.

선영 그럴까예? (최고만을 밉게 보고 가면)

최고만 저 자식이 근데. 야! 김삼용이! 누, 누, 누가 니 맘대로 근무시간에 자리를 비우랬어? 엉?

김집사 회장님, 오늘 저녁 스케줄 없다고 하셨잖습니까?

최고만 왜, 왜, 왜 내가 약속이 없어, 자식아! 이따가 오, 오, 오, 오…

김집사 (O.L) 오집사님이요? 오집사님은 내일 점심때 오기로 했잖습니까?

최고만 누, 누, 누가? 오, 오, 오집사래, 인마. 오, 오, 오바마 온다구 자식아.

김집사 오바마요? 미국대통령이요?

최고만 (내지른 김이다) 그래, 자식아. 미국대통령이 우리 집 오, 오, 오, 오면 안 된다는 법 있어? 걔, 걔도 어릴 때 다 내 사채 쓰면서 컸던 애들이야, 자식아.

김집사 (기막혀서) 회장님, 회장님 나이가 몇이신데요? 예?

최고만 내일모레면 이백 살이다, 자식아. 됐냐? (하다가 보며 기막혀) 너 대가리 염색도 했냐? 저 바보한테 잘 보이려구?

김집사   (창피해서 노려보고) 알겠습니다. (선영 보며) 김선영씨는 다음에 바래다드리겠습니다. 죄송합니다.

선영   아이라예. 내는 쪼 앞에서 버스 타모 금방 갑니더. 그라모 내일 보입시대이. (손 흔들고 가면)

최고만   (마음 급해져) 어이, 김선영이 바보탱구리. 차 안 타고 갈 거야? 김선영이! 버스 타고 가면 6시까지 못 간다니까~! 야, 타아~!

김집사   (어이없어 본다)

S#5   응급실 밖

응급실 밖으로 서둘러 나오는 제하. 두리번거리면, 저만치 앉아 있는 닻별과 수현이 보인다. 미소를 짓고 다가오는 제하.

제하   (눈높이 맞춰 앉으며) 어이구, 장하다. 우리 닻별이. 아저씨가 부탁했던 응급 콜 안 잊어버리고 있었네?

닻별   … 엄마는 어때요?

제하   엄마? 엄마 심장이 갑자기 좀 놀란 모양인데, 닻별이가 바로 연락해줘서 금방 좋아졌어. 며칠 있으면 예전처럼 완전 쌩쌩해질 거야. (미소)

닻별   (그제야 안심이 되지만, 여전히 굳은)

제하   닻별이 엄미 걱정 많이 했구나? (머리 만셔주려고 하면)

닻별   (쓱 치우며) 내가 왜 걱정을 해요?

제하	…!
닻별	(뒤틀린) 우리 엄마가 얼마나 대단한 사람인지 아저씨도 잘 알잖아요.
제하	… 닻별아. 그게 무슨 소리야?
닻별	몰랐어요? 우리 엄마, 자기 엄마를 언니라고 부를 만큼 대단한 심장의 소유자인 거?
제하	… 뭐? (들었구나…) 닻별아.
닻별	(눈물이 핑 돌며 어깃장을 놓는) 자기 자존심 상할까봐, 지금까지 나한텐 말 한마디도 안 하고 속인 사람인데, 잠깐 쓰러진 게 문제나 되겠어요? 금방 일어나겠지?
제하	(뭔가 꼬였구나 싶어서) 닻별아, 그건 말이지.
닻별	됐거든요? 아저씬 늘 엄마 편이잖아요! (휙 돌아서 간다)
제하	닻별아~ 박닻별.
수현	제가 얘기 좀 해보겠습니다, 선생님. (인사하고 뒤쫓아 가며) 박닻별! (부른다)
제하	(걱정스럽게 보며 한숨)
간호사 3	(다가오며) 선생님, 보호자는 어떻게 할까요?
제하	제 이름으로 해주세요.
간호사 3	선생님 이름으로요?
제하	예. (미소 짓고, 금세 걱정스러운)

S# 6   병원 일각

수현이 부르지만, 입술을 앙 다물고 화가 나서 걸어가는 닻별.

수현   (닻별을 붙들어 돌려세우며) 닻별아! 너 왜 그래?

닻별   (날이 선) 내가 뭘!

수현   (화난) 뭐? 너 지금 그 태도가 뭐야? 좀 전에 니 엄마 잘 못될 뻔했어~ 까딱하면 니 엄마 다신 못 볼 뻔했다구! 그런 엄마한테 지금 뭐 하는 거냐구!

닻별   그럼 난 뭔데? 난 엄마가 만든 장난감이야? 태엽 감아주고 싶을 때만 감아서! 자기 편할 때만 갖고 노는 장난감이냐구!

수현   (놀란) 뭐?

닻별   난 김영주씨 딸 박닻별이고! 우린 가족이라구! 가족이라면! 아무리 힘들고 괴로워도 서로 보듬어주고! 아플 때 안아주는 게 가족 아냐? 근데 우리 엄마는 어떻게 했는지 알아? 자기를 낳아준 엄마를! 바보라고! 바보멍텅구리라고 버렸단 말야! (눈물이 핑 돌며) 그런 엄마가 무슨 가족이야?

수현   (놀라서 보면) 닻별아.

닻별   (눈물 흘리는 것도 분해서 쓱쓱 닦으며) 내가 IQ 200으로 안 태어났으면 어땠을 거 같아? 내가 우리 이모, 아니 우리 할머니처럼 지능이 떨어지는 바보로 태어났으면… 우리 엄마, 나 버렸을지도 몰라. 아니, 어쩌면 그런 편이 나았을지도 모르지. 그럼 적어도 엄마란 사람, 미워 안

	하고 그리워할 순 있었을 테니까. (휙 돌아서 간다)
수현	(화난) 박닻별! 그래서 아픈 엄마를 두고 그냥 가겠다는 거야? 어!
닻별	오빠, 오늘은 내 편 좀 돼주면 안 돼? (눈물이 그렁그렁 해지며) 나도 진짜 힘들거든?
수현	아니, 못 그래. 편 가르는 건 가족이 아니니까. 니가 갖고 싶은 가족은 그런 거 안 하는 거니까.
닻별	…
수현	지금 아빠한테 전화해. 아니면 너도 나 영영 못 봐. 알겠어…?
닻별	(원망스럽게 노려보는데)
수현	(닻별의 전화를 휙 빼앗아 눈앞에 들이대며) 어서!
닻별	(노려보다가 확 빼앗는다)

S# 7   정도 교수실

셈을 마친 돈을 박스에 넣는 정도. 돈냄새에 죽을 것 같아서 구토를 참고 다음 돈뭉치 끈을 푸는데 전화가 걸려온다. 닻별 이다.

정도	(오민석에게 등을 돌려 받으며) 여보세요?
닻별F	아빠.
정도	(난감한) 어, 닻별아. 무슨 일 있어?

오민석　(쓱 쳐다보고)

정도　뭐? 엄마가 병원에 입원을 했어? (사이) 뭐? 너 혼자? 알았어. 잠깐만, (수화기 막고) 저기 장인어르신.

오민석　니 그 돈 다 세알이다가 멈추는 순간, 딱 니가 세알인 돈만큼만 가져가는 기다. 알제?

정도　알겠습니다. (돈뭉치를 세면서 휴대전화 귀에 대고 나가며) 어, 닻별아. (문 닫히면)

오민석　(쯥) 그래 집요한 그 보이 니가 성공은 할 놈이다. 성공은.

S#8　교수실 복도

정도　(문 닫고 나오며, 전화 계속하는) 닻별아, 아빠가 진짜 미안한데, 아빠가 지금 너무너무 중요하고 급한 일을 하는 중이거든?

S#9　병원 일각

닻별　(실망한) 그래서? (수현을 보며) 아빠 못 온다구?

정도F　어. 그럴 것 같아. 근데 닻별아. 엄마, 많이 안 아플 거야. 예전에 아빠랑 있을 때도 쓰러진 적 있었는데, 금방 일어났거든? 그거 습관성이야, 습관성. 그러니까 너무 걱정 안 해도 돼. 일있지?

닻별　… 그래. 알았어. 대신, 나, 오늘 아빠 작업실 가서 잘 거

야. 이따가 갈게~ (전화를 끊고, 수현 보며 '됐지?' 하는
표정이다)

S# 10 교수실 복도

정도 여보세요? 닻별아. 닻별아~! (전화 끊기면) 하이 씨. 얘
까지 대체 왜 이러냐? 미치겠네~ 김영주. 내가 전생에
니 아들이었냐? 왜 이렇게 날 괴롭혀~

S# 11 심장초음파실

심장초음파 검사를 받고 있는 영주를 안쓰럽게 바라보는 제
하. 검사가 끝나고 펠로우가 결과지를 출력하면.

제하 검사결과 좀 볼 수 있을까? (하는데)

뒤에서 결과지를 휙 낚아채는 손. 돌아보면 심혈관센터장이
자 흉부외과 주임과장인 이철근이다. 뒤쪽으로 심장내과 과
장과 펠로우들.

제하 센터장님. (고개 숙이고 인사하면)
이철근 (비웃더니) 자네가 병원을 떠들썩하게 했던 그 친군가?
(명찰 보며) 이제하 선생?

제하	… 예?
이철근	응급당직 서고 있는 심장내과 선생 밀어내고, 잘 알지도 못하는 심장쇼크를 처치한 장본인이 자네냐고 묻고 있잖아!
제하	(뜨끔해서) 예, 맞습니다. 교수님.
이철근	이제하 선생. 병원이 당신 놀이턴가?
제하	… 아닙니다.
이철근	그런데 왜 자네 영역도 아닌데 월권행위를 한 건가? 신경외과 닥터가 왜 우리 심혈관센터 영역에 손을 댔냔 말이다! 저 환자가 자네 마누라라도 되나! 앙!
제하	… 아닙니다.
이철근	(쿡쿡 찌르며) 마누라도 아닌데 자네가 대체 왜 나서나, 나서길. 앙!
제하	… (입술 깨물고) 제가… 보호자니까요.
이철근	… 뭐? 보호자?
제하	(단호한) 예. 제가 환자인 김영주 보호잡니다.
이철근	(비웃는) 그래? 아무튼 이번 일은 그냥 못 넘어가니까, 징계위원회 출두 준비나 해두게. 알겠나!
제하	… 알겠습니다.
이철근	(휙 돌아가려고 하면)
제하	교수님, 검사결과가 어떤지 좀 알려주시겠습니까?
이철근	뭐?
제하	의사가 아니라 보호자로서 설명… 듣고 싶습니다. (꾸벅

하면서) 부탁드리겠습니다.

이철근 (노려보며) 그 설명은 심장내과 과장님이 해주시겠지? 김교수님. (결과지를 넘기면)

김선생 (받아 들고 결과지 보더니) 폐부종이구만. (펠로우에게) 우선 라식스하고 도부타민 아이브이(IV) 걸어서 폐에 찬 물부터 빼내도록 하게.

펠로우 알겠습니다. (인사하고 서둘러 가면)

제하 그럼, 폐부종만 치료하고 나면, 괜찮겠습니까? 선생님.

김선생 (망설이다가) 글쎄, 우선은 약물치료를 하면서 경과를 보도록 하지.

이철근 뭘 그렇게 돌려서 말씀하십니까? 어차피 제 환자가 될 건 뻔한 거 아닙니까?

김선생 허허, 외과 선생님들은 저래서 무섭다니까. 허허. (가면)

제하 (이철근에게) 선생님 환자가 되다니요? 선생님은 흉부외과 담당이신데… 그게 무슨 의밉니까? 선생님.

이철근 이 환자 돈 많나?

제하 예?

이철근 아니면, 자네 말고 다른 병원에 라인이라도 있어?

제하 아닐… 겁니다.

이철근 그럼, 길어야 6개월이면 나한테 온단 말이지. 심장내과 에서 어쩌지 못하니까, 흉부외과로 트랜스돼서 심장이식 받으러 올 게 뻔한 거 아니겠어?

제하 뭐라…구요? (벼락을 맞은 듯 굳어버린다)

S# 12   제하 집무실

털썩 자리에 앉는 제하. 믿어지지 않아 검사결과지를 멍하니
보는데.

S# 13   제하 회상

이철근 (초음파 화면 가리키며) 봐! 양쪽 좌우심실, 심방 모두
다 커질 만큼 커져 있는 거 보이지? 저 정도 사이즈까지
커졌다면 (가로저으며) 이제트 프레션도 10%밖에 안 되
는구만.

제하 (긴장해서 보면) 그럼…

이철근 지금 당장이야 약물치료로 고비는 넘기겠지만, 결과적
으론 심장을 갈아 끼우는 거 말곤 방법이 없어.

제하 … 그럼…

이철근 (답답하다는) 자네가 보호자로 있는 저 환자, 김영주! 한
번 더 쇼크가 오면! 심장이 얼마나 더 버틸지 모른다는
말이야! 알겠어?

S# 14   제하 집무실 / 밤

제하, 초음파검사지를 바라보다가 검사지를 구겨서 내던지며
화가 난.

제하	멍청한 자식… 어떻게 이 지경이 되도록… (미칠 것 같은데)

이때, 휴대전화가 울린다. 신경질적으로 꺼내서 받으며 "이제 합니다!" 하는데, 아니다. 다른 호주머니 속 영주의 휴대전화를 꺼내보면, '별이 아빠' 다. 울화가 치밀지만, 꾹 눌러 참으며 받는다.

제하	(말을 하려는데)
정도F	(버럭) 야, 김영주. 너 대체 뭐하는 앤데, 사람 자꾸 귀찮게 만드는 거니? 이번엔 왜 또 길바닥에 쓰러져서 사람 오라 가라 하게 만드냐구?
제하	(어이가 없고 부아가 치민다) 여보세요! 박정도씨!
정도F	어? 누구시죠?
제하	(이를 악물고) 여기 한국대학병원입니다. 김영주씨 보호자 되시죠? 지금 김영주씨가 말입니다…
정도F	아아~! 잠깐만요. 저는 김영주랑 이혼진행 중인 사람이라서, 실질적인 보호자가 안 될 겁니다.
제하	(기막히다) 그럼 어디로 연락을 할까요? (버럭) 대체! 김영주 보호자로! 누구한테 연락하면 되냔 말입니다!
정도F	… 거참, 이상하신 분이시네? 왜 화를 내고 그러세요?
제하	(이를 악물며) 김영주씨… 보호자 어디로 연락하면 되는지 묻고 있잖습니까!

정도F   거참, 답답하시네. 지금 그쪽이 김영주 휴대전화로 내 전화를 받고 있는 거 아닙니까? 거기서 찾아보세요. 거기서~! (전화 딸깍 끊긴다)

제하   (터질 것 같은) 박정도… 이 나쁜 자식아~! 지금 영주가 어떤 상탠지 알기나 하니…? 이럴 거면… 우리 영주 왜 데리고 갔니…? 이럴 거면!! (이를 악물고 책상을 후려치며 일어난다)

S# 15   **정도 교수실 복도**

정도   (휴대전화기 보며) 뭐야? 이 또라이 같은 자식은. (다시 어딘가에 초조하게 전화를 건다)

S# 16   **영주 집 앞 복도**

편의점에서 얻어맞아 만신창이가 된 대영, 벨을 누르지도 못하고 "하 씨~ 이그를 으뜩헤 말하지?" 대책이 안 서는데, 휴대전화 벨 울린다. 화들짝 숨어서 전화를 받는 대영.

대영   (눈치 보며) 여보세요?

정도F   접니다, 형님. 박정도.

대영   (육하는) 니가 무신 낯짝으로 전화를 했는데? 이 나쁜 쉐끼야~!

정도F	형님이야말로 영주한테 무슨 소리를 했길래, 애가 길거리에 자빠져서 입원을 하고 난립니까? 난리가?
대영	뭐라꼬? 영주가 입원을 했다꼬?
정도F	아무튼 돈은 마련됐으니까, 형님이 영주랑 직접 만나서 결정하세요. 영주 입원한 병원은 한국병원입니다! (전화가 뚝 끊기면)
대영	여보세요? 여보세요? (하다가) 영주가 입원을 했다꼬? 하이 씨이, 이그를 선영이 누부가 알모 내는 디진 목심인데. 우짜지? (하다가) 그라모, 안즉 아무도 안 온 그가? (휙 본다)

S# 17   거리 / 밤

최고만 불안불안하게 운전하고 있고, 조수석의 선영 조바심이 나서.

선영	개장수 아저씨예, 지금 이 길이 영주네 집 가는 길 맞십니꺼?
최고만	(벌써 한참 당황한) 자, 자꾸 말, 말 시키지 마! 운전 방해되잖아.
선영	지금 몇 신줄 압니꺼? 여덟 십니더. 여덟 시! 버스를 타도 벌써 도착했을 시간이 훨씬 넘었는데, 아직도 여서 뺑뺑 돌고 있으이까 하는 말 아입니꺼!

최고만 누, 누군 뺑뺑이 돌, 돌고 싶어서 도는 줄 알아? 빌어먹을, 무슨 표지판이 이렇게 엉망인 게야! 이러고도 하이 서울이냐? 우라질!

선영 닻별이가 여섯 시까지 온다꼬 했는데. (팔짱 끼며) 으이 씨이.

최고만 걱, 걱, 걱정하지 마. 개, 개, 걔가 탄 차도 이러고 있을 거야. 표지판이 개판이니까, 개판. 응?

선영 셋방 아저씨는 개판 표지판 보고도 운전만 잘하드마는. 하이 씨. 개장수 아저씨예, 내 오짐도 마렵거든예? 빨리 집에 좀 데리다주이소, 에? 빨리빨리빨리빨리~

최고만 조, 조용히 좀 못해? 난, 난 아, 아, 아, 아까부터 똥 마려, 이 사람아!

선영 (더럽게 쳐다본다)

S#18 영주 집 안방 / 밤

영주의 서랍장을 열고 시계 등속 등을 흔들고, 초침을 들어보며 호주머니에 쑤셔넣고 있는 대영. 혼자 구시렁거리며.

대영 김영주. 니가 병원에 입원한 그는 쪼매 미안하지만 말이다. 우짜겠노? 내도 살아야 되는데. (다른 서랍을 열다기 폐물함을 발견하고 열어본다)

3단으로 돼 있는 패물함에 가득 차 있는 목걸이, 반지 들이 휘황찬란하다.

대영　하이고마. 이기 다 뭐꼬? 다이아 아이가? 다이아? 나쁜 가스나~! 이래 패물이 차고 넘쳐나면서 뭐? 과수원 판 돈이 지 끼라꼬? 나쁜 가쓰나~

S# 19　최고만 차 안 + 영주 아파트 앞 / 밤

여전히 사색이 된 채로 조용히 운전하고 있는 최고만과 꾹 참고 있는 선영. 아파트 입구로 들어오며, 속도방지턱을 덜컹 넘는 순간, 흐으윽~! 두 사람 다 신음을 삼킨다. 겨우 참고 차를 세우는 최고만.

선영　(역시 겨우 문을 열고 내리며) 다시 개장수 아저씨 차 타모 내가 갭니더, 개요! (문 탕 닫고 내리면)

최고만　(겨우 고개 내밀고) 이, 이봐, 김선영이!

선영　(겨우 걷다가) 와요?

최고만　그, 그, 그 집 화, 화장실 좀 이, 이용하, 하면 안, 안, 안 되겠지?

선영　당연히 안 되지예~ 모가 이쁘다꼬예~! (하면서 몸을 꼬며 간다)

최고만　젠장맞을 여편네. 다시는 데려다주나 봐라. (왠지 억울

해져서) 우라질. 내 인생, 여자랑 첫 드, 드, 드라이브였
는데. (운전대 탁 치다가, 흐으윽 몸을 꼬다가 끄으윽)
삼, 삼용아… 나왔다.

S#20 영주 집 안방

대영, 패물을 얼추 다 챙기자 서랍장을 닫고 휙 문을 열고 뛰
어나오다가, 현관문을 닫고 다리를 붙이고 비비 꼬며 걸어오
는 선영과 턱! 마주친다. 헉! 물러나는 대영과 죽을 것 같은 선
영. 화난 듯 보인다.

대영　(겁에 질려) 누, 누부야. (손에 쥔 가방을 떨구면서)

선영　대, 대영아. 비, 비키라. 내 지금 터지기 일보 직전이다.

대영　누, 누부야. 터, 터지지 말고 내 말 좀 들어봐라. 으이.

선영　(죽을 것 같아 버럭) 이 자슥아! 니 지금 내 죽는 꼴 보고
　　　싶나! 얼른 안 비키노! (휙 밀치고 화장실로 와다다 달려
　　　가서 문 탕!)

대영　(울상이 되며) 누부야… 뚫어 뻥으로 얼굴만 때리지 마
　　　라. 그그는 냄새가 오래간다. (체념하는데, 물 내리는 소
　　　리 들린다) 가만? 누부 모리는 거 아이가? (나가려다가
　　　삐죽 나온 진주목걸이 밟고, 와당탕 넘어졌다가, 다시
　　　일어나 발발 기면서 도망치는데)

S# 21   욕실

살 것 같은 표정이 된 선영. 물을 내리다가 문득 떠오르는.

S# 22   선영 회상

대영의 목에 주렁주렁 매달려 있는 영주의 목걸이. 손에 찬 여자 손목시계! 바닥에 툭 떨어지는 가방에서 보이는 진주목걸이.

S# 23   욕실 + 거실 + 현관

선영   대영이 이누무 자슥이 안즉도 손버릇을 몬 고친 기가?
(벌떡 일어나더니 뚫어 뻥 들고 문을 왈칵 열고 나간다)

S# 24   영주 집 거실 + 현관

선영, 욕실문 열고 후다닥 나오며, "김대영이~! 이 미친 자슥아! 어뎄노! 으이!" 하는데 현관에 불빛 보인다. 대영, 현관에서 신발을 신으며, 급한 마음에 문을 열려는데 안 열린다. 이때 뒤쪽에서 쓱 나타나는 선영.

대영   (돌아보며 겁에 질린) 누, 누부야.

와다다 달려와 대영이 문을 열려는 찰나 머리카락을 와락 움켜쥔다. 그 서슬에 손잡이를 당기면서, 얼굴을 부딪히는 대영. 비명을 지르지만, 아랑곳하지 않고 대영의 머리통을 문짝에 쾅쾅! 때리는 선영.

선영 니가 어데 훔칠 기 없어서 영주 물건에 손을 대노? (끌고 들어와 패대기를 치고, 계속 후려치며) 이 미친 자슥아! 그라고도 니가 오빠가! 오빠냐꼬!

대영 (맞다가 분기가 솟아 휙 뿌리치며) 그래, 내 오빠 안 하기로 했다! 아니꼽고 드러버가, 김영주 그 가스나 오빠 안 하고 삼촌 하기로 했다꼬오~!

선영 … 뭐라꼬?

대영 김영주, 그 나쁜 가스나가 과수원땅 판 돈이 다 지 돈이라꼬 해서, 박서방이 내한테는 한 푼도 몬 준단다! 그래가! 내 눈깔이가 뒤집히가 그랬다! 박서방이 슨영이 누부 니가 영주 옴마라는 그 밝히주모 돈 준다 캤는데, 그 못 받을까봐 그랬다꼬~!

선영 … 그, 그래서 그그를 누가 알았는데? 닻별이, 닻별이는 모리는 그제?

대영 (지른 김이다) 모리긴 왜 모리노? 인자 세상이 다 안다! 세상이 다 안다꼬오~!

선영 (때리며) 이런 모지리 자슥아! 그그를 닻별이가 일세 하모 우짜노! 닻별이가 알모, 니 영주가 우예 되는공 아나!

우예 되는공 아냐꼬, 이 빙신 자슥아! (넋이 빠지며 주저
앉는다) 닻별이가 그그를 알모… 우리 영주 죽은 기나
다름없다. 나랑 내가… 우리 영주 두 번 죽이는 그라꼬
오~!! (눈물 핑 돈다)

S# 25 병원 복도 / 밤

굳은 표정으로 걸어가는 제하 위로 들리는 영주의 목소리.

영주E 제하야… 나… 오늘이 끝이라고 생각했거든? 머리에선
여기가 끝이라고… 이제 진짜 끝내야 된다고 얘기하는
데… (가슴 두드리며) 여기선 안 그래.

S# 26 제하 회상 / 5부 거리 / 밤

영주 아니, 이제 다 잊어야 한다고 다짐하고 또 다짐하는데…
그럴수록… 자꾸 더 생각이 나. 지난 십 년 동안… 기억
들이 자꾸 떠올라서… 여기가 미어지는 것만 같아… 닻
별이, 내 목숨 같은 우리 닻별이 생각만 하면… 심장에
가시가 수천 개는 박히는 것처럼… 아프다…? 심장이
터질 것만 같아서 숨을 못 쉬겠어… (어깨를 후드득 떨
면서 운다)

제하 (가슴이 무너지는 것만 같다. 영주를 안아주며) 울어. 실

컷. 그 가시 다 뽑힐 때까지… 다 울어.

S# 27   집중치료실

호흡기를 단 채로 누워 있는 영주. 영주의 흐트러진 머리카락
을 쓸어 넘겨주며.

제하E   김영주. 니 심장에 박힌 가시들, 내가 뽑아줄게. 수백 개
가 되든, 수천 개가 되든, 니 심장 안 아프도록 다 뽑아
줄게. 니 심장 내가 고쳐줄게.

굳게 다짐하는 얼굴로 영주의 손을 꼭 잡는다.

S# 28   채린 집 / 밤

모니터에 보이는 닻별의 모습. 벽에 등을 기대고 모니터를 보며.

정도   닻별아, 조금만 기다려? 아빠, 금방 내려갈게? (돌아서
서 애원하는) 채린아, 그러지 말고 오늘 하루만 재워주
자. 응?
채린   지금 오빠 딸을 나더러 키우라는 거야?
정도   무슨 소리야? 지 엄마도 병원에 누워 있으니까, 닻별이
재도 기댈 데가 없어서 나한테 온 거잖아. 그러니까 딱

하루만, 하루만 재워주자. 어?

채린 안 돼! 하루가 이틀 되고, 이틀이 일 년 돼.

정도 채린아, 애가 벌써 20분이나 저러고 서 있잖아~

채린 20분이고 200분이고, 나 한 번 안 된다면 절대 안 되는 여자거든? 그러니까 오빠도 지금 결정해. 길동이야? 닻별이야?

정도 뭐?

채린 내 배에 있는 우리 길동이냐구, 김영주가 낳은 닻별이냐 구! 지금 결정하란 말야!

정도 (후우~ 한숨 쉬며) 알았다. 내가 닻별이 데리고 나가서 잘게. 그럼 되지?

채린 이건 오빠 잘못이지 내 잘못 아닌 거 알지?

정도 됐어~! (화가 난 척 휙 나가서, 문 탕 닫으면)

채린 오빠, 내일 아빠랑 약속 잊으면 안 돼? 어? (하다가 삐죽)

S# 29   찜질방 / 밤

닻별에게 계란을 까주는 정도.

닻별 (입을 꾹 다물고 있으면)

정도 딸, 아빠 팔 아프다. 진짜 안 먹을 거야?

닻별 ……

정도 우리 닻별이 아빠가 늦게 나와서 화났구나? 말했잖아.

교수님 일이 아직 덜 끝나서…

닻별 (체념한 슬픈) 아빠, 이제 그런 거짓말 안 해도 다 알거든?

정도 어?

닻별 조교라는 그 아줌마. 엄마 회사 사장으로 간 것도 알고, 아빠랑 사귀는 거도 다 알아. 그러니까 그런 거짓말 하지 마.

정도 … 닻별아.

닻별 … 아빠도 알고 있었지? 선영이 이모가 엄마의 엄마라는 거. 다 알고 있었지…?

정도 … 아니, 첨엔 몰랐었어.

닻별 그럼, 이번에 알게 된 거야?

정도 (괴로운 척 끄덕끄덕) 응.

닻별 기분이 어땠어?

정도 솔직히?

닻별 응. 솔직히.

정도 솔직히 말하면… 니네 엄마가 다른 사람처럼 느껴지고… 무서웠어…

닻별 …… (아빠도 그랬구나… 싶어서 고개 숙인다)

정도 (쓱 보며) 어떻게 가족인데 나한테 그럴 수 있을까 생각하다보니까, 아, 엄마는 처음부터 날 안 믿었었구나… 그런 결론이 나오더라? 그래서 쓸쓸하고 슬펐어.

닻별 (그래도 아니길 바라는) 그럼 아빠도 엄마가 실망스러웠어?

정도	(쓸쓸한 척) 응, 그랬어. 실망스러웠어.
닻별	그럼, 이제 아빠⋯ 엄마한테 안 돌아올 거야⋯?
정도	(기회다) 그래⋯ 아빠, 엄마한테 영원히 안 돌아갈지도 몰라. 박닻별. 그래도 넌 아빠 딸이야. 세상 누구보다도 소중한 아빠의 딸. 내 보물, 내 보석. 알지?
닻별	(고개 끄덕이면)
정도	이리 와, 우리 딸. (닻별을 안아준다)
닻별	(눈물 핑 돌며) 아빠⋯ 엄마가 싫어져서 그런 거라면 나도 이해할게. 조교 아줌마 만나도, 이해할 수 있어. 그러니까 아빠는 나 속이지 말래? 엄마처럼⋯ 나 속이지 말구, 그냥 솔직하게 얘기해줘. 좋아하는 사람 생겼다고 얘기해주고⋯ 나 버릴 거면⋯ 나랑 못 살 거면, 못 산다고 얘기해줘. (눈물 주르륵 흐른다)
정도	아빠가 닻별일 왜 버려? 세상에서 제일 소중한 아빠 보물인데. 우리 딸, 아빠 보물. 절대 안 버려.
닻별	(참았던 눈물이 쏟아지며, 소리 내어 흐느끼면)
정도	닻별아. 세상 사람들이 다 우리 닻별이 속여도, 아빠는 닻별이 절대 안 속일게. 그러니까 아빠가 하는 말은 닻별이도 무조건 믿어줘야 돼? 누가 뭐래도 아빠 말만 믿어?
닻별	응, 아빠. 그렇게. 약속할게. (하면서 흐으흐응 운다)
정도	(마음이 짠해져서 꼭 안아준다)
닻별	아빠, 나 이제 아빠랑 살래. 그래도 되지?
정도	(뜨끔하는) 그, 그러엄~ 딸이 아빠랑 살아야지, 누구랑

살겠어~ (하면서 표정 들킬까봐 안아준다. 식은땀 난다)

S#30   영주 집 거실

망연히 앉아 있는 선영의 눈치를 보는 대영, 무릎을 꿇은 채로.

대영   미안하다, 누부야.

선영   (허망한) 그래가 영주랑 닻별이가 안 드오는갑제. (눈물
닦고 서글프게 히죽) 이왕 이래 된 거 우짜겠노… 니는
내랑 내일 새복같이 과수원으로 가자. 꽃부리과수원으
로 가서, 죽은 듯이 살자. 세상에 없는 듯이 살다보모…
영주도, 닻별이도 언젠가는 우리 다 잊을 수 있을 기다.
아이, 우리 같은 긋들은 생각도 안 나게… 평생 숨어서
살자. 영주 가심에 박힌 대못 생각 안 나게… 그래 죽은
듯이 있다가 그래 죽자… (눈물이 뚝 떨어지는 선영의
얼굴에서 짧은 암전)

S#31   공항 전경 / 새벽

차를 몰고 오는 영주. 패셔니스트다운 의상에 선글라스를 끼
고 차에서 내린다. 들뜬 얼굴로 서둘러 걸어간다.

S#32   공항 출국장 앞

한산한 출국장 앞. 영주, 비행기 도착 예정시간을 보면서 서
둘러 걸어간다. 멀리 출국장이 보이는데, 이때 짜잔~ 나타나
는 에스필로 직원, 진태오와 로버트.

영주   (깜짝 놀라서) 뭐야, 니들? 새벽부터 여긴 왜 왔어?

진태오 에이, 오늘같이 경사스러운 날. 저희가 빠지면 되겠습
       니까?

로버트 그래서~ 준비했습니다. (박수 탁탁 치면)

수리와 나팀장이 플래카드를 나눠 들고, 달려가며 펼쳐든다.
'축 2011년 국제 수학 올림피아드 은상 수상! 박닻별양. 축
하' 적혀 있다.

조선희 (나타나며) 시크하신 우리 편집장님, 촌스럽다고 닻별이
       꽃다발 준비 안 하셨죠? (뒤에서 꺼내 건네며) 자요~!

영주   고맙다? (미소 짓는데)

수리   편집장님. 저기 닻별이 나오는데요?

직원들 어디? 어디? (하더니 손 흔들며) 닻별아~! 박닻별!

진태오 딸~! 엄마, 여기 있겠다~!

로버트 촌스럽게~ *(영어) 우리 딸~! 엄마 여깄다 ~

백팩을 멘 닻별, 일행들과 함께 오다가, 영주를 발견하고 환
한 얼굴로.

닻별 (달려오며) 엄마아~

영주 (선글라스 올리고, 눈높이 맞추며 팔을 벌린다)

닻별 (달려와 영주에게 와락 안긴다) 엄마, 보고 싶었어.

영주 엄마두… 엄마두 진짜진짜 보고 싶었어, 우리 딸.

카메라, 두 사람을 중심으로 달리하면.

영주 어디 아픈 데는 없었어? 어디 우리 딸 얼굴 좀 볼까?

영주, 닻별을 떼어놓으며 보는네. 열 살 이런 시절의 영주다!

영주 (소스라치게 놀라서 물러나는데)

어린 영주 (손을 내밀며 안아달라는) 옴마… 내 좀 안아도. 옴마…

영주 우리 닻별이 어딨니…? 우리 닻별이 어딨냐구! (겁에 질려 둘러보며) 닻별아~! 박닻별~!

S# 33   집중치료실 / 새벽

영주, 호흡기를 단 채로 벌떡 일어나 앉는다.

영주 닻별아… 닻별아…! (소리치며 벌떡 일어난다)

지켜보던 제하, 얼굴이 환해진다.

제하	(울컥 반갑지만, 별일 아니라는 듯) 잘 잤어?
영주	(주위를 둘러보더니, 그제야 꿈이구나 싶다) 제하야… 여기가 어디니…?
제하	어딘지는 천천히 알면 되고, 잠깐만? 김선생!
당직 의사	(달려와 청진기로 옆가슴을 대보더니) 물도 빠진 것 같으니까 이제 주치의 선생님께 확인하고 전실조치 하겠습니다. 축하드립니다, 선생님.
제하	고마워. (웃어주고, 영주를 보며) 지구에 무사귀환하게 된 거 축하한다? 김영주?
영주	…
제하	(휴대전화가 울리자 확인하더니, 난감한) 영주야. 아침 회진시간 돼서, 잠깐만 다녀올게? 병실로는 간호사들이 옮겨줄 거야. 알았지?
영주	… 어? 어.
제하	(아쉽지만 웃어주고 급하게 가면)
영주	(아직도 멍한) …

S#34 영주 아파트 전경 / 아침

S#35 영주 집 거실

| 선영 | (짐가방을 챙겨 들고, 출발준비를 마치고 다가오며) 대영아, 얼른 일나라. 김대영이, 얼른 일어나라꼬오~! |

이불을 획 걷는데, 베개만 불룩하고 대영이 없다. 놀라서.

선영 이노무 자슥이 또 어데 간 기고? 으이? (쪽지 발견하고
    펼치면)
대영E 누부야, 내가 눈이 잠깐 뒤집히가 일을 그래 만들었다.
    미안하다. 참말로 미안한데, 내도 살라꼬 그른 기니까
    누부가 이해 좀 해도.
선영 (털썩 주저앉으며) 김대영이. 이 허랑방탕한 인사야. 내
    는 데리따주꼬 가야제~! 내는 우짜라고 니 혼자 갔노,
    으이? (답답해서 눈물이 날 지경인데, 현관 벨소리 들린
    다. 후다닥 일어나서 달려가며) 대영아~! 니 왔나?

문을 여는데, 김집사가 미소를 짓고 서 있다.

선영 셋방 아저씨예…
김집사 모시러 왔습니다. 가시죠.
선영 예?

S# 36 일반 병실 / 아침

환자복 차림의 영주. 숨이 가쁘지만, 비닐가방에 들어 있는
옷들을 꺼내서 갈아입으려고 단주를 풀던 찰나, 문이 월긱 얼
리며 들어오는 제하.

영주	(멈칫하며) 제하야.
제하	아, 미안. (하다가, 쓱 돌아보며) 지금 뭐 하는 거야?
영주	어, 이제 견딜 만하니까 나가봐야지.
제하	김영주. 너 담당선생한테 약물치료 받아야 된다는 말 못 들었어?
영주	들었어. 들었는데, 몸이 괜찮으면 통원치료 해도 된대. 내 휴대전화 니가 갖고 있지? 나 좀 줄래?
제하	(화난) 김영주!
영주	제하야. 나 지금 여기 편안하게 누워 있을 시간 없거든? 회사문제도 그렇구, 닻별이도… (차마 말을 더 못하면)
제하	닻별이가 그렇게 걱정스러우면 너부터 나아. 너부터 다 나은 다음에! 닻별이 만나, 알겠어?
영주	제하야.
제하	김영주. 니가 무슨 소릴 해도 오늘은 내가 안 보내거든! 아니, 너 종합검진 신청해놓은 거 다 받고, 결과 나올 때까진 여기서 한 발자국도 못 나가. 알겠어? 자, 그러니까. (영주를 불끈 안아서 들면)
영주	(당황해서) 이제하. 너 왜 이래? 내려줘~!
제하	그래, 침대에 내려줄 테니까 얌전히 있어. 알았어?

제하, 영주를 안고 침대로 가서 내려놓는데. 영주, 부끄러움에 벌떡 몸을 일으키면, 제하가 "안 돼!" 하면서 영주의 양손을 붙잡아 탁 누른다. 예기치 않게 얼굴이 닿을 듯 가까워지

는 두 사람. 일순간 눈이 마주친다. 영주, 먼저 당황해서 고개
를 돌리는데. 이때, 문이 왈칵 열리며 소리부터 지르고 들어
오는 정도.

정도 야! 김영주! 너 대체 뭐 하자는 거야! (하다가 제하에게
붙들린 영주를 보고 멈칫한다)

제하 (서둘러 손을 떼고 일어나면)

영주 (죄 지은 것도 아닌데 당황스럽다)

정도 어절씨구리. 이건 또 뭥미? (비웃음 띠며 이죽거리는) 김
영수, 이선 또 무슨 시추에이션인데, 응?

영주 (왠지 치욕스러운데)

제하 별일 아닙니다. 영주가 퇴원을 하겠다는 바람에, 제가
좀 붙들었습니다.

정도 영주? 오호~ 그렇게 부를 만큼 가까운 사이였어?

영주 박정도…!

제하 (참으며) 전… 영주 대학친구고, 신경외과에 있는 이제
합니다.

정도 (씰룩 웃으며 위 아래로 훑어보며) 대학친구면, 의사가
환자랑 그렇게 엉켜도 되는 거였어?

영주 (짜증 난) 박정도! 너 자꾸 사람 이상하게 만들래! … 제
하야, 미안한데… (나가달라는)

제하 … 그래, 알았어. (나가고 문 닫히면)

S# 37   병원 복도 앞

문을 닫고 나오는 제하. 후우~ 한숨을 내쉰다. 짜증이 올라와
욱하는 심정에 다시 들어가려다가 겨우 참고 노려보는데.

S# 38   동 병실

정도   (비실비실 느끼하게 웃으며) 어쭈꾸리. 김영주~ 재주도
좋아, 응? 다음 빠따는 의사였어?

영주   박정도, 딱 니 수준으로 상상하는 거 그만 좀 할래? 역
겹거든?

정도   (씰룩) 그래~! 나도 니가 침대에서 뒹굴건~! 진흙탕에
서 비키니 레슬링을 하건 아무 상관없는데~! 왜 자꾸 일
을 이 따위로 꼬는데? 어?

영주   (알고 왔나? 싶은) 뭐…가?!

정도   닻별이한테 알려지면 죽이겠다고 포악을 떨던 것들이!
왜 니들 집구석에서 먼저 까발려서 일을 이 모양 이 꼴
로 만들어놓냐구! 이 웬수들아~!

영주   (꾹 참고) 닻별이가… 얘기하디?

정도   그래! 얘기했다! 어디 얘기만 한 줄 알아? 어제 밤새 울
며불며 나랑 살겠다고 껌딱지처럼 붙어 있었다!

영주   … (참혹하지만, 지기 싫은) 그래서…?

정도   그래서? 이 기집애 얘기하는 거 봐? 야, 너 혹시 닻별이

　　　　　　나한테 떠넘기려고 쇼하는 거니?

영주　　… 뭐?

정도　　아까 그 자식이랑 그렇고 그런 사이여서, 닻별이 혹 될까봐 나한테 떠넘기려는 거 아니냐구!

영주　　박정도! 세상 사람들이 다 너 같은 줄 아니? 다 너처럼 개자식인 줄 아냐구!

정도　　이게 어디서! (치려다가) 아무튼, 난 닻별이 절대 못 맡으니까, 니가 데리고 살건, 니 바보언니, 찌질이 김대영이랑 엮어서 시골로 보내건, 니가 알아서 처분해. 알았어!

영주　　(기막힌) 처분을 해? 그래, 이 자식이! 내가 맡을 거야. 죽어도 내가 맡을 거니까, 닻별이 어디 있는지나 말해! 내 딸! 닻별이 (하다가 숨이 가빠져 호흡 고르며) 지금 어디 있니…?

정도　　(약간 놀라지만, 여전히) 어디긴 어디야? 우리 집에 있지!

영주　　니네 집? 니네 본가에 닻별이가 있다는 거야?

정도　　그럼! 채린이랑 사는 집에 데려다놓을 줄 알았니?

영주　　(노려보다가, 참으며) 닻별이… 이리 데려다줘.

정도　　무슨 수로? 너라면 질색팔색하면서, 죽어도 안 보겠다는 애를 내가 무슨 수로 데리고 와? 지 엄마란 인간이 친엄마를 언니라고 부르는 철면피에 후안무친데! 너 같으면 오고 싶겠냐?

영주　　(입술 깨무는데)

정도　　난 못 끌고 오니까, 니가 퇴원하자마자 데리고 가. 알았어!

영주	… 알았어. 그렇게 할게.
정도	김영주. 제발 나 좀 인간답게 살게 해주라. 제발 휴머니스트로 좀 살게 해달라고~ 응? (하면서 휙 나가며, 문 탕 닫는다)
영주	(기막히다) 인간답게~? 그게 개새끼가 할 소리니?

S# 39 복도

문을 탕! 닫고 나오던 정도. 이글이글 노려보는 제하와 눈 마주치면.

정도	(실룩 비웃고) 어제 전화했던 그 의사 맞지?
제하	(노려보며) 그렇다면요?
정도	김영주 쟤한테 관심 있는 모양인데, 둘이 사귀어?
제하	(기가 막혀서 보면)
정도	잤냐? (제하의 표정이 휙 변하는 걸 보며) 에이, 잤구나?

하는 순간, 정도의 얼굴에 날아와 박히는 제하의 주먹! 와당탕! 나뒹구는 정도. 아오~ 턱을 붙들고 일어나더니, 주변의 도움을 얻으려고 설레발을 치는.

정도	이 새끼가 유부녀랑 잔 주제에 지금 주먹을 휘둘러? 엉!
제하	박정도씨, 당신처럼 유부남 주제에 애까지 만들 배짱이

없어서 아직 손도 못 잡았거든요? 그리고 언어폭력은 당신이 먼저 휘둘렀으니까, 이런 건 정당방위라고 하겠죠? 억울하면 고소하시든지요. 예? (휙 돌아서 가면)

정도 (주변 사람들 의식하며) 하, 저 자식이 법을 좀 아네~ 응? (하는데, 휴대전화 벨 울린다. 채린이다. 받으며) 어, 채린아.

채린F 오빠, 지금 어디야?

정도 어, 가는 길이야. 걱정 마. 우리 애기 한 발자국도 안 걷게, 회사 앞까지 모시러 갈게~ 웅. 쪽쪽. (끊고 가면)

제하 (돌아보며) 한심한 자식… (이를 악문다)

S# 40   영주 병실

기운이 빠져서 침대에 기대는 영주 위로 들리는.

정도E 무슨 수로? 너라면 질색팔색하면서, 죽어도 안 보겠다는 애를 내가 무슨 수로 데리고 와? 지 엄마란 인간이 친엄마를 언니라고 부르는 철면피에 후안무치한데! 너 같으면 오고 싶겠냐?

답답한 얼굴로 일어나 앉는 영주. 이때, 노크 소리와 함께 간호사 들어오며.

간호사　　김영주님, 종합검진 예약시간 됐습니다.

S# 41　영숙 집

식탁에 마주 앉아 식사를 하는 영숙, 정은, 시무룩한 닻별. 햄 구운 반찬, 봉지 김. 밀폐용기에 담긴 반찬이 전부다.

정은　　닻별아. 너 밥 안 먹어?

닻별　　… 생각 없어요. (식탁에서 일어나면)

영숙　　애~! 할미가 밥을 차려줬으면 감사합니다, 하고 냉큼 먹어야지. 니가 얼마나 대단하게 자랐다고 밥투정을 해. 얼른 못 앉니!

닻별　　… (앉으면)

정은　　엄마, 쟤도 스트레스받아서 그러는데 자꾸 왜 그러냐? 닻별아, 밥 생각 없으면 먹지 말고 일어나.

닻별　　(영숙을 쓱 보더니 일어나서 간다)

영숙　　저, 저 고맙다, 죄송하다 안 하는 건 딱 지 애미를 빼다 박았구나.

정은　　(말리는) 엄마.

닻별　　(듣기 싫어 이어폰을 끼고 음악을 크게 튼다)

닻별의 음악소리가 식탁까지 들리면.

영숙 저, 저, 저 기집애 하는 짓 좀 봐라. 어쩜 지 어미랑 똑같이 밉상이니~

정은 엄마, 어차피 이혼하면 새언니가 데리고 갈 텐데, 며칠만 참아~ 그러기로 하고 용돈까지 두둑이 받았으면서 뭘 그래?

영숙 두둑이는 뭐가 두둑이니~ 백만원도 안 되는 돈 갖구. (큼 하면서 밥 먹으면)

혼자서 등지고 앉아 음악을 듣고 있는 닻별. 혼잣말처럼.

닻별 선영이 이모는… 내가 안 알려줘도, 내가 뭘 좋아하는지 다 아는데… (쓸쓸하게 돌아본다)

S# 42 최고만 집 주방

시무룩한 얼굴로 나물을 무치고 있는 선영. 최고만 앞에 서서 연신 주워먹으며.

최고만 음. 이 도라지볶음 괜찮네. (둘러보며) 오, 오늘은 헛, 헛, 헛제삿밥 스타일이구나. 딱 좋네. 오집사 그 인간, 먹어도 한참 전에 제삿밥 먹어야 될 인간인데. 아끼지 말고 듬뿍듬뿍 만들어. 어, 어, 어세 속을 다 비워서 내가 오늘 엄청 먹을 거야. 엄청.

선영 (보더니) 그라입시다. 어차피 마지막 드실 긴데, 배가 터지도록 드이소.

최고만 (쩝쩝대다가) 뭐, 뭐가 마, 마, 마지막이라는 거야? 여, 여, 여기 독 탔냐? 어, 어, 어제 늦게 데, 데, 데려다줬다구. 독, 독, 독 탔냐구?

선영 (한심하게 보면)

김집사 (쓱 지나가며) 김선영씨 오늘 일당 받으면 고향으로 내려가신답니다.

최고만 뭐? 누, 누, 누구 맘대로 고향엘 가? 안 돼! 못 가!

선영 집에 가는 그야 내 마음인데, 개장수 아저씨가 왜 상관하는데예?

최고만 왜, 왜, 왜 상관이 없어? 당, 당, 당신 원래 이, 이, 이렇게 무책임한 사람이었어? 내, 내 입맛을 이렇게 길, 길, 길들여놨으면 책, 책, 책임을 져야 할 것 아냐! 책임을!

선영 … 책임예?

최고만 그래, 책임!

선영 (그 말에 마음이 무거운데)

김집사 (들어오더니) 회장님. 오집사님 오셨습니다.

최고만 그, 그래? 들어오라고 해. (가려다가) 아무튼, 난 당, 당, 당신 못 보내니까 그렇게 알아. 아, 아니면 날 데리고 가든가!

선영 데리고 가긴 어델 데리고 갑니꺼? (하는데)

이때, 오집사가 "짝은회장님예~" 큰 소리로 반갑게 인사하며 달려온다. 최고만, 돌아보면. 오집사, 복지부동 자세로 최고만의 허리를 붙들고.

오집사 그간 기체후일향만강하셨습니까? 작은회장님.

최고만 왜 볼 때마다 이렇게 오버를 떨어? 우리 집 재산 훔쳐간 게 그렇게 마음에 걸려?

오집사 (뜨끔) 무, 무신 말씀을 그래 하십니꺼? 반, 반가워서 그렇지예.

최고만 오집사, 무슨 그지 같은 대학도 인수했다며?

오집사 예. 문화사업 좀 해볼까 싶어가 쪼맨한 데 하나 인수했심더. (말머리 돌리느라) 야들아, 너거들 뭐 하노? 얼른 들어와서 회장님께 인사디리라~!

채린 (들어와 인사 꾸벅하며) 안녕하세요, 작은회장님.

최고만 어, 그래. 채린이~ 그동안 폭삭 늙었구나. 너 나이가 몇이지?

채린 (삐죽하면서) 스물여섯이요.

오집사 박서방, 뭐 하노? 얼른 작은회장님께 인사 올리그라. 회장님, 제 사우 될 아입니더.

정도 (90도로 절하며) 말씀 많이 들었습니다, 회장님. 전 박! 정! 도! 라고 합니다.

최고만 그래? 별로 반갑신 않은데 악수할레?

정도 (손 뻗으며) 영광입니다. (악수하는데)

땡그랑! 식기 떨어지는 소리 들린다. 일제히 돌아보면, 놀라서 바라보고 있는 선영. 정도와 채린도 흠칫 놀라 굳어버린다.

최고만   무, 무슨 일이야? (선영을 보며) 뭘, 뭘, 뭘 그렇게 뚫어지게 보는데? (선영 시선이 꽂힌 정도 보며) 이, 이, 이렇게 생긴 게 당신 이상형이야? 우라질~

S# 43   동 식탁

일렬로 앉아 있는 오민석, 채린, 정도. 채린, 정도에게 속삭이는.

채린   오빠~! 아까 그 여자, 오빠 엑스 바보언니 맞지?
정도   … 응.
채린   그 여자가 어떻게 여기에 있는 거야?
정도   글, 글쎄. 너도 처음 본 거야?
채린   어… (하다가) 작은회장님 경상도 음식 완전 좋아하는데, 그래서 찬모로 들었나?
정도   찬모고 침모고, 아 씨 재수 옴 붙었네. 어떡하지?
오민석   (큼~)
두 사람   (정좌한다)

S# 44   최고만 데이트레이딩 룸

유리문 밖으로 일렬로 나란히 앉은 세 사람의 모습이 보이고. 선영, 벌서듯 서 있고. 최고만 의자에 앉아서 심문하듯.

최고만 김선영이 당신 쟤들이랑 무슨 사이야? 아, 무슨 사인데 막무가내로 음식을 못하겠다는 거냐고, 젠장~!

선영 (꾹 다물고)

최고만 빌어먹을, 아, 얘기를 해야 밥을 나가서 먹든! 여기서 먹든 결정을 할 것 아냐! (버럭) 얼른 얘기 못해!

선영 (분해서 씩씩거리는) 쩌그 저 인간이… 우리 영주 남편입니더.

최고만 김영주? 당신 동생 김영주 편집장 남편이라구?

선영 (이 갈리는) 예~!

최고만 에이~ 벌써 이혼하고 남남인데 당신만 모르는 거 아냐?

선영 어데예. 우리 영주랑 이혼할라꼬, 내 동생한테 돈 준다꼬 꼬득이가예, 우리 영주가 사기결혼 한 그라고 각서까지 쓰게 했답니더. 그란 놈한테 내가 으뜩게 밥을 해줍니꺼? 죽어도 몬합니더.

최고만 김선영이 너 바보야? 아니지, 바보 맞지. 이 바보야, 공은 공이고 사는 사인 거 몰라? 그럴수록 극진하게 대접을 해줘야지.

김집사 회장님. 남의 일이라고 너무 함부로 말씀하시는 거 아닙니까? 예?

최고만 넌 낄 때 끼어 자식아! 낄 때! (지팡이로 밀고, 부드럽게)

김선영이 내 말 잘 들어~ 당신은 지금 주방으로 가서 아주 정성스럽고 극진하게 밥을 해. 응? 그리고 거기다가, (책상에 놓인 약병을 주며) 이 관장약을 넣어.

선영   관장약이 뭅니꺼?

최고만   음. 관장약이 뭐냐면, 당신 응어리진 속을 뻥! 뚫어줄 약이라고 보면 돼. 막힌 데를~ 확! 알았어? 알아들었으면 이걸 갖구 가서 아주 곱게 갈아서, 쟤들 줄 음식에 골고루 아주 골고루 뿌려줘어~

선영   (뭔지는 모르지만, 고개 *끄덕끄덕*) 예.

S# 45   병실 복도 일각

간호사의 부축을 받으며 나오는 영주. 미소 짓고.

영주   감사합니다. (하면서 지지대를 받쳐 들고 돌아서는데)

제하   (앞으로 쓱 나오더니) 검사는 다 끝났어?

영주   응. 덕분에 난생처음 VIP 대접 받으면서 검진을 다 받았다. 고맙다, 이제하 선생님? (하면서 머리 매만지면)

제하   아직 그걸로 끝이 아니지이~

제하, 휠체어를 획 돌려서 영주 앞에 세운다.

영주   뭐야, 이게?

제하	맨날 깔끔 떠는 김영주. 머리가 간지러워 죽겠지?
영주	어떻게 알았어?
제하	니 머리에서 옥수수 쉰 냄새 나거든?
영주	뭐? (흘겨보면)
제하	자, 앉아. 진짜 VIP가 뭔지 보여줄게.
영주	(이제 됐다는) 제하야.
제하	아, 얼른 앉으라니까~! (억지로 앉히고, 수액 라인 정리하고) 자, 그럼 출발합니다아~!

제하, 영주를 태운 휠체어를 밀면서 달리기 시작한다. 영주,
놀라서 비명 지르다가 민망해서 입을 가린다. 신 나게 달리는
제하. 속도감을 느끼며, 제하의 배려를 느끼며 영주, 고마움
에 미소를 짓는다.

S# 46 최고만 집 식탁

안동 헛제삿밥 스타일로 구성된 음식을 서빙하는 김집사와
선영. 채린과 정도, 불편하게 눈치를 보면.

최고만	뭐 해? 얼른 먹어~
오민석	이야, 이기 말린우럭미역국 아입니꺼? 이래 귀한 그를~ 잘 먹겠십니다, 회장님! (아부싱 폭풍흡입을 하면)
최고만	그래, 오늘 당신 제삿날이다 생각하고 먹어. (일행이 보

	면) 이게 안동 헛, 헛제사밥이란 말야. 왜 겁들은 먹고 그래? 죄 지었어?
일행	(아~ 헛제삿밥! 하고, 오민석 폭풍흡입 시작하면)
최고만	(정도를 보며 다정하게) 박정도라고 했나? 자네도 얼른 먹어. 채린이 너도 먹구. 응?
두 사람	예. (눈치 보면서 먹으면)
최고만	왜 입에 안 맞아?
정도	아닙니다, 맛있습니다. (눈치 보면서 깨작거리면)
오민석	(눈치 보고) 이놈들아. 회장님이 차리주신 밥상머리에서 와들 깨작거리노! 팍팍 처묵어. 내처럼! 어!
채린	아빠~ 여기 오기 전에 군것질을 해서 그렇단 말야.
최고만	그래? (정도 보며) 너도 그런 거냐?
정도	예, 죄송합니다. 하하. (어색하게 웃으면)
최고만	그래? 그럼 (관장약 꺼내서 건네주며) 이거 먹고 먹어라.
정도	이게 뭡니까?
최고만	그거 먹고 먹으면, 거 냄비에 접시까지 다 먹어도 돼. 얼른 먹어~
정도	(망설이면서 한 알 먹으면)
최고만	한 알 갖고 되겠냐? 서너 알씩 먹어, 서너 알씩. 채린이 너도 먹구.
두 사람	(억지로 알약을 입에 넣고 물 마신다)
선영	(멀리서 얼른 먹기만 바라보고 있는데)
김집사	(보다가 쿡 웃으며 입을 가리면)

최고만　(쓱 노려보고) 그럼 이제 식사들 계속해야지, 응? 먹어, 먹어.

정도　회장님은 왜 안 드십니까?

김집사　(돕는답시고) 아, 회장님은 아까 아침식사를 늦게 하셔서 말입니다. 하하.

최고만　(김집사를 '이런 멍청한 놈' 노려보면)

채린　(냉큼) 그럼 작은회장님도 그 약 드세요. (꺼내서 건네며) 자요, 여기 물요.

최고만　어? 그, 그래. 그럼 나도 먹어야겠지? (입에 넣고 억지로 삼킨다) … (김집사 노려보다가 선영과 눈 마주치면)

선영　(우짜노? 하면서 걱정스럽게 본다)

최고만　(히죽 웃어주고, 음식 입에 넣으면서 질질 흘린다)

S# 47　병원 옥상

옥상 입구에 뭔가 종이를 탁! 붙이는 제하. 영주, 보면서.

영주　(안에서 돌아보며) 뭐 하는 거야?

제하　어, 아니야. 들어가. (문 닫고 들어간다)

문이 닫히면 '공사 중. 절대 접근금지' 적혀 있다.

S# 48　옥상 하늘정원

천으로 샤워부스를 만들어 세워놓은 곳으로 영주의 휠체어를 밀고 가는 제하. 영주를 준비한 의자에 옮겨 앉히고, 준비한 물받침대를 영주의 어깨에 걸쳐준 뒤 머리를 풀어 넘겨준다.

영주 제하야. 내가 직접 해도 되거든?

제하 안 돼~ 오늘은 무조건 내 명령에 따라. 알았어?

영주 (어색하지만) 그래. 훌륭하신 의사선생님 친구로 둔 덕분에 나도 호사 좀 누려보자. 부탁할게.

제하 오케이. 그럼 시작합니다아~ (영주의 눈에 가리개를 올린다)

영주의 머리에 샴푸를 해주는 제하. 정성스럽게 마사지를 해주고, 손에 샤워기를 대서 온도를 맞춰 따뜻하게 헹구어준다. 자기도 모르게 미소가 슬그머니 떠오르는 영주의 얼굴. (O.L)
(경과)
영주의 젖은 머리를 수건으로 정성스럽게 닦아주고, 헤어드라이어로 머리를 말려주는 제하. 그 모습이 따뜻하게 비춰지면.

S# 49   최고만 집 정원

오민석과 채린, 정도, 나와서 인사를 하고 있다.

오민석 회장님, 잘 묵고 잘 놀다 갑니다. 다음 달에 다시 찾아뵙겠십니대이.

최고만 그래, 조심해서들 가. (하다가 갑자기 우르르 신호가 온
다) 나, 나, 나는 좀 피곤해서 먼, 먼, 먼, 먼저 들어갈게.

우르르 하면, 허거걱… 허리를 붙들고 안으로 들어간다. 정도
와 채린, 오민석 각자 차에 가려는데… 갑자기 천둥번개 소리
들리며, 허거걱~! 하는 세 사람. 서로 얼굴 마주치면 어색하
게 웃어주고… 차에 타려다가 갑자기 "끄으응~!" 하면서 제
각기 차를 붙들고, 나무를 붙들고, 엉덩이를 꼰다.

채린 오빠… 나 갑자기… 배가 왜 이러지…?

정도 (참으며) 채린아… 너, 너도 그러니…? 오빠도…

채린 오빠, 잠, 잠깐만… (허윽) 화장실 좀 들렀다 가면 안 될
까…?

정도 채린이, (허윽) 니 생각도 그러니…? (허윽) 나도 그런
데… 그럼, 우리 다시 좀 들어갔다가 나올까…?

채린 응. 오빠…

두 사람, 참으면서 계단을 올라가는데… 오민석이 "으으으
억~!" 소리를 지르며 먼저 문으로 달려간다. 안 돼~! 하면서
엉덩이를 조이고 뒤를 쫓는 채린과 정도. 오민석, 문고리를
붙잡는 순간.

S# 50   최고만 집 안

문고리를 딸깍 잠그는 김집사. 그 앞에 선영이 서 있다.

김집사   이층으로 가시죠? 아주 볼 만할 겁니다. 하하.
선영   그럴까예?

하다가, 거실을 조심조심 걸어가는 최고만을 걱정스럽고 미
안한 얼굴로 본다.

S# 51   최고만 집 현관 앞

오민석과 채린, 정도. 제각기 몸을 비틀며 문을 두들기며.

오민석   (식은땀을 뻘뻘 흘리며) 짝, 짝은회장님예, 여 문 좀 열
            아… 주시모… 안 되겠십니꺼…? 김집사야… (기어들어
            가는) 깁집사야…

하다가 다시 천둥소리가 들리면, 오민석, 표정이 오묘해지며
주저앉고. 채린도, 마지막 몸부림을 치면서 버티다가… 오빠
아~ 하며 울면. 정도, 최선을 다해서 버티다가… 꺾인다. 다
시 흐읍 올라오면, 눈이 게게 풀리며 비참한.

정도　　(울먹이며) 이런 씨이… 멈출 수가 없잖아…

S#52　　최고만 집 욕실 + 욕실 앞

최고만 역시, 몸을 비비 꼬면서, "으이억~!" 고통스럽다. 이 때, 밖에서 들리는 / 화면 분할되어 양쪽으로 쪼그려 앉아 얘기하는 둘.

선영E　　… 저기예, 보이소~

최고만　　왜, 왜 그러는데?

선영　　오늘 참말로 고맙심더, 회장님예.

최고만　　고맙긴 얼어죽을. 아 절루 가! 창피하니까!

선영　　예에~ 여 앞에 매실차 뜨듯하이 타났그등예. 나오모 드이소. 그라모 지는 갑니대이. (히죽 웃으면 일어나면)

최고만　　가? 가면 안 되지. 이, 이봐, 김선영이! 매, 매실차 말고, 속 뜨듯한 호, 호, 호박죽 만들어주면 안 돼?

선영　　그럴까예? 그라모 일 보고 나오이소. (미소 짓고 가면)

최고만　　(씰룩하다가, 배시시 웃음이 나다가, 다시 고통스런)

S#53　　병원 산책로

벚꽃이 닐리는 산책로. 햇살이 따뜻하게 두 사람을 비추면. 영주가 탄 휠체어를 밀고 가는 제하. 휠체어를 세우고, 담요를 영주의 가슴까지 올려주는 제하를 보며.

영주　(어설프게 웃어주다가) … 제하야… 나 이렇게 편해도
　　　　되니…?

제하　…?

영주　닻별이 마음은 지금… 지옥 어딘가를 헤매고 있을지도
　　　　모르는데… 나 혼자 이렇게 편해도 되는지 모르겠다…
　　　　(어두워지면)

제하　지금은 니 생각만 해, 김영주. 니가 먼저 튼튼해져야 닻
　　　　별이를 지옥에서 꺼내올 거잖아. 안 그래?

영주　(고맙다, 미소 지어주지만, 마음이 아려 멀리 시선 응시
　　　　하면)

제하　(안쓰럽게 바라본다)

S# 54　영주 병실

영주가 탄 휠체어를 밀고 들어오는 제하. 휠체어를 고정시키
고 영주를 안아서 내려주려고 하면.

영주　호사는 이 정도로 됐거든? (일어나려고 하면)

제하　오늘은 내 마음대로라니까~! (안으려고 하면)

영주　(턱 경계하며) 그럼 나 휴대전화부터 쓰게 해줘.

제하　5분.

영주　　10분.

제하, 영주를 노려보다가 "알았다~" 하면서 번쩍 안아서 침대에 내려주면, 꺅 비명을 지르며 침대에 앉는 영주, 손을 내민다. 제하, 영주의 휴대전화를 건네주며.

제하　　딱 10분이야.

영주　　오케이. 고마워. (미소 짓고 휴대전화 전원 넣으면)

제하　　(잠깐 나가 있겠다는)

영주　　(미소 지어주고, 문자 확인하는데)

수십 통의 문자메시지와 부재중 전화가 미친 듯이 뜬다. 후우~ 한숨을 쉬면서 빠르게 확인을 하는데. 닻별이 전화는 없다.

영주　　(쓸쓸한) 닻별인 없네… (하는데, 전화가 걸려온다. 시어머니다. 닻별이 생각에 미쳐 받으며) 예, 어머니.

영숙　　얘~! 넌 도대체 애 교육을 어떻게 시킨 거니? 어떻게 시켜먹었길래, 얘가 이 모양인 거냐구!

영주　　예? 닻별이한테 무슨 일 있습니까?

정은E　　(비명소리)

S# 55　　복도

시계를 보면서 기다리고 있던 제하. 10분이 지나자, 득달같이 문을 열고 들어간다.

S# 56   영주 병실

제하 땡~! 김영주 환우님. 10분 지났거든요? (하다가 놀라서) 김영주!

영주 (어느새 옷 갈아입고 나가려다가) 제하야, 미안한데… 나 지금 닻별이한테 좀 가봐야 될 거 같거든?

제하 안 돼.

영주 제하야. 지금 닻별이가 시댁에서 사고를 쳤나봐.

제하 지금은 닻별이가 무슨 사고를 쳤다고 해도! 너 못 보내!

영주 미안해. (나가려고 하면)

제하 (와락 붙들며) 지금 닻별이 만나서 뭘 어쩌겠다구! 지금 너! 닻별이 만나면! 니 심장이 견딜 수 있을 것 같아?

영주 … 그게 무슨 소리야?

제하 너한테 있는 대로 날이 서 있는 닻별이가, 그 뾰족한 가시로 널 또 찌를 텐데! 그래도 니 심장이 무사할 것 같냐구!

영주 제하야… 너 그게 무슨 소리니…? 내 심장이 어때서…?

제하 니 심장! 고장 날 대로 고장 나서! 단 한 번만 더 문제 생기면! 영영 멈춰버릴 수도 있단 말이야! 이 멍청아!!

영주 (놀라서) 내 심장이 왜 멈춰…? 내 심장이…왜? (믿고 싶지 않은) 제하야, 너 나 겁주려고 그러는 거지? 나 못 나가게 하려고 일부러 그러는 거지. 응?

제하 (와락 안으며) 그래, 안 멈출 거야…! 니 심장… 내가 안
멈추게 할 거야…! 내 옆에서… 늙어 죽을 때까지… 안
멈추게 할 거야…! 김영주…!

영주 (벼락 맞은 표정이 되며) …!

S# 57 공항 일각 / 인서트

비행기가 활주로로 내리는 모습이 보이고, ○○○에서 출발한
비행기 도착을 알리는 표시판이 뜬나.

S# 58 출국장

깔끔하지만 포스가 느껴지는 복장의 수인이 출국장을 걸어
나온다. 그 뒤편으로 선글라스에 귀걸이를 한 날라리 느낌의
남자가 따라오고.

수인 (공기를 흠~ 맡으며) 드디어 왔네? (미소 짓는데)

데이비드 *(영어) 여기가 보스의 남자가 있는 곳입니까?

수인 *(영어) 그래, 여기야. 내 남자가 있는 곳이.

미소 짓고 걸어오는 수인의 모습과, 포옹하고 있는 제하. 놀
란 표정을 짓는 영주의 모습이 분할되어 보이며 9부 엔딩.

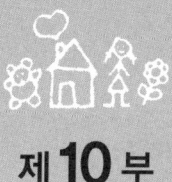

제 **10** 부

제10부

S#1 오프닝 – 전회 몽타주

영주 제하야… 너 그게 무슨 소리니…? 내 심장이 어때서…?

제하 니 심장! 고장 날 대로 고장 나서! 단 한 번만 더 문제 생기면! 영영 멈춰버릴 수도 있단 말이야! 이 멍청아!!

영주 (놀라서) 내 심장이 왜 멈춰…? 내 심장이…왜? (믿고 싶지 않은) 제하야, 너 나 겁주려고 그러는 거지? 나 못 나가게 하려고 일부러 그러는 거지. 응?

제하 (와락 안으며) 그래, 안 멈출 거야…! 니 심장… 내가 안 멈추게 할 거야…! 내 옆에서… 늙어 죽을 때까지… 안 멈추게 할 거야…! 김영주…!

영주 (벼락 맞은 표정이 되며) …!

S#2 공항 앞 /

데이비드, 콜밴에 트렁크를 싣고 있고, 휴대전화로 전화 걸고 있는 수인. 신호가 가는데 받지 않는다.

수인	(시계 보더니) 응급수술 중인가?
데이비드	(쓱 다가와 귓속말하듯 속삭이는) 보스 남친, 전화 안 받죠?
수인	(쓱 노려보면)
데이비드	(히죽 웃고 물러나며) 삼 년 동안 연락 한 번 안 했는데, 번호도 그대로인 게 더 이상한 거 아닌가? (놀리듯) 보스 남친, 답돌이 아니에요?
수인	(픽 웃고) 적어도 데이비드 너 같은 날라리는 아니거든?
E	(음성사서함 연결 소리 들리면)
수인	(밝은 톤으로) 제하씨, 나야. 수인이. 나 한국 돌아왔어. 보고 싶다. 연락 줄래? 아니, 내가 연락할게. 츄~ (뽀뽀하고, 메시지 남기면)
데이비드	(휘파람 불며, 어깨 으쓱)

S# 3   병원 전경

S# 4   영주 병실

영주를 으스러지게 안고 있는 제하. 영주, 얼이 빠진 듯 멍한 채로…

영주	제하야… 이거 좀 놔볼래…? 나, 숨이 막히거든‥?
제하	(놀라서 포옹을 풀며) 또 호흡이 곤란해진 거야?

영주   아니, 니가 한 말이 내 숨을 막았어. 이제하, 내 심장이
      왜 멈춘다는 거지?

제하   영주야.

영주   솔직하게 얘기해줄래? 나 충격받을까봐 빼지도 말고,
      겁주려고 부풀리지도 말고, 있는 그대로 얘기해줘.

제하   그래. 있는 그대로 얘기할게. 니 심장… 많이 안 좋아.
      니가 호흡곤란으로 병원에 실려온 건 폐부종 때문이었
      어. 심실빈맥으로 인한 심기능 정지는 CPR로 살려낸 다
      음, 약물투여로 폐에 찬 물은 제거했지만, 니 심장 너무
      커져버렸고, 커진 만큼 기능은 악화됐어.

영주   이제하, 내가 알아듣기 쉽게 얘기해줄래?

제하   … 만일 니 심장에 한 번만 더 문제가 생기면 영원히 멈
      춰버릴지도 몰라.

영주   (충격 받았지만, 태연하려고 애쓰며) 그 정도야…? 내
      몸뚱어리가 겨우 그 정도밖에 안 됐어…?

제하   그래, 그 정도밖에 안 돼. 그러니까 지금 너 닻별이 만나
      는 거… 난 반대야. (영주 손에서 휴대전화 받아 들며)
      닻별이한테는 내가 연락할게.

영주   (얼이 빠져 나가는 제하를 보다가) 아니, 제하야. 닻별이
      는 내가 만날 거야. 내가 만나야 돼.

제하   지금 닻별이 만나서 뭘 어떡할 건데? 가뜩이나 날이 서
      있는 애 만나서 뭘 어쩌겠다구! 닻별인 니 상태가 어떤
      지 모르니까! 니 심장 다 후비고! 상처낼 게 뻔한데! 그

걸 니 심장이 견딜 수 있을 것 같아?

영주 (씁쓸하게) 심장을 후비고 바늘을 수천 개 꽂는다고 해
도… 만나야지.

제하 김영주!

영주 (슬픈) 이제하, 진짜 가슴에 바늘이 꽂힌 게 누군 줄 아
니? (옛날 기억이 떠오르며 울분이 솟는) 내 엄마란 사
람이 날 언니라고 부르게 했듯이… 내가 닻별이한테 할
머니를 이모라고 부르게 한 거야. 내가 열 살이었을 때
처럼. (북받치며) 꼭 그 나이에…! 내가 닻별이 가슴에…
대못을 박은 거야. 그 어리디어린 가슴에 내가 대못을
박은 거라구.

제하 …!

영주 그러니까 가야지. 내 심장이 너덜너덜해지는 한이 있더
라도 만나야지… 만나서 미안하다고 얘기라도 해줘야지.

제하 (어쩔 수 없구나, 안타깝게 바라본다)

S#5 영숙 집

백팩을 챙기고 있는 닻별이 너머로 욕실에서 실랑이를 벌이
는 영숙과 정은이 보인다.

정은 (영숙을 뿌리치며) 엄마아~ 물 뿌린다고 접착제가 떨어
져? 아세톤 좀 뿌려보라니까아~!

영숙　아까 뿌렸잖아, 이 기집애야~ 안 되겠다. 119 불러야
겠다.

영숙, 나오다가 백팩을 메고 나가는 닻별을 보며 화가 난.

영숙　박닻별, 너 지금 어디 가는 거야? 니 엄마 온다는 소리
못 들었어?

닻별　… 엄마, 안 만나고 싶어서 나가는 거예요. (가려고 하면)

영숙　가긴 어딜 가? 사고 쳐놓고 내빼다고 일이 해결돼? 니
엄마 올 때까지 거기 꼼짝 말고 있어! (휴대전화 꺼내서
전화하려고 하면)

닻별　(단호한) 전화하지 마세요, 할머니.

영숙　뭐?

닻별　나 잘못한 거 하나도 없으니까 전화하지 마시라구요…!

영숙　잘못한 게 없어? 고모 샴푸에 접착제 퍼부어서 저 지경
을 만들어놓고 잘못한 게 없어? 넌 어떻게 뻔뻔한 게 니
엄마랑 그렇게 똑같니? 얼른 고모한테 사과 못해!

닻별　피해자는 난데, 왜 먼저 잘못한 사람들이 사과를 하라는
거죠?

영숙　뭐야?

닻별　이모가 먼저 내 물건에 손댄 거잖아요! 왜 어른들은 항상
자기 잘못을 남한테 뒤집어씌우려는 건데요? 그러면서
무슨 어른 대접을 받으려는 거냐구요! (휙 나가버리면)

영숙	저, 저 기집애 말하는 것 좀 봐. 애! 너 지금 어디 가는 거니! 애~! 박닻별!
정은	엄만 지금 닻별이가 문제야? 얼른 나 이것부터 떼달라구! (동동거리며) 아, 따가워 죽겠다니까아~!
영숙	이 기집애야, 119 부를 테니까 조금만 기다려봐!

S#6   영숙 집 앞 / 밤

볼이 잔뜩 부은 얼굴로 문을 닫고 나오는 닻별. 이때, 제하의 자가 멈춰 서고 영주가 내린다.

영주	닻별아…
닻별	(표정이 굳는다. 휙 돌아서 걸어가면)
영주	닻별아. 박닻별…! (숨이 차서 걸어와 손잡으며) 엄마랑 얘기 좀 해.
닻별	난, 엄마랑 할 얘기 없거든! (휙 뿌리치고 가려고 하면)
영주	(힘주어 잡으며) 닻별아.
닻별	(원망스럽게 휙 돌아서 노려본다) 나랑 얘기하고 싶어?
영주	응. 너랑 얘기하고 싶어.
닻별	그럼, 이모부터 불러. 이모 오라고 해서! 내 앞에서 할머니라고 불러봐!
영주	… 닻별아.
닻별	(독이 오른) 나 김영주는! 김선영의 딸이다…! 나, 김영

주의 엄마는! 김선영이다! 먼저 외쳐보라구~!

영주 (마음이 찢어지는데)

닻별 그럼, 엄마가 원하는 만큼 얼마든지 얘기할게. 그럴 수 있어?

영주 (독이 오른 닻별을 보며, 마음이 아파 눈물이 핑 돈다) 닻별아…

닻별 못 그러겠지? 그렇지?

영주 (차마 말문이 떨어지지 않는데)

닻별 (실망감이 치미는) … 왜 못 그러는데? 김선영이 엄마 언니가 아니라! 엄마의 엄마잖아! 엄마의 엄마한테 왜 엄마라고 못 부르는데! 부끄러워서 그래? 엄마의 엄마 가 바보라는 게 창피해서 그러는 거냐구!

영주 (입술 깨물며) 그래. 부끄러웠어… 바보엄마라는 사람 이…! 매일 학교에 찾아와서 애들한테 놀림받는 것도 싫 었구…! 다른 엄마들처럼…! 학교 준비물, 숙제 한 번 제 대로 못 챙겨주고…! 소풍 한 번, 운동회 한 번 같이 못 가는 엄마가 너무 부끄러워서… 언니라고 불렀어…

닻별 그래서… 끝까지 엄마의 엄마한테… 언니라고 부르겠 다구?

영주 (눈물 꾹 참으며, 떨리는) 그래, 그럴 거야.

닻별 엄마 죽을 때까지…?

영주 그래, 죽을 때까지…

닻별 (잔인하게 일그러지는) 그럴 줄 알았어. 엄마니까, 대단하신 김영주 편집장님이시니까 그렇게 얘기할 줄 알았어.

영주   … 뭐?

닻별   엄마 원래 그런 사람이잖아? 아이큐 200에 국제수학올림피아드 수상. 카이스트 최연소 입학. 그딴 것들, 다 엄마 폼 나려고 시킨 거잖아. 난 고작 잘난 김영주씨의 트로피였던 거잖아!

영주   닻별아. 그런 거 아니거든? 엄만…

닻별   그럼… 내가 할머니처럼 바보로 태어났어도 엄마가 나 자랑스러워했을 것 같아?

영주   …!

닻별   엄마가 선영이 이모가 부끄러웠듯이, 나도 엄마가 부끄럽거든?

영주   (덜컥 마음이 가라앉는데)

닻별   이제부턴 나 아빠랑 살 거니까, 다시는 나 찾아오지 마. (휙 돌아서 가버린다)

영주   (덜컥 무릎이 꺾인다, 휘청거리면서 주저앉으면)

제하가 달려와 영주를 부축한다. 영주, 넋이 빠진 듯 멀어지는 닻별을 보면서, 가슴이 미어지는 것 같아 숨을 몰아쉬면.

제하   괜찮아? 영주야, 괜찮냐구?

영주   (고개를 끄덕이려고 하지만, 눈물부터 뚝 떨어진다)

제하   바보야. 그냥 엄마라고 부른다고 그러지 그랬어! 왜 바보처럼 그러구 있었냐구!

영주   (슬픈) 나도 그러고 싶었어. 오는 동안 내내… 닻별이가 원하는 대로 하자, 닻별이가 김선영을 엄마라고 부르라면, 부르자, 불러주자. 수백 번 마음을 고쳐먹고 왔는데… 그럴 수가 없었어. (목이 메며) 김선영이 그 여자를… 엄마라고 부르면… (가슴을 쥐어짜며) 내 심장이 못 견딜 것 같았어… 닻별이한테 나 쓰러지는 꼴… 두 번 다시 보여주기 싫었어. 아니, 하루라도 더 살아서… 조금이라도 더 건강해져서… 그때… 얘기하고 싶었어. 그래서 못 그랬어… 내가 죽일 년이 돼도… 천하의 못된 엄마가 돼도… 지금은 그러기 싫었어… 지금은 죽어도 싫었어. (가슴을 부여잡고) 제하야, 나 잘못되는 거 아니지? 나 건강해져서 닻별이 다시 볼 수 있는 거지?

제하   그래, 그럴 거야. 그럴 거니까… 그만 울어. 이제 니 가슴, 그만 아프게 해? 응? (안아준다)

영주   (들썩이며 운다)

S#7   **응급실 앞**

머리가 듬성듬성 잘린 채 까치집을 한 정은이 영숙과 함께 나온다.

정은   하이 씨이~ 새언니 될 사람이 웨딩쇼 세워준댔는데, 머

리가 이래서 어떻게 서어~ 엄마아~ (동동거리면)

영숙　넌 대체 닻별이 뭘 훔쳤길래 그 꼴을 당한 건데?

정은　훔치긴 뭘 훔쳐~

영숙　박정은!

정은　레스토랑… 쿠폰.

영숙　레스토랑 쿠폰?

정은　응. 십만원도 넘는 쿠폰을 재가 언제 쓰겠어? 나쁜 기집
애, 지 엄마 닮아서 욕심만 뚱뚱해가지구설랑~

영숙　(때리며) 어이구, 잘났다, 잘났어. 그 꼴 당해도 싸, 이것아.

정은　아, 엄마아~!

S#8　다른 거리 / 밤

가로등 아래, 쪼그리고 앉아 있는 닻별. 눈물이 그렁그렁해져
서 호주머니에서 지갑을 꺼내 레스토랑 쿠폰을 본다.

S#9　닻별 회상 / 레스토랑

지배인, 손짓하면 서빙하는 직원들이 트레이를 받쳐 들고 다
가와 음식을 내려놓는다. 온갖 종류의 음식들이 가득하다. 닻
별, 우와~ 신기해서 바라본다.

지배인　뭘 좋아하실지 몰라서 이것저것 준비해봤습니다. 즐거

운 저녁식사 되십시오. (닻별에게 쿠폰 건네며) 이건 다음에 엄마랑 데이트할 때 쓰세요~ (눈 찡긋해주고 가면)

닻별 감사합니다아~ (자랑스럽게 보여주며) 엄마, 다음엔 내가 엄마한테 저녁 살게~?

영주 감사합니다? (함께 환하게 웃으면)

S#10 동 골목 / 밤

닻별, 눈물이 그렁그렁해져서 원망스럽게 바라보다가, 쿠폰을 찢기 시작한다. 흐응흐응 눈물을 흘리며 쿠폰을 찢는다.

S#11 최고만 집 주방

다리가 풀려서 나오는 최고만. 걱정스럽게 보는 김집사와 선영. 최고만, 털썩 자리에 앉으면.

김집사 회장님. 정 안 좋으시면, 주치의 부를까요?

최고만 (걱정스럽게 보는 선영을 보며 괜히 센 척) 이번 기회에 변비 싹 날리고 좋지, 뭐.

선영 진짜 개안십니꺼? 다리가 개다리춤 추디끼 막 떨리는데예?

최고만 (실룩 보다가) 배고파서 그래! 먹은 거 다 내보내서 배고파서!

선영	(내려놓은 쟁반을 들고) 그럼, 여 산마콩깨죽 좀 드셔보시소. 호박죽보다 나을 거 같아서 끓이봤심더.
최고만	산마콩깨죽? 말린 마껍질하고 콩을 갈아 넣어서 완전 고소하고 스태미너에도 좋다는 그 죽 말이야?
선영	예에~ 설사 그치는 데도 이기 직빵이거든예. 그라이까 얼른 드이소? (수저를 건네려고 하면)
최고만	(소심하게 입을 벌린다)
선영	입은 와 벌리는데예?
최고만	(삐죽) 수저 들 힘이 없어서 그래. (불쌍한 척 입 벌리고 눈을 감으면) 먹여줘.

김집사 괜스레 심술이 나서 수저를 휙 빼앗더니, 죽을 떠서 최고만 입에 퍽! 넣는다. 쩝쩝 맛을 보는 최고만, 미소가 지어진다. "더 줘~" 하면서 입을 또 벌리면, 김집사가 계속 넣어주는데, 휴대전화 벨이 울린다. 닻별이다.

선영	(당황해서 망설이다가 긴장해서 받으며) 어, 닻, 닻별아. 내, 내다. 슨영이 이모다.
최고만	(목소리 멀어지면서도 수저가 들어오면, 눈을 뜬다)
김집사	더 디려요?
최고만	(수저 확 빼앗는데)
닻별F	이모 지금 어디야?
선영	(불안한) 여, 여기? 여, 여는 개장수 아저씨 집이다. 개,

개장수 아저씨가 몸이 아파가 죽 좀 끓이느라꼬 아직 여 있다.

닻별F 나, 이모 보러 가도 돼?

선영 (더 조급해져) 이, 이리로 온다꼬? 내, 내 금, 금방 갈 긴데? 내 꽃부리과수원으로 갈 긴데?

최고만 (전화기를 휙 빼앗더니) 너 꼬맹이 맞지? 닻별인지 카시오페이안지 하는 그 건방진 꼬맹이지?

선영 (붙들며) 와, 와 이랍니꺼? 예?

최고만 가만 좀 있어봐. 너 나랑 계약조건 조정해야 되니까, 지금 냉큼, 얼른, 촌각도 쉬지 말고 부지런하게 달려와라. 내 말 무슨 말인지 알지? (전화를 끊는다)

선영 (전화기 확 빼앗으며) 와, 남의 전화는 뺏어가 통화하고 그랍니꺼! (당황해서) 하구야, 이를 우짜제? (정신없이 주방으로 가면)

김집사 (최고만 노려보며) 맞습니다, 매너 없게시리.

최고만 매너? 김선영이 과수원으로 내려가면 니가 내 밥 책임질래? 이 덜떨어진 주제에 건방지기만 한 자식아~!

김집사 (삐죽하는데)

S# 12 거리 / 밤

닻별을 태운 수현의 오토바이가 밤거리를 질주해 온다.

S# 13   최고만 집 주방

어설픈 손길로 음식을 준비하고 있는 선영. 앞뒤도 없고 순서
도 없다.

최고만   (주방 앞에 앉아서) 얼씨구. 월남 갔다 온 서방 맞이하는
마누라처럼 왜 그렇게 정신머리가 없어?

선영   (듣지도 않고, 혼잣말) 닻별이가 뭘 좋아했었지? (머리
탁탁 치며) 하이 씨, 왜 기억이 안 나제? 으이? 맞다,
○○○ ~! (서둘러 냉장고로 가면)

최고만   찌개 다 졸잖아! 어이, 김선영이! 찌개 다 존다구~! 이
사람아~!

선영   예? 찌개예? (보더니) 하구야, 이를 우짜노? 으이?

선영, 찌개를 맨손으로 붙잡으려다가, 비명을 지르며 바닥에
쏟는다. 닦을 생각도 못하고, 멍하니 서 있다.

최고만   …! 김군아, 김선영이 저 여자, 지네 텅, 텅, 텅구리 별나
라로 가 있는 거, 맞지?

김집사   텅구리 별이 뭡니까? 회장님.

최고만   뭐긴 뭐야, 자식아. 멍, 멍, 멍텅구리 별이지. 넌 니네 고
향도 까먹었냐?

김집사   (삐죽거리면)

최고만	(여전히 정신이 없는 선영 앞에 가서 딱! 박수를 쳐 시선 모으며) 김선영이~! 내 말 들려? 어? 지구로 귀환했냐구?
선영	(그제야 얼뜬 표정으로 보면) 예? 모, 모가예?
최고만	(휙 붙들고 끌고 와, 의자에 앉히며) 당신 지금 왜 이러는데? 당신 조카라면 사족을 못 쓰던 여자가, 왜 이렇게 정신줄을 놓느냐구! 엉?
선영	(울컥 겁에 질리며) 개, 개장수 아저씨예. 내 무서봐 죽겠십니더. 내요, 내 우리 닻별이 무신 낯짝으로 보지예?
최고만	…?

S# 14   최고만 집 앞 / 밤

닻별을 태운 수현의 오토바이가 달려와 서면, 내리는 닻별.

수현	(올려다보며) 니네 이모가 일한다는 곳이 여기였어?
닻별	왜? 아는 데야?
수현	응… 조금. (닻별이 궁금해하자) 별거 아냐. 기다려줘? 아님, 그냥 가?
닻별	기다려줘. (굳어서 집을 향해 걸어간다)
수현	여기였구나… (쓸쓸하게 본다)

S# 15   최고만 집 식탁

밥 담은 그릇을 닻별 앞에 내려놓고 휙 물러서는 선영.

선영 (손을 배배 꼬며) 니 배 마이 고프제? 얼, 얼른 묵으라.

닻별 (쓱 보며) 나 배 안 고파.

선영 안, 안 고프긴 모가 안 고프노? 얼, 얼굴은 하루종일 아무긋도 안, 안 묵은 얼굴인데, 얼른 묵으라이까~ (수저를 들어서 닻별한테 쥐어주려고 하면)

닻별 (손을 잡으며) 이모, 나 이모랑 할 얘기 있어.

선영 (겁에 질려) 아, 아이다. 내는 할 얘기, 할 얘기 한나또 임따.

닻별 할머니…!

선영 (귀를 손바닥으로 마구 치면서 막으며) 아이다, 내는 한나또 안 들린다. 니 말 한나또 안 들린다! 내는 김슨영이다. 내는 김영주 언니 김슨영이다!

닻별 (더 크게) 할머니~!

선영 (귀를 막고, 미친 듯이) 아아아아~! 내는 김슨영이다. 김슨영. 김슨영. 김영주 언니다. 언니다, 언니다, 언니다… (무한반복하는)

닻별 (눈물이 날 것 같아서 붙잡으며) 할머니, 진짜 바보야? 그런다고 해결이 돼! 그게 피한다고 피해지냐구!

최고만 (휙 들어와서 닻별 붙들며) 김집사!

김집사 예, 회장님. (선영을 붙들고 가면서) 김선영씨, 괜찮아요. 괜찮으니까 고정하세요? 예? (멀어지면)

최고만   (노려보며) 야, 꼬맹이! 김선영이 니 엄마의 엄마 맞댄
다! 됐냐!

닻별   (눈물이 가득해서 쳐다보면)

최고만   너 니네 이모, 아니 할머니 괴롭혀서 뭐 할 건데? 저 바
보 괴롭혀서 뭐 할 거냐구, 이놈아!

닻별   나, 할머니 괴롭히려는 거 아니거든요? (눈물 핑 돌며)
우리 할머니 불쌍해서… 그래서 보고 싶어서 온 거거든
요? 우리 엄마가 버려서, 내가 대신 미안하다고 하려고
온 거거든요! (눈물이 비치지만, 이를 악물고 참는다)

최고만   (미치겠는데)

닻별, 최고만을 지나쳐 선영이 간 방향으로 간다.

S# 16   최고만 집 거실

겨우 진정하고 앉아 있는 선영 앞으로 걸어오는 닻별.

닻별   (서럽지만, 앙다문) 할머니… 우리 엄마가 그러라고 시킨
거지! 나 만나면 무조건 언니라고 하라고 시킨 거, 맞지?

선영   (조금은 진정됐지만, 기운이 빠진) … 아이다… 내가, 니
네 옴마한테 그래 부르라고 한 기다…

닻별   할머니, 나한텐 거짓말 안 해도 돼. 그러니까 사실대로
말해. 응?

선영　… 거짓말 아이다. (마음 가다듬고) 닻별아. 니 내 시집 갔든 그 알제?

닻별　그래, 알아.

선영　그때 말이다… 니 옴마가 사흘 밤낮을 걸어와가 내한테 물어봤다. 김슨영이 니 내한테 누꼬? 슨영이 언니야, 니한테 내 누꼬…? 이래 물어봤다… 그래서 내가 그랬다… 김영주, 내는 니 언니다… 내는 니 태어날 때부터 죽을 때까지 언니다. 그라이까… 니 옴마가 그랬다. (목이 메며) 김슨영이, 내는 니가 바보여도 상관엄꼬, 모지라도 상관없다. 누가 니 놀리모 죽을 때까지 싸와줄 수도 있고, 누가 뭐라꼬 해도 니 딸 할 수 있다… (눈물 닦으며) 그랬는데, 내 뭐라 했는 줄 아나? 니 옴마한테 죽어도 언니라꼬 부르라 캤다. 내 혼차 행복해질라꼬… 시집가서 모린 채 잘 살아볼라꼬, 열 살밖에 안 된 니 옴마를 내가 버려뿐 기다. 바보멍충이 주제에 지 혼자 잘 먹고 잘 살라꼬, 니 옴마를 내가 몬차 버린 기다… (한이 맺혀서 윽윽 운다)

S# 17　거실 밖 일각

최고만　(심술 난 표정으로 보고 있다가) 우라질. 그러니까 바, 바보가 결혼은 왜 하고 닌리야, 닌리가! 젠장맞을. (화가 나서 돌아서는데)

김집사   (눈물 뚝뚝 흘리며 선영을 애처롭게 바라보고 있다)

최고만   니가 울긴 왜 울어, 자식아.

김집사   불쌍하잖아요~

최고만   장, 장, 장가도 못 간 너나 내, 내, 내, 내가 불쌍하지, 바, 바, 바, 바보 주제에 딸까지 있으면서, 시집까지 간 저 여자가 왜 불쌍해? 이 멍청아~! (화가 나서 데이트레이딩 룸으로!)

S# 18   동 거실

닻별   (여전히 풀리지 않는) 그래서… 이모는 시집간 그 집에서 계속 살았어? 아니잖아. 이모 다시 과수원집으로 돌아왔잖아. 그렇지?

선영   … 어, 맞다.

닻별   그럼, 우리 엄만 이모를 그렇게 좋아했다면서, 왜 엄마라고 안 불렀어? 이모가 시집갔다가 돌아왔으면, 그때부터 엄마라고 부르면 됐잖아.

선영   닻별아… 그그는 내가…

닻별   그래서 할머니가 하는 말은 엄마가 다 시킨 거라는 거야! 자긴 잘못 없다고, 다 할머니 핑계 대려고 하는 말이라구!

선영   닻별아. 하늘에 맹세코 진짜 그른 그 아이다. 내 좀 믿어도? 으이?

닻별   (싸늘한) 그래? 그럼 엄마한테 가서 그렇게 얘기해. 지금부터 언니라고 말고 엄마라고 부르라구. 아니면 나도 절대 엄마 안 본다고 했으니까. (획 돌아서 간다)

선영   (애가 타는) 닻별아~ 닻별아…

닻별   (멈춰 섰다가, 돌아보며) 소리 질러서 미안해. 나, 할머니가 차려준 저녁 먹고 싶었어. 갈게.

선영   (울컥 올라온다. 입을 가리고 운다. 윽윽 운다)

김집사   (마음이 안 좋아서, 구석에서 울고)

선영E   영주야. 저래 이쁜 아를, 저래 이쁘디이쁜 니 아아까지… 이래 아프고 힘들게 할 줄은 몰랐다. 네기 니를 동생이라꼬 부르모, 내가 니 언니하모, 니가 정말 행복하게 잘 살 줄 알았다. 곱단옴마 말처럼 니는 진짜 행복하게 살 줄 알았다. (눈물을 주르륵 흘린다)

S#19   최고만 데이트레이딩 룸

입꼬리를 비틀며 울음을 참는 최고만. "우라질~ 짜증 나!" 눈물을 닦더니.

최고만   김군아…! 김영주 편집장 전화 좀 해봐라!

S#20   영주 병실 / 밤

굳은 표정으로 침대에 앉아서 스트레칭을 하고 있는 영주. 이마에 땀이 솟을 정도로 열심히 요가동작을 취하면서, 주문을 걸 듯.

영주E 괜찮아질 거야, 김영주. 얼른 괜찮아져서… 닻별이 보면 돼. 얼른 괜찮아져서…

영주, 호흡이 가빠지면 불안하게 가슴을 누른다. 눈물이 핑 돌지만 다시 몸을 움직여 운동을 한다. 입술을 깨물며.

S# 21   영주 아파트 앞 / 밤

수현의 오토바이가 도착하고, 내리는 닻별.

수현 (헬멧 올리며) 괜찮겠어?
닻별 내가 어린애야? 그리구, 이따 아빠 오기로 했으니까 걱정할 거 없어.
수현 진짜지?
닻별 그래.
수현 그럼 믿고 간다?

손 흔들어주고, 수현의 오토바이가 멀어지면… 고개를 들어 아파트를 올려다보는 닻별.

S# 22   영주 아파트 + 거실 + 닺별 방

현관문이 열리며 들어오는 닺별. 현관불빛이 켜졌다 꺼지면, 온 집안의 불을 하나씩 켜는 닺별의 모습이 보인다. 방으로 들어가려다가 돌아보며.

닺별   엄마… 아빠… (불러본다. 눈가가 금세 젖는다)

인디언 텐트 안에 쪼그리고 앉아서 고개를 파묻는 닺별. 윽윽 울음이 터진다. 혼자서 흐으흐으~ 운다.

S# 23   채린 집 / 밤

S# 24   채린 침실

화장실문이 열리고, 눈이 퀭한 채린이 힘들게 나오더니 정도 옆에 털썩 주저앉는다. 누워 있는 정도의 입술도 바짝 마르고, 다크서클이 내려앉았다.

정도   (앓는) 채린아, 괜찮아?
채린   괜찮아? 오빠도 같이 당했으면서, 그런 말이 나와? 김영주, 이 나쁜 기집애. 이세 하나다 안 되니까, 지 언니까지 동원해서 밥에 설사약을 뿌려? 그러다 우리 애 잘

못되면, 지가 책임질 거야?!

정도   (겨우 일어나며) 그 바보는 너 임신한 거 모르고 그랬겠지. 그리고 생약이래서 병원에서도 괜찮다고 했잖아.

채린   괜찮아? 오빠 눈엔 내가 괜찮아 보여? 두고봐. 내가 에스밀로를 공중분해를 시켜서라도, 김영주 길바닥에 나앉게 만들 거니까…! 이 나쁜 것들. (이를 갈면)

정도   채린아. 그러지 말고, 우리, 오늘 있었던 일은 다 잊어버리자. 치욕스럽고 창피했던 그 기억, 그 냄새. 다 잊어버리고 처음 독일에서 만났을 때처럼 설레고 기쁜 마음으로 다시 리셋하자. 그런 마귀 같은 족속들 때문에 우리 길동이 태교라도 잘못되면 어떡하니?

채린   오빠~

정도   그러니까 우리만이라도 서로 아끼고 서로 먼저 배려하는 아름다운 사랑을 하자. 응?

채린   (감동해서) 오빠 너무 착해서 탈이야.

정도   우리 애긴 너무 이뻐서 탈이구~

서로 보듬어 안고 뽀뽀를 쪽! 하는 순간. 우르릉 쾅쾅! 천둥번개 소리 들리며 두 사람의 표정이 동시에 굳는다.

정도   (구겨지며) 채, 채린아. 또, 또 그분이 오시네? 오, 오빠, 좀 다녀올 게…? (몸을 일으키는데)

채린   오빠, 나두!

채린, 급하게 일어나 화장실로 먼저 튀어가면.

정도   (다급하게 채린을 붙들며) 채, 채린아. 넌 좀 전에… (허 읔) 다녀, 다녀왔잖아~ 그러니까 이번엔… 내가 (허읔)

채린   오빠. 배 아픈 건 순서가 없거든? (휙 들어가 문 꽝 닫는다)

정도   (허거걱! 문을 붙들며) 채, 채린아? 그, 그럼 빨, 빨리 라도…

채린E (울음 섞인) 오빠 미안한데, 문에서 조금만 떨어져 있을 래? 소리 들리는 거 나 싫어~ (흥흥흥)

정도   (넋게) 나쁜 기집애. (하고) 알, 알았어. 나, 난 거실 화장 실 갈게…?

정도, 다리를 겨우 떼고 바깥 화장실을 향해 몸을 겨우 움직인 다. 복식호흡을 하면서 밖으로 겨우 견디며 나가려는데, 급작 스러운 물살이 얼굴로 몰려든다. 하이효오하이효오~ 하면서 괄약근에 힘을 주고, 벽을 붙들고 겨우 견디는데. 우르릉 쾅 쾅! 천둥번개 소리 들리고… 벼락맞은 듯한 표정이 되더니 얼 굴이 개개풀어지다가, 울컥 눈물이 나서 바지를 내려다보며.

정도   제기랄… 멈춰지지가 않잖아~~!! (절규한다)

S# 25   **심혈관센터 전경 / 아침**

S# 26   흉부외과 과장실

영주, 긴장한 얼굴로 앉아 있고. 그 앞으로 이철근 과장이 앉는다.

이철근 김영주씨, 왜 심장내과가 아니라 흉부외과에서 보자고 하는지 궁금하셨죠?

영주 … 예. 선생님.

이철근 단도직입적으로 말씀드리죠. 김영주씨는 특발성 확장성 심근증입니다.

영주 특발성 확장성 심근증이요?

이철근 예. 김영주씨의 심장벽의 운동상태를 보면, 정상심장에 비해 엄청나게 떨어져 있습니다. (모니터를 돌려 심초음파 동영상을 보여주며) 이게 김영주씨 심초음파 동영상입니다.

영주 (긴장해서 보면)

이철근 구분이 잘 안 갈 거니까, 30대 초반 여성의 정상심장과 비교해서 보여드리죠. (키보드를 누르면 비교 화면 뜬다) 어떻습니까? 심장벽 운동하는 게, 현격한 차이가 나죠?

영주 … 예.

이철근 지금 왜 동영상을 보여드렸는지 아시겠습니까? 김영주씨가 호흡도 정상으로 돌아오고 불편함이 안 느껴지니까, 본인 심장에 대해서 과신할 것 같아서 보여드리는 겁니다.

영주　알고 있습니다.

이철근　(실룩 웃고) 전혀 알고 있는 표정이 아닌데요?

영주　(어색하게 웃으면)

이철근　직업이 잡지사 편집장님이시라구요?

영주　예, 맞습니다.

이철근　그럼, 지금 당장 관두십시오.

영주　… 예?

이철근　수술받고 싶지 않으시면, 지금 당장 관두시라고 했습니다.

영주　…!

이철근　지금 김영주씨한테 가장 큰 적이 뭔지 압니까? 바로 과로와 스트레습니다. 아무리 심장내과에서 처방받은 약을 정기적으로 복용한다고 해도… 지난번처럼 심정지가 오게 되면…! 다시 깨어난다는 보장은 아무도 못합니다. 제 말 명심하시고… 스트레스 받을 일체의 일, 만들지 마십시오. 직장뿐만이 아니라 가정문제도, 모두 나 몰라라 하십시오. 그게 김영주씨가 심장이식을 받을 때까지 견딜 수 있는 유일한 방법입니다. 아시겠습니까?

S# 27　심혈관센터 복도

문을 닫고 나오는 영주, 머리를 얻어맞은 듯 힘이 든다. 이때, 급하게 달려오는 제하의 모습이 보인다.

제하	영주야~
영주	(정신 차리자, 정신 차리자 다짐하며 어색하게 웃어준다)
제하	담당선생님 만나봤어?
영주	응.
제하	뭐라서?
영주	니가 한 얘기랑 똑같지 뭐. 약 정기적으로 복용하고, 스트레스 받지 말고, 그럼 좋아진다구.
제하	정말… 그랬어?
영주	그럼~ 너도 그랬잖아. 괜찮아질 거라구. (부러 의심스럽게 보는 척) 이제하. 너, 나 겁주려고 뻥 완전 많이 쳤더라?
제하	(긁적하면서) 그랬나? (하는데)
영주	걱정 마. 내일이면 퇴원해도 된대.
제하	다행이네. (어설프게 웃는데)

두 사람이 모퉁이를 돌아서는 순간, 승강기에서 내리는 선영과 김집사.

S# 28 승강기 일각

김집사	(영주를 보더니) 어? 김선영씨, 김영주씨 저기 있습니다. 김영주씨~!

걸어가던 영주와 제하, 놀라서 돌아본다. 선영도 영주를 보며
반가우면서도 더럭 겁이 나기도 하는.

선영 영… 영주야.

영주 (굳어서 보다가) 제하 니가 연락했니?

제하 어, 어제 최고만이란 분이 전화를 하긴 했는데…

선영 (O.L) 영주야. 니 개안은 기제? 진짜 개안은 기제?

제하 누님, 영주는 아파서 입원한 게 아니구요, 종합검진 받
으려고 온 거니까 걱정 안하셔도 됩니다.

선영 그래예? 그란데 우리 영주 얼굴이 왜 이래 안 좋은 깁니
꺼? 슨생님요, 우리 영주가예. 어릴 즉부터 여 (가슴 두
들기며) 여가 약해가, 쪼그만 일에도 깜짝깜짝 놀래고
예, 세 살 때까지는 경기도 억수 마이 했다 안 합니꺼?
그긋 때문에 그른 그는 아이겠지예? 예?

영주 (어이없어 보는데)

제하 예. 그런 거 아니니까 걱정하지 마세요.

영주 제하야, 나 언니랑 얘기 좀 하고 올게. (선영 손 낚아채
며) 나랑 얘기 좀 해! (열리는 승강기로 끌고 간다)

선영 어? 어~ (뒤따라 타면 문이 닫힌다)

제하 (걱정스럽게 보다가) 먼저 실례하겠습니다.

제하, 비상구 쪽 문을 열고 내려가면. 문 닫혔다가 다시 열리
며 들어오는 최고만, 헐떡거리며 벽에 기댄다.

최고만　(비상구 쪽 보며) 젊은 놈이 좌측통행도 몰라? 우라질.

김집사　요즘은 우측통행인데요, 회장님? 아, 연세가 이백 살이라 잘 모르시는구나.

최고만　(노려보며) 닥쳐, 자식아. 김선영이는 어디 갔어? 김영주는 만난 게야?

김집사　다시 내려갔는데요?

최고만　뭐? … 김군아. 걔들 웃기는 자매, 아니 웃기는 모녀. 또 올라오는 거 아니겠지?

김집사　글쎄요.

최고만　니가 가서 물어볼래? 또 올라올 건지, 아닌지? 나 내려갔다가 다시 올라오라고 그러면, 울 것 같애. 힘들어서.

김집사　(비웃고) 예예~ 그렇게 해야죠. 이백 살이나 드신 분을 오르락내리락하게 해서야 되겠습니까? 안 그래요?

최고만　(기분 상해서) 내려간다. 나도 내려간다구, 자식아!

S# 29　달리는 정도 차 안

조수석에 놓인 사과박스를 보면서 휘파람을 부는 정도. 이때, 휴대전화 울린다. 닻별이다.

정도　어, 닻별아. 굿모닝~ 잘 잤어?

닻별F　아빠, 지금 어디야?

정도　아빠, 엄마 만나러 가는 길인데, 왜?

닻별F 나, 지금 아빠네 집 앞인데, 비밀번호 좀 알려줘.

정도 뭐? 비밀번호?

닻별F 응. 나 오늘부터 아빠랑 같이 살아도 되지? 아빠가 그래도 된다고 했잖아.

정도 (당황한) 닻별아, 아빠 많이 늦을 텐데.

닻별F 괜찮아. 기다리지 뭐.

정도 그럼… 아빠가 엄마 만나고 나서 전화할게? (전화 끊고) 김영주, 니가 완전히 미쳤구나?

S# 30 병원 밖 일각

영주 (선영의 손을 휙 뿌리치듯 놓고 돌아보며) 여긴 어떻게 알고 왔니? 여긴 어떻게 알고 왔냐구!

선영 어제… 닻별이가 개장수 아저씨 집에 와가…

영주 뭐? 김선영. 너 또 닻별이 만났어? 이번엔 또 무슨 소리를 했는데? 닻별이한테 무슨 소리 했냐구!

선영 내, 내는 암, 암말또 안 했다. 진짜다. 영주야.

영주 (입꼬리가 비틀어지는) 그래? 이제 김선영 니가 뭐라고 그랬든 상관없으니까, 이제 그만 내려가…! 그 빌어먹을 꽃부리과수원으로 내려가버리라구!

선영 (주눅이 든) 안, 안 그래또 내, 내리갈라꼬, 짐 다 싸가 나왔다

영주 그래, 이번에 내려가면 다시는 올라오지 마. (오금 박는)

설령 내가 죽었다는 얘기 들어도, 다시는 올라오지 마! 알겠어!

선영 (놀라서) 영주야. 니 무슨 말을 그래 무섭게 하노? 그라지 마라. 으이?

영주 (잔인하게 비틀리는) 무서워? 뭐가 무서운데? 뱃속에 있는 날 지우겠다고 비상을 먹고! 언덕을 구르고! 돌덩이를 매고 물속으로 뛰어들던 여자가! 뭐가 무서워?

선영 (덜컥 겁이 나는) 영주야.

영주 남의 인생! 첫 단추부터 니들 맘대로 끼워놓고! 니들 맘대로 망가뜨렸으면서! 이제 와서 그런 말 듣는 게 무서워? 김선영… 정말 무서운 게 뭔 줄 아니…?

선영 (영주의 말이 온몸을 찌르는 듯 아픈데)

영주 (악이 받쳐) 이 고비만 넘기면…! 숨통 턱턱 막히는 이 시간들만 잘 지나가면…! 우리 닻별이한테… 좋은 엄마가 될 수 있을 거라는 그 꿈조차 꿀 수 없다는 거야… (왈칵 눈물이 솟는다)

선영 영주야…

영주 (쓱 닦으며) 김선영. 내가 너한테 누구라고 그랬지?

선영 (다급하게 매달리는) 니, 니는 내 동생이다. 내 동생 김영주다.

영주 아니, 이제 나한테 너… 언니도, 엄마도 아니야.

선영 (가슴이 무너지는) 영주야…

영주 (잔인하게 미소 지으며) 이제 김선영이랑 김영주는… 남

	남이니까… 다신 살아서 못 봐도 좋으니까…! 그만 내려 가줄래…? 이제 그만… 내 인생에서 사라져줘.
선영	(눈물이 날 것 같지만 꾹 참으며) 그, 그래. 내 가께. 내 인자 니 앞에 다시는 안 나타나께… 내 약속하께.
영주	(여전히 미워서 바라보면)
선영	그라이까… 아프지 말꼬… 잘 지내그래이… 내 동생 김 영주. 진짜로 잘 시내그래이… (억지로 웃으려고 애를 쓴다)
영주	그래, 이제 제발… 다시 보지 말자. 김선영.

모진 말을 하지만, 차마 발을 떼지 못하고 눈물을 뚝 떨구는
영주. 서로를 원망스럽고 미안하게 바라보며 입술을 깨문다.
돌아서 걸어가는 선영. 눈물이 그렁그렁해지고, 입술이 비틀
리며, 으흐으 울음이 나지만, 영주 속상할까봐 꾹 다문다.
어깨를 후들후들 떨며 걸어가는 선영. 그 모습을 밉게 보면서
도 시선을 떼지 못하는 영주. 하늘을 보면서 하아~ 한숨을 쉬
는데, 영주의 어깨도 떨린다. 제하, 멀리서 그 모습을 보다가
차마 볼 수 없어 고개를 돌린다.

S# 31   달리는 최고만 차 안

멍하니 창밖을 바라보고 있는 선영. 치고만, 옆에 앉아서 눈
치를 보며.

최고만 대체 무슨 얘기를 했길래 다들 이렇게 죽상이야? 응?

선영 … 개장수 아저씨예. 내가 안 태어났이모, 이런 일 업썼 겠지예? 내가 태어나가… 내가 영주를 낳아가… 이릏게 된 그 맞지예?

최고만 (심술이 다 안 풀린) … 당연히 그렇겠지. 그, 그러게 열, 열여섯 살 밖에 안 된 여자가 왜, 왜, 왜 애를 낳아? 그것 도 당신 같은 바보가. 어?

선영 바보이까 낳았겠지예. 바보이까, 뭔중 모르이까… 이래 힘들게 할 중 모르고 낳았겠지예.

최고만 그래서 김영주를 당신 엄마 호적으로 입적시킨 게야?

선영 (쓸쓸하게 웃는) 예. 내 혼자 잘 묵고 잘 살라꼬… 그래 했십니다. 내 혼자 살라꼬예…

눈물이 뚝 떨어지는 선영의 얼굴 위로 들리는.

선영E 옴마야~! 와, 내 아아한테 젖을 못 물리게 하는데!

S# 32 **선영 회상 / 과수원집 / 밤**

선영 (눈물범벅에 독이 올라) 내 아아 내노란 말이다~!

곱단 (속이 터지는) 슨영아, 이 가쓰나야~! 니 내 속 터지 죽 는 꼴 볼라꼬 이르나? 으이?

선영 와, 엄마 속이 터지는데? 내 딸 뺏아간 그는 옴마잖아.

와, 배도 안 부른 옴마가 내 딸을 나은 그처럼 그라냐꼬
오~!!

곱단   (선영의 등짝을 후려치며) 이 바보천치 가스나야! 영주
도 니처럼 살게 할 끼가! 아배도 없는 것도 서러븐 반쪽
짜리 아아한테, 니 같은 바보엄마끼지 두고 살게 하끄냔
말이다아~

선영   내가 어째서 그라는데? 옴마, 내또 우리 영주 잘 키울
수 있다! 내또 다른 아아들처럼! 똑같이 잘 키울 수 있다
꼬오!

곱단   그래? 그라모 니가 키와봐라, 이 가스나야! 영주가 꼭
니맹키로 동네 아아들한테 돌팔매또 맞고, 똥통에도 빠
지고! 아아들한테 묶이가 입에 개구리를 처넣는 일들을
똑같이 당하게 해보란 말이다! 이 미친 가스나야!

선영   (확신에 찬) 아이다, 우리 영주는 그른 일 안 당할 끼다.
우리 영주는 나보다 백 배, 천 배 똑똑해가 그른 일 절대
안 당하고 살 끼다. (동의를 바라며 환한) 옴마가 영주
똑똑하게 낳으라꼬 내한테 약도 지주고, 찬물에 드가라
고또 했잖아~ 내 숨이 막히 죽을 때까지 찬물에서 나오
지 말라캤잖아~ 그라이까 우리 영주는 공주님처럼, 여
왕님처럼 그래 살 끼다. 그자?

곱단   (한스러워 눈물이 솟는다) 아이고, 이 철딱서니 읎는 가
스나를 우짜면 좋노~ (안쓰럽게 보다가 눈물 훔치며) 슨
영아, 니 영주가 공주님맹키로 여왕님맹키로 살았시모

좋겠제?

선영　하모~ 당연하제. 우리 영주는 내처럼 살모 안 된다.

곱단　그래 할라모… 슨영이 니가 없어지야 된다.

선영　… 내가… 없어지야 된다꼬…?!

곱단　그래. 니만 없어지모, 니 딸 영주, 니처럼… 아아들한테 돌팔매도 안 맞고… 개구리또 입에 안 물고, 공주처럼 여왕님처럼 그래 살 수 있다.

선영　(가슴이 턱 막히지만 그래도 기대에 찬) 그라모… 내만 없어지모 되노? 그래 하모 우리 영주… 진짜 공주님처럼 여왕님처럼 살 수 있나?

곱단　그래… 그릏게 살게 할 수 있다. 아이 꼭 그래 살게 해줄 끼다. 이 과수원 전답 다 팔아서라또… 그래 살게 해주께.

선영　그라모 그래 해도. 우리 영주, 나처럼 말고 공주님처럼, 여왕님처럼… 그래 살게 해도, 옴마야. (환하게 웃는다)

곱단　그래, 그렇게 살게 하께~ (안아주며) 불쌍한 가스나. 우짜다 그른 일을 당해가… 우짜다가… (운다)

S# 33　과수원 안방 / 방

옹알이를 하면서 잠들어 있는 젖먹이 영주를 함께 누워 바라보는 선영. 아이의 볼을 조심스럽게 쓰다듬으며.

선영 영주야… 내는 니 옴마 하모 안 된단다. 내가 니 옴마 하면, 니도 내처럼 바보취급 당하이까… 내는 니 옴마 하모 안 된단다… 그라이까 인자부터는 내가, 니 언니 하께. 내는 니 언니 하께~ (눈물 흘리며 목 멘 채로) 내 새끼… 이쁜 우리 새끼… 내는 인자 니 언다… 내 죽을 때까지… 내는 니 언다… 영주야.

영주의 손가락을 만지고, 발가락에 입 맞추며 눈물을 흘린다. 환하게 웃으면서 눈물을 흘린다.

S# 34 달리는 최고만 차 안

김집사, 눈물을 연신 닦으며 운전하고 있고. 최고만도 마음이 아프다.

최고만 그래서 그때부터 김영주 언니로 산 거야? … 당신처럼 살게 될까봐서?

선영 예. 똑 내처럼 바보취급 당하면서 살게 될까봐서 그랬심 니더. 그란데예, 그기 우리 영주 목을 죄는 일이 될 줄은 몰랐심니더. 우리 영주 평생 한이 된 것도 부족해가… 닻별이한테까지… 그래 될 줄은 몰랐심니더. (눈물 그렁 그렁해진나)

최고만 (눈물을 참느라 얼굴이 일그러지는데)

김집사   에이쒸이~!

하더니 차를 휘익 꺾어서 갓길에 댄다. 놀라서 보는 최고만.

S#35   거리 / 최고만 차

김집사, 문을 열고 내리더니, 선영 쪽 뒷문을 왈칵 열고는 무릎을 척 꿇고.

김집사   김선영씨~! 이제요~! 내가요, 김선영씨 지켜줄게요~!
　　　　　　죽을 때까지요, 김선영씨 눈물 닦아줄게요. 예?
선영　　 (당황해서 보는데)
최고만   (욱해서) 이, 이런 미, 미, 미친 자식아, 지, 지, 지금 이
　　　　　　상황에서 그 따위 말, 말이 나와? (지팡이로 밀치며) 절,
　　　　　　절루 안, 안, 안 꺼져!
김집사   (서럽고 원망스러워서) 아, 왜요오오~
선영　　 (뻥해서 본다)
최고만   (억지로 문을 탕 닫고, 잠금장치 잠가버린다)
김집사   (문을 두들기며 뺑뺑이를 돌면) 회장님~!
최고만   김선영이 얼른 귀, 귀, 귀 씻어. 얼른! 젠, 젠장맞을 자
　　　　　　식. 저거, 저거 예전에 구해주지 말았어야 되는 건데. 저
　　　　　　나쁜 자식…!
선영　　 …?

S# 36   병원 주차장

데이비드가 몰고 온 차가 멈춰 서고, 수인이 내린다. 수인, 추억에 젖은 듯 둘러보면…

데이비드   보스, 안 올라갈 겁니까?

수인   정식출근은 내일부터잖아. 오늘은 얼마나 변했는지 좀 둘러보자.

데이비드   (어깨 으쓱하고 따라가며, 팔을 두르면)

수인   (미소 지어주고, 휙 꺾어서 밀진다)

데이비드   아아아~ (하면서 보면)

수인   데이비드, 여기 미국 아니거든? 그리고 여긴 내 직장이야. 알겠니? (휙 밀치며) 1미터 유지해라.

데이비드   (히죽 웃고) 옛 써~! (뻐근해진 팔 돌리며 뒤따라간다)

S# 37   병원 일각 벤치

벤치에 멍하니 앉아 있는 영주. 그 옆으로 제하가 앉아 있다.

영주   제하야. 나 닻별이 처음 가졌을 때… 무서워서 물 한 모금도 제대로 못 마셨다…? 꼭 김선영 같은 딸이 태어나면 어쩌나 무서워서… 열 달 내내 입덧 한 번 제대로 못하고… 매일 지우라고 술 먹고 주정부리는 박정도, 그

인간… 미워도 못했어. 내가 미워하는 마음이 닻별이한
테 갈까봐. 그렇게 낳은 게 닻별이었어. 근데 너무 똑똑
해서, 너무 천재여서… 어떻게 키워야 될지 겁이 더럭
나더라…? 제대로 된 엄마란 사람을 가져본 적이 없어
서… 누구도 나한테 엄마란 이런 거다, 얘기를 안 해줘
서… 닻별이한테 엄마노릇 한 번도 제대로 못했어.
그래서… 닻별이 유학가면 따라가려고 그랬는데… 따라
가서… 물리도록 안고, 빨고, 뽀뽀하고… 우리 딸 사랑
한다. 사랑해? 얘기해주고… 밤마다 가위 안 눌리게, 옆
에 누워서 우리 딸 꿈속까지 지켜주고 싶었거든…? (눈
물 핑 돌며) 지금까지 못했던 거, 다 해주고 싶었거
든…? 근데… 이제 내 옆에 아무도 없다…? 닻별이도…
지긋지긋한 내 언니란 여자도… 다 사라져버렸어… (쓸
쓸하게 웃는데)

제하, 보다가 영주의 머리를 가져다 자기의 어깨에 기댄다.

영주   제하야… (일으키려고 하면)
제하   (어깨를 둘러서 붙들며) 김영주. 넌 내가 한 얘기 다 허
        투루 들었지?
영주   …?
제하   너 혼자 아니라는 거, 잊지 말라고 한 거 기억 안 나? 언
        제든 부르기만 하면 내가 너한테 간다는 말, 잊었어?

영주   (씁쓸하게 웃고) 제하야.

제하   (단단히 붙들며) 김영주, 나 밀당 같은 거 못하거든? 그리고 이제 그만 밀어내. 그만큼이면 너 할 만큼 했어. 아니, 이제 밀어내도 안 밀려날 거거든?

영주   (고개를 돌려 제하를 보며) 고맙다. 위로해줘서.

영주, 일어나서 가려고 하면. 제하, 영주를 와락 당겨 안더니 키스를 한다. 영주, 뜨끔 놀라서 굳는다. 제하를 밀어내려고 하면 제하, 꼼짝 못하도록 영주의 팔을 손으로 안아버린다. 붙들린 채 체념하듯 감기는 영주의 눈.

S# 38   병원 일각

데이비드와 수인, 주위를 둘러보며 걸어가는데. 데이비드가 먼저 발견하고…

데이비드   오우, 한국도 많이 개방적이 된 모양인데요?

수인   (보더니) 그러게? (미소 짓고 가려다가, 흠칫하면서 돌아본다. 제하다! 이건 뭐지? 하는 표정으로 본다)

데이비드   …? 아는 사람이에요?

수인   … 응, 옛날 내 남자. (물끄러미 본다)

데이비드   진짜요? 근데 왜 인사 안 해요?

수인   지금은 아니잖아. 내가 되찾기 전엔. (실룩 웃고 돌아서

지만, 왠지 질투가 난 얼굴로 걸어간다)

수인, 서둘러 걸어가는데. 정도가 낑낑거리며 사과박스를 양 어깨에 짊어지고 걸어오다가 서로 스쳐 지나간다. 무거워서 낑낑거리며 오던 정도, 힘들어서 내려놓으며 씩씩대다가 영주와 제하를 본다.

정도　좋네~ 어린 것들이. (하고 사과박스를 들려다가 뚝 굳는다) 어절씨구리~! 이것들이 이제 대놓고 쪽쪽거리겠다? (하다가, 어딘가 생각이 미치며 눈에 불똥이 튄다) 야, 김영주~! 김영주!

S# 39　벤치 일각

영주와 제하, 놀라서 눈을 뜬다. 제하, 영주를 쓱 가리며 돌아보면. 정도, 부아가 치민 얼굴로 다가온다. 영주, 당황스러운데.

정도　김영주. 너 아주 엄청난 애다~?

영주　… 뭐, 뭐가…?

정도　니 언니랑 다르게 니가 머리는 좀 도는 앤 줄 알았지만, 이 정도로 지능적인 줄은 몰랐다?

영주　무슨 소리가 하고 싶은 건데? 제하야, 먼저 좀 갈래?

제하　(역시 당황했지만) 아니, 여기 있을게.

정도 (하~) 대놓고 쪽쪽거린 것도 부족해서, 이젠 아주 돗자리를 까시겠다?

제하 박정도씨…!

정도 넌 닥치고 빠져~! 우리 부부 문제니까 알겠어?

제하 (기막혀서) 부부요?

정도 그래! 우리 딸내미 박닻별 얘기할 거니까 넌 빠지라구, 자식아!

영주 … 제하야. (가달라는)

제하 근처에 있을게. (가면)

정도 근처에 있을게? 놀구 자빠졌다.

영주 (정도가 치욕스럽지만, 부끄러울 건 없다) 왜 온 건데?

정도 몰라서 물어? 너, 처음부터 아주 작정을 하고 계획을 세운 거지?

영주 뭐?

정도 너, 니네 바보언니 앞장세워서 닻별이한테 제적등본 때게 만들고, 그걸 빌미로 니 정체를 밝힌 다음에, 닻별이가 너한테 정나미 떨어지게 만들어서, 나한테 보내려는 거였지? 그리고 유학자금은 유학자금대로 챙겨~! 저 자식이랑 새 출발 하려는 거였지? 아니었어!

영주 박정도…!

정도 아니면! 닻별이가 왜 새벽 댓바람부터 보따리 싸들고 우리 집에 오겠다는 전화를 한 긴데?

영주 뭐?

정도	그게 아니면! 지금 이 상황을 도대체 어떻게 설명할 거냐구! 이 괴물 같은 여자야!
영주	(기가 막혀 보면서) 정도씨…!
정도	김영주! 넌 지금 현행범이야~! 현장에서 딱 걸린 주제에~ 또 무슨 오리발을 내밀려는 건데, 이 나쁜 여자야!
영주	(입술 깨물며) 그래. 이왕 들통 났으니까 다 얘기해줄게. … 당신 유학비용 그 돈, 나 창피해서라도 안 받을 거니까 다시 가져가라.
정도	당연하지~! 내가 미쳤다고 이 돈을 너한테 주겠나?
영주	대신에, 당분간 닻별이 좀 맡아줘.
정도	뭐?
영주	이왕 당신 집 찾아간 애, 며칠만 맡아달라구.
정도	야, 김영주!
영주	당신 말처럼, 닻별이 나한테 엄청 실망했고… 지금도 나 죽도록 미워하거든…? 그러니까, 당신이 며칠만 다독여 달라는 거야. 당신 말처럼, 나 괴물이잖아. 그 괴물, 다시 괴물짓 할 때까지, 당신이 조금만 다독여줘. 부탁할게. (고개까지 숙이고 돌아서 간다)
정도	저게 저게 진짜 미쳤나? 야! 김영주! 야! 하이 씨이~ (사과박스 걷어차며) 이건 또 어떻게 갖고 가라는 거야~!
영주E	(치욕스럽지만, 어쩔 수가 없다) 닻별아… 엄마 기운 차릴 시간 조금만 줘… 엄마 기운만 차리면… 니가 아무리 아프게 해도 엄마가 다 받아줄게. 괴물 같은 엄마지만…

너 아팠던 거… 다 갚아줄게… 미안해… 딸… (걸어간다)

S# 40 병원 일각

제하, 영주를 시선으로 좇다가 따라가려는데, 휴대전화 응급
콜 울린다. '의국인데? 무슨 일이지?' 하는데, 한 번 더 울린
다. 어쩔 수 없이 병원으로 달려가는 제하.

S# 41 제하 집무실

제하　(급하게 들어오며) 무슨 일이야? 누가 응급콜 울린 거니?

아무도 없다. 뭐지? 둘러보는데, 뒤쪽에서 쓱 나타나는 수인.
와락 안는다.

제하　(깜짝 놀라서 돌아보면)

수인　(빙긋 미소) 이제하 등, 여전히 따뜻하네?

제하　(놀란) 수인아…

수인　(떼며) 뭐야, 그 표정은? 내 음성메시지 확인 안 한 거구
　　　나? 아님, 내가 미워서 무시한 거야? 그것도 아니면, (제
　　　하 목각인형 들어 보이며) 새 여자가 생긴 거니? (빙긋)

제하　… (빼앗으면)

수인　좋아, 내가 먼저 바람피우고, 내가 먼저 떠났으니까, 이

걸로 퉁치자. 그러려고 다시 왔거든~

제하 　한수인.

수인 　이제하, 우리 다시 시작하자.

제하 　(싸늘하게 굳어서 본다)

S# 42　채린 주상복합 아파트 전경 / 밤

S# 43　채린 집 침실

이어폰을 끼고 우두커니 앉아 있는 닻별의 모습이 문 사이로
보이면, 문을 탕 닫고 돌아서는 채린. 기가 막힌.

채린 　김영주 그 여자 뭐야? 지 애라면 눈을 뒤집고 거품을 물
　　　　 던 여자가, 왜 오빠한테 맡기는 건데?

정도 　지도 아프니까 그런 거지. 걔가 우리한테 닻별이를 맡길
　　　　 애니?

채린 　오빠, 지금 김영주 걔 편드는 거야?

정도 　편을 들긴 누가 편을 들어~ 사실을 얘기하는 거지~ 걔
　　　　 내일 퇴원한다니까, 내일이면 내가 하늘이 두 쪽이 나도
　　　　 돌려보낼게. 그러니까 너무 열 내지 말자. 응? (부채질
　　　　 해주며)

채린 　좋아. 그럼 나도 조건이 있어. 내일 웨딩쇼 준비할 때 오
　　　　 빠도 와.

정도　　웨딩쇼? 채린아, 그건 영주네 회사에서⋯ (채린이 노려
　　　　　보면) 알았어. (눈치 보며) 나 닻별이 좀 보고 올게?

채린　　그래, 닻별인지 닭별인지 하루는 맡아주지. 대신, 김영
　　　　　주 너도 함 당해봐. (실룩 미소)

S# 44　채린 집 거실

이 방 저 방 문을 열면서 닻별을 부르는 정도. 인디언 텐트에
붙은 포스트잇이 보인다. 떼어내서 보면.

닻별E　아빠, 급하게 연구할 게 생각나서 집에 간다~!

정도　　(삐죽거리며) 겨우 설득시켜놨더니~ 암튼, 없는 게 있는
　　　　　거보단 낫지~ (사과박스 보면서 히죽 웃는다)

S# 45　한국병원 전경 / 아침

S# 46　영주 병실

퇴원준비를 하면서 옷을 갈아입은 영주. 노크 소리, 간호사가
들어온다.

간호사　(봉투 건네며) 김영주님, 이세하 선생님께서 가져다드리
　　　　　랍니다.

영주	이게 뭐죠?
간호사	드실 약하고 휴대전화인데요, 선생님 아침 일찍 수술이 있어서 들어가신다고 대신 전해달랍니다.
영주	고맙습니다.
간호사	(나가다가) 아참, 그리고 이틀 전에 종합검진 받으셨죠?
영주	… 예.
간호사	부인과에서 예전에 다녔던 산부인과 병원 진료기록 좀 부탁한다던데요?
영주	진료기록은 왜죠?
간호사	이제 저희 병원에서 진료하실 거니까, 그전 진료기록도 확인하려는 거랍니다. (인사하고 나가면)

영주, 휴대전화 전원을 넣고 문자를 확인하는데, 부재중 전화에 닻별의 번호가 여러 개 뜬다. 반갑고 떨리는 마음으로 전화를 하는 영주.

S# 47   수현 연습실 / 화면 분할로 보여지는

영주	(전화 받으면) 어, 닻별아.
수현	(조용히 얘기하는) 아, 닻별이 어머님이세요?
영주	누구…시죠?
수현	지난번에 전화드렸던 오수현이라고 합니다. 놀이터 기억하세요?

영주 아… 닻별이 친구분.

수현 (미소) 예, 맞습니다. 근데, 닻별이가 어제 저희 연습실에 와서 잤거든요.

영주 연습실이요?

수현 예. 그래서 걱정하실까봐 전화를 드렸는데 안 받으셔서요. 닻별이 일어나는 대로 집에 데려다줄 테니까 걱정 마세요.

S# 48   동 입원실

영주 고맙습니다. (전화를 끊고, 새삼 열나는) 박정도… 니 딸인데 고작 하루도 못 봐주니…? (입술을 깨문다)

S# 49   에스띨로 앞

택시에서 내리는 영주. 통화하면서 에스띨로로 들어가는데.

영주 예. 안녕하세요, 선생님. 다른 게 아니라 제 진료기록이 좀 필요해서 그런데, 팩스로 넣어주실 수 있나 해서요.

여의사F 진료기록이요? 진료기록은 왜…

영주 (밝게) 예. 이번에 몸이 좀 안 좋아서 종합검진을 받았는데, 그쪽 부인과에서 좀 보내달라네요.

여의사F 그래요? 근데 편집장님 둘째 가지시려는 건 아니죠?

영주	예? 아니에요~
여의사F	그럼 다행이긴 한데…
영주	(굳으며) 그게 무슨 말씀이시죠? 다행이라뇨?
여의사F	진료기록을 보여달라니까 드리는 말씀인데요. 3년 전에 남편분이랑 함께 병원에 온 적이 있었잖아요? 그때 남편분이 하도 신신당부를 해서, 편집장님한테 얘기를 안한 게 있어서요.
영주	(듣다가 굳어버린다)

S# 50　에스띨로 스튜디오

스모그까지 피어올리고, 앙선생다운 드레스를 입고 있는 채린과 턱시도 차림의 정도. 카메라맨, 셔터를 열심히 누르고 있고.

쥘레르	오케이~ 거기서 서로 이마를 맞대고, 2초 동안 머물다가~ (딱! 소리 내며) 오케이. 시선 이쪽으로 팔로우~
채린/정도	(주문하는 대로 앙드레 쇼다운 자세를 취하면)
쥘레르	그대로~ 플리즈~ (카메라맨에게 오버하며) 애, 애. 지금 동네 결혼식 사진 찍니? 거기서 각이 나오겠어? 여기, 여기서 찍어야 지대로지, 애~
카메라맨	(인상 쓰면서 사진 찍으면)
쥘레르	판타스틱~ 어머, 니네 바퀴벌레 둘은 어쩜 그렇게 잘 어

울리니? 렌즈만 들이대도 다 화보다, 화보. 얘~ 베누스 프로젝트 쇼 할 때, 다른 모델 말고 니들이 그냥 서도 되겠다, 얘~

이때, 걸려 있는 드레스 뒤쪽으로 고개를 내미는 에스띨로 직원들. 기가 막힌 표정으로 보다가 얼른 나가자고 신호하는.

S# 51   에스띨로 복도

영주, 굳은 표정으로 걸어온다. 사무실 문을 열고 들어가면.

S# 52   에스띨로 편집실

영주, 들어오는데 직원들 수군대는 소리 들리면.

로버트   말도 안 돼~ 어떻게 편집장님을 놔두고 저런 웬수하고 러브신을 연출해?

홍이림   편집장님도 이 사실을 알고 계실까?

진태오   알고 있으면 가만계시겠니? 편집장님 성격 몰라?

로버트   차장님, 편집장님이 무단결근하시는 게, 남편분이 오사장이랑 그렇고 그런 관계 때문인 건 아니겠죠?

주선희   확실하지도 않은데 말 함부로 힐래? 니들 말 안 나게 입들 다물어. 알겠어!

직원들   예~ (주둥이 닥치는 시늉 하면)

조선희   그나저나 편집장님은 어떻게 되신 거래니? (하는데)

수리   (일어나다가 영주를 보고, 툭 치는) 차장님.

열이 오르는 걸 겨우 참고 서 있는 영주 모습을 보고 후다닥 정렬하면서 긴장하는 직원들.

조선희   편, 편집장님.

영주   (싸늘하게 굳어서 본다) 오사장… 지금 스튜디오에 있니?

조선희   … 예.

영주   박정도 교수도 와 있고?

조선희   예, 편집장님.

영주   (꾹 눌러 참고) 스튜디오에 다녀와서 기사 검토할 테니까 준비들 해!

직원들   예~

영주   (매서운 얼굴로 돌아서 또각또각 걸어가면)

홍이림   어떡해~ 우리 편집장님~

로버트   편집장님이 문제겠어? 오채린 목숨이 더 위험하지.

S# 53   에스띨로 스튜디오

쥘레르   엄, 이번 드레스는 너무 엘레강스하고 엑설런트했어요~ 그럼, 다음 드레스로 갈아입어볼까? 자기야, 내가 도와줘?

채린   됐어~ 난 땀 좀 식히고 갈아입을래~ 우리 오빠나 도와 줘요.

쥘레르   나야, 땡큐지~ 교수님~ (정도를 쫓아서 탈의실로 가면)

채린, 부채질을 하는데, 왈칵 문이 열린다. 촬영 스태프들 돌 아보다가 헉! 놀란다. 영주다. 스태프들, 부리나케 인사하고 나가면⋯ 채린, 비웃음 띠면서 쳐다본다. 채린을 노려보며 걸 어오는 영주.

채린   사흘씩이나 무단결근한 사람치고 너무 뻔뻔한 거 아닌가?

영주   아직 법적으로 남의 남편 불러다가 사진 찍는 니 배짱은 어떻구? 온 동네방네 다 소문내고 싶어서 어떻게 견뎠니?

채린   그러니까, 자기 새끼는 자기가 챙겨야지. 왜 남한테 맡 기냐는 거지.

영주   그래서 단 하루도 못 맡아준 거니?

채린   지 발로 간 걸 내가 왜 말리겠어요?

영주   그래, 그럼 오늘 다시 가게 해줄 테니까, 오사장, 니가 며칠 돌봐줘야 될 것 같다?

채린   (기막힌) 이봐요, 김영주씨. 당신 너무 뻔뻔한 거 아니에 요? 내가 당신 애를 왜 계속 봐줘야 되는 건데!

영주   나도 인정하기 싫은데, 빅징도 그 인산 애이기도 하거든?

채린   난 지금 내 뱃속에 있는 우리 애 하나만으로도 충분히

벅차거든요~

영주　　우리 애? 누구랑 누구의 애를 말하는 건데?

채린　　(뜨끔) 뭐라구요?

영주　　너랑 누구의 앤데? 그 애, 박정도 애 맞니…?

채린　　(사시나무 떨듯 하며) 그, 그게 무슨 소리예요?

놀라는 채린과 실룩 웃으며 노려보는 영주의 모습에서 10부 엔딩.

〈2권에 계속〉

TV극본

바보엄마 1

지은이 | 박계옥
펴낸이 | 황인원
펴낸곳 | 다차원북스

신고번호 | 제313-2011-248호

초판 1쇄 인쇄 | 2012년 5월 15일
초판 1쇄 발행 | 2012년 5월 18일

우편번호 | 121-897
주소 | 서울특별시 마포구 독막로 10(합정동 373-4) 성지빌딩 510호
전화 | (02)333-0471(代)
팩시밀리 | (02)334-0471
E-mail | dachawon@daum.net

ISBN 978-89-97659-08-1 14680
ISBN 978-89-97659-07-4 (전2권)

값 · 15,000원

이 도서의 국립중앙도서관 출판시도서목록(CIP)은
e-CIP 홈페이지(http://www.nl.go.kr/ecip)와
국가자료공동목록시스템(http://www.nl.go.kr/kolisnet)에서
이용하실 수 있습니다.
(CIP제어번호: CIP2012002247)